叢書・ウニベルシタス　878

新しい学　2

ジャンバッティスタ・ヴィーコ
上村忠男 訳

法政大学出版局

凡　例

一、翻訳の底本には、*Principj di Scienza nuova di Giambattista Vico d'intorno alla comune natura delle nazioni.* In questa terza impressione dal medesimo autore in gran numero di luoghi corretta, schiarita, e notabilmente accresciuta, Tomo I e II（Napoli, Stamperia Muziana, MDCCXLIV）を使用し、Giambattista Vico, *La Scienza nuova seconda*, giusta l'edizione del 1744 con le varienti del 1730 e di due redazioni intermedie inedite, a cura di Fausto Nicolini（Quarta edizione riveduta e arrichita di postille inedite d'un discepolo: Bari, Gius. Laterza & figli, 1953）を併用した。ちなみに、原著初版にかんしては、ファクシミリ版が一九八九年にイタリア書房から出ているほか、CNR（Centro Nazionale delle Ricerche）の叢書《Lessico Intellettuale Europeo》の第六二巻として、Marco Veneziani の監修になるファクシミリ版が一九九四年にフィレンツェの Leo S. Olschki Editore から出ている。

一、部や章の見出しが［　］でくくってあるのは、それが編者ファウスト・ニコリーニによる補足であることを示している。

一、段落番号はニコリーニによって付けられたものである。

一、ギリシア語・ラテン語の語彙については長音と短音の区別に配慮したが、固有名詞にかんしてはとくに長短を区別しなかった。

一、ゴシック体の部分はニコリーニの校訂本において隔字体になっている部分である。

一、〔　〕の部分は訳者による補足である。

目次

凡例

第2巻 詩的知恵 1
緒論 3
第1部 詩的形而上学 19
第2部 詩的論理学 43
第3部 詩的道徳学 129
第4部 詩的家政学 147
第5部 詩的政治学 207
第6部 詩的歴史学 301

第7部　詩的自然学　307
第8部　詩的宇宙学　327
第9部　詩的天文学　341
第10部　詩的年代学　347
第11部　詩的地理学　359
結　論　385
訳　注　387

第1分冊
著作の観念
第**1**巻　原理の確立
第1部　年表への註記
第2部　要素について
第3部　原理について
第4部　方法について

第3分冊
第**3**巻　真のホメロスの発見
第1部　真のホメロスの探求
第2部　真のホメロスの発見
付　論　悟性的推理にもとづく劇詩人および抒情詩人の歴史
第**4**巻　諸国民のたどる経過
序論
第1部　三種類の自然本性
第2部　三種類の習俗
第3部　三種類の自然法
第4部　三種類の政体
第5部　三種類の言語
第6部　三種類の記号
第7部　三種類の法賢慮
第8部　三種類の権威
第9部　三種類の道理
第10部　三種類の裁判
第11部　三種類の時代の気風
第12部　英雄的貴族政体の特性から引き出されるその他の証拠
第13部
第14部　そのような諸国民の経過を裏づける最後の証拠
第**5**巻　諸国民が再興するなかで生じる人間にかんすることがらの反復
著作の結論
神の摂理によって定められた、それぞれの種類において最良の、永遠の自然的な国家について
訳者解説

第2巻　詩的知恵

［緒　論］

［序］

361　さきに「公理」〔202, 199, 239–241〕で述べたこと、すなわち、異教諸国民の歴史はすべて物語〔神話伝説〕的な起源をもってきたということ、また、ギリシア人（わたしたちは異教の古事についてわたしたちのもっている知識のいっさいをギリシア人から得ているのである）のもとでは最初の賢者たちは神学詩人であったということ、はたまた、かつて生じたり作られたりした事物は、それらの自然本性上、起源においてはいずれも粗野なものばかりであったはずであるということからして、詩的知恵の起源もそのようなものであってそれ以外ではありえなかったものと判断せざるをえない。そして、その知恵が比類なく高いものであったというわたしたちのもとにまで届いている評価について言えば、そのような評価は「公理」〔124–128〕で述べておいた諸国民のうぬぼれと学者たちのうぬぼれという二つのうぬぼれから生じたものなのである。いや、諸国民のうぬぼれからよりはずっと多く学者たちのうぬぼれから生じたものなのであった。この学者たちのうぬぼれによって、「公理」〔222〕において述べたように、エジプト最高の神官マネトーがエジプトの物語的歴史のいっさいをひとつの崇高な自然神学にまで高めあげたのと同様、ギリシアの哲学者たちはかれらの物語的歴史を哲学にまで高めあげたのだった。しかしまた、ただこのことだけが原因だったのでもない。というのも、これも同じく「公理」〔221〕で見ておいたように、エジプト人とギリシア人のいずれのもとに届いていた歴史も〔崇高化するには〕あまりにも不体裁なものであったからである。これ〔哲学者たちの省察の基礎には物語ないしは神話伝説があったということ〕には、ほかにも、つぎのような五つの原因があった。

362　第一の原因は、宗教にたいする畏敬の念であった。というのも、異教諸国民はどこでも物語〔神話伝説〕によって宗教にもとづいて創建されたからである〔198〕。第二の原因は、それに続いて、この国家制度的世界という偉大な成果がもたらされたことであった。この国家制度的世界はじつに賢明な仕方で秩序づけられているため、あるひとつの超人間的な知恵によって生みだされたものとしか考えられなかったのである。第三の原因は、のちに見るように〔515〕、それらの物語が、宗教にたいする畏敬の念と、かくも偉大な超人間的知恵にたいする信頼の念とに補佐されて、哲学者たちに、かれらが探究にとりかかり、最高のことがらを哲学において省察する機会をあたえたことであった。第四の原因は、これもまたのちに知ってもらうことになるだろうが〔515〕、かれらが哲学において省察した崇高なことがらを、たまたま詩人たちが哲学者たちに残していた表現を用いて説明するのが、かれらにとっては好都合だったからであった。第五の、そして以上のすべてに妥当する最後の原因は、かれら哲学者たちが自分たちの省察したことがらを宗教の権威と詩人たちの知恵とによって立証しようとしたことであった(1)。これら五つの原因のうち、初めの二つはこの諸国民の世界を秩序づけた神の知恵について哲学者たちが過誤に陥りながらも表明してきた賛辞を、最後のものはそのことの証言を含んでいる。第三と第四は、やがて哲学者たちが出現して、神の摂理を真実の神の属性というその真実の姿において理解し承認することができるようにしようという、神の摂理によって許可された策略である。

363　また、この巻全体をつうじて論証されるが、まずは詩人たちが感覚によって受けとめて通俗的知恵にまとめあげたことがらを、つぎに哲学者たちが理解力を働かせて深遠な知恵にまとめあげることとなったのだった。だから、詩人たちは人類の感覚であり、哲学者たちは人類の理性であったと言うことができるのであって、アリストテレスが個々人について述べた〈まえもって感覚のうちになかったものは理性のうちにない〉ということは[1]、人類一般についても真実なのである。すなわち、人間の知性は、感覚から今日の形而上学者たちが[2]〈機会〉と呼んでいるなんらかの動機を受けとらなかったものについては理解することができないのであって、自分が感覚するものから感覚のうちに落ちてこないものを収集するとき、そのときにはじめて理性を用いるのである。そして、このような収集をおこなうことがラティウム〔古代ローマ〕の人々にとっての〈インテルレゲレ〉intellegere, intelligere〔理解する〕という語の本来の意味であったのだ[3][4]。

364　さて、詩的知恵について論じるまえに、一般的に知恵とはなんであるかを見ておく必要がある。〈知恵〉とは人間性を完成するすべての知識と技芸を習得するための訓練のいっさいを統率する能力のことである。プラトンは知恵とは〈人間を完成するもの〉であると定義している[1]。人間とは、人間としての本来のあり方においては、知性と精神[2]、あるいはこう言ってもよいだろうが、理解力と意志力以外のなにものでもない。知恵は、人間に、この二つの部分をともに成就させてやるのでなくてはならない。それも、まずは前者、そして続いては後者を。こうして、最高のことがらについての認識によって知性が明るくされたのち、その知性によって精神が最善のことがらの認識へと導かれるようにするのである。宇宙における最高のことがらとは神について理解したり推理したりされるもののことであり、最善のことがらとは人類全体の善にかかわるもののことである。前者は〈神にかんすることがら〉と言われ、後者は〈人間にかんすることがら〉と言われる。それゆえ、真の知恵とは、神にかんすることがらの認識を教えて、人間にかんすることがらを至高の善にまで導いていくものでなくてはならないのである。思うに、〈ローマ人のうちで最も学識のある人〉という称号を受けるにふさわしかったマルクス・テレンティウス・ウァッロは、このような設計図にもとづいて、大いに残念なことに時が不公正にもわたししたちのもとから奪ってしまったかれの大著『神と人間にかんすることがら〔の古事記〕』を建立したのであった。わたしたちは、この巻において、わたしたちの薄弱な学識がゆるすかぎりで、この問題をあつかおうとおもう。

365 知恵は異教徒たちのあいだではムーサから始まったが、このムーサはホメロスによって『オデュッセイア』の黄金の一節で〈善と悪についての知識〉と定義されている。(1) この〈善と悪についての知識〉は、のちに〈神占〉と呼ばれるようになった（なお、これについてはさきに公理をひとつ提示しておいたように〔167〕、この神占の自然的な禁止にもとづいて――というのも、それは自然的に人間たちには拒まれていることがらについてのものであるからである――、神はヘブライ人に真実の宗教をうち建てたのであった。そして、ここからわたしたちキリスト教徒たちの宗教は出てきているのである）。このようなわけで、ムーサは本来、最初は前兆によって占う知識のことであったにちがいないのである。そして、これは、さきに「公理」において述べておいたように、(2) またのちにも述べる機会があるように、神をその摂理という属性をつうじて観照しようという諸国民すべての通俗的知恵なのであった。こうして、〈ディーウィーナーリー〉divinari〔占う〕から、神の本質は〈ディーウィーニタース〉divinitas〔神性〕と称されるようになったのだった。また、そのような知恵に通じていたのが、のちに見るように、たしかにギリシアにおける文明の創建者であった神学詩人たちなのであった。そして、ここから、裁判占星術師のことを〈知恵の教授たち〉と呼ぶ呼び方がラティウムの人々のもとに残ることとなったのである。ついで〈知恵〉は人類に有益な助言をあたえたということで有名になった人々について言われるようになった。ここから、ギリシアの七賢人という言い方は出てきたのである。それからまた〈知恵〉は都市民や国民のために賢明な仕方で国家を組織し統治する人々について言われるようになった。そして、さらにその後、〈知恵〉という言葉は自然界における神にかんすることがらについての知識、すなわち形而上学を指すようになった。だから、この学は〈神的な学〉と呼ばれているのである。(3) しかしまた、この形而上学はいまや神のうちに人間の知性を認識することへと向かっていって、神があらゆる真理の源泉であることを承認している。(4) したがって、神があらゆる善の規制者であることをも承認すべきなのである。形而上学は本質的に人類の善のためにこそ利用されるべきなのであって、人類は神が先を見通しているという普遍的な感覚にもとづいて自己を保存してきているのである。それゆえにこそ、そのような先を見通している神の存在を論証したプラトンはたぶん〈神のごとき〉という称号を受けるに値したのである。ひいてはまた、神がそのような属性をもっていることを否定する者は〈知恵がある〉どころか〈愚鈍〉と称されるべきなのである。最後に、ヘブライ人のあいだでは、また、ついではわたしたちキリスト教徒のあいだでは、神によって啓示される永遠のことがらについての知識が〈知恵〉と言われた。なお、この知識のことはトスカーナ人のもとではその最初の語彙集のなかで〈神性にかんする知識〉scienza in divinità とも称されたが、(5) これはおそらく真実の善と真実の悪についての知識という面をとらえてそう称されたのであった。

366　したがって、わたしたちは神学を三種類に分類しなければならない。それも、ウァッロがおこなったものよりも真実に近い分類がなされなければならない。第一は詩的神学である。神学詩人たちの神学がそれであって、これは異教諸国民すべての国家神学であった。第二は自然神学である。形而上学者たちの神学がそれである。そして第三の神学としてウァッロは詩的神学を設定しているが、(1) これは異教徒たちのもとでは国家神学と同じものであった（ウァッロが詩的神学を国家神学および自然神学と区別したのは、物語〔神話伝説〕のうちには崇高な哲学の深遠な秘密が含まれているという通俗的な謬見に陥って、それを国家神学と自然神学との混合体であると思いこんだためである）。そこで、わたしたちはこれに代えてわたしたちのキリスト教神学を立てることにする。わたしたちのキリスト教神学は国家神学と自然神学といとも崇高な啓示神学とが混合してできあがっている。しかも、これら三つが神の摂理の観照によって相互に結合されているのである。神の摂理は人間にかんすることがらをつぎのように導いてきた。すなわち、諸国民が、まずもっては、神々から人間たちに送られてきた神聖な告知であると信じられた一定の可感的合図によってかれらを規制する詩的神学から出発して、つぎに摂理の存在を感覚のもとには落ちてこない永遠の道理〔理性〕によって論証する自然神学へと進む。そして、これを介して、ついには感覚ばかりか人間の把握しうる道理〔理性〕そのものをも超越した超自然的な信仰の力によって啓示神学をみずから進んで受け入れるようになるよう、取り計らってきたのである。

［第2章］詩的知恵の提示と分割

367　ところで、諸学のうちでも最高の学は形而上学である。形而上学がいわゆる〈下級の〉諸学すべてにそれぞれ特定の主題を分配するのである。また、古代人の知恵は神学詩人たちの知恵であった。神学詩人たちこそは、「公理」〔199〕において確立しておいたように、疑いもなく異教世界の最初の賢者たちなのであった。また、事物の起源というものはいずれも、ことがらの本性からして、粗野なものであるにちがいない。それゆえ、こうしたことのすべてからして、わたしたちは詩的知恵の始まりをかれらの粗野な形而上学に求めなければならないのである。この粗野な形而上学をあたかも一本の幹として、そこから一方では、いずれも詩的な論理学、道徳学、家政学、政治学が、またもう一方では、同じく詩的な自然学が枝分かれしてくる。この詩的な自然学は、かれらのこれまた詩的な宇宙学、ひいては天文学の母なのであった。そして、こうして生まれた天文学は、その二人の娘、すなわち、同じく詩的な年代学と地理学とに確実性をあたえるのである。こうしてわたしたちは明晰かつ判明に示すことになるだろう、異教の文明の創建者たちがかれらの自然神学または形而上学によって神々を想像し、かれらの論理学によって言語を見つけだし、かれらの道徳学によって英雄たちを生みだし、かれらの家政学によって家族を建設し、かれらの政治学によって都市＝国家を建設したのはどのようにしてであったのか、を。また、かれらの自然学によって神にかんすることがらすべての原理を確立し、なかでも人間にかんする自然学によって言ってみれば自分自身を生みだし、かれらの宇宙学によって神々からなるかれらの宇宙全体を架空的に作りあげ、天文学によって惑星や星座を地上から天上に運びあげ、年代学によって時間に起源をあたえ、地理学によってたとえばギリシア人がかれらのギリシアの内部に世界を描きだしたのはどのようにしてであったのか、を。

368　このようにして、この学は同時に人類の観念と習俗と行為の歴史であることになる〔347, 391〕。そして、やがて見るように、これら三つのものすべてから人間的自然本性の歴史は始まっているのであり、この人間的自然本性の歴史の始まりこそがこれまでその始まりを欠いてきたようにみえる世界史の始まりなのである〔399, 736 以下〕。

369　異教の人間性〔文明〕の創建者たちは、ハム、ヤフェト、そして最後にセムの血を引く者たちであったにちがいない。まずは早々にハムの血を引く者たちが、それから少し遅れてヤフェトの血を引く者たちが、さらにのちにはセムの血を引く者たちが、徐々に、かれらの共通の父ノアの保持していた真の宗教を棄てていった。しかしまた、諸家族の並存する状態のもとにあっては、宗教のみがかれらを婚姻、ひいては家族自体のきずなによって、人間的な交わりのなかにとどめておくことができたのである〔301〕。それゆえ〔このように宗教を棄てた結果〕、かれらは父親がだれなのか不確かな性的結合を繰り返すなかで婚姻関係を解体させ、家族を消散させる方向へと進んでいったにちがいないのであった。そして、野獣のごとくに地上の大森林の中をさまよい歩き――ハムの血を引く者たちは、南アジアと、エジプトやアフリカの残余の地を、ヤフェトの血を引く者たちは、北アジア、すなわちスキュティアと、さらには遠くヨーロッパにかけて、セムの血を引く者たちは、中央アジア全体とオリエントへと――、大森林に満ち満ちていたにちがいない野獣どもから身を護りながら、また、そのような状態のもとにあっては野生のままで、嫌がって逃げ回っていたにちがいない女たちを追っかけまわしながら、餌と水を求めて、思い思いに散らばっていったのだった。母親は子供を棄てて顧みなかったので、子供たちは人間らしい声を聞くことも人間らしい習俗を身につけることもなしに成長していき、やがてはまったく野獣同然の野生の状態に陥ってしまった。そうした状態のなかでは、母親は、野獣と同じく、赤ん坊には乳をあたえるだけで、赤ん坊が裸のまま自分の排泄物のなかを転げ回ろうともそのままにしておき、乳離れするとたちまち子供を見棄てて、二度と構おうとはしなかったにちがいないのだった。また、子供たちは、硝酸塩によって大地を驚異的に肥沃にしたかれらの排泄物のなかを転げ回っていたにちがいなく、大洪水の直後で鬱蒼と繁茂していたにちがいない大森林の中に入りこもうと努力するなかで、筋肉を右に伸ばし左に屈めたりしたにちがいない。こうして硝酸塩は大量にかれらの体内に吸収されていったものとおもわれる。くわえて、かれらには、神も、父親も、教師も、少年期のこのうえなく旺盛な活力でさえ凍えさせてしまうような恐るべき存在はなにひとつとしてなかった。そこで、かれらの肉と骨は途方もなく巨大化し、かれらはたくましく頑健に育っていった。こうしてかれらは巨人となるにいたったにちがいないのだった。これは要するに野生の教育である。しかも、その野生度たるや、「公理」〔170〕で見たように、カエサルとタキトゥスが古代ゲルマン人の巨大な体躯の原因であると見なしている教育の比ではない。ここから、プロコピウスの言及しているゴート人の教育はやってきたのである(1)。また今日では、マゼラン海峡の近くに住んでいると言われているロス・パタコネス〔パタゴニアに住む人々〕の教育がそれである。この野生の教育について自然哲学者たちがかずかずの戯れ言を口にしてきたことは、カッサニョンの『巨人論』に収録されているとおりである〔170〕。それらの巨人たちについては、巨大な頭蓋骨や途方もなく大きな骨が、大概は山上で(この事実はのちに述べることになることがら〔377-378〕にとってきわめて重要な意味をもっている)、これまでにも発見されてきたし、今日も発見されつづけている。その大きさは、同じく述べるにふさわしいその場所〔377, 378〕で述べる理由からして、やがて民間伝承のなかで過度なまでに誇張されることとなった。

そのような巨人たちが大洪水後の地上には散在していた。それというのも、巨人がギリシア人の物語的歴史に登場することについてはわたしたちが見てきたとおりであるし〔193〕、また同様にラテン語の文献学者たちも、それとは自覚せずに、古代イタリア史における巨人の存在について語ってきているからである。〈アボリーギネース〉aborigines と言われるイタリア最古の人々はギリシア語では〈アウトクトネス〉αὐτόκθονες と呼ばれていたが、これは〈大地の息子たち〉のことであって、ギリシア人にとっても古代ローマ人にとっても〈貴族〉を指していた。[1] また、いみじくも〈大地の息子たち〉はギリシア人からは〈巨人たち〉と呼ばれていたのであって、こうして物語〔神話伝説〕では大地が巨人たちの母であると語られているのである。また、ギリシア語の〈アウトクトネス〉はラテン語では〈インディゲナエ〉indigenae に転化したのにちがいないのであって、これはまさしく土地から生まれた者たちのことなのである。じっさい、ある都市民あるいは国民の祖神たちは、まるで〈その地に生まれた〉inde geniti 神々を指しているかのように、〈ディイ・インディゲテース〉dii indigetes と呼ばれていた。これは、今日であれば、もっと約めて〈ディイ・インゲニティ〉dii ingeniti と言われていただろう。なぜなら、ここでの音節〈デ〉de は、のちほど論証するように、諸国民の最初の言語に頻出する冗語表現のひとつであるからである。たとえば、ラテン語では〈インペラートル〉imperator〔皇帝〕の代わりに〈インドゥペラートル〉induperator という表現が用いられていたことがわたしたちのもとにまで伝わっており、また、十二表法では、〈イニイキトー〉iniicito〔契約を結べ〕の代わりに〈エンドイアキトー〉endoiacito という表現が用いられている[2]（ここから、たぶん休戦を指すのに〈インドゥーキアエ〉

induciae という言い方が残ることになったのだろう。これはまるで〈イニイキアエ〉 iniiciae〔契約の締結〕と言っているかのようであるが、それというのも、〈イケレ・フォエドゥス〉 icere foedus、つまりは〈休戦協定を締結する〉から、こう呼ばれるようになったのにちがいないのである）。だから、本題に戻るとして、いま論じている〈その土地から生まれた者たち〉ということから〈インゲヌイ〉 ingenui という言い方は出てきているのであって、これは、最初は、また本来は、〈貴族〉を指して言われていたのだった（ここから、〈アルテース・インゲヌアエ〉 artes ingenuae、すなわち〈貴族の学芸〉という言い方が生まれて、現在も残っている）。それが最後には〈自由民〉を指して言われるようになって、現在にいたっているのである（しかし、〈貴族の学芸〉を指すのに、〈アルテース・リーベラーレース〉 artes liberales という言い方もまた、現在も残っている）。それは、のちに証明するように〔597〕、最初の都市は貴族だけで構成されていて、平民は奴隷もしくは奴隷予備軍だったからである。

371　同じくラテン語の文献学者たちが指摘しているところによると、古代の都市民はすべて〈アボリーギネース〉 aborigines〔もともとその土地に住んでいた者たち〕と言われていたという。また、聖史はエミム人とザムズミム人と呼ばれる民がいたとわたしたちに語っている[1]。聖なる言語〔ヘブライ語〕の学者たちの説明によれば、かれらは〈巨人たち〉であったという。そのうちの一人がニムロドであった。同じく聖史は大洪水以前の巨人たちを〈その時代の強くて名高い有力者たち〉と定義している[2]。ヘブライ人は、身体を浄める教育と神および父にたいする畏怖によって、神がアダムを創造し、ノアが三人の息子を産んだときと同じ、適正な体格を維持していた。こうして、おそらくはそのこと〔巨人化〕を嫌ったためであろう、ヘブライ人は身体の清潔さの保持にかかわりのある儀礼的な掟をあれほどまで多くもっていたのだった。このことの大いなる痕跡をローマ人は都市を市民たちのあらゆる罪から浄化するためだと信じて水と火とでおこなっていた公共の犠牲のなかにとどめていた。これら二つのものによって、かれらはまた、厳粛な婚姻の儀式を執りおこなっていた。さらには、同じくこれら二つのものを共有することのうちに市民権の認許の根拠を置いていた。それゆえ、市民権を剝奪することは〈インテルディクトゥム・アクアー・エト・イーグニー〉interdictum aqua et igni〔水火の禁〕と言われたのである〔610, 957〕。そのような罪を祓い浄めるための犠牲のことをかれらは〈ルーストゥルム〉lustrum〔祓い浄めの犠牲〕と呼んでいたが、これは五年を周期としてめぐってきたので、オリュンピア競技がギリシア人には四年間を意味したのと同じように、〈ルーストゥルム〉は五年間を意味した。また、〈ルーストゥルム〉は、ローマ人のもとでは、〈野獣の巣窟〉をも意味した。このため、〈ルーストラーリ〉lustrariという動詞には〈ひそかに探る〉と〈祓い浄める〉という二つの意味があるのであって、もともとは野獣の巣窟をひそかに探って、その巣窟を内部に棲みついていた野獣から祓い浄めることを意味していたにちがいないのだった。また、犠牲をささげるのに必要とされた水は〈アクア・ルーストゥラーリス〉aqua lustralis〔祓い浄めの水〕と呼ばれて現在にまでいたっている。また、ギリシア人が暦年を数えはじめたのはヘラクレスが穀物の種を播くためにネメアの森に火を放ったとき以来のことで、ここから、「著作の観念」〔3〕において触れたように、またのちにくわしく見るように〔733〕、かれはオリュンピア競技の創始者であるとされたのだったが、ローマ人はそのギリシア人よりもおそらくはもう少しばかり利口だったことにも、神聖な浄めの水から時間を五年単位で数えはじめた。そう、もう少し利口だったことにもである。というのも、——婚姻の儀式や禁令の場合などでも、まずは〈水〉と言われ、つぎに

〈火〉と言われていたように――火よりもさきにその必要性が理解された水から、文明は始まったからである。そして、これこそはその習俗が昔も今もすべての国民に共通して見られる聖なる浄めの起源であるのであって、これは犠牲の儀式に先行していたにちがいないのだった。このようにして身体を浄めることによって、また神々と父親を畏怖することによって――その畏怖は、神々にたいする畏怖も父親にたいする畏怖も、最初の時代にはこのうえなく大きなものであった――、巨人たちがわたしたちの適正な体躯にまで縮減されるということが起きたのである。ギリシア人のもとでは〈国家的統治〉のことであった〈ポリテイア〉πολιτεία から、おそらくは〈浄められた〉とか〈清潔な〉を意味する〈ポリートゥス〉politus というラテン語が出てきたのは、この理由によっている。

372　このような体躯の縮減は、諸国民のあいだで、人間たちの時代にいたるまで持続的に進行していたにちがいない。このことは古代の英雄たちの途方もなく大きな武器が証明しているとおりである。スエトニウスによると、アウグストゥス帝はそれら英雄たちの武器を太古の巨人たちの骨と頭蓋骨といっしょにかれの宝蔵館に保存していたという[1]。それゆえ、「公理」〔172〕において述べたように、人間たちの最初の世界は二つの類に分けられなければならない。すなわち、ひとつは適正な体躯の人間たちからなる世界であって、これはヘブライ人だけがそうであった。いまひとつは巨人たちからなる世界であって、異教諸国民の創建者たちがそうであった。また、巨人たちについては、さらに二つの種に分けられなければならない。ひとつは大地の息子たち、あるいは貴族であって、かれらが、さきにも述べたように〔370〕、言葉の本来の意味においての巨人たちの時代にその名をあたえたのである。また聖史はかれらのことを〈その時代の強くて名高い有力者たち〉と定義してきたのだった。いまひとつは、こちらを巨人たちと呼ぶのはあまり適切ではないのだが、〔前者に〕服従していた巨人たちである。

373 異教諸国民の創建者たちがそのような〔巨人の〕状態に到達した時期は、さきに要請をひとつ提示しておいたように〔195〕、セムの血を引く者たちの場合には大洪水から百年後、ヤフェトとハムの血を引く者たちの場合には二百年後であったことが確定される。この件については、もう少し行ったところで、ギリシア神話では語られていたものの、これまで注目されることはなかった自然史が提示されるだろう〔387〕。そして、この〔巨人の誕生にかんする〕自然史は、同時に、世界大洪水についても、〔従来語られてきたのとは〕別の自然史をあたえることになるだろう〔380〕。

[第1章]　詩的形而上学について——これは、詩、偶像崇拝、神占、犠牲の起源を明らかにする

374　このように愚鈍で、無分別で、恐ろしい野獣であった最初の人間たちから、すべての哲学者および文献学者は、異教古代人の知恵についての推理を始めるべきであったのである。すなわち、いましがたわたしたちがその本来の意味においてとらえたような巨人たちから推理は開始されるべきでだのだ（巨人たちについて、ブールデュック神父の『律法以前の教会』[1]は、巨人たちの名前は聖書のなかでは〈敬虔で尊敬すべき優れた人々〉のことを指していたと述べているが、こう述べるとき、神父が念頭においていたのは、神占によって異教徒たちに宗教の基礎を築き、巨人たちの時代にその名をあたえた、貴族たる巨人たちであった）。また、その推理を形而上学から始めるべきであった。形而上学は、それを省察する者自身の知性の諸様態の外部からではなくて内部からその証拠をとってこようとするのである。なぜなら、さきに述べたように [331]、この諸国民の世界はたしかに人間たちによって作られてきたのであるから、その諸原理は人間たちの知性の諸様態の内部に見つけ出しにおもむくべきであった

らである。そして、人間の自然本性は、それが野獣どもと共通の状態にあるかぎりにおいては、感覚が事物を認識する唯一の道であるという特性をたずさえているのである。

375 したがって、異教世界の最初の知恵であった詩的知恵は、今日の学者たちのそれのような悟性によって推理される抽象的なものではなくて、感覚にもとづき形像によって表現されるような形而上学から始まったにちがいない。最初の人間たちの形而上学はそのようなものであったにちがいないのだ。最初の人間たちは、「公理」〔185〕において確定しておいたように、なんらの悟性的判断力もそなえてはおらず、全身が強力な感覚ときわめて旺盛な想像力であったからである。この形而上学はかれら自身の詩的創作であった。そして、そのような詩的創作の能力はかれらにおいては生来の能力であった。なぜなら、かれらはそのような感覚とそのような想像力を生まれつき授けられていたからである。また、それはもろもろの事物の原因について無知であるところから生まれたものであった。この無知があらゆる事物にたいするかれらの驚嘆の母なのであった。「公理」〔184〕において触れておいたように、かれらはあらゆる事物について無知であったために、出会うものすべてに強く驚嘆したのである。そのような詩的創作はかれらにおいては神々の創作として始まったが、それは、かれらが自分たちの感覚し驚嘆した事物の原因を神々であると想像したからにほかならない。このことは「公理」〔188〕においてラクタンティウスとともに見たとおりである。また今日では、アメリカ人たち〔南米のインディオたち〕のもとで確認しているところでもある。かれらはかれらのちっぽけな能力を凌駕するすべての事物を神々であると言っているのだ。これにわたしたちは北氷洋のほとりに住んでいた古代ゲルマン人も付け加えようとおもう。タキトゥスが語っているところによると(1)、かれらは夜、太陽が西から海を渡って東へ移動していく音が聞こえると言っていた。そして、神々の姿が見えると主張していたという。これらのきわめて粗野で単純きわまりない国民は、いまここで推理している異教世界の創建者たちについてはるかに多くのことをわたしたちに理解させてくれるのである。それと同時に、言わせていただくが、かれらはその驚嘆した事物にかれら自身のイデア〔自己観念像〕にもとづいて実体的存在をあたえたのだった。これはまさしく幼児の本性である。このことについてもひとつの公理を提示しておいたように〔186〕、幼児は生命のない事物を手に取って、それらと遊び戯れ、それらがまるで生きた人物であるかのように話しかけているのをわたしたちは目にするのだ。

376 このようにして、異教諸国民の最初の人間たちは、同じく「公理」〔187, 209〕において確認しておいたように、生まれつつある人類の幼児として、かれら自身のイデア〔自己観念像〕から事物を創造したのであった。しかしまた、それは神がおこなう創造行為とは限りなく相違していた。なぜなら、神は純粋このうえない聡明さのなかで事物を認識する。そして認識しつつ創造する。これにたいして、かれらはかれらの頑固たる無知をつうじて、きわめて肉体的表象性に富む想像力を働かせつつ、事物を創造したのだった。そして、それはきわめて肉体的表象性に富むものであったため、その行為には驚嘆すべき崇高さがともなうこととなった。その崇高さたるや、それらを想像しつつ創造した当のかれら自身を極度に動揺させるほどであったのだ。ここからかれらは〈ポエータ〉poeta〔詩人〕と称されたのであって、これに該当するギリシア語は〈創造者〉を意味しているのである。——さて、偉大な詩が遂行すべき三つの仕事がある。すなわち、民衆の理解力に見あった崇高な物語を考案すること、詩がみずからに提示した目的を履行するために、〔人々の心を〕極度に動揺させること、詩人たちが自分自身に教えてきたのと同じように、民衆に徳ある振る舞いをするよう教えること、の三つである。この点については、のちに論証されるだろう〔379〕。人間にかんすることがらのこの自然本性については、タキトゥスによって高貴な言い回しで表明された永遠の特性が残っている。人間は、驚かされると、空しいことにも〈想像すると同時に信じこんでしまう〉というのがそれである。[1][2]

377　ある要請〔195〕で述べておいたように、大洪水から、メソポタミアでは百年、世界のその他の地では二百年ののち（それというのも、大地から世界大洪水の湿気が乾き、大気中に乾いた蒸発物や燃えやすい物質を送って、雷を惹き起こすようになるためには、それだけの歳月が必要とされたからである）、天がついにものすごく恐ろしい雷光をひらめかせ、雷鳴をとどろかせたのだったが（大気中に初めてかくも強烈な印象がもたらされるためには、雷が生じたにちがいないのだった）、そのとき、異教文明の最初の創建者たちはいま述べたようなあり方をしていたにちがいなかった。そこで、雷が発生したとき、巨人たちのうちでも最強の者たちであったにちがいない一部の巨人たちは山頂にある森に散開していたのだが（最強の野獣は山頂の森に巣窟をもうけるものである）、その原因のわからない大いなる現象に驚き、びっくりして、目を上げ、天〔の存在〕に気づいた。ところでまた、「公理」〔180〕において述べておいたように、このような〔原因のわからない現象に出会った〕場合には、人間の知性はその現象に自分自身の自然本性を付与しようとするものである。そして、そのかれら巨人たちの自然本性は、そのような状態のもとにあっては、どこからどこまでも頑強な肉体の力そのもので、唸り、ごろごろという音声を発しながら、かれらの凶暴きわまりない情念を発散させていたような人間たちのそれであった。そこで、かれらは天を一個の生命ある巨大な物体であると想像し、そのような相貌のもとで、それをゼウスと呼んだ。いわゆる〈大〉氏族の最初の神である。かれらによると、ゼウスは稲妻のひゅーと鳴る音と落雷の轟音とによってかれらになにごとかを言おうとしているというのであった。こうしてまたかれらはおのずと好奇心を働かせはじめた。好奇心が無知の娘で知識の母であり、人間の知性を開かせて、驚きを生みだすものであることは、すでに「公理」で定義しておいたとおりである〔184, 189〕。そのような自然本性は庶民のあいだでは今日でも根強く持続していて、自然界、とくに天体の様相に彗星とか日暈とかその他なにか不思議なものを見つけたりすると、すぐさま好奇心を燃え立たせ、詮索マニアになって、それがなにを意味するのか尋ねようとする。これについても公理をひとつ提示しておいたとおりである〔189〕。また、磁石と鉄とのあいだに摩訶不思議な現象が存在するのを見て驚嘆すると、人々の知性が明敏になり哲学によって博識になった現代においてすら、磁石は鉄とひそかに好きあっているのだと考えたりする。このようにしてかれらは、これまた「公理」〔180〕で述べておいたところにしたがって、自然全体を情念と効果を感覚する一個の巨大な生命ある物体に仕立てあげるのである。

378 しかし、今日では、わたしたち人間の知性は、庶民自身のあいだでも、あまたの抽象作用によってあまりにも感覚から退いてしまっており、言語も数多くの抽象的語彙でいっぱいになっている。また、書記の技法によってあまりにも繊細化しており、数を用いることによってほとんど精神化してしまっている。というのも、庶民であっても数を数えたり計算したりするすべを知っているからである。このため、人々が〈共感的自然〉と呼んでいるような女性の巨大な像を作りあげることは、わたしたちにはことがらの自然本性からして拒まれている。人々は口では〈共感的自然〉ということを言うものの、かれらの知性のなかには何ももっていないのである。なぜなら、かれらが知性のなかにもっているものといえば虚偽でしかなく、すなわち無以外のなにものでもないからである。また、想像力に助けられて、そのような虚偽の巨大このうえない像を作りあげることは、もはやできなくなっているからである。だから、今日では、最初の人間たちの広大な想像力のなかに入っていくことは、わたしたちにはことがらの自然本性からして拒まれているのである。最初の人間たちの知性はなにひとつ抽象的なところはなく、なにひとつ纖細化されたところはなく、なにひとつ精神化されたところはなかった。なぜなら、すべてが感覚のなかに浸りきっており、すべてが情念によって鈍くなっており、すべてが肉体のなかに埋没していたからである。このために、異教の文明を創建した最初の人間たちがどのように思考していたのかは辛うじて頭で理解することができるにすぎず、具体的に心に表象してみることはまったくできない、とさきに述べたのだった〔338〕。

379　このようにして最初の神学詩人たちは最初の神話を作りあげたのだった。それはかれらがのちに作りあげたどの神話よりも大きな神話であった。ゼウスがそれであって、かれは人間と神々の王にして父であった。そして雷光をひらめかせるのだったが、それは人口に膾炙し、人々の心を動揺させた。しかも示唆に富むものであったので、それをみずから作りあげた当の者たちがみずからそれを信じたのであり、のちに明らかにするように〔517〕、恐怖に満ちた宗教によって畏れ、敬い、従ったのである。そして、「公理」〔183〕においてタキトゥスによって注意されているのを聞いた人間の知性の特性からして、最初の人間たちはかれらが見たり、想像したり、かれら自身が作りだしたものすべてをゼウスであると思いこみ、かれらがつかみとることのできた宇宙全体に、またその宇宙のすべての部分に、生命ある実体の存在をあたえた。これが〈万物はゼウス〔ユピテル〕で満たされている〉(1)というモットーの国家制度史的な起源である。このゼウスをのちにプラトンは万物に浸透して万物を満たしているアイテールだと解釈した。(2) しかし、少しあとで見るように〔712〕、神学詩人たちにとっては、ゼウスは山の頂上よりも高いところにいたわけではなかったのだ。それからまた、最初の人間たちは合図で互いの意思を通じあっていたので、そのかれらのあり方からして、雷光や雷鳴をゼウスの合図であると思いこんだ。こうして、〈ヌオー〉nuo、すなわち〈合図する〉ということから〈ヌーメン〉numen、〈神意〉という言い方が出てきたのである。これは神の尊厳を説明するにふさわしい崇高このうえない観念ではないか。かれらは、このような合図によってゼウスは自分たちに命令しているのだと思いこんだ。そして、これらの合図は実物語《じつぶつご》であって、自然はゼウスの言語なのだと思いこんだのだった。また、その言語を知ることが神占であると異教の諸民族はあまねく信じていた。この神占をギリシア人は〈神学〉と称したが、これは〈神々の言葉の知識〉という意味であった。——このようにして、ゼウスは恐るべき雷光の王国を獲得し、それによって人間と神々の王となった。そして、二つの肩書を手に入れた。ひとつは〈最強の者〉という意味での〈最善者〉という肩書である（これは、反転して、初期ラテン語では〈フォルトゥス〉fortus〔強い〕という語が後代のラテン語で〈ボヌス〉bonus〔善い〕が意味するものを意味していたのと、事情を同じくしている）。いまひとつは〈最大者〉という肩書である。この肩書はかれが天に等しい巨大な体躯をしていることから付けられたものであった。また、人類にあたえた最初の偉大な恩恵によって、かれには〈救助者〉ないしは〈救済者〉という肩書もあたえられた。なぜなら、雷で人類をうち滅ぼすことをしなかったからである。これはわたしたちが採用したこの学の三つの原理のうちの第一のものである〔333–335〕。さらには、〈定着させた者〉ないしは〈停止させた者〉という肩書もあたえられたが、これは例の一部の巨人たちに野獣的放浪をやめさせ、かれらがやがて諸民族の王となるように取り計らったからである。このことをラテン語文献学者たちはあまりにも狭く、ユピテル〔ゼウス〕はロムルスに懇請されて、サビーニ人との戦いで逃げ出そうとしていたローマ人を押しとどめた、という点に限定して解釈してしまっている(3)。

380 したがって、異教諸国民がそれぞれに一つずつのゼウスをもっているということで文献学者たちを驚かせているほど数多くのゼウスが存在するということは（それらのうちでも、「公理」〔47〕において述べておいたように、エジプト人は、かれらのうぬぼれから、自分たちのゼウスであるアンモンが最古のものであると言っていたのだが）、これも「公理」〔194〕において約束しておいたように、大洪水が世界的な規模のものであったことを証明する自然史がその数だけ物語〔神話伝説〕のうちに保存されてわたしたちのもとに伝わっているということである。

381 このように、「公理」〔209〕において詩的記号の原理について述べておいたことからして、ゼウスは詩のなかでおのずと神を象徴する記号、もしくは想像的普遍として生まれたのであった。そして、そのゼウスに古代の異教諸国民はいずれも神占にかんするすべてのことを帰したのである。それゆえ、かれらはすべて自然本性上詩的な国民であったにちがいないのであった。またかれらは、摂理の属性をつうじて神を観照するというこの詩的形而上学から、詩的知恵を開始した。こうしてかれらは〈神学詩人〉と呼ばれた。すなわち、神々の言葉をゼウスの卜占でもって理解していた賢者であったというのである。さらにはまたかれらは、〈ディーウィーナーリー〉divinari、すなわち〈占う〉ないしは〈予言する〉ということから、〈ディーウィーニー〉divini、〈予言者〉とも呼ばれた。そして、その知識は〈ムーサ〉

と呼ばれた。これはさきに見たように〔365〕、ホメロスによって善と悪にかんする知識と定義されたものであって、つまりは神占のことである（これも「公理」〔167〕において述べておいたように、その神占を禁じることによって神はアダムにかれの真実の宗教を命じたのであった）。このような神秘的神学を抱懐していたことから詩人たちはギリシア人によって〈ミュステース〉μύστης と呼ばれたのだった。この語をホラティウスは卜占や神託の神秘を説明する〈神々の通訳者〉だと解釈している。[1] また、その知識にかんして、異教諸国民はそれぞれに十二人の巫女を擁していた。巫女と神託とは異教文明のうちでも最古のものである。

382　ここで論じたことはすべて、偶像崇拝の起源にかんして推理している、「公理」〔188〕において言及しておいたエウセビオスの黄金の一節と符合する。単純で粗野であった最初の民は〈現に目の前に立ち現われている力への恐怖から〉神々を作りあげたというのだ。[1] こうして、恐怖こそがこの世に神々を作りあげた当のものであったのである。ただし、「公理」〔191〕において注意しておいたように、その恐怖は他の者たちによって他の者たちに引き起こされたものではなくて、自分たちによって自分たちに引き起こされたものであった。この偶像崇拝の起源とともに神占の起源も論証されたのであって、両者はこの世に同時に誕生したのだった。そして、これら二つの起源に続いて犠牲の起源がやってくる。犠牲は前兆を〈手に入れる〉、もしくはよく理解するためにささげられたのである〔250〕。

383　詩がこのようにして誕生したということは、最後には、ありえないものでありながら信じることのできるものこそが詩の本来の素材である、という詩の永遠の特性から確証される。たとえば、物体が知性であることはありえないにもかかわらず、雷鳴を轟かせる天がゼウスであると信じられたのだった。したがって、魔女が呪文を唱えることによってなす奇蹟を歌うこと以上に、詩人たちにとって大きな活躍の場所は存在しないのである。要するに、いっさいは神の全能について諸国民がいだいている隠れた感覚に還元されなければならないのだ。この感覚から、すべての民族がおのずと神性を敬って無数の儀礼を執りおこなうよう導いていく、もうひとつの感覚も生じてくるのである。このような仕方によって詩人たちは異教諸国民のもとで宗教の基礎を築いたのだった。

384　これまで論じてきたすべてのことからして、詩の起源についてまずはプラトンによって、ついではアリストテレスによって、そして最後にはパトリッツィ(1)、スカリージェロ(2)、カステルヴェトロ(3)によって言われてきたことのいっさいが覆される。そして、人間の悟性的判断力が欠如していたからこそ、かくも崇高な詩は生まれたのであって、のちにやってきた哲学によっても、詩と批評の技法によっても、それよりも偉大な詩は言うにおよばず、それに匹敵する詩も生みだされはしなかったことが見いだされる。それゆえ、ホメロスには、価値の点でも時代の古さの点でも、英雄詩人と称されるすべての崇高な詩人たちの第一人者という特権があたえられるのである。このような詩の起源の発見によって、プラトンからヴェルラムのベーコンの『古代人の知恵』にいたるまで、あんなにも熱烈に発見が願望されてきた古代人の比類なき知恵という見解は霧消してしまった。その知恵は人類の基礎を築いた立法者たちの通俗的な知恵であったのであって、世にもまれな至高の哲学者たちの深遠な知恵などではなかったのだ。このことからは、まずは手始めにゼウスの場合について検討してきたように、学者たちによってギリシア神話とエジプトの神聖文字に付与されてきたこのうえなく高尚な哲学のもつ神秘的意味というのはすべて見当違いなものであることが見いだされるだろう。そして、それらが自然に含んでいたにちがいない歴史的意味のほうこそが自然なものであることが明らかになるだろう。

〔第2章〕この学の主要な諸側面についての系

一

385 これまで述べてきたことから、つぎのような結論が導きだされる。粗野で、野生のままで、野獣のような人間たちは、自然の援助への望みが絶たれたなかで、自然を超越した何ものかが自分たちを救済してくれることを願うようになったのだが（これはわたしたちがこの学の方法を確立したさいに準拠した第一の原理である〔339〕）、そのかれらがもつことのできた人間的感覚によってつかみとられた神の摂理は、かれらがゼウスという偽りの神性を畏怖するという欺きのなかに入りこむことをゆるしたのであった。それというのも、その神性はかれらを雷で打つことをなしえたからである〔377, 379〕。こうして、あの初めての嵐の日、暗雲が立ちこめるなか、あの稲妻がひらめいたとき、かれらは神の摂理が全人類の救済を管理しているのだという偉大な真理を見てとったのだった。したがって、そのような主要な側面からするとき、この学は神の摂理についての悟性的に推理された国家神学であろうとし始める〔342〕。そして、それは、摂理の属性をつうじて神を観照することによって諸国民の基礎を築いた立法者たちの通俗的な知恵から始まって、その神を自然神学のなかで道理にもとづいて論証する哲学者たちの深遠な知恵でもって完成されるのである〔366〕。

386 つぎに、この学はまた、〈権威〉という言葉を〈所有権〉というその第一の意味にとるとして、[1] 権威の哲学であろうとし始める〔350〕。これはこの学の有するいまひとつの主要な側面である。じっさいにも、この言葉は十二表法ではつねに〈所有権〉という意味で使われていたのだった。[2] そして、ここから、所有権を有するとわたしたちが認める者のことを〈アウクトル〉auctor と呼ぶ呼び方がローマ市民法では現在でも残っているのである。この呼び方はたしかに〈アウトス〉αὐτός、〈プロプリウス〉proprius ないしは〈スウス・イプシウス〉suus ipsius〔いずれも「自分のもの」の意〕から出てきたものであって、多くの文献学者たちは気音を省略して〈アウトル〉autor および〈アウトーリタース〉autoritas と表記している。

387 権威は、まずもっては神的な権威として始まった。その権威によって神性はさきに述べた少数の巨人たちを自分のものにしたのである。かれらを字義どおり地底に打ち倒し、山の下の洞窟の隠れ場所に隠れさせることによってである。それは鉄の輪であった。その鉄の輪でもって巨人たちは、天が最初に雷光を発したときに山上に散開していたかれらがたまたま居合わせた土地に、天とゼウスへの恐怖のために、繋がれたままになってしまったのだった。それらの巨人たちがティテュオスであり、プロメテウスであった。かれらは高い崖に鉄の輪で繋がれたまま、心臓を鷲すなわちゼウスの前兆の宗教が喰うのだった〔719〕。〈恐怖のために身動きできなくなってしまった〉者たちのことはラテン語の英雄的語句で〈テルローレ・デーフィクシー〉terrore defixi〔恐怖によって呪縛された〕という言い回しとなって残っている。[1] また、画家たちも手足がそのような輪でもって山の下に繋がれたかれらの姿を描いている。ディオニュシオス・ロンギノスがホメロスの物語のなかでも最も崇高だと称賛している大いなる鎖[2]はこれらの輪でもってできあがっていたのだった。ゼウスが、自分が人間たちと神々の王であることを立証するために、すべての神々とすべての人間たちが寄ってかかって一方の端にしがみついて天から引きずり降ろそうとしても、そのかれらを自分は独りで反対側に引き戻してみせようと提案している鎖がそれである。その鎖をストア派の者たちはかれらの言う〈運命〉が世界をがんじがらめにするさいの基になっているさまざまな原因の永遠の連なりを指しているものと考えたがっている。しかし、かく言うかれら自身がその連なりのなかに巻きこまれないよう注意されたい。それというのも、人間たちと神々がそのような鎖でもって引きずられるということは、ゼウスの自由意志にかかっていることであるからである。ところが、ストア派の者たちはゼウスが〈運命〉に屈することを欲しているのだ。

388　このような神的権威は、続いては、人間的な自然本性の所有権という、その語の哲学的に十全な意味においての人間的な権威をもたらす。それは神によってすら、人間そのものを破壊してしまうのでないかぎり、人間から奪うことのできないものなのだ。このような意味において、テレンティウスは〈ウォルプターテース・プロプリアス・デーオールム〉voluptates proprias deorum〔神々固有の喜悦〕という言い方をしたのだった[1]。これは、神の幸福は他の者たちに依存しない、ということを言っているのである。また、ホラティウスは〈プロプリアム・ウィルトゥーティス・ラウルム〉propriam virtutis laurum〔徳固有の栄光〕という言い方をしたのだった[2]。これは、徳の勝利は嫉妬によって奪われはしない、ということを言っているのである。さらにはまた、カエサルは〈プロプリアム・ウィクトーリアム〉propriam victoriam〔固有の勝利〕という言い方をしたのだった。[3] これをドニ・ペトーはラテン的な言い回しではないと注記しているが、[4] この注記はまちがっている。なぜなら、その言い回しは〈敵がかれの手中から奪うことのできなかった勝利〉をじつに正確なラテン語で表現しているからである。――この権威は意志の自由な使用である〔141, 310〕。これにたいして、理解力のほうは真理に従属した受動的な能力なのだ。それというのも、人間たちは人間にかんすることがらのこの最初の地点から出発して、身体の運動を抑制し、それらをまったく鎮静化してしまうか、それらによりよい方向をあたえようとする、人間的な選択の自由を行使するようになったからである〔「方法」の部で述べておいたように〔340〕、これは自由な行為者に固有の努力《コーナートゥス》である〕。こうして、あの巨人たちは大地の大森林をさまよい歩くという野獣的習性をみずから制限して、かれらの洞窟の中に隠れたまま長期間にわたって定着するという正反対の習わしに慣らされていくようになったのであった。

389　このような人間的自然本性の権威に自然法の権威が続く。かれらは、最初の雷のときにたまたまそこに居合わせた土地を占拠して長期間その土地にとどまっていたことによって、占拠と長期間の所有を理由として、その土地の主人となったのだった。これがこの世におけるあらゆる所有権の源泉なのである。そして、これらの者たちこそが〈公正なユピテル〔ゼウス〕が／愛した少数の者たち〉[1] なのであった。この少数の者たちをやがて哲学者たちは知識と徳への良き素質をもっているということで神に選ばれた者たちというように解釈しなおした。しかし、このモットーの歴史的意味はなんであったかといえば、あの地底 fondi のあの隠れ場所 nascondigli でかれらはいわゆる〈大〉氏族たちの第一人者となったということであったのだ。そして、「公理」〔317–318〕において述べておいたように、それら〈大〉氏族たちの第一の神に挙げられるのがゼウスなのであった。また、それら〈大〉氏族たちは、のちに明らかにするように〔433〕、多くの家族に分かれた古代の貴族の家柄をなしていて、最初の王国と最初の都市はかれらでもって構成されていたのだった。このことについては、〈コンデレ・ゲンテース〉condere gentes、〈コンデレ・レーグナ〉condere regna、〈コンデレ・ウルベス〉condere urbes〔氏族・王国・都市を建設する〕とか、〈フンダーレ・ゲンテース〉fundare gentes、〈フンダーレ・レーグナ〉fundare regna、〈フンダーレ・ウルベス〉fundare urbes〔氏族・王国・都市の基礎を築く〕といったラテン語のこのうえなくみごとな英雄語句がいまに残っている(2)。

390　この権威の哲学が神の摂理についての悟性的に推理された国家神学のあとに続いてやってくるのは、神の摂理についての悟性的に推理された国家神学の提供する神学的証拠を受けて、権威の哲学はみずからの提供する哲学的証拠によって文献学的証拠を明晰判明なものにし（この三種類の証拠はすべてすでに「方法」において枚挙しておいたところである〔342–350〕）、諸国民の不明瞭きわまりない古代のことどもについて、「公理」〔141〕において述べておいたように、その自然本性からしてきわめて不確実なものである人間の選択意志を確実なものへと引き戻すからである。これは文献学を知識の形式に引き戻すというに等しい〔7, 138–140〕。

三

391　第三の主要な側面は人間的観念の歴史である〔347〕。これは、いましがた見たように〔377〕、肉体の目でもって天を観照することによる神的な観念から始まったのであった。じっさいにも、鳥卜占学においては、前兆がやってきたり吉凶が観察されたりする天の部分を観察することがローマ人たちによって〈コンテンプラーリー〉contemplari と言われた。また、鳥卜占官たちが卜杖によって描き出すその領域は〈テンプルム・コエリー〉templum coeli と言われた。[1] ここからギリシア人たちに最初の〈テオーレーマタ〉θεωρήματα および〈マテーマタ〉μαθήματα、すなわち〈観照すべき神的ないしは崇高なことども〉はやってきたにちがいないのであって、それが最後には形而上学と数学の抽象的なことどもとなったのである。これが〈ユピテル〔ゼウス〕からムーサは始まった〉[2] というモットーの国家制度的な歴史である。じっさいにも、いましがたも見たように、ゼウスの雷光からホメロスが〈善と悪についての知識〉と定義している最初のムーサは始まったのだった。そして、そこにやがて哲学者たちが〈知恵の始まりは敬虔である〉という見解を忍びこませるのはいたって容易なことであった。このようなわけで、最初のムーサは天を観照して前兆を受けとろうとしたウラニアだったにちがいなく、[3] それがやがて、のちに見るように〔508〕、天文学を意味するようになったのである。そして、詩的形而上学がその母の自然本性からしていずれも同じく詩的なもろもろの従属的科学に分割されたように〔367–368〕、この人間的観念の歴史も、諸国民のあいだで慣習的におこなわれている実践的な学と、文明化した現在、学者たちによってたたえられている思弁的な学の、粗野な起源をあたえることとなるのである。

四

392　第四の側面はいま述べた人間的観念の歴史から生じてくる哲学的批判である。この哲学的批判は諸国民の創建者たちにかんする真実についての判断をくだすだろう。諸国民のなかに文献学的批判の主題をなす著作家たちが出現するまでには優に千年以上の歳月が経過せざるをえなかったのである。ついではまた、この哲学的批判は、ゼウスから始まって、自然神統記、すなわち生まれつき神学詩人であった異教諸国民の創建者たちの知性のなかで自然に作りだされていった神々の誕生の経緯を提供するだろう。また、いわゆる〈大〉氏族の十二神の観念はかれらの人間的な必要と利益に応じてそのつどかれらによって想像されていったのであったが、その十二神は十二の小時代に分けて確定され、それらの時代に神話が生まれた時代は引き戻されるだろう。したがって、そのような自然神統記は、英雄時代以後通俗的歴史が始まるまでの少なくとも九百年間の詩的歴史についての悟性的に推理された年代記を提供するだろう〔348〕。

五

393　第五の側面は諸国民すべての歴史が時間の中を経過するさいの基礎をなす永遠の理念的な歴史である〔349〕。諸国民は、人間たちが野生のままで獰猛で野獣同然であった時代から宗教でもって馴致されはじめたところではどこでも、この第2巻において省察され、諸国民がたどる経過について論じる第4巻と人間にかんすることがらの反復について論じる第5巻とにおいてふたたび出会われる諸段階を踏んで始まり、進行していき、終わりを迎えるのである。

六

394　第六は万民の自然法の体系である。その三人の大御所、フーゴ・グロティウス、ジョン・セルデン、ザムエル・プーフェンドルフは、さきに提示しておいた公理のひとつからして〔314-315〕、その素材が始まる諸民族の始まりとともに自分たちのあつかう学説を始めるべきであったのだ。ところが、この点において、かれらは三人とも揃いも揃って誤りを犯してしまった。三人とも、途中から、すなわち、諸国民がすでに文明化されている、ひいては人間たちが全面的に展開された自然的道理によって啓蒙されている、最後の時代から学説を開始してしまったのである。この最後の時代に哲学者たちは出現したのであって、完璧な正義の観念を省察するにいたるのである。

395 まずグロティウスは、真理への愛着があまりにも強いために、神の摂理を脇に置いてしまった。そして、自分の体系はいっさいの神認識を脇に置いても揺らぐことはない、と公言している(1)。このため、かれが多くの素材にかんしてローマの法学者たちに浴びせている非難は、まったくの的外れなものとなってしまったのだった。というのも、ローマの法学者たちは神の摂理を第一原理に据えて、万民の自然法について論じようとしたのであって、哲学者や道徳神学者の省察するような自然法について論じようとしたわけではなかったからである。

396 つぎにセルデンは神の摂理が存在すると想定している(1)。しかし、最初の民が非社交的であったことにも、神の民が当時の諸国民の世界全体をヘブライ人と異教徒とに分割していたことにも、まったく考慮を払っていない。また、ヘブライ人はエジプトに隷属していたあいだに自分たちの自然法を見失ってしまったため、神はシナイ山上でモーセに律法をあたえることによってそれをかれらに組織しなおしてやらなければならなかったということにも、考慮を払っていない。さらには、神はかれの律法によって、正義にもとるとはいえ、死すべき運命にある立法者のだれひとりとして心を煩わせたことのないような思念までをも禁じたということにも、考慮を払っていない。ここで推理している異教諸国民すべての野獣的起源については、言うまでもない。そして、かれはヘブライ人がのちに異教徒たちに自然法を教えたと主張しているが、このことを立証することはできないでいる。このことは、さきに引いておいたラクタンティウスの深刻な省察と、これもさきに指摘したように、ヘブライ人が異教徒たちにたいしていだいていた敵意、今日でも諸国民すべてのあいだに散らばりながら保存している敵意とによって補佐された、ヨセフスの度量ある告白によって裏づけられるとおりである〔94–95〕。

397　最後にプーフェンドルフは万民の自然法をエピクロス的な仮説でもって始めており、神のなんらの援助も配慮もなしにこの世に投げ出された人間を設定している(1)。この点を非難されると、かれは特別に論説を著して自説を正当化しようとした(2)。しかしながら、神の摂理という第一の原理がなくては、法について論じるために口を開くことはできないのである。この点にかんしては、キケロが法律について論じたさい、エピクロスの徒であったアッティクスに述べているのを、さきにわたしたちが聞いたとおりである〔335〕。

398　これらの理由からして、法（法はラティウムの人々によって〈ユース〉iusと言われたが、これは古語の〈ヨーウス〉Ious〔ゼウス〕が縮約されたものであった）について推理するにあたって、わたしたちはすべての時代のうちで最も古い時点から始めることにする。すなわち、異教諸国民の創始者たちの頭の中にゼウスの観念が思い浮かんだ瞬間から始めることにしようとおもう。驚くべきことにも、この点にかんしてはギリシア人もラティウムの人々と見解をともにしているのである。じじつ、幸運にもプラトンが『クラテュロス』において指摘してくれているところによると(1)、ギリシア人は正義のことを最初は〈ディアイオン〉διαιόν と呼んでいたという。これは〈ディスクルレンス〉discurrens〔走りまわりながら〕とか〈ペルマネンス〉permanens〔留まりつづけながら〕という意味なのである〈プラトンはそこに哲学的起源を割りこませて、神話にかんする博識を発揮しつつ、ゼウスとは万物に浸透してその中を走りまわるアイテールのことだと解釈した。しかし、その歴史的起源はギリシア人によって〈ディオス〉Διός とも呼ばれていたゼウスにあったのだ。ここから、〈大空の下で〉を意味するのに、ラテン語では〈神の下で〉sub dio と〈ユピテル〈ゼウス〉の下で〉sub Iove という言い方が等しく使われるようになったのだった〉。それがやがて、こちらのほうが軽快だという理由で〈ディカイオン〉δίκαιον という言い方が好まれるようになったのである(2)。したがって、このことからわたしたちは法についての推理を始めるのであって、法はまずもっては神的なものとして、神占すなわちゼウスの前兆についての知識によって表明されるような特性をそなえて生じたのであった。そして、このゼウスの前兆についての知識がすなわち神にかんすることがらであったのであって、これによって異教諸国民は人間にかんすることがらを規制していたのだった。この神にかんすることがらと人間にかんすることがらの両者が法学にそれにふさわしい主題を提供するのである。したがって、わたしたちは万民の自然法についての推理を神の摂理の観念から始めることにする〔342, 379〕。神の摂理の観念と法の観念とは時を同じくして誕生したのである。万民の自然法は、さきにその誕生の様式について考察しておいたように、本来の意味での氏族、〈大氏族〉と呼ばれていた最も古い種類の氏族の創建者たちによって自然な仕方で観察されはじめたのであった。そして、かれらの第一の神がゼウスであったのである〔316以下〕。

七

399　この学の有する主要な側面の第七番目にして最後のものは世界史の始まりについてのものである。世界史は、異教世界の人間にかんすることがらすべてのこの最初の瞬間から、エジプト人が自分たちよりも前に経過したと言っていた世界の最初の時代、すなわち、神々の時代とともに始まったのだった。「公理」において見たように、(1)この時代に天が地上に君臨して人間たちにいくつかの大いなる恩恵をもたらし始める。ここにギリシア人の黄金の時代が始まるのであって、さきに見ておいたように〔377〕、その時代にはゼウスに始まって神々は地上で人間たちと交わっていたのだった。このような世界の最初の時代から出発して、ギリシアの詩人たちはかれらの物語のなかで大洪水と巨人たちが自然のなかに存在したことを忠実に語っていたのであり、こうしてまた世俗的な世界史の始まりを偽りなく語っていたのである。しかし、後世に生まれた者たちは異教世界を創建した最初の人間たちの想像力（その想像力のおかげでかれらには神々を実際に見ているようにおもわれたのだった〔375〕）のなかに入っていくことはできなかった。また、〈地面に打ち倒す〉という言葉の本来の意味が〈地下に送りこむ〉ということであったことも理解できなくなってしまった。そして、山の下の洞窟の中に隠れて住んでいた巨人たちは、このうえなく盲信しやすい人々のあいだで語り伝えられているうちに、行き過ぎた改変をほどこされて、天から神々を追放するためにオリュンポスとペリオンとオッサの山々を次々に積み重ねていったと考えられるようになった。(2)しかし、実際には、不敬虔な最初の巨人たちは神々と戦わなかったばかりか、ゼウスが雷を落とすまでは神々の存在すら気づかずにいたのだった。また、天はのちにはしだいに展開していったギリシア人の知性によって計り知れない高さにまで高めあげられたが、のちに証明するように〔712–713〕、最初の巨人たちにとってはあくまでも山の頂上ほどの高さであったのである（このの〔巨人たちが天から神々を追放するためにオリュンポスとペリオンとオッサの山々を次々に積み重ねていったという〕物語はホメロスのあとに作られて、他の者たちによって『オデュッセイア』のなかでホメロスに付け加えられたものであったにちがいない(3)。ホメロスの時代には、神々を追い落とすにはオリュンポス山を崩しさえすれば十分だったのだ。ホメロスは『イリアス』のなかではつねに神々はオリュンポス山の頂きに住みついていると語っている）。これらすべての理由からして、これまで世俗的な世界史は始まりを欠いてきたのであった。また、詩的歴史についての悟性的に推理された年代学もこれまで欠如していたため、世俗的世界史は永続性も欠いてきたのである(4)。

［第2部　詩的論理学］

［第1章］詩的論理学について

400　さて、事物をそれらの存在のあらゆる様式において観照するかぎりにおいて形而上学であるものは、それらがなにを意味するかを指示するあらゆる様式において考察するかぎりにおいては論理学である。したがって、詩が以上でわたしたちによって詩的形而上学——これによって神学詩人たちは物体の大方が神的な実体であると想像してきたのであった——として考察されてきたように、同じ詩が、今度はそれらの意味するものを指示した詩的論理学として考察される。

401　〈論理学〉logicaという言い方はギリシア語の〈ロゴス〉λόγοςという語からやってきたものである。これは最初、そして本来は〈物語〉fabulaを意味していた。それがイタリア語に移し換えられて〈ファヴェッラ〉favella〔言葉〕となったのだった。また、物語はギリシア語では〈ミュートス〉μῦθοςとも言われた。そして、この〈ミュートス〉からラテン語の〈ムートゥス〉mutus〔無言の／沈黙した〕という語は出てきている。言葉は、人々がまだ無言であった時代に、まずはストラボンが黄金のくだり[1]で音声語ないしは分節語以前に存在したと述べているメンタルな言語[2]として生まれたのだった。したがって、〈ロゴス〉は〈観念〉と〈言葉〉の双方を指しているのである。しかも、そのような宗教的時代に神の摂理によって事態がそのように配置されたのは、宗教にとっては語ることよりも瞑想することのほうが大事であるという永遠の特性からして、適切なことでもあった。そこで、「公理」〔225-227〕において述べておいたように、諸国民の最初の物言わぬ時代におけるそのような最初の言語は観念と自然的な関係を有しているような合図や所作や物体でもって始まったにちがいないのであった。このために〈ロゴス〉ないしは〈ことば〉はヘブライ人のもとでは〈なされたもの〉をも意味していたのだった[3]。また、ギリシア人のもとでは、トマス・ガタカーが『新約聖書の文体について』において指摘しているように、〈もの〉をも意味していたのである[4]。また、〈ミュートス〉も〈ウェーラー・ナルラーティオ〉vera narratio、すなわち〈真実をありのまま偽らずに語ったもの〉と定義されてわたしたちのもとにまで届いているが[5]、これはまずはプラトン、ついではイアムブリコスがかつてこの世で語られていたと言っている〈自然話法〉〔事物の自然本性に合致した語り方〕のことなのであった〔227〕。ただし、このことをかれらはたんなる当てずっぽうで言ったにすぎなかったため、プラトンは『クラテュロス』においてそれをなんとか見つけ出そうと空しい労力を費やしたあげく、アリストテレスとガレノスから攻撃される羽目に陥ってしまった。それというのも、神学詩人たちのものであったそのような最初の語りは、事物の自然本性にのっとった語りではなく〈アダムの発見した神聖語はそのようなものであったにちがいない。アダムに神は神聖な〈オノマテシア〉onomathesia、すなわち事物にそれぞれの自然本性にしたがった名前をあたえる方法を使うことをゆるしたからである[6]〉、生命を付与された実体、それも大部分は神的なものと想像された実体による空想的な語りであったからである。

402 たとえば、ゼウス、キュベレあるいはベレキュンティア、ポセイドンを神学詩人たちはこのように理解した。そして、初めのうちは沈黙したまま指さして、それらが天、地、海の実体であると説明した。さらにはそれらが生命をもった神性であると想像し、ひいてはそう感覚したとおりにかれらを神々であると信じこんだのだった。これら三つの神性でもって、さきに詩的記号について述べておいたことからして〔205, 209〕、天、地、海に属するすべてのことがらを説明したのであり、また同様にして他の神性でもってそれぞれの神性に属する他のことどもを指示したのだった。あらゆる花はフローラによって、あらゆる果実はポモナによって指示するといった具合に。これと同じことをわたしたちは今日、反対に精神的なことがらについておこなっている。人間の知性の諸能力、情念、徳と悪徳、学問と技芸について、大概は女性の姿形をした観念像を作りあげ、それぞれに属するすべての原因、すべての特性、そして最後にはすべての効果をそれらの観念像に引き戻してとらえようとするのである。なぜなら、わたしたちが頭の中で理解している精神的なことがらを表出したいとおもう場合には、それらを説明するために想像力の援助を得る必要があり、画家がおこなっているように、それらについての人間的な像をつくり出してみなければならないからである。しかし、神学詩人たちは理解力を使うことはできなかったので、それとは正反対のこのうえなく崇高な作業によって、いましがた見たように、物体に、それも天、地、海といったような広大きわまりない物体に、感覚と情念をあたえたのであった。それがやがて広大な想像力が萎縮し、抽象能力が強まるようになるにつれて、そのかれらの記号は取るに足らぬものと受けとられるようになった。そして、学識が出現するなかで、換喩が人間にかんすることがらのこれまで埋もれたままになってきたこれらの起源についての無知と結合したのだった。こうしてゼウスは鷲の背中に乗せて運ばれるほどちっぽけで軽い存在と化し、ポセイドンは薄い貝の上に乗って海を走り回り、キュベレは獅子の背に坐るようになるのである。

403　ひいては、〈ミュートロギア〉mythologia〔神話〕は、その言葉が示すとおり、物語に固有の語りのことであったにちがいない。さきに論証しておいたように〔209〕、物語は想像的類概念からなっているので、神話はそれらに本来的なアレゴリーであったにちがいないからである。そのアレゴリーは、「公理」〔210〕において考察しておいたように、〈ディーウェルシロクイーウム〉diversiloquium〔ひとつの類のもとにさまざまな種や個を包括した言い方〕と定義されてわたしたちのもとに届いている。アレゴリーは、対応関係の一致によってではなく、スコラ的表現を借りるなら、述語可能性の一致によって、それぞれの類のもとに異なった多くの種や個が内包されていることを意味しているからである。そうであってみれば、アレゴリーはそれらさまざまな種や個に共通するひとつの資質を包括した単一の意味作用を有しているにちがいないのである（たとえば、アキレウスはすべての強者に共通する勇気の観念像であり、オデュッセウスはすべての賢者に共通する思慮分別の観念像である）。だから、このようなアレゴリーは詩的言語の語源をなしているのであって、詩的言語がすべて一義的な起源を有していることを明らかにしてくれるはずである。これにたいして、通俗語の語源はしばしばアナロジカル〔類比的〕なものである。そして、物語 fabula〔神話伝説〕が〈ウェーラー・ナルラーティオ〉vera narratio〔真実をありのまま偽らずに語ったもの〕と定義されてわたしたちのもとに届いているように〔401〕、〈エテュモロギア〉etymologia〔語源〕についても、〈ウェーリロクイーウム〉veriloquium〔真実をありのまま偽らずに言い表わした語〕という定義がわたしたちのもとに届いているのである。

〔第2章〕詩的な喩、怪物、変身についての系

一

404　最初の喩はすべてこの詩的論理学の系である。そして、それらのうちでも、最も光り輝いており、最も光り輝いているために最も必要で最も頻繁に用いられるのが隠喩である。隠喩は当時、さきに論じた形而上学〔402〕によって感覚をもたない事物に感覚と情念をあたえるとき、いやがうえにも称賛されるところとなった。最初の詩人たちは、かれらがなしえたかぎりのものによって、つまりは感覚と情念によって、物体に生命ある実体の存在をあたえ、そこから物語を作りあげたのだった。だから、このようにして作りだされたあらゆる隠喩はそれ自体が小さな物語をなしていることになる。ひいては、それらの隠喩がもろもろの言語のなかで生まれた時代について、つぎのような判断があたえられることとなる。すなわち、抽象的な知性の仕事を指示するのに物体からとられた類似性によって伝えられてきた隠喩はすべて、哲学がまだようやくにして彫琢されはじめた時代のものであったにちがいないということである。このことは、どの言語においても、洗練された技芸や深遠な知識に必要とされる言葉も起源をたどれば農民たちの言葉であった、ということから証明される。

405　あらゆる言語において生命をもたないものについての表現の大部分は人間の身体とその各部分、また

人間の感覚と人間の情念からの転移でもって作られているということは、考察に値する。たとえば、〈頭〉は頂上や始まりを、〈額〉と〈背中〉は前と後を指している。また、ねじの〈目〉とか、家々に灯る明かりのことを〈瞳〉とか。〈口〉は開いたもの、〈唇〉は瓶などの縁を指している。鋤や熊手や鋸や櫛の〈歯〉。〈髭〉は根のこと。海の〈舌〉〔入江〕。川や山の〈喉〉とか〈喉頭部〉。大地の〈頸〉〔峠のこと〕。川の〈腕〉〔支流〕。〈手〉は小さな数、海の〈胸〉は湾、〈脇腹〉や〈横腹〉は片隅を指している。海の〈腕〉。〈心臓〉は中央部を指しており、この意味でラテン語では〈ウムビリークス〉umbilicus〔事物の臍〕とも言われたのだった。村々の〈脚〉とか〈足〉。また〈足〉は終わりを、〈足の裏〉は底とか土台を指している。〈肉〉は果実の種。水や石や鉱石の〈脈〉。葡萄の〈血〉は葡萄酒のこと。大地の〈腹〉。空や海が〈笑う〉とか、風が〈唸る〉とか、波が〈囁く〉とか、物体が大きな重みで〈呻く〉とか。古代ローマの農民たちは〈土地が乾く〉とか、〈果実が働く〉とか、〈麦が肥る〉という言い方をしていたし、現代の農民たちも〈草木が恋する〉とか、〈葡萄が狂う〉とか、〈とねりこの木が泣く〉というような言い方をしている。それ以外にも、この種の言い回しはどの言語からも無数に蒐集することができる。これらはすべて、〈無知な人間は自分を万物の尺度にする〉という公理〔120〕の帰結である。じっさいにも、いま列挙した例のなかでは、人間は自分自身でもって全世界を作りだしているのであった。なぜなら、悟性的推理にもとづく形而上学が〈人間は知ることによって万物となる〉と教えているように、この想像力にもとづく形而上学は〈人間は知らないでいることによって万物となる〉ことを論証しているからである。そして、おそらく、こちらのほうが前の提言よりも真実を語っているのではないかとおもわれる。それというのも、人間は知ることによって知性を展開し事物を理解するのであるが、知らないでいることによって自分自身でもって事物を作りだし、みずから変身することによってその事物と化すからである。

二

406 そのような形而上学から生まれたそのような論理学によって、最初の詩人たちは事物に最も個別的で最も感覚的な観念像にもとづいて名前をあたえたにちがいないのであった。そして、これらが換喩と代喩という二つの喩の源泉なのである。——まず換喩についていうと、作品を指示するのに作者名をもってする換喩が生まれたのは、作者のほうが作品よりも名指されることが多いからである。また、形式や属性を指示するのに基体そのものをもってする換喩が生まれたのは、「公理」〔209〕において述べておいたように、かれらは基体から形式や属性を抽象するすべを知らなかったからである。そしてたしかに、結果を指示するのに原因をもってする換喩は多くの小さな物語を生みだしたのであって、そこでは原因は、醜い貧乏神とか、哀れな老婆とか、青白い死に神といったふうに、結果をまとった女性であると想像されたのであった。

三

407 代喩は、のちに個別が普遍にまで高めあげられるか、部分が他の部分といっしょになって全体を構成するようになるとともに、本来の語義の転移態 trasporto へと移行していった。しかし、もとはと言えば、たとえば、〈死すべきもの〉というのは本来人間についてだけ言われた表現であった。自分が死すべき存在であると感じることができたのは人間だけであったにちがいないからである。また、〈人間〉もしくは〈人〉を指すのに〈頭〉という言い方がラテン俗語に頻繁に見られるが、これは森の中では遠くからは人間の頭しか見えないからである。そもそも〈人間〉という言葉は抽象的な言葉であって、身体と身体の諸部分、知性と知性の諸能力、精神と精神の諸習性を、さながらひとつの哲学的類に包摂するようにして包摂しているのだ。こうしてまた、〈ティグヌム〉tignum〔梁／建築材〕と〈クルメン〉culmen〔藁／屋根〕も本来は屋根を藁でふいていた時代の〈梁〉と〈藁〉を指していたのが、のちに都市が栄えるようになると、建造物の材料と屋根全体を指すようになったのである。また、〈家〉全体を指すのに〈テークトゥム〉tectum〔覆われたもの〕という言い方がされたのは、最初の時代には家のためには覆いがあれば十分だったからである。また、〈船〉を指すのに〈プッピス〉puppis〔艫〕という言い方がされたのも、艫は高くて陸にいる人々からまっさきに見えたからである。同様にして、ふたたび戻ってきた野蛮時代〔中世〕には、〈船〉を指すのに〈帆〉という言い方がされたのだった。また、〈剣〉を指すのに〈ムークロー〉mucro〔刃先〕という言い方がされたが、これは〈剣〉というのは抽象的な言葉であって、さながら類のなかに包括するようにして、握り、鍔、刃、刃先を包括しているからである。その一方でかれらが感覚していたのは、かれらに恐怖心を呼び起こす刃先なのであった。同様に、〈鉄〉が〈剣〉のことを指すように、素材がそれの作りあげる全体を指すこともあるが、これは形式を素材から抽象するすべを知らないでいたからである。代喩と換喩がないまぜになった〈三回目の刈り入れであった〉という表現は、疑いもなく、自然本性上の必要から生まれたものであった。諸国民のあいだに〈年〉という天文学的語彙が誕生するまでには優に一千年以上が経過しなければならなかったのだ。

じっさいにも、フィレンツェ周辺の農村部では今日でも〈何年も〉を指すのに〈何度も刈り取った〉という言い方がなされている。また、二つの代喩と一つの換喩からなる〈いつの日かわが王国に二つ三つの麦の穂しか見ることがなくなっても驚くことがあろうか〉(1)という表現は、〈何年も〉を指すのに〈何回もの刈り入れ〉という言い方よりもさらに個別的な〈何回もの麦の穂〉という言い方をしていた最初の田舎時代における説明語彙の貧困さをあまりにもよくうかがわせる。じつのところ、それは表現があまりにも貧困であったため、文法家たちはその背後に過度の技巧を想定してきたほどであった(2)。

四

408 反語はたしかに反省の時代からしか始まることはできなかった。なぜなら、それは反省の力によって真実の仮面をまとった虚偽から作られているからである。ここからは、本書で見いだされた詩の起源を確証してくれる人間にかんすることがらの偉大な原理が出てくる。異教文明の最初の人間たちは、自然本性からして、ありのままで偽るところのまったくない子供と同様、このうえなく単純素朴であった。そのため、最初の物語は虚偽をなにひとつ作りあげることができなかった。ひいては、必然的に、さきに定義しておいたように〔401〕、真実をありのまま偽らずに語ったものであったにちがいない、というのがそれである。

五

409 これらすべてのことから、これまで著作家たちの機知に富む発明物だと信じられてきた喩のすべては

〈喩はすべてこれら四つに還元される〉、最初の詩的諸国民の必然的な説明様式であり、起源においてはその生まれつきの特性をそっくりそのまま有していたこと、ところがのちに人間の知性が展開するようになるにつれて、抽象的な形式や種を包括したり部分を全体に合成したりする類概念を指す言葉が発明され、最初の諸国民のそのような語りは本来の語義の転移態に転化してしまったことが明らかになる。ひいては、ここから文法家に共通の二つの誤謬が作動しはじめる。散文家の語りが本来的なものであって、詩人の語りは非本来的なものであるとする誤謬と、散文による語りが初めにあって、そのあとに韻文の語りが登場したとする誤謬である〔460〕。

六

410　もろもろの怪物や詩的変身〔メタモルフォーシス〕は、そのような最初の人間的な自然本性の必要から生じたのだった。すなわち、「公理」〔209〕において論証しておいたように、かれらは形式や特性を基体から抽象することができないでいた。そのため、かれらなりの論理学でもって、基体を合成して形式を合成しなければならなかったのであり、あるいは基体を破壊してそれの最初の形式をそこに導入された反対の形式から分離しなければならなかったのである。――まずもっては、そのように観念を合成することから詩的怪物がつくり出された。じっさいにも、アントワーヌ・ファーヴルが『パピニアヌス法学の知識』において指摘しているところによれば、ローマ法では、売春婦から生まれた子は〈怪物〉と呼ばれたというが(1)、それはそのような子は人間の自然本性と放浪者や父親の不確かな交合によって生まれたという野獣の特性を合わせ持っているからなのであった。由緒ある女から生まれた者であっても厳粛な婚姻によらずに生まれた者はテーヴェレ河に投げ捨てるよう十二表法が命じたのは、そのような生まれ方をした者はこの種の怪物であったからにほかならないことがわかるだろう。

七

411 つぎに観念を分離することからは変身がつくり出される。じっさいにも、古代の法にはその例がいろいろ残っているなかで、ローマ人もかれらの英雄語句のなかに〈アウトーレム・フィエリ〉autorem fieri〔保証人となる〕を指すのに〈フンドゥム・フィエリ〉fundum fieri〔土台となる〕という言い方を残しているが、それは土台が地所や地面を支え、そこに種播かれたり植えられたり建てられたりするものを支えるのと同じように、保証人はかれの保証がないと破産してしまうような案件を支えるからである。また、保証人は、自分の意思で自由に動くというかれ本来のあり方から変身して、安定したものという反対の形態をとるからである。

［第3章］最初の諸国民は詩的記号によって語っていたことについての系

412　この詩的論理学によって考察してきたような詩的な語り方は、歴史的時代に入ってからもきわめて長期間にわたって継続しておこなわれた。それはあたかも大きな急流が海にどっと注ぎこみ、その激しい流れとともに運んできた清らかな水をそこに貯えるのにも似ている〔629〕。わたしたちは、さきに「公理」〔207〕において、エジプト人は自分たちが発明した人間の生活に有益なすべてのことをヘルメス・トリスメギストゥスの功績に帰していたというイアムブリコスの言を引いておいた。そして、この言を〈幼児は、最初に見知った男や女や事物の観念と名前でもって、それとなんらかの類似性や関係をもつ、その後に見知ったすべての男や女や事物を把握し名づける〉というもうひとつの公理〔206〕によって確証しておいた。これこそは最初の諸国民が生まれながらにそれによって思考し語っていた詩的記号の大いなる自然的な源泉なのであった〔209〕。もしイアムブリコスが人間にかんすることがらのこのような自然本性に反省をめぐらせ、そこにかれ自身が報告している古代エジプト人の習俗を結びつけていたなら、たしかにかれはエジプト人の通俗的な知恵の秘密のなかにかれのプラトン的な知恵の崇高な秘密を無理やりしのびこませるようなことはなかっただろうということも、「公理」〔208〕において述べておいたとおりである。

413　さて、このような幼児の自然本性とこのような最初のエジプト人の習俗とに照らして主張するのだが、詩的言語は、それが採用する詩的記号によって、古代についての多くの重要な発見を提供することができる。

一

414 ソロンは、通俗的知恵をもっていた賢者であって、アテナイが貴族国家であった最初の時代に現われた平民の領袖であったにちがいないということ。このことについては、ギリシア史も、アテナイは最初上流富裕者たちによって占領されていたと語っている。このことをわたしたちは本書においてあらゆる英雄国家について普遍的に妥当することを証明しようとおもう。英雄国家においては、英雄、すなわち貴族たちは、自分たちの出生が神的な起源をもつと信じていたため、神々は自分たちのものであり、したがって神々の前兆も自分たちのものだと言っていた。そして、このことを理由にして、英雄都市のあらゆる公的ならびに私的な市民権を自分たちの身分ないしは階級だけで独占し、その一方で、かれらが野獣的起源をもつと信じ、したがって神々をもたない者たち、ひいては神々の前兆にあずかることのない者たちであると信じていた平民たちには、自然的自由の使用のみを許していたのだった（これは本書のほぼ全体にわたって論じられることになる人間にかんすることがらの一大原理である）。ところが、ソロンは平民たちに、自分たちのことを省みて、自分たちが貴族たちと平等の人間的自然本性をもっていること、したがって市民権において貴族たちと平等であるべきであることを認識するよう、勧告したのである。なるほど、ソロンは、この面において考察されたアテナイの平民そのものではなかったかもしれないにしてもである。

415　だから、古代ローマ人も、かれらのあいだにそのようなソロンをもっていたはずである。古代ローマ史が公然と物語っているように、そこでも、平民たちは貴族たちとの英雄的闘争のなかでつぎのように言っていたからである。ロムルスが構成した元老院の構成員となった家父長たち（かれらにローマの貴族は由来している）は〈天から降りてきた者ではない〉、と。[1] すなわち、かれらはかれらが自慢しているような神的起源をもつものではないのであって、ゼウスは万人にとって平等な存在であったというわけである。これが〈万人に公平なユピテル〔ゼウス〕[2]〉というモットーの国家制度的な歴史である。そこに、のちになって学者たちは、知性はどの知性も平等にできていて、相違は肉体の構造の違いと受けた教育の違いから出てくるのだという見解をしのびこませたのだった。このような反省に立って、ローマの平民たちは貴族たちと政治的自由を等しくしようと努めはじめたのであり、ついにはローマの国家を貴族的な政体から人民的〔民主的〕な政体へと完全に変えてしまったのである。このことについては「年表への註記」のなかでプブリリア法について論じた個所で観念的な仮説として述べておいたとおりであるが〔104–114〕、同じことはローマの国家だけでなく他のすべての古代国家についても起こっていたことを事実として観察することになるだろう。そして、ソロンの反省から始まって、諸国の平民たちがいたるところでそれぞれの国家を貴族的な政体から人民的〔民主的〕な政体へと変えていったことを、道理と権威とにもとづいて証明するだろう〔598, 621〕。

416　ついでソロンは〈汝自身を知れ〉という例の有名なモットーの創作者にされた。そして、そのモットーはアテナイの人民に大きな社会的利益をもたらしたということで、その都市の公共的な場所のすべてに刻みこまれた。それをやがて学者たちは形而上学的ならびに道徳的なことがらについての重要な戒めを説いたものであると解釈しようとした。こうしてソロンは深遠な知恵をもった賢者であると考えられるようになり、ギリシアの七賢人の筆頭に置かれるにいたった。このように、そのような〔〈汝自身を知れ〉という〕反省からアテナイでは人民的国家を形成するあらゆる規律とあらゆる法律が始まったのだった。そのために、最初の諸民族の詩的記号を用いた思考様式からして、そのような規律とそのような法律はすべて、アテナイ人によってソロンに帰せられたのである。これは、エジプト人によって人間の社会生活に有益なあらゆる発明物がヘルメス・トリスメギストゥスに帰せられたのと、事情を同じくしている。

二

417　こうしてまた、種々の身分ないしは階級にかんするあらゆる法律はロムルスに帰せられたのにちがいない。

三

418　またヌマには同じく祭事や聖なる儀式にかんする法律が帰せられたにちがいなく、そこからやがてローマの宗教がローマの最も華やかな時代に出現するのである。

四

419　兵制にかんする法令はすべてトゥルス・ホスティリウスに帰せられたにちがいない。

五

420　セルウィウス・トゥリウスには人民的国家の基礎である税制と人民的自由にかんするその他のおびただしい数の法律が帰せられたにちがいない。だから、かれはタキトゥスによって〈法律の第一の制定者〉と称されたのだった。(1) それというのも、のちに証明するように、セルウィウス・トゥリウスの税制自体は貴族的国家の基本制度として制定されたものであったが、この税制とともに平民たちは貴族たちから農地の委付的所有権を獲得する。また、それが原因となって、やがて護民官が平民たちの自然的自由に属するこの部分を防衛するためにつくり出された。そして護民官たちはその後徐々に平民たちを政治的自由全体の達成へと向かわせていった。こうしてセルウィウス・トゥリウスの税制は、そのきっかけと動機を招いたことによって、ローマの人民的国家の基本制度をなす税制に転化したのだった。このことはプブリリア法への註記のなかで仮説として論じておいたが〔107, 111〕、これが事実上も真実であったことはのちに証明されるだろう〔619–623〕。

六

421　のちにローマの最も光り輝く時代にローマ帝国の威厳を輝かせることとなったすべての徽章と紋章はタルクイニウス・プリスクスに帰せられたにちがいない。

七

422　こうして、あとで証明するように、のちの時代に制定された多くの法律が十二表法に押しつけられたにちがいないのだった。また、『普遍法の原理』において十分に証明しておいたように[1]、貴族たちのものから平民たちにも共有されるものとなったローマ市民的〔クイリーテース的〕所有権にかんする法律は、公示板に書かれた最初の法律であった（この法律のためにのみ十人官はつくり出されたのだった）。そこで、このような人民的自由の面をとらえて、それ以後、自由を平等なものにし、公示板に書かれたすべての法律は、十人官に関係づけられたのである。ここでも、ギリシア式埋葬の華美な儀式がひとつの証明を提供してくれる。そのような華美な儀式がギリシアでおこなわれていることを十人官はローマ人に教えるわけにはいかなくて禁止した。しかし、のちにはローマ人もそれを受けいれるようになった。そして、そういう事態が起こったのは、ローマ人がギリシア人とじかに知り合うようになったタラント人およびピュロスとの戦い以後のことでしかありえなかった。キケロが指摘しているところによると、この〔葬儀が華美に走るのを禁じた〕法律はアテナイで構想されたさいに用いられたのと同じ言葉でもってラテン語に翻訳されているとのことであるが[2]、これはこのような事情によっている。

八

423　同様のことはドラコンにも当てはまる。かれは、さきに述べたように〔414〕、アテナイが上流富裕者たちによって占領されていたとギリシア史が語っている時代に血でもって書かれた法律の制定者である。

当時は、のちに見るように〔592〕、英雄的貴族政治がおこなわれていた時代で、同じくギリシア史の報告によると、「年表への註記」において提示しておいたように、ヘラクレイダイ〔ヘラクレスの子孫たち〕が全ギリシアに拡がり、アッティカにまで入りこんできていたという。かれらは、最後にはペロポネソス半島に定着し、スパルタに王国を建設した。そのかれらの王国は、のちに説明するように〔592〕、たしかに貴族国家なのであった。そして、このドラコン〔竜〕はペルセウスの盾に釘付けにされたゴルゴンの蛇たちのひとり〔メドゥーサ〕であったにちがいないのであった。すなわち、のちに見るように〔734〕、ペルセウスは法律による統治を意味していたのであって、かれの盾はそれを見る者に恐るべき刑罰をくわえてその者を石に変えてしまったのだった。それはちょうど、聖史において、そのような掟は範例的な懲罰であったところから〈血の掟〉と言われているのと同じである。そして、のちに詳しく説明するように〔542〕、ミネルウァ、すなわちアテナは、この盾を武器にしていたのだった。また、シナ人〔中国人〕は今日でも書くのに象形文字を使用しているが、そのシナ人のもとでも竜が国権の徽章とされている。時代も場所も遠くかけ離れたこれら二つの国民のあいだにこのように同じひとつの詩的な思考様式ならびに説明様式が見られるというのは、まことに驚嘆すべきことである。それというのも、このドラコンについては、全ギリシア史からも他のなにものも出てはこないからである。

九

424 この同じ詩的記号の発見が、「年表への註記」においてこの場で見ることを約束しておいたように〔91〕、アイソポスはギリシアの七賢人に先立つという確証をわたしたちにあたえてくれる。それというのも、この文献学的真理がわたしたちに確認されるにいたったのはつぎのような人間的観念の歴史によってであったからである。すなわち、七賢人が称賛を受けるようになったのは、かれらが道徳的教訓や政治理論上の教訓を、ソロンの有名な格言のように、格言のかたちであたえ始めてからのことであったのだ（ソロンは七賢人の第一人者であった）。〈汝自身を知れ〉にしても、さきに見たように〔414, 416〕、最初は政治理論上の教訓であったのが、やがて形而上学と道徳学とに移し入れられたのである。ところが、そのような勧告をアイソポスはかれらに先立って、詩人たちが前々から自分たちの考えを説明するために採用していた類似法を用いることによってあたえたのだった。そして、人間的観念の順序はなんであるかといえば、類似する事物を観察して、それをまずは自分の考えを説明するために、ついでは立証するために使用するということ、しかも、その立証をまずはただひとつの類似だけで十分な例示によっておこなうことから始まって、最後には多くの類似が必要とされる帰納法にまでいたるということである。こうして、哲学者たちの全流派の父であったソクラテスは帰納法による対話術を導入したのであり、それをやがてアリストテレスが三段論法によって完成したのだった。三段論法は普遍者が存在しなくては成り立ちえないのである。しかし、知性が不足している者たちにたいしては、類似しているものからひとつの場所《トポス》を引き出してくるだけで、説得には十分である。じっさいにも、あのしたたかなメネニウス・アグリッパ[1]は、アイソポスが発明した寓話をもじった作り話をしただけで、反乱を起こしたローマの平民をおとなしくさせてしまったのだった〔499〕。

425　アイソポスが英雄たちのソキウス〔同盟者〕ないしは奴僕の詩的記号であったことは、あの礼儀正しいパイドロスがかれの『寓話』のあるプロローグにおいて、どこか予言めいた言い方でもって、わたしたちに明らかにしている。〈なぜ寓話法が発明されたかを／いま手短かに示そう。囚われた奴隷は／自分の欲していることを語る勇気がないため／自分の思いを寓話に託したのだった。／この小径を拓いたのはアイソポスである〉[1]。このことはライオンとその仲間についての寓話が明白にわたしたちに確認させてくれているとおりである[2]。それというのも、「公理」〔258–259〕において述べておいたように、平民たちは英雄都市の〈ソキウス〉socius〔同盟者・仲間〕と呼ばれていた。そして、戦争のときには苦労や危険をともにしていた。しかし、戦利品にも獲得された領土にも分け前にはあずかれなかったからである。このため、アイソポスは〈奴隷〉と呼ばれていた。のちに証明するように〔555以下〕、平民たちは英雄たちの奴僕であったからである。また、かれは醜かったとも伝えられているが、それは、これものちに証明するように〔565以下〕、文明の美は厳粛な婚姻から生じると考えられていたからで、これを取り結ぶことができるのは英雄たちのみであったからである。テルシテスが醜かったのも同じ理由によっているのであって、かれはトロイア戦争で英雄たちのために戦った平民たちの詩的記号であったにちがいないのだった。このために、オデュッセウスによってアガメムノンの王杖で鞭打たれたのである[3]。こうしてまた、古代ローマの平民たちも、聖アウグスティヌスの『神の国』に引用されているサルスティウスの証言[4]によれば、裸の背中を貴族たちから〈王の習いにしたがって〉鞭で打たれていたのだった。そして、この習性はポルキア法[5]が鞭をローマ人の背中から遠ざけるまで続いたのである。

426　したがって、自由な市民として生活するために有益なこのような勧告は、英雄都市の平民たちが自然的道理によって教えられてみずから養っていた感覚であったにちがいない。そのような〔政治的な〕面においてとらえられた平民たちの詩的記号として作りあげられたのがアイソポスなのであった。そこにのちになって道徳哲学にかんする寓話が付け加えられたのである。そして、ソロンがアテナイの自由な国家を法律でもって秩序づけた賢者にされたのと同じ仕方で、アイソポスは最初の道徳哲学者にされたのだった。また、アイソポスはそれらの勧告を寓話によってあたえたのだから、同じ勧告を格言によってあたえたソロンよりもさきに登場していたのだった。それらの寓話はまずもっては英雄詩のかたちで構想されたにちがいない。じっさいにも、それらはイアンボス格で構想されたという言い伝え(1)が残っているが、のちに述べるように〔463–464〕、この詩格は英雄詩と散文の中間期にギリシア人が話していた言葉なのであった。それが最後には散文で書かれてわたしたちのもとにまで届いているのである。

427　このようにして、後代における深遠な知恵の発明物が通俗的知恵の最初の著作家たちに関係づけられたのだった。オリエントのゾロアスター、エジプトのトリスメギストゥス、ギリシアのオルペウス、イタリアのピュタゴラスは、もともとは立法者であったのが、最後には哲学者であったと信じられるようになってしまった。これは今日シナにおいて孔子がそう信じられているのと同じである。それというのも、たとえばマグナ・グラエキアにおけるピュタゴラス派の人々は、のちに証明するように〔1087〕、疑いもなく、〈貴族〉という意味でそう呼ばれたのであって、かれらはかれらの国家を人民的な政体から貴族政体へ引き戻そうとこころみたため、全員が滅ぼされてしまったのだった(1)。また、ピュタゴラスの『黄金歌』が、ゾロアスターの『神託』やトリスメギストゥスの『ポイマンドロス』やオルペウスの詩篇〔『オルピケ』〕と同じく、くわせものであるということは、さきに証明しておいたとおりである〔128〕。さらに、ピュタゴラスについては、かれが書いた哲学にかんするいかなる本も古代人には届いていない。シェファーの『イタリア哲学』によれば、哲学について書いた最初のピュタゴラス派の人物

はピロラオスであったという。(2)

［第4章］言語と文字の起源についての系――そこには、神聖文字、法律、名前、家紋、メダル、貨幣の起源、ひいては万民の自然法の最初の言語と書記法の起源も含まれる

428　さて、詩人たちの神学もしくは詩的形而上学から、そこから生まれた詩的論理学を介して、わたしたちは言語と文字の起源の解明に進んでいこうとおもう。その起源をめぐっては、これまでそれについて書いてきた学者の数と同じだけの意見が存在する。このようなわけで、ゲルハルト・ヤン・フォスは『文法術』のなかで〈文字の発明については多くの著述家たちが多くの推測をおびただしく混乱したかたちでおこなってきたため、あなたはそこに入りこんだときよりもいっそう不確かになってそこから出ていくだろう〉と述べている。[1] また、ヘルマン・フーゴは『書記の起源』のなかで〈文字と書記の起源について論述したものほど、おびただしく対立する意見が見いだされる主題はほかにない。なんと多くの意見の対立があったことか！　どれを信じたらよいのか。どれを信じてはならないのか〉と述べている。[2] こうしてまた、ベルナルト・フォン・マリンクロットの『印刷術』は、文字の発明の様式を理解することは人間には不可能であるため、神の発明になるものと見なされるべきであると結論している。[3] そして、この見解はインゲヴァルト・エーリングの『ギリシア語の歴史』でも受け継がれている。[4]

429　しかし、言語と文字の発明の様式をめぐる困難は、じつをいえば学者たち自身によってつくり出されたものであったのだ。言語の起源と文字の起源はことがらの本性からして相互に結びついたものであっ

たにもかかわらず、かれらは文字の起源を言語の起源とは別個の問題であると見なしてきたのである。またかれらは、〈文法〉grammaticaという言葉と〈記号〉characterという言葉がなにを指しているのか、に注意すべきであった。まず前者について言うなら、〈文法〉は〈話し方〉と定義されているが、同時に〈グラマタ〉は文字のことであるから、それは〈書き方〉と定義されてもよいだろう。アリストテレスはそう定義しているし[1]、じっさいにも最初文法はそのようなものとして生まれたのだった。のちに証明するように〔434〕、諸国民はすべて、まずは書くことによって話していたのである。かれらは、最初はいまだ言葉を発することができないでいたからである。つぎに、〈記号〉というのは〈イデア〔観念像〕〉、〈かたち〉、〈モデル〉のことである。そして、たしかに分節音によって構成されたもの〔アルファベット記号〕よりも前に詩人たちによって用いられていたもの〔詩的記号〕なのであった。これは、ヨセフスがギリシアの文法学者アピオンに反対して、ホメロスの時代にはいわゆる〈通俗〉文字はなおも発明されていなかった、と強く主張しているとおりである〔66〕。そのうえ、もしそのような文字が分節音を〈かたち〉にして表示したものであって、たんなる任意に取り決められた記号でなかったとすれば、分節音が諸国民すべてのもとで一様であるように、それらの文字も諸国民すべてのもとで一様であったはずである。このように言語と文字の起こり方を知ることは絶望的であったため、最初の諸国民が詩的記号によって思考していたということについても、物語〔神話伝説〕によって語っていたということについても、象形文字によって書いていたということについても、知られることはなかったのである。しかし、これらこそは、人間の観念を研究する哲学にとっても、人間の言葉を研究する文献学にとっても、その自然本性からしてこのうえなく確実な原理であったにちがいないのだった。

430　ここでわたしたちはこの〔言語と文字の起源にかんする〕問題の議論に入らなければならないのだが、これまでに展開されてきた多くの意見についてはごく一部の見本を紹介するにとどめたい。それらの意見はいずれも不確かなものであるか、軽率なものであるか、適切さを欠いたものであるか、うぬぼれに満ち満ちたものであるか、嘲笑すべきものであるかのいずれかであって、数こそおびただしい量にのぼるとはいえ、黙殺されてしかるべきものばかりなのだ。紹介する見本とはつぎのようなものである。ふたたび戻ってきた野蛮時代〔中世〕に、スカンディナヴィアもしくはスカンツィアは諸国民のうぬぼれ〔125〕によって〈ウァーギーナ・ゲンティウム〉vagina gentium〔万民の子宮〕と呼ばれ、世界のそれ以外のすべての地域の母であると信じられていた[1]。こうしてまた、学者たちのうぬぼれ〔127〕によってヨハンネス・マグヌスとオラウス・マグヌス[2]は、自分たちゴート人は世界が創始されて以来、アダムによって神的な仕方でもって発明された文字を保存してきた、と主張した。この夢想はすべての学者から嘲笑されたが、ヨハンネス・ファン・ゴルプ・ベカン[3]がそれを受け継いで発展させるのを押しとどめはしなかった。かれは自分の母語であるキンブリア語（それはサクソン人の言語とさほど変わらない）を地上の楽園〔エデン〕からやってきたものであって、他のすべての言語の母であると主張したのだった。この見解については、ジュゼッペ・ジュスト・スカリージェロ[4]やフィリップ・カメラリウス[5]やクリスティアン・ベックマン[6]やマルティン・スホーク[7]によって作り話がつくり出された。そして、このようなうぬぼれはさらに膨れ上がっていって、ついにはオローフ・ルードベックの『アトランティカ』という著作[8]のなかで破裂するにいたる。それによれば、ギリシア文字はルーン文字[9]から生まれたものであって、ルーン文字が裏返しになったのがカドモスによってヘブライ文字に類似する配列と音価をあたえられたフェニキア文字であり、そして最後にギリシア人がそれを定規とコンパスによって真っ直ぐにしたり曲げたりしたのだという。また、文字の発明者はスカンディナヴィア人のあいだでメルクロウマン Mercurouman[10]と呼ばれているが、これはエジプト人のために文字を発明したメルクリウス〔ヘルメス〕がゴート人であったことを意味している、と。文字の起源をめぐってのこのような言いたい放題の意見は、わたしたちがここで言おうとしていることが新しくもたらすものをただ無関心に眺めるだけでなく、それらを注意深く考察して、それらを異教世界の神と人間にかんするすべての知識の原理として受けとるよう、読者に気づかせるにちがいない。

431 それというのも、言わせてもらうが、すべての哲学者とすべての文献学者はつぎのような原理から出発して言語と文字の起源についてあつかわなければならなかったのである。すなわち、異教世界の最初の人間たちは事物の観念を生命ある実体についての想像的な記号をつうじて思い描いた。そして、沈黙したまま、観念と自然的な関係をもっている所作や物体によって説明した（たとえば、〈三年〉を指すのに、鎌で三度麦を刈る仕草をするか、麦の穂を三本示すかした）。しかも、自然的指示機能をそなえた言語でもって説明した、というものである（このような言語がかつてこの世で語られていたとプラトンとイアムブリコスは言っているが〔207, 401〕、それは博識家たちが事物の自然本性もしくは自然的特性によって観念を説明したとわたしたちに信じこませたがっている太古のアトランティスの言語のことであったにちがいない）。〔言語と文字という〕これら二つのものは、さきに述べたように〔429〕、ことがらの本性からして結びついたものであるのに、それを哲学者や文献学者は別々に分けてあつかってきた。このため、かれらには文字の起源の研究はきわめて困難なものになって、言語の起源の研究に勝るとも劣らない困難さをはらむまでになってしまったのだった。そのうえ、言語の起源については、かれらはもともと全然考慮したことがなかったか、ほとんど考慮してこなかったのである。

432　したがって、論を始めるにあたって、第一の原理として、つぎのような文献学的公理〔173〕を立てたいとおもう。エジプト人が語っていたところによると、かれらの世界においてそれまでに経過した時間全体にわたって、そのかれらの世界において同じく経過した三つの時代、すなわち神々の時代と英雄たちの時代と人間たちの時代に、数と順序において対応する三つの言語が語られていたという。そして、第一の言語はヒエログリフ〔神聖文字〕によって表示される**神聖語**、第二の言語は合図や英雄的徽章をもってする**象徴語**、第三の言語は遠く離れた人々が自分たちの生活の現在の必要を互いに伝達しあうための**書簡語**であった、ともかれらは述べていた。[1] この文献学的公理がそれである。これら三つの言語については、ホメロスの『イリアス』に二つの黄金の場所がある。ひとつは、ギリシア人がこの点でエジプト人と見解をともにしていたことが明瞭に見てとれる。ここからは、ネストールは言語の異なる人間たちの三つの生涯を生きた、と語られているくだりである。[2] だから、ネストールはエジプト人の三つの時代に対応する三つの言語によって確定される年代記の英雄的記号であったにちがいないのである。したがって、〈ネストールの年齢を生きる〉というモットーは〈世界の年齢を生きる〉ということを意味していたにちがいないのだった。もうひとつは、アエネアスがアキレウスに向かって、トロイアが海辺に遷され、ペルガモンがその要塞になってからは、言語の異なる人々がイリオンに住みつきはじめた、と語っているくだりである。[3] このような第一の原理にわたしたちは同じくエジプト人のつぎの言い伝えを結びつけたいとおもう。すなわち、かれらのトート、もしくはヘルメス・トリスメギストゥスが法律と文字を発明した、という言い伝えがそれである。

433　これらの真理に、さらにはつぎの真理をも集合させようとおもう。——ギリシア人のもとでは〈名前〉は〈記号〉と同じ意味であった。そこで教父たちは〈神の記号について〉と〈神の名前について〉という二つの表現を混用していた[1]。また、〈名前〉と〈定義〉も同じ意味であった[2]。そこで弁論術においては〈名前の問題〉という言い方によって事実の定義の探究がなされたのである。さらに医学では病気のノーメンクラートゥーラ〔病名集〕と言えば病気の性質を定義した部分のことである。一方、ローマ人のもとでは、〈名前〉の元来の意味は〈多くの家族に分岐した家〉のことであった。そして最初のギリシア人も〈名前〉をこのような意味で使っていたことは、名字が証明している。名字というのは〈父の名〉〔氏族名〕のことであったのだ。その用例は詩人たちに頻繁に見られるが、だれよりも多く、すべての詩人たちのうちで最初の詩人であったホメロスに見られる（リウィウスによれば、ローマの貴族はさる護民官によって〈父の名を称しうる者〉と定義されていたとのことであるが[3]、これと同じである）。ところが、名字はその後、ギリシアの残りの地域では人民的自由の政体が一般的になっていくとともに消滅してしまい、貴族国家のスパルタにおいてだけヘラクレイダイによって保存されるところとあいなったのである。また、ローマ法では、〈ノーメン〉nomen は〈権利〉を意味している[4]。同じような発音の類似性によって、ギリシア人のもとでは〈ノモス〉νόμος は〈法律〉を意味しており、また〈ノモス〉から、アリストテレスが注意しているように、〈貨幣〉を意味する〈ノミスマ〉νόμισμα がやってくる[5]。そして語源学者たちが主張しているところによると、貨幣は〈ノモス〉からラテン語で〈ヌームス〉numus と言われるようになったという[6]。フランス人のもとでは〈ロワ〉loi は〈法律〉を意味しており、〈アロワ〉aloi と言えば〈貨幣〉のことである。また、ふたたび戻ってきた野蛮時代〔中世〕の人々は、教会の法律も、借地人が借地権をあたえた地主に支払う借地料も、ともに〈カノーン〉canon と言っていた〔489〕。このような思考の一様性によって、ラティウムの人々はおそらく法をもゼウスにささげていた生贄の脂身をも〈ユース〉ius と言っていたのではないだろうか。ゼウスは最初〈ヨーウス〉Ious と呼ばれていた。そこから、さきに触れておいたとおり、属格の〈ヨウィス〉Iovis および〈ユーリス〉iuris という呼び方は出てきたのだった〔398〕。ちなみに、脂身が神にささげられたのはヘブライ人のもとでも同様であって、かれらのもとでも平和祈願の犠牲となる獣は三つに分けられ、そのうち脂身の部分が神にささげられて、祭壇の上で焼かれていたのである。[7]ラティウムの人々が地所のことを〈プラエディウム〉praedium と言っていたのは——これは都会のプラエディウムよりもさきに田舎のプラエディウムがそう呼ばれたのにちがいないのだった[8]——、のちに見るように〔486〕、最初の耕地が世界で最初の取得物 praeda だったからである。[9]こうしてまた、最初の鎮める行為がなされたのはそれらの土地にかんしてだったのであり、それゆえ、それらの土地は古代ローマ法で〈テルラ・マヌーカプタ〉terra manucapta〔手で摑まれた土地〕と呼ばれているのである[10]（不動産での納税を義務づけられている者のことを今日でも〈マンケプス〉manceps と呼ぶのはこれに由来する）。また、ローマ法には不動産でもって構成されるいわゆる〈現物〉役務のことを〈ユース・プラエディオールム〉ius praediorum と呼ぶ言い方が今日でも残っている。[11]そして〈マヌーカプタ〉と呼ばれるそれらの土地は、最初は〈マンキピウム〉mancipium〔手で獲得されたもの〕であったにちがいなく、またそう呼ばれていたにちがいないのであった。十二表法の第六条に記されている〈ネクスム nexum ならびにマンキピウム mancipium をなす者〉、すなわち〈契約を結び、それとともに地所を委託する者〉というのは、たしかにこの意味に理解されなければならない〔570, 1031〕。そこから、古代ラティウムの人々と同じ考え方によって、イタリア人は荘園のことを力によって獲得された土地であるということで〈ポデーレ〉podere と呼んでいるのである。そしてこのことから、ふたたび戻ってきた野蛮時代の人々が田畑に自分たちの境界石を置くことを〈プレサ・テルラールム〉presa terrarum〔土地の囲い込み〕と言っていたことが納得される。また、スペイン人は冒険的な事業のことを〈プレンダ〉prenda と呼んでおり[12]、イタリア人は貴族の家紋の付いた盾を〈インプレーサ〉impresa と名づけている。イタリア人はまた〈言葉〉を指すのに〈テルミニ〉termini という語を使っている（この用法はスコラの弁証論に残っている）〔486〕。さらにイタリア人は貴族の家紋を〈インセーニャ〉insegna とも言っており、ここから〈インセニャーレ〉insegnare〔教えこむ・しつける〕という動詞はやってきているのである〔486〕。ホメロスが、当時はまだいわゆる〈通俗〉文字が発明されていなかったので、プロイトスがベレロポンテスに反撥してエウレイアに宛てた手紙は〈セーマタ σήματα によって〉、すなわち〈符牒によって〉書かれていたと述べているのも[13]、同様の事情によっている。

434　これらのことどもに加えて、最後につぎの三つの論駁しえない真理を積み重ねよう。第一は、最初の異教諸国民はすべて当初はまだ言葉を音声にして発することができないでいたことが証明されたのだから、それらの観念と自然的な関係をもつ身振りや物体によって自分たちの表現したいことがらを説明していたにちがいないということである〔225 以下、401〕。第二は、標識によって自分たちの所有地の境界を確かなものにし、自分たちの権利の永続的な証拠としていたにちがいないということである〔486〕。

第三は、かれらはすべて貨幣を使用していたことが見いだされるということである〔487〕。これらの真理すべてが本書においてわたしたちに言語と文字の起源をあたえてくれるだろう。さらにはまた、神聖文字〔象形文字〕、法律、名前、貴族の家紋、メダル、貨幣、そしてそれでもって万民の最初の自然法が語られ書かれていた言語と書記法の起源をあたえてくれるだろう。

435　これらのすべてのものの原理をより堅固に確立するために、ここで、ヒエログリフ〔神聖文字〕は哲学者たちがかれらの深遠な知恵の秘密をその内部に隠しておくために発明したものだとする、一部のエジプト人が信じてきた謬見を正しておかなければならない。それというのも、神聖文字ないしは象形文字によって語るというのは最初の諸国民すべての共通の自然的な必要性によるものであったからである（このことについてはさきに公理をひとつ提示しておいたとおりである〔226〕）。アフリカにおいては、すでにエジプト人について見ておいたが、これにヘリオドロスの『エティオピア物語』に依拠してエティオピア人も付け加えておこう。エティオピア人はあらゆる工作道具を象形文字として使っていたのだった[1]。オリエントにおいては、カルデア人が使っていた魔法の記号がそのような象形文字であったにちがいない。アジアの北方では、すでに見たように〔98〕、スキュティアの王、イダントゥルススが、かなり遅い時代になってからも（その途方もない古さにかけては、かれらはどの国民よりも古いと自慢していたエジプト人をも打ち負かしていたことからして）、宣戦布告してきたダレイオス大王に五つの実《じつ》物語《ぶつご》でもって答えている。蛙と鼠と小鳥と鋤の刃と矢をつがえた弓の五つである。蛙は、夏に雨が降ると蛙が土から生まれてくるように、かれもまたスキュティアの地から生まれたのであって、その土地の息子であるということを意味していた。鼠は、かれが鼠と同じく生まれたところに家をつくったということ、すなわち、スキュティアの民を創建したということを意味していた。小鳥は、かれがその地で鳥占いをするということ、すなわち、のちに見るように〔488, 490, 604〕、神以外の何者にも従属しないということを意味していた。鋤は、かれがその土地を耕地にし、そのことによってその土地を力で鎮め自分のものにしたということを意味していた。そして最後に矢をつがえた弓は、スキュティアにはこれを防衛すべき、また防衛することのできる軍隊があって、その統帥権をかれがもっているということを意味していた。かくも自然で必然的な説明を、聖キュリロス(2)によればダレイオスの側近たちがそれらにあたえたという滑稽な説明でもって構成してみるとよい。そして、ダレイオスの側近たちがスキュティアの象形文字にあたえた解釈を学者たちがエジプトのヒエログリフにあたえてきた迂遠で作為的で歪んだ解釈と結びつけてみよう。そうすれば、最初の諸国民が実践していた神聖文字ないしは象形文字の本来の真の使用法は今日にいたるも総じていまだ知られていないことが明らかになるだろう。ラティウムの人々については、タルクイニウス・スペルブスがガビーにいた息子からの使者に両手で握った鞭でケシの頭を打ち落としてみせることによって送り返した無言の英雄的返答以外には、ローマ史はなにひとつ伝えていない。これは、絶大な信頼が必要なとき、尊大さをもってこのことを示したのだ、と信じられてきた。ヨーロッパの北部では、タキトゥスがその習俗について書いているところによると、(3)古代のゲルマン人は〈文字の秘密〉を知らなかったという。すなわち、象形文字を書くすべを知らなかったというのだ。このような状態はシュヴァーベンの〔シュタウフェン家の〕フリードリヒの時代まで、さらにはことによるとハプスブルク家のルドルフの時代まで続いたにちがいない。外交文書がドイツの通俗文字で書かれはじめたのは、それ以後のことである。フランスの北部には、〈ピカルディーの判じ物(4)〉と呼ばれる一種の象形語があった。これは、ゲルマニアでも同様であるが、事物による語り、つまりはイダントゥルススの象形語による語りであったにちがいない。極北のトゥール、そしてそのなかでも最北端のスコットランドでは、人々は太古には象形文字を用いて書いていた、とヘクトル・ボイスは『スコットランド史』で語っている(5)。西インドでは、メキシコ人が象形文字を用いて書いていることが発見された。そして、ヤン・デ・ラートは『新世界もしくは西インドの記述』のなかでインディオの象形文字はさまざまな種類の動物の頭、植物、花、果実からなっており、その系統によって家系が区別されていると記している(6)。これはわたしたちの世界における貴族の家紋とまさに同じ使い方である。東インドでは、シナ人がいまも象形文字を用いて書いている。

436　こうして、あとにやってきた学者たちの（きわめてうぬぼれの強いエジプト人のうぬぼれでさえ、そこまでは膨れあがろうとしなかったほどの）つぎのようなうぬぼれ、すなわち、世界のほかの場所の賢者たちは自分たちの深遠な知恵をヒエログリフのもとに隠しておく術を、のちになってエジプト人から学びとったのだ、といううぬぼれは縮んでしまったのである。

437　詩的論理学の原理が立てられ、学者たちのうぬぼれも払拭されたので、エジプト人の言う三種の言語に立ち戻ろう。それらのうち第一の言語は、「公理」〔174〕において述べておいたように、神々の言語である。この言語については、ギリシア人ではホメロスが証言者として適任である。ホメロスは、かれの二篇の詩のなかの全部で五つの場所において、かれの使っていた言語（それは疑いもなく英雄語であった）よりも古い言語のことに言及し、それを〈神々の言語〉と呼んでいる。うち、三つは『イリアス』に出てくる。第一は、〔百腕の巨人が〕神々によって〈ブリアレーオス〉と呼ばれ、人間たちによって〈アイガイオーン〉と呼ばれているという話が出てくる場所、[1] 第二は、神々が〈カルキス〉と呼び、人間たちが〈キュミンディス〉と呼ぶ鳥について語られている場所、[2] 第三は、神々が〈クサントス〉と呼び、人間たちが〈スカマンドロス〉と呼んでいるトロイアの河のことが語られている場所である。[3] また、二つは『オデュッセイア』に出てくる。ひとつは、人間たちが〈スキュラとカリュブディス〉と呼んでいるものを神々は〈プランクタス・ペトラス〉〔浮き巌〕と呼んでいると語られている場所である。[4] もうひとつは、キルケの魔法を消すためにヘルメスがオデュッセウスにあたえる秘薬のことが語られている場所である。[5] この秘薬は神々によって〈モーリュ〉と名づけられているが、人間たちにはけっして知ることがゆるされていないのである。これらの場所については、プラトンがいろいろなことを言っているが、いずれも徒労に終わっている。[6] こうしてまた、のちにディオン・クリュソストモスはホメロスが詐欺をはたらいていると言って誹謗している。ホメロスはことがらの本性上人間たちには理解することを拒否されている神々の言語を理解しようとしているというわけである。[7] だが、ホメロスのこれらの場所では、〈神々〉とはおそらく〈英雄たち〉のことを指しているのではないだろうか。まもなく証明するように〔449〕、英雄たちはかれらの都市の平民たちの上にあって〈神々〉の名を僭称し、平民たちのことを〈人間ども〉と呼んでいたのだった（それは、オトマンが驚嘆しながら指摘しているように、[8] ふたたび戻ってきた野蛮時代〔中世〕に従者・家来〔封臣〕たちが〈ホミネース〉homines〔人間たち〉と呼ばれていたのと事情を同じくしている）。そして、（ふたたび戻ってきた野蛮時代にそうであったように）大領主たちは驚くべき秘薬を所持していることを誇りにしていたのである。このようなわけで、これらは英雄たちの高貴な話法と平民たちの通俗的な話法の差以外のものではないことになる。しかしまた、疑いもなく、ラティウムの人々のためにウァッロは努力して、「公理」〔175〕で述べておいたように、熱心に三万の神々の名を集めたのだった。これはラティウムの諸民族がかれらの人間的欲求を説明するために用いる神名集としては十分なものであった。単純で質素な当時にあっては、人間的欲求といってもその数はごくわずかなものであったにちがいない。なぜなら、それらは生活に必要なものに限られていたからである。ギリシア人も、同じく「公理」〔175〕で述べておいたように、神々の名を三万挙げていた。かれらは、石でも、泉や川でも、木でも、岩でも、ことごとく神格化したのだった。そして、その数のなかには、ドリュアスやハマドリュアスといった木々の精や、山の精オレイアデスや、森の精ナパイアも含まれる。これはまさしく、アメリカの原住民たちが自分たちの貧弱な能力を超えるものはなんでも神に仕立てあげたのと同じである〔375〕。このようなわけで、ギリシア人とローマ人の神話は、エジプト人の言う真の最初のヒエログリフ、すなわち神聖ないしは神的な記号であったにちがいないのであった。

438　第二の、英雄たちの時代に対応する語りは、象徴によって語られるとエジプト人は言っていた。これらの象徴に英雄的インプレーサも還元されるべきである。それらはホメロスによって〈セーマタ〉（英雄たちがそれでもって書き記した記号）と呼ばれている事物の似姿を無言のうちに象ったものであったにちがいない〔433〕。ひいては、隠喩、心象、直喩、比喩など、言語が分節化されてから詩的言語のあらゆる道具となったものであったにちがいない。なぜなら、たしかにホメロスは、わたしたちのもとに届いている著作家でかれより古い著作家はいないというヘブライ人ヨセフスの断言〔66〕にしたがうなら、ギリシア語によって著述した最初の著作家であることになる。そして、異教世界について今日まで届いているすべてのことをわたしたちはギリシア人から得ているのだから、ホメロスは異教世界の最初の著作家であったからである。ラティウムの人々のもとでは、かれらの言語〔ラテン語〕による最初の記録は『カルメン・サリアーレ〔サリー歌〕』[1]の断片であって、これまで伝えられてきた最初の著作家は詩人のリウィウス・アンドロニクス[2]である〔469〕。また、ヨーロッパに野蛮時代が再来して以来、そこには他の諸言語が再生した。うち、スペイン人の最初の言語は〈ロマンセ〉〔長編叙事詩〕の言語と呼ばれる言語[3]、ひいては英雄詩の言語であった（ロマンセの作者たちはふたたび戻ってきた野蛮時代の英雄詩人たちであったからである）。またフランスでは、俗語で書いた最初の作家は、十一世紀に花開いたプロヴァンス詩人たちのうちの最初の人、アルノー・ダニエル・パッカであった[4]。そして最後に、イタリアでの最初の著作家たちはフィレンツェとシチリアの詩人たちであった。

439　互いに遠く離れた者同士が現在の日常生活で必要なことを説明しあうために取り決められたエジプト人の書簡語は、エジプトを構成する民族のうちで第一人者であったテーバイの民の庶民階級から生まれたものであったにちがいない（テーバイの王ラムセスは、さきに述べたように〔44〕、あの大国全体に支配権を拡大していた）。それというのも、エジプト人の場合には、この言語は〈人間たち〉の時代に対応するものであったが、そこで〈人間たち〉と言われていたのは、さきに述べたように〔437〕、英雄国家の平民たちのことであって、かれらは英雄たちとは区別されていたからである。また、その言語は、通俗的な語り方をしたり書き方をしたりすることは諸民族の権利である、という永遠の特性によって、かれらの自由な取り決めから生じたものと考えなければならない。したがって、クラウディウス帝がラテン語に必要であるということで三つの文字を新たに考案したときも[1]、ローマの民はこれを受け入れようとはしなかったのである。また、イタリア人も、ジョルジョ・トリッジーノ[2]が考案した文字を、イタリア語にはたしかに欠けていると感じていながらも受け入れることをしなかったのだった。

440　エジプト人のこのような書簡語、もしくは通俗語は、同じく通俗的な文字で書かれたにちがいない。そして、それらはフェニキアの通俗文字と類似していたことが見いだされる。ここから、それらを一方が他方から受けとったのではないか、という想定が当然にも出てくる。その結果、人間社会にとって必要ないしは有益なことがらはすべてエジプト人が最初に発見したと考える者たちは、エジプト人がかれらの文字をフェニキア人に教えたのだと主張することとなる。だが、他のだれよりもエジプトの事情に通じていたにちがいないアレクサンドレイアのクレメンスは、フェニキア人のサンクニアトンもしくはサンクニアテス（「年表」ではギリシアの英雄たちの時代に配置されている）がフェニキア史を通俗文字で書いたと述べており、こうしてこの人物を通俗記号で書いた異教世界最初の著者として提示している〔83〕。また、そのくだりに関連して言えば、たしかに世界で最初の通商民であったフェニキア人は、交易のためにエジプトに入ったさい、かれらの通俗文字をそこに持ちこんだと見るべきなのである。しかしまた、これにはなんらの議論や推測を挟む余地もないのだが、民間伝承がわたしたちに確証してくれているところによると、フェニキア人はギリシアに文字を持ちこんだのだった。そして、この民間伝承にもとづいて、コルネリウス・タキトゥスはつぎのような省察をくわえている。すなわち、フェニキア人はあたかも自分で発明したもののようにして通俗文字をギリシアに持ちこんだが、それはじつは他人の発明したもの、つまりはエジプトのヒエログリフだったのだ、と[1]。だが、その民間伝承はなんらかの真実に裏づけられているのだから（すべての民間伝承はなんらかの真実に裏づけられているにちがいないということは、さきに立証しておいたとおりである〔144〕）、わたしたちはこう言いたい。フェニキア人はたしかに他の民族から受けとった象形文字をギリシアに持ちこんだが、それはかれらがカルデア人から受けとった数学記号もしくは幾何学図形でしかありえなかった、と（カルデア人は疑いもなく諸国民のうちで最初の数学者、とりわけ最初の天文学者であった。それゆえ、カルデア人ゾロアスターは、ボシャールによれば、〈天体の観察者〉であったところからそう呼ばれたとのことであるが、異教世界の最初の賢者であったのである〔55, 59〕）。そして、フェニキア人は通商のためにホメロスの時代よりもずっと以前にギリシアの沿岸に出向いていたさい、このカルデア人の幾何学図形を数を表示するための図形として用いていたのだった。このことは、ホメロスの詩、とりわけ『オデュッセイア』から明証される。というのも、ホメロスの時代には、ヨセフスがギリシアの文法学者アピオンに激しく反論しているように、ギリシア人のあいだにはまだ通俗文字は存在していなかったからである〔66〕。ギリシア人は、この点ではたしかにすべての他国民よりも先んじていた比類ない天賦の創造力を発揮して、やがてこの幾何学図形をさまざまな分節音を表示するための図形に移し換え、このうえなく美しい文字の通俗記号を作りあげた。そして、この通俗記号がその後ラティウムの人々に採りいれられたのだった。ラテン文字が太古のギリシア文字に似ているとはタキトゥスも指摘しているとおりである(2)。その重大な証拠は、ギリシア人は長期にわたって、そしてラティウムの人々はかれらの最後の時代にいたるまで、数を表記するのに大文字を用いていたということである。また、その文字をラティウムの人々に教えたのは、コリント人のデマラトス、およびアルカディアのエウアンドロスの妻カルメンタであったにちがいない(3)〔762〕。のちに説明するように〔772〕、古代のラッィオ地方には、海を渡ってきたものも陸路でやってきたものも含めて、いくつものギリシア植民地が存在していた。

441　文字についてあたえられている呼称がヘブライ人のもとでもギリシア人のもとでもほぼ同じであることが観察されることからして、通俗文字はヘブライ人からギリシア人のところにやってきたと考えられる、という多くの学者たちの主張にもなんの妥当性もない。その呼称はギリシア人がヘブライ人から模倣したと見るよりもヘブライ人がギリシア人から模倣したと見るほうが理にかなっているのだ。なぜなら、アレクサンドロス大王がオリエントの支配権を獲得して以来（その領土はかれの死後隊長たちによって分割された）、ギリシア語がオリエント全域とエジプトに拡がっていったことは、全員が一致して認めているところであるからである。また、文法学がヘブライ人のあいだに導入されたのはかなり後のことで、必然的にヘブライの文人たちはヘブライ文字をギリシア式の呼び方で呼んでいたことについても、全員が一致して認めている。さらには、要素というものは本来きわめて単純なものであるので、ギリシア人は当初、それらの文字をきわめて単純な音で発音していたにちがいないのであった。そして、この面から文字は「要素」と言われたのに相違ないのだった。こうしてまた、つづいてはラティウムの人々も文字を同じ重さで発音した（だから、ラテン語は太古のギリシア文字に似た字形を保っているのである）。したがって、複合音をもって文字を呼ぶ呼び方は後になってからギリシア人のあいだに導入されたものであり、それがさらに後にギリシア人によってオリエントでヘブライ人にもたらされたのだ、と言わねばならないのである。

442　右に推理したことによって、エジプト人のケクロプスがギリシア人に通俗文字をもたらしたのだと主張したがっている者たちの見解[1]は消散させられてしまう。なぜなら、フェニキア人のカドモスがエジプト人の大王朝の首都テーバイの名前をもつ都市をギリシアに創設したとき、エジプトから通俗文字を持ちこんだのだと考える者たちのもうひとつの見解も、のちに「詩的地理学」の原理によって解消してしまうだろうからである〔742以下〕。その原理によれば、エジプトにおもむいたギリシア人が自分たちの生まれ故郷であるテーバイとどこか似たところがあるということでそのエジプトの首都をそのように呼んだことが見いだされるのである。また最後に、なぜイギリスの無名の著者が『学問の不確実性』のなかで言及している用意周到な批評家たちが、サンクニアトンなる人物はあまりにも古い時代の人物であるとされていることからして実際にはもともとこの世には存在しなかったのではないか、と判断しているのか、その理由も了解される。[2] そこで、わたしたちとしては、サンクニアトンなる人物をまったくこの世から除き去ることはしないで、もっと下った時代に、たしかにホメロスよりも後の時代に置くべきだと考える。そして、いわゆる〈通俗〉文字の発明についてはフェニキア人がギリシア人よりも古かったという事実を保持するために（しかしながら、これとまさしく反比例して、天賦の創造力の点ではギリシア人のほうがフェニキア人に優っていた）、サンクニアトンはヘロドトスよりも少しばかり先に存在したと言わねばならない（ヘロドトスは〈ギリシア人の歴史の父〉と言われたが、そのかれは通俗語で書いていたのだった）。サンクニアトンは〈真実の歴史家〉、すなわちウァッロがかれの時代区分のなかで述べている歴史時代の著作家であったと言われていることからしてである。その時代には、エジプト人がこれまで経過してきた世界の三つの時代に対応して三つの言語が語られていたと述べている〔52〕ところにしたがって言えば、かれらは通俗文字で書かれた書簡語で語っていたのだった。

443　さて、英雄語すなわち詩的言語が英雄たちによって創設されたように、通俗語は庶民によって導入された。そして、その庶民とはのちに見るように〔597以下〕英雄的民族の平民たちであった。通俗語はもともとラティウムの人々によって〈リングア・ウェルナークラ〉lingua vernacula〔奴隷の言語〕と呼ばれていた。しかし、その通俗語は文法学者たちが〈戦争で捕らえられて奴隷になった者たちから持ち主の家で生まれた奴隷〉であると定義している〈ウェルナエ〉vernae が導入したものではありえなかった。この者たちは生まれつきかれらの親たちの民族の言語を習得していたからである。のちに見るように〔556〕、最初の本来の意味での〈ウェルナエ〉は諸家族が並存していた状態のもとにあって英雄たちに保護されていた者たちのことであった。この被保護者たちからやがて英雄都市の最初の平民階級をなす庶民は構成されるのであり、かれらがそれらの都市によって戦争のさいに捕らえられて奴隷となる者たちの祖型であったのである。このことはホメロスが語っている二つの言語によっても確認される。ひとつは神々の言語であり、もうひとつは人間たちの言語である。これが〈英雄語〉と〈通俗語〉に当たることはすでに説明したとおりであるが〔437〕、あとでもさらに重ねて説明するつもりである。

444　ところでまた、通俗語の意味は約定による[1]という見解がすべての文献学者たちによって受け入れられてきたが、これはあまりにも人が良すぎる見解と言うほかない。というのも、通俗語は自然に生まれたものであるので、その意味も自然的なものであったにちがいないからである。このことはラテン語の通俗語のうちに容易に見てとることができる（ラテン語の通俗語はギリシア語の通俗語よりも英雄的であって、それゆえいっそう剛健であり、ギリシア語の通俗語のほうはいっそう繊細である）。ラテン語の通俗語の場合には、ほとんどすべての音声を自然的特性ないしは感覚的効果を介して自然の事物から引き出された譬喩によって形づくっている。そして一般的にも、譬喩はすべての国民のもとで言語の最大の部分を占めているのである。ところが、文法学者たちは、事物についての混濁した不分明な観念しかあたえないおびただしい数の語彙に出会ってうちのめされてしまった。その一方で、最初は明瞭で判明な観念を形づくっていたにちがいないそれらの語源については知らないでいた。そのため、かれらの無知に安心をあたえようとして、分節化された人間の音声は約定された意味をもつという格率を普遍的に定めてきたのだった。そして、すでに述べたように〔227〕、アリストテレスをガレノスやその他の哲学者たちとともにその陣営に引きこんで、かれらをプラトンとイアムブリコスに対抗させてきたのである。

445 だが、それでもなお最大の難問が残っている。民族の数と同じだけ異なる通俗語が存在するのはどのようにしてなのだろうか、という問題がそれである。この難問を解くためには、ここでつぎのような大いなる真実を確立しておかねばならない。すなわち、たしかに諸民族は風土が異なるのに応じてさまざまに異なる生活様式を獲得してきたのであり、そこから同じだけの異なる習俗が発生した。そして、それらの異なる生活様式と習俗から、それと同じだけの異なる言語が生まれたのだった。このようなわけで、生活様式が異なっていたために、かれらは人間的な生活を送るうえでの同じ有益なものや必要なものを異なった相貌のもとで眺めてきたのであり、ここから大概は互いに相違し、ときには相反する習わしが諸国民のあいだに生じることとなったのである。また、同様にして、諸国民の習わしと同じだけの相異なる言語となって発生することとなったのである。このことは、人間的な生活の格率〔実践的規範〕である諺が確証している。「公理」〔161〕で述べておいたように、諺は実体においては同一でありながら、説明の仕方は国民の数と同じだけ異なった相貌を帯びているのだ。ひいては、同一の英雄的語源が短縮されたかたちで(1)通俗語のなかに保存されているのに出くわして、聖書批評家たちをかくも驚嘆させるというようなことにもあいなったのだった。たとえば、聖史で言われているのと同じ王の名前が俗史にも形を変えて出てくるといったような場合である。これは、たまたま、人間を一方が容貌や権勢の観点から眺め、他方が習慣とか功業などの観点から眺めるためである。じじつ、今日でも、たとえばハンガリーの町々はハンガリー人、ギリシア人、ドイツ人、トルコ人から別々の名前で呼ばれている。なかでもドイツ語は生きている英雄語であって、ほとんどすべての外国語の名前を自国語に変形してしまっている。同じことをラティウムの人々やギリシア人もおこなっていたものと推測せざるをえない。かれらは異国のさまざまな野蛮なことがらを美しいラテン風もしくはギリシア風の言葉で論じているのである。このことが古代の地誌や化石、植物、動物などの自然誌を読むさいに出会う曖昧さの原因であるにちがいない。そこでわたしたちは本書の第一版において「さまざまに異なる分節語すべてにそれらが意味〔指示〕しているものをあたえるための知性の内なる辞書という観念」を構想した。[2] そして、それらの語彙すべてを実体において同一のいくつかの観念単位に還元した。それらは実体においては同一でありながら、それぞれの民族がそれらを眺めるさいの様態がさまざまであるのに応じて、さまざまに異なる語彙を獲得してきたのである。この構想をわたしたちはここでもこの学を推理するのに用いようとおもう。また、その構想の十分に具体的な一例を同書の第四巻[3]においてあたえておいた。そこでは、家父長たちが、さまざまな言語が形成された時代であったにちがいない諸家族が並存していた時代および初期の国家が成立した時代に十五の異なった観点のもとで眺められたところから（その時代の事情についての論拠は、さきに公理をひとつ提示しておいたように〔239〕、言葉が生まれた場所でもっていた意味からとってくるのがきわめて重要なのだ）、十五の新旧の国民によってそれと同じだけの異なった語彙でもって呼ばれてきたことを明らかにした。この場所は、その著作〔『新しい学』の第一版〕を出版したことを悔いていない三つの場所のうちのひとつである。また、その「辞書」は、トマス・ヘイン[4]が『言語の知識』や『言語一般』と『多種多様な言語の調和』においてあつかっている論点を別の道から論じようというものである。——これらのことからつぎの系が得られる。すなわち、言語は短縮された英雄語[5]に富んでいればいるほど、それだけいっそう美しいということ、また、それだけいっそう美しいのは、それらがそれだけいっそう明瞭であるからであるということ、そして、それだけいっそう明瞭であるために、それらはそれだけいっそう真実味があって信頼するに足るということである。これとは逆に、起源の明らかでない語[6]がたくさん集まっていればいるほど、心地よさは減少する。なぜなら、それらは不分明で混濁しているからであり、ひいては欺瞞と誤謬に陥りやすいからである。起源についても変遷の経緯についても不明の多くの野蛮な語が混ざり合ってできあがっている言語の場合がそうである。

446　さて、これら三種類の言語と文字の困難きわまりない形成の様式に入りこむためには、つぎの原理を確立しておくべきである。すなわち、神々と英雄たちと人間たちは同時に始まったように（というのも、神々を想像したのはやはり人間たちであったからであり、自分たちの英雄的性質は神々の性質と人間たちの性質とが混ざり合ってできあがっていると思いこんでいたからである）、三つの言語も同時に始まったのだった（そして文字もつねに言語と歩調を合わせて進展してきたことがわかる）。ただ、そこにはつぎのような三つのきわめて大きな相違がともなっていた。すなわち、神々の言語は、ほとんどまったくの沈黙語で、ごくわずかしか分節化されていない。英雄たちの言語は、分節語と沈黙語、したがって通俗語と英雄たちが書き記す場合に用いていたホメロスが〈セーマタ〉と呼んでいる英雄的記号とが等しく混ざり合っている。人間たちの言語は、ほとんどすべてが分節語でできているが、事物のほうがその音声以上ではないほどまでに言葉豊かな通俗語は存在しないので、ごくわずかではあるが沈黙語もともなっている。ひいては、英雄語は、当初はこのうえなく乱雑なものであったはずである。そして、これが神話伝説の不分明さの一大源泉なのだ。カドモスの神話がその顕著な例である。カドモスが大きな蛇を殺して、その歯を種播くと、畝の溝から武装した人間たちが生まれてくる。カドモスは人間たちのなかに大きな石を投げこむ。すると、人間たちは互いに戦いあって死ぬ。そして最後にカドモス自身も蛇に姿を変えてしまう。カドモスはこんなにも創造力に秀でていたのだ！　この神話は、カドモスがギリシア人に文字をもたらしたことを語った神話として伝えられてきた〔442〕。しかし、そこには、のちに説明するように〔679〕、何百年にもわたる詩的歴史が内包されているのである。

447　すでに述べたことの帰結として、異教世界のすべての人間的思考のうちで最初のものであったゼウスという神的記号が形成されたのと時を同じくして、分節語もまずは擬声語のかたちをとって形成されはじめたことが判明する。擬声語については、今日でも幼児が嬉々として説明に使っているのが見られるとおりである。ゼウスは、ラティウムの人々によって雷の轟きを擬して最初は〈ヨーウス〉と呼ばれていた。また、雷光の唸りを擬してギリシア人からは〈ゼウス〉と呼ばれた。オリエントの人々は、雷の火がものを焼くさいに発する音響から〈ウル〉Urと言っていたにちがいなく、そこから火の力を意味する〈ウリム〉Urimという語は出てきたのである。そして、これと同じ語源から、ギリシア人は天を〈ウラノス〉と呼ぶようになったのにちがいなく、またラティウムの人々には〈ウーロー〉uro、〈焼く〉という動詞がやってきたのにちがいないのである。また、ラティウムの人々には、同じ雷光の唸りから、アウソニウスの単綴音のひとつである〈cel〉〔天〕もやってきたのにちがいない[1]。ただし、この場合のcはスペイン語のcと同様に〔[s]と〕発音する。というのも、同じアウソニウスが鋭敏さを発揮して、ウェヌスについて〈Nata salo, suscepta solo, patri edita caelo〉〔海に生まれ、地に抱かれ、父なる天に高められ〕というように韻を重ねたさい、そう要求しているからである[2]。これらの語源のなかで注意すべきであるのは、さきに見たようなゼウス神話の発明が帯びているのと同じ崇高さを帯びて擬声語をともなった詩的言い回しも始まっているということである。この擬声語を疑いもなくディオニュシオス・ロンギノスは崇高さの源泉のひとつに置いている。そして、ホメロスの詩のなかで、オデュッセウスがオリーヴの燃える棒杭をポリュペモスの眼に突き刺したとき、〈シーズ〉〔じいじい〕という音を発した、と記されている点に注意をうながしている[3]。

448 つづいては、人間語は間投詞によって形成された。間投詞は激しい情念が爆発するときに分節される音声で、どの言語においても単綴音である。そこで、最初の雷光によって人間たちのなかに驚嘆の念が目覚めはじめると同時に、ゼウスを〈パ！〉という音声でもって形成したところから最初の間投詞は生じたとみて、大過はない。これはやがて二重化されて〈パペ！〉という間投詞となって残り、ここからのちにゼウスに〈神々と人間たちの父〉という称号があたえられることになる[1]。ひいては、さらにのちにはすべての男神は〈父〉、女神は〈母〉と呼ばれるようになる。こうしてラテン語には〈ユピテル〉、〈ディエスピテル〉〔ユピテルの別称〕、〈マルスピテル〉、〈ユーノー・ゲニトリークス〉〔産みの母ユノ〕といった語が残っているのである。なるほど、神話がわたしたちに語っているところによれば、ユノは石女《うまずめ》だったという。また、他の多くの男神や女神も天では互いのあいだで婚姻を結ぶことはしないこともすでに見たとおりである〔80〕（ウェヌスもマルスの〈妾〉と言われていて〈妻〉とは言われていない）。それにもかかわらず、男神たちはみな〈父〉と称されたのだった（このことについては、『普遍法への註解』において言及しておいたように、ルキリウスに何篇かの詩がある）(2)。そして、かれらが〈父〉と呼ばれたのは、〔〈父〉pater の類義語である〕〈パトラーレ〉patrare という語が最初は〈成し遂げること〉を意味していたからにちがいないのであった(3)。成し遂げることは神に固有のことなのだ。この点では聖なる言語〔ヘブライ語〕も見解を同じくしているのであって、聖なる言語も世界の創造について語るなかで、第七日目に神は〈成し遂げた仕事から〉ab opere quod patrarat 身を引いて休息した、と述べている(4)。ひいては、卜占学で〈良い前兆をもたらす〉ことを〈インペトリーレ〉impetrire と言われているのも、この語源についてラテン語の文法学者たちはまったくばかげたことばかり言っているけれども、もともとは〈完全に成し遂げる〉impatrare とほとんど同義であった〈インペトラーレ〉impetrare という言い方がなされていてもよかったはずなのである。このことからは、最初の通訳は鳥占いによって命じられる神の掟についてのものであって、こうして〈インテルパトラーティオー〉interpatratio〔神の掟の成就を仲立ちすること〕と言われていたことが立証される(5)。

449　さて、このようにしてできあがった神の呼称を、諸家族が並存していた状態のなかでの強者たちは、人間的傲慢という生来の野心によって僭称し、自分たちを〈父〉と呼ぶようになった（おそらくはこのことが、地上の最初の強者たちは自分たちを神として崇拝させた、という民間伝承に動機をあたえたのではないだろうか）。しかし、かれらも神性には敬虔の意を表明せざるをえなかったので、神性を〈神〉と呼んだ。そして、のちになって、最初の都市の強者たちが〈神〉の名を僭称するようになったときにも、同じ敬虔の念によって、自分たち人間のほうがそうであった〈死すべき神々〉と区別して、神性を〈不死なる神々〉と呼んだのだった。だが、この点で注意しておいてよいのは、旅行者たちがパタコネスについて語っているような、ギガンテース〔巨人族〕の体躯の見苦しいばかりの大きさである。これについてはラテン語にみごとな痕跡がある。古いラテン語に〈嘆き〉および〈嘆く〉という意味の〈ピープルム〉pipulum および〈ピーパーレ〉pipare という語があるが、これは〈ピー、ピー〉pi, pi という詠嘆の間投詞からきたものにちがいないのである。プラウトゥスの用いている〈ピープルム〉pipulum[1]も同じ詠嘆の感情を表わそうとしたものであり、また同様に十二表法に出てくる〈オブヴァーギーグラティオ〉obvagulatio〔大声で召喚すること〕という語[2]も幼児の泣き声にほかならない〈ウァーギーレ〉vagire からやってきたのにちがいないのだ。事情はギリシア語でも同様であって、そこでも驚愕の間投詞から〈パイ〉παὶ〔息子よ〕に始まる〈パイアン〉παιάν〔アポロン神にささげる勝利感謝の歌〕は生まれたのにちがいないのだった。これについてはギリシア人のもとにきわめて古い黄金の言い伝えがある。ピュトンという大蛇に驚愕したギリシア人は、助けを求めてアポロンを〈イオー・パイアン〉ἰὼ παιάν〔あ！　ありがたや！〕と叫んで呼び出した。そのさい、この言葉をかれらは驚愕のあまり魂が消え入りそうだったので、最初は三度ゆっくりと反復した。そして、つぎには、アポロンが大蛇を殺してしまったので喜んで、同じく三度、今度は口調を速めつつ、ωを二つのοに分け、二重母音αιも二つのシラブルに分けて叫んだというのだ。こうして英雄詩は自然にまずはスポンディオス〔長長格〕のかたちで生まれ、それがやがてダクテュロス〔長短短格〕に転化するのであり、ここから、それは最後の脚以外のすべての脚でダクテュロスに場を譲るという永遠の特性が残ることとなったのだった。また、きわめて激しい情念に衝き動かされて、英雄詩の格調を帯びた歌が自然に生まれることとなった。「公理」〔229〕で述べておいたように、人間たちは大きな情念に動かされたときにはとりわけこのうえなく大きな苦しみや喜びを歌にして吐き出すのをわたしたちは今日でも見かけるのである。ここで述べたことは、まもなく、歌と詩の起源について論じるさいに〔463〕大いに役立つだろう。

450　さらにつづいて代名詞が形成された。というのも、間投詞は自分の情念を吐き出すものであって、自分一人でも作ることができる。これにたいして、代名詞は、本来の名前でもってわたしたちが呼ぶことができないか他人が理解することのできない事物についてのわたしたちの観念を、他人の観念と交通させるために使われるからである。また代名詞は、ほとんどすべてが、どの言語にあっても、たいていは単綴音である。それらのうちの最初のもの、あるいは少なくとも最初のもののうちのひとつは、エンニウスの〈見よ、高くに輝くこのものを、万人がユピテルと呼ぶものを〉Aspice hoc sublime cadens, quem omnes invocant Iovem という黄金の場所[1]で用いられているものであったにちがいない。ここでは、〈天＝大空〉caelum に代わって〈このもの〉hoc と言われている。また、ラテン俗語には、〈天が明け白む〉albescit caelum という代わりに〈いまこのものが明るくなる〉luciscit hoc iam という言い方も残っている[2]。そして冠詞は、その発生以来、それが付される名詞の前にくるという永遠の特性を有している。

451　そのあとに小詞が形成された。小詞の大部分は前置詞であって、これもほとんどすべての言語において単綴音である。そして前置詞は、名詞とともに、それを要求する名詞およびそれと複合される動詞の前にくるという永遠の特性を有している。

452 それから名詞が徐々に形成されていった。本書の初版の「ラテン語の起源」と題された章[1]では、ラツィオで生まれた数多くの名詞が列挙されている。それらはラティウムの人々の野生の生活に始まって、農耕生活をへて、最初の都市生活へといたる生活のなかで生まれたものであって、それらもまた、すべてが単綴音からなっている。そして、〈ボース〉βοῦς〔牛〕、〈スース〉σῦς〔豚〕、〈ムース〉μῦς〔鼠〕、〈セープス〉σῆψ――これはラテン語では〈生け垣〉、ギリシア語では〈蛇〉を意味していた〔550〕――という四つの語を別として、外国起源のものは、ギリシア起源のものすら、なにひとつ存在しない。この場所は、わたしたちが本書の初版で達成されたと評価している三つの場所のうちの第二の場所である。他の言語の学者たちがそれぞれの言語の起源を研究するさい、これを手本にすれば学芸共和国[2]に裨益するところ大であろうとおもわれるからである。たとえば、ドイツ語は明らかに母語のみでできあがっていて（そこにはかつて外国民が侵入して支配したことが一度もないからである）、語根はすべて単綴音である。――また名詞が動詞よりも先に生まれたということは、いかなる文も、明示的にせよ暗示的にせよ、それを支配している名詞から始まるのでなければ成り立たない、という永遠の特性によって立証される。

453 最後になってようやく言語の創始者たちは動詞を作りあげた。これは、幼児が名詞や小詞は口にするが、動詞は口にすることがないのと事情を同じくしている。それというのも、名詞が惹起する観念は確固とした痕跡を残す。その様態を指すのに用いられる小詞も同様である。ところが、動詞が表現するのは運動であって、運動には〈今〉という不可分割なものを尺度にして測られる〈前と後〉がついているので、哲学者にさえ理解がきわめて困難だからである。わたしたちの仲間にひとりの真面目な男がいたが、その男は重度の卒中にかかり、名詞は思い出せたが動詞はすっかり忘れてしまった。この自然学的観察も、わたしたちの所説を強く裏づけてくれる。そしてまた、他のすべての動詞の類概念をなしている動詞――すべての本質、つまりはすべての形而上学的ことがらがそれに還元される存在の〈在る〉、すべての自然学的ことがらがそれに還元される静止の〈居る〉と運動の〈行く〉、個人的なものであろうと家族的なものであろうと最後には公共的なものであろうとすべての実践活動的なことがらがそれに還元される〈あたえる〉、〈言う〉、〈為す〉など――は、命令法から始まったにちがいない。というのも、言語が極端に貧しかった諸家族の並存状態のもとにあっては、家父長だけがしゃべって息子や奴僕に命令をあたえる必要があったのであって、息子や奴僕のほうは、少しあとで見るように〔582〕、家父長による恐るべき家族支配権のもとで、ただただ盲従して黙々と命令を実行せねばならなかったからである。それらの命令語はすべて単綴音で、そのなごりは〈在れ〉es、〈居れ〉sta、〈行け〉i、〈あたえよ〉da、〈言え〉dic、〈為せ〉fac といった言い方に残っている。

454　言語がこのような発生の仕方をしたということは、万物の元素は不可分割であって、万物はそれら不可分割の元素によって構成され、またそれら不可分割の元素に解消される、という普遍的性質の原理に合致している。また、〈幼児は、言葉が豊富に存在しているなかに生まれてきており、しかも言葉を分節化するために必要な器官の組織がきわめて柔軟であるにもかかわらず、単綴音からしゃべりはじめる〉という公理〔231〕によって、特殊に人間的な性質の原理にも合致している。音声を分節化するために必要な器官の組織がきわめて硬直していて、なおも人間の声を聞いたこともなかった異教世界の最初の人間たちの場合には、事情はなおさらであったと考えねばならない。――さらに、言語がこのような発生の仕方をしたということは、文の諸部分の発生の順序、ひいてはシンタックス〔統辞法〕の自然的な原因を明らかにしてくれる。

455 以上に述べてきたことは、ジュリオ・チェーザレ・スカリージェロとフランシスコ・サンチェスがラテン語について云々してきたことよりも理にかなっているようにおもわれる。(1)二人ともアリストテレスの原理によって推理しているのだが、その二人の言い分たるや、あたかも言語を発明した諸民族はそれに先立ってアリストテレスの学校に通っていたはずであるとでもいうようではないか！

〔第5章〕詩的言い回し、逸脱、倒置、リズム、歌謡、韻文の起源にかんする系

456　詩的言語は諸国民によってこのような仕方で形成されたのだった。それは神々と英雄たちの記号で構成されていたのが、のちに通俗的な言葉で説明されるようになり、最後には通俗的な文字で書かれるにいたったのである。また、それは言語の貧しさと説明の必要とから生じたのだった。このことは、詩的言い回しの最初の明かりが活写、喩的表現、直喩、比喩、隠喩、婉曲話法、事物をその自然的属性によって説明した句、最も微細な結果か最も強く感受された結果を蒐集した記述、そして最後には誇大で余計ですらある付加語〔贅語〕からなっていることによって証明される。

457　逸脱は英雄的な知性が愚鈍であったところから生じたものであった。今日でも知能の弱い者たちやとりわけ女たちは本筋から逸脱した話をごくあたりまえのようにしているのが見られるように、英雄たちは自分たちの意図にかなったような事物の核心部分を選び分けるすべを知らないでいたのである。

458　倒置は話のなかに動詞を導入することが困難であったところから生じたものであって、すでに見たように〔453〕、動詞は最後になってようやく発明されたのだった。このようなわけで、創意工夫の才能に恵まれていたギリシア人はラティウムの人々よりも、そしてラティウムの人々はドイツ人よりも、語の倒置が少ないのである。

459　散文のリズムが著作家たちによって理解されるようになったのは、時代が下ってからのことであった

（ギリシア語の場合にはレオンティーニのゴルギアス、[1] ラテン語の場合にはキケロからである）。というのも、それ以前は、キケロ自身が報告しているところによると、[2] かれらはいくつかの詩的韻律を用いることによって演説にリズムをもたせていたからである。このことは、少しあとで歌謡と韻文の起源について推理するさいに〔461〕大いに役立つだろう。

460 これらのことから、詩的な言い回しは人間的自然本性の必然性によって散文的な言い回しよりも以前に生まれたことが証明されたのではないかとおもう。これは、同じく人間的自然本性の必然性によって、想像的普遍である神話伝説が生まれたのが、悟性的に推理された哲学的な普遍が散文的な語りを介して生まれたのよりも以前であったのと同様である。なぜなら、ここで十分証明しておいたように〔409〕、まずは詩人たちが個別的な観念を合成することによって詩語を形成していった。そして、そこからつぎには諸民族が、詩語を構成する諸部分をあたかもひとつの類に縮約するかのようにして、ひとつひとつの語のなかに縮約することによって、散文的な語りを形成していったからである。たとえば、〈血がわが心のなかで煮えたぎる〉という詩的文句（これは人類全体に普遍的に妥当する永遠の自然的な属性による語りである）の、血と煮えたぎることと心とでもって、あたかもひとつの類をつくるようにして、ギリシア語で〈ストマコス〉στόμαχος、ラテン語で〈イーラ〉ira、イタリア語で〈コッレラ〉colleraと言われる、〔「怒り」を表わす〕ひとつの言葉をつくり出したのだった。また、これと歩調を合わせながら、象形文字と英雄文字〔インプレーサ〕から若干の通俗文字〔アルファベット〕が、無数にあるさまざまな分節語がひとつの類にまとめられるかのようにしてつくり出されたのだった。これには相当量の才知が必要とされたことは言うまでもない。そして、言葉と文字の双方からなるこれらの通俗的な類によって、諸民族の知性は以前よりも敏活になって、抽象作業をおこなうことができるようになり、ここからやがて哲学者たちが輩出して、叡智的な類を形成するにいたったのである。ここで推理したことは、観念の歴史のごく一部分であるにすぎない。文字の起源を見いだすためには同時に言語の起源をあつかわなくてはならなかった苦労の程度たるや、これほどまでのものだったのだ!

461　**歌謡と韻文**については、つぎのような公理を提起しておいた。すなわち、人間たちは、最初は口を利けなかったことが証明されたのだから、まずは唖者がするように、歌いながら、母音を口から押し出したにちがいなく、つぎには吃音者がするように、同じく歌いながら、分節された子音を発したにちがいないのだった〔228〕。最初の諸民族がそのように歌っていたことの重要な証拠をなしているのが、かれらが現在も言語のなかに残している二重母音である。しかも、二重母音は、当初はもっともっと多数存在したにちがいないのである(じっさいにも、さきに「公理」〔159〕で見ておいたように、詩的言語の時代から通俗的言語の時代へ十分な成熟を見ないまま移行していったギリシア人とフランス人は、二重母音を豊富に残している)。母音は形成されやすく、子音は形成されにくいというのが、その理由である。だから、頭の働きがいまだ鈍かった最初の人間たちは、言葉を発しようとするようになるためには、極度に激しい情念を感じる必要があったということも証明されたわけである。激しい情念は自然に高い声で表明されるものなのだ〔230〕。そして、人が高い声を上げるときには、二重母音や歌謡のかたちをとるというのも、「公理」〔229〕で触れておいたように、自然の成り行きである。このために、少しまえに証明したように〔449〕、ギリシアの最初の人間たちは、かれらの神々の時代に、二重母音αίをもち、子音よりも二倍も母音に満ちた、最初のスポンディオスを韻律とする英雄詩をつくり出したのだった。

462　さらに、そのような諸民族の最初の歌謡は、最初の発音が困難であったところから自然に生まれたものであった。このことは原因からも結果からも証明される。――まず原因について言うと、最初の人間たちは音声を分節する器官の組織がきわめて硬く、また音声を発する機会もごくわずかであったというのが理由である。これと逆の場合が幼児である。かれらは、組織はきわめて柔軟で、またこのうえなく多量の言葉が存在する時代に生まれていながら、子音を発音するのにはこのうえなく困難を感じているのが観察されるのである（これも「公理」〔231〕で述べておいたとおりである）。またシナ人は、三百に足らぬ分節語しかもたないのに、それを音の強弱やテンポの長短によってさまざまに変化させて、十二万にもおよぶかれらの象形文字に対応させ、歌いながら話している。――つぎに結果について言うと、それは言葉を短縮していることから証明される。この例はイタリアの詩に無数に見られる（わたしたちは、「ラテン語の起源」(1)のなかで、最初短縮されて生まれ、やがて時が経つとともに延長されていったにちがいない、数多くの例を明らかにしておいた）。また逆に、言葉を過多に使っていることからも証明される。それというのも、吃音者は、より発音しやすい綴音を歌いながら発音することによって、発音しにくい音の発音の埋め合わせをするからである（これも「公理」〔228〕で提起しておいたとおりである）。わたしたちのあいだにも現在、そのような言語障害をもった卓越したテノール歌手がいる。かれは言葉をすらすら発音することができなくとも、優雅に歌うことはできる。そして歌うときは発音もできるのである。また、たとえばアラブ人はほとんどすべての言葉を〈アル〉al から始めている(2)。また、フン族がフン族と呼ばれたのはかれらがすべての言葉を〈フン〉hun から始めていたからだ、と言われている(3)。――最後に、諸言語が歌謡から始まったことは、いま述べたことによって証明される。じっさいにも、ゴルギアスとキケロ以前には、ギリシア語とラテン語の散文作家たちは、ほとんど詩に近いリズムを使用していたのだった〔459〕。これはふたたび戻ってきた野蛮時代においても同様で、ラテン教会の教父たちは（ギリシア正教会でも同じだったが）かれらの散文が聖歌に似るように工夫していたのである。

463　最初の韻文は（少しまえに〔449〕それが実際どのように生まれたのかを証明しておいたように）英雄たちの言語と時代に適合したかたちで生まれたにちがいない。すなわち、英雄的韻文がそれである。それは他のすべての韻文よりも偉大で、英雄詩に固有のものであった。また、それは驚愕と歓喜のきわめて激しい情念から生まれたのだった。英雄詩はこのうえなく動揺した情念しかあつかわないものなのだ。けれども、それがスポンディオスとして生まれたのは、民間伝承が語っているような大蛇ピュトンへの大きな怖れによるものではなかった。そのような心の動揺は観念や言葉の発生を遅らせるよりも早めるのであって、こうしてラテン語では〈ソリキトゥス〉sollicitus や〈フェースティナンス〉festinans という語は〈怖れて〉を意味しているのである[1]。そうではなくて、さきに証明したように〔454〕、諸国民の創始者たちは頭の働きが遅く、舌をなめらかに回転させるのが困難であったために、まずはスポンディオス〔長長格〕として生まれたのだった。そのため、英雄詩には今日もなお、最後の句節はスポンディオスしか許容しないという特徴が保持されているのである。それがその後、頭も舌もより迅速に働くようになると、ダクテュロス〔長短短格〕が導入される。さらにその後、両者の動きがいっそう速まると、ホラティウスによって〈早足〉と言われたイアンボス〔短長格〕が生まれる（これらの起源については二つの公理を提示しておいたとおりである〔232，233〕）。そして最後に、両者の速度が最高に高まったとき、いましがた見たように〔460〕、ほとんどを叡智的類概念によって語る散文が登場したのである。また、散文とイアンボスの韻文はきわめて接近しているので、しばしば散文家は書きながら知らぬ間にイアンボス調に陥っているほどである。こうして、これも「公理」〔234〕で述べておいたように、諸国民のあいだで言語と概念が敏活さを増すにつれて、これと歩調を合わせて、歌謡は韻文へと成長していったのだった。

464　この哲学は歴史によって確証される。歴史が語っている最古のものは、「公理」において提起しておいたように、神託と巫女である。(1) このために、きわめて古いものを指すのに、〈それは巫女よりも古い〉という言い方が存在したのだった。(2) また、巫女は最初の諸国民全体にあまねく拡がっていたのであって、うち十二人がわたしたちのもとにまで届いている。さらにまた民間伝承によると、巫女は英雄的韻文調で歌っていたという。そして神託も、どの国民のもとでも、同じく英雄的韻文調で答えをあたえていたのだった。ここから、そのような韻文は、ギリシア人のもとではデルポイのアポロン神殿の巫女ピュティアの有名な神託からその名を採って〈ピュティア詩〉と呼ばれた（デルポイのアポロン神殿の巫女ピュティアがピュティアと呼ばれたのは、ピュトンと呼ばれる大蛇を殺したからであったにちがいない。この大蛇への怖れから、さきに述べたように〔449〕、最初のスポンディオス詩が生まれたのだった）。(3) また、ラティウムの人々のもとでは、〈サトゥルヌス詩〉と呼ばれた。このことはフェストゥスが確認しているとおりである。すなわち、それはサトゥルヌスの時代に生まれたものであったにちがいないというのであった。そのサトゥルヌスの時代というのは、アポロンも他の神々も地上で人間たちと交わっていたとされる、ギリシア人の黄金の時代に対応しているのである。また同じくフェストゥスによれば、ファウヌス〔サトゥルヌスの孫にあたる森の神〕たちがこれらの詩とともに予言あるいは神託をイタリアにもたらした、とエンニウスが述べているとのことである(4)(いましがた述べたように、ギリシア人のあいだでは、たしかに神託はヘクサメトロン〔長短短六脚韻詩〕であたえられていた)。だが、のちにはイアンボス六脚韻詩〔短長三脚韻詩〕が〈サトゥルヌス詩〉と言われるようになる。これはおそらく、以前には自然に英雄的サトゥルヌス詩体で語られていたように、のちには自然にイアンボス調サトゥルヌス詩体で語られるようになったからであろう。

465　ヘブライ人の詩が韻律によって構成されていたのか、それとも本当はリズムによるものであったのかについては、今日聖書語の学者たちのあいだでさまざまに意見が分かれているけれども、ヨセフス、ピュロン、オリゲネス、エウセビオスは韻律説に味方している。また、(わたしたちの意図にこのうえなく合致していることにも)聖ヒエロニュムスによると、「モーセ五書」よりも古い「ヨブ記」は第三巻の初めから第四二巻の初めまで英雄的韻文で織りなされていたのではなかったか、という(1)。

466　アラブ人は、『学問の不確実性』の無名の著者が述べているように(1)、文字を知らなかったので、かれらがギリシアの支配下にあったオリエント諸都市を侵略するまで、かれらの詩を暗記することによって、かれらの言語を保存していた。

467　エジプト人は、死者の想い出を、〈歌〉という意味の〈シル〉sirからシリンジと呼ばれていた柱に韻文で書き記していた。歌で文句なく有名な〈セイレーン〉はここからそう言われるようになったのだった。オウィディウスは、シュリンクスという名の妖精も歌と美貌とで有名であった、と言っている(1)。同じく言葉の起源から推察して、〔その名が同じく〈シル〉に由来する〕シリア人やアッシリア人も最初は韻文で語っていたと言わなければならない。

468 ギリシア文明の創始者は明らかに神学詩人たちであった。かれらは英雄であって、英雄的韻文調で歌っていた。

469 すでに見たように〔438〕、ラテン語の最初の著作家はサリーと呼ばれる〔軍神マルスに仕える〕神官詩人たちであった。かれらによって歌われたサリー歌の断片が残っているが、それらは英雄的韻文調を帯びており、ラテン語の最古の記憶をとどめている。また戦さに勝利した古代のローマ人たちも、かれらの勝利の想い出を同じく英雄的韻文調で歌って残している。たとえば、ルキウス・アエミリウス・レギルスは〈ドゥエッロ・マーグノ・ディーリメーンド、レーギブス・スブユガーンディス〉Duello magno dirimendo, regibus subiugandis〔敵の王どもを征服し、大いなる戦さを収めて〕と歌っており、(1) マニウス・アキリウス・グラブリオは〈フーディト、フガト、プローステルニト・マークシマス・レギオーネス〉Fudit, fugat, prosternit maximas legiones〔大軍を、なぎ倒し、蹴散らかし、滅ぼしぬ〕と歌っている、(2) 等々。十二表法の断片も、よく考察してみると、その条項の大部分は、英雄的韻文の最後の残照である『アドニス讃歌』(3) ふうの韻文で終わっている。これをキケロは『法律について』で模倣したにちがいないのであった。じっさいにも『法律について』〔の第二巻第八章〕はつぎのように始まっている。〈デーオス・カステー・アドエウント。ピエターテム・アドヒベント〉Deos caste adeunto. Pietatem adhibento〔神々の前に進むときは清浄であること。敬虔の念をもつこと〕と。(4) 同じくキケロによると、ローマの子供たちは十二表法を〈かならず覚えなければならない歌のように〉歌いながら歩き回っていたというが、(5) このローマの風習もここからやってきたにちがいない。同様のことはクレタの子供たちもおこなっていた、とアエリアヌスは語っている[6]。その一方で、レオンティーニのゴルギアスがギリシア人のあいだで散文調の発明者であったように、ラティウムの人々のあいだで散文調の発明者として有名であったキケロは（このことはさきに考察しておいたとおりである〔459〕）、たしかにかれの散文――それもじつに重たい論点をあつかった散文――においては、口調のよい韻文ばかりか、イアンボス（これは散文によく似ているのだが）をも避けていたのであり[7]、親しい知人にあてて書簡を書く場合にもこれを守っていた。このため、その種の韻文については、民間伝承のほうが真実ありのままの姿を伝えているものと考える必要がある。それらのうちの第一のものはプラトンのもとに見いだされる。プラトンの伝える伝承によれば、エジプト人の法律は女神イシスの詩であったという[8]。第二のものはプルタルコスのもとに見いだされる。プルタルコスの伝える伝承によれば、リュクルゴスはスパルタ人に法律を韻文であたえ、そのさい、かれらが文字の知識を習得することを特別の法律によって禁じていたという[9]。第三のものはテュロスのマクシムスのもとに見いだされる。テュロスのマクシモスの伝える伝承によれば、ゼウスはミノスに法律を韻文であたえたという[10]。第四のそして最後のものはスイダスによって報告されているもので、それによれば、ドラコンはアテナイの人々に法律を韻文であたえたとのことである[11]。また、ドラコンはそれらの法律を血で書いたとも民間では伝えられている〔423〕。

470　さて、法律から歴史に戻るとして、タキトゥスは古代ゲルマン人の習俗にかんする記述のなかで、かれらはかれらの歴史の起源を韻文で記憶保存していたと報告している[1]。またリプシウスも、タキトゥスのそのくだりへの註記のなかで、アメリカ原住民について同様の報告をおこなっている[2]。古代ゲルマン人のことは、ずっとのちになってローマ人によって知られるようになった以外には他の諸民族には知られていなかった。またアメリカ原住民のほうは二世紀前にわたしたちヨーロッパ人によって発見されたばかりであるが、これら二つの民族の事例は――古いものも新しいものも含めて――他のすべての野蛮な民族についても同様のことを推測しうるのではないかという強力な議論を惹起した。さらに、推測するまでもなく、古いものとしてはペルシア人について、新しく発見されたものとしてはシナ人について、かれらの最初の歴史は韻文で書かれていたことがさまざまな典拠から明らかになっている。したがって、ここでつぎのような重要な省察がなされる。すなわち、諸民族は法律によって創建されたのであり、そして法律はどの民族のもとでも韻文で命じられており、諸民族の最初の事蹟も同じく韻文で保存されていたのだとするなら、必然的に、最初の諸民族はすべて詩人たちでなっていたということになるのである。

471　さて、――韻文の起源について提起してきた論点をふたたび取りあげるとして――フェストゥスが報告しているところによると、エンニウスよりも前にカルタゴ〔ポエニ〕戦争について記述したナエウィウスは英雄的韻文調で書いていたという[1]。また最初のラテン語著作家であるリウィウス・アンドロニクスは『ロマニダエ』を書いたが、これは古代ローマ人の年代記を含む英雄詩であった[2]。ふたたび戻ってきた野蛮時代にも、ラテンの歴史家たちは英雄詩人であった。グンター、プーリアのグリエルモといった人々がそうである[3]。新しいヨーロッパの諸言語で書いた最初の著作家たちが韻文作家であったことはすでに見たとおりである〔438〕。なかでも住民のほとんどが農民ばかりの地方であるシュレージエンでは詩人たちが生まれている。一般的に言って、この言語〔ドイツ語〕はあまりにも純真無垢なままにその英雄的起源を保存しているのだ。このために、アダム・レヒェンベルクは、この事実を知らないまま、ギリシア人の合成語はみごとにドイツ語、それもとりわけ詩に翻訳することができる、と主張しているのである。[4] またベルネッガーはその一覧表を作成したのであり、[5] これをゲオルク・クリストフ・パイスカーは『ギリシア語とドイツ語の類似語索引』において補充しようと努めたのだった。[6] 完全語を相互に結び合わせることによってつくられる合成語については、古代ラテン語にも多くの事例が残っている。[7] そして、それらを詩人たちは自分たちの権利であるかのようにして利用していったのだった。というのも、語彙の合成はあらゆる最初の言語に共通して見られる特性であったにちがいないからである。最初の言語は、さきに証明したように〔452〕、まず名詞が供給されてから、そのあとで動詞が供給されたので、動詞が乏しく、名詞を結合することでその欠乏を補っていたのである。モルホーフェンが『ドイツの言語と詩についてのレッスン』で書いていることの原理もこれであったにちがいない。[8] また、さきに「公理」〔153〕で〈もしドイツ語の学者たちがこれらの原理によって語源探究に向かうなら、すばらしい発見ができるだろう〉と述べた根拠も、ここにあったのである。

472　ここで推理してきたすべてのことからして、まず散文による語りが生まれ、そのあとで韻文による語りが生まれたという、文法学者たちが共通して抱いている意見は否定されることが明らかになったとおもう〔409〕。そして、ここで発見された詩の起源のなかに言語の起源と文字の起源も見いだされるのである。

〔第6章〕冒頭に提示しておいたその他のさまざまな系

一

473　記号と言語のこのような最初の発生にともなって、法も生まれた。法のことをラティウムの人々は〈ヨーウス〉ious と呼んでおり、古代ギリシア人は〈ディアイオン〉διαῖον と呼んでいた。〈ディアイオン〉は〈ディオス〉Διός からそう呼ばれたのであって、さきに説明したように〔398〕、〈天〉を意味する。ここからまた、ラティウムの人々は〈大空の下で〉と言うのに〈スブ・ディオー〉sub dio もしくは〈スブ・ヨウェ〉sub Iove という言い方をするようにもなったのだった。また、ギリシア人のほうは、プラトンが『クラテュロス』で述べているように、言葉を軽快にするために〈ディカイオン〉δίκαιον と言うようになったのだった。なぜなら、異教諸国民はどこでも普遍的に天をゼウスの姿において観察し、そこで観察される前兆から法をゼウスの忠告ないしは命令であると思いこんで受けとっていたからである〔194 ほか〕。このことは、諸国民はすべて神の摂理が存在するという確信のもとで生まれたことを証明している。

474　具体的事例を列挙してみよう。まず、カルデア人にとって天はゼウスであった。天体のさまざまな様相と運動から未来が予見されるとかれらは信じていたからである。ここから、天体の法則にかんする学が〈天文学〉、天体の言葉にかんする術が――〈裁判占星術〉という限定された意味において――〈占星術〉と言われるようになったのだった。じっさいにも、〈裁判占星術師〉のことを〈カルデア人〉と呼ぶ呼び方がローマ法のなかに残っている。(1)

475 ペルシア人にとっても天はゼウスであった。(1) 天は人間たちには秘匿されたことがらを意味しているとかれらは思いこんでいたからである。天の知識に通じた賢者をかれらは〈マギ〉と呼んでいた。こうして、自然の驚異的な隠れた力についての自然的な知識である公認の知識をも、また超自然的な力についての禁じられた知識をも、両者ともに〈マギーア〉magia と呼ぶ呼び方が残ることとなった。とくに後者の意味では、〈妖術使い〉のことを〈マグス〉magus と呼ぶ呼び方が残った。マギは鞭（これはローマ人の占い杖にあたる）を用いて、天文学者の描くような円を描いていた。そして、その鞭と円をやがてマギはかれらの妖術のなかで使うようになったのである。またペルシア人にとっては、天はゼウスの神殿であった。そして、このかれらのゼウスの宗教によって、キュロス〔二世〕はギリシアのために造られていたさまざまな神殿をうち壊したのだった。(2)

476 エジプト人にとっても天はゼウスであった。天は月下の世界のことどもに影響をあたえ、未来を告げ知らせるというようにかれらは思いこんでいたからである。このため、かれらはいくつかの決められた時にかれらの偶像を溶解することによって天の影響を固定できると信じていたのだった。そして、今日でも、一種の通俗的な神占術を保存しているのである。(1)

477 ギリシア人にとっても天はゼウスであった。かれらは、他の場所で述べたように〔391〕、テオーレーマタ〔理論〕やマテーマタ〔知識〕を天からやってくるものと考えており、神的あるいは崇高なことどもは肉体の眼をもって観照し、ゼウスの法として順守〈実行〉という意味で〉されなければならないものと思いこんでいたからである。このマテーマタから、ローマ法では、裁判占星術師のことを〈マテーマティクス〉mathematicus と呼んでいるのである。(1)

478　ローマ人については、さきに言及した〔450〕エンニウスの詩の〈見よ、高くに輝くこのものを、万人がユピテルと呼ぶものを〉という一節が有名である。見たように、ここに出てくる「このもの」という代名詞は「天」を指している。またローマ人は〈テンプルム・コエリー〉templum coeli という言い方をしていたが、これはさきに述べたように〔391〕、鳥卜占官たちがユピテル〔ゼウス〕の前兆を受けとるために描きだした天の領域のことであった。ここから、ラテン語には、どの方角も解放されていて何ものにも視野をさまたげられないあらゆる場所を指すのに、〈テンプルム〉templum という語が残ることとなった。(1) こうして、〈エクステンプロー〉extemplo といえば〈ただちに・間断なく〉の意味であり、(2) またウェルギリウスは海のことを古代風に〈ネプトゥーヌス〔海神〕のテンプラ〉neptunia templa と呼んだのだった。(3)

479　古代ゲルマン人はかれらの神々を〈ルークス・エト・ネムス〉lucus et nemus と呼ぶ神聖な場所に囲い込んで崇拝していた、とタキトゥスは語っている。(1) これは鬱蒼と茂った木々で閉ざされた森の中に切り拓かれた空き地のことであったにちがいない（この風習をローマ教会は廃止させようとしたが、ブルカルドゥスの残した『勅令集』のなかのアルルやブラガの宗教会議からうかがえるように、(2) そのためには多大の労力を要した）。そして、その痕跡は今日もなお、ラプラントやリヴォニアに保存されている。

480　ペルーのインディオたちは神を端的に〈崇高者〉と呼んでいたことが知られている。そして天空の下の小高い丘がその神殿であって、そこへ登っていくために両側から非常に高い階段が設けられている。神殿の荘厳さはもっぱらその高さにかかっているのである。[1] このため、どこでも神殿の荘厳さはその度外れな高さによって測られるようになったのだった。また、それらの神殿の最上部〔破風〕は、パウサニアスによって〈アエトス〉ἀετός、つまりは〈鷲〉と呼ばれているが、[2] これはわたしたちの意図にあまりにもよく合致している。なぜなら、森を開拓して視界を拡げ、あらゆる鳥のなかでも最も高く飛翔する鷲の様子を観察して、前兆を占おうとしているからである。ひいては、おそらくここから神殿の最上部は〈神殿の翼〉pinna templorum と言われたのであり、のちには〈壁の翼〉pinna murorum と呼ばれるようになったのにちがいないのだった。[3] なぜなら、のちに見るように、このような世界の最初の神殿の境界内に、その後最初の都市の壁が建てられているからである。そして最後に、そのなごりは建築において今日わたしたちが建造物の〈鋸状胸壁〉と呼んでいるものが〈アクイラ〉aquila〔鷲〕とも言われていることのうちに残っている。[4]

481　しかし、ヘブライ人は天上にいる真の至高者を幕屋に[1]納めて崇拝していた。そして、モーセは、神の民が征服地を拡大したところではどこでも、〈ルークス〉がそのなかに閉ざされているとタキトゥスが語っている〔479〕神聖な森を焼き払うよう命じたのだった。[2]

482　ここから、どこでも最初の法はゼウスの神的な法であったことが結論される。かくも古い起源から、多くのキリスト教国民の言語において〈神〉の代わりに〈天〉と言う言い方はやってきたのにちがいない。たとえば、わたしたちイタリア人は〈天よ思し召しあれ〉voglia il cielo とか〈天を頼りにする〉spero ul cielo といった言い方をするが、この場合の〈天〉とは〈神〉のことである。同じ言い方はスペイン人にもされている。また、フランス人は〈青〉のことを〈ブルー〉bleu と言うが、〈青〉という語は可感的なものについて言われるものであるから、〈ブルー〉というのは〈天〉のことであったにちがいない。ひいては、異教諸国民が〈天〉を〈ゼウス〉であると考えてきたように、フランス人は〈天〉を〈神〉であると考えたにちがいないのであった。そして不敬虔にも〈神よ死ね！〉〔くたばれ！〕という意味で〈ムール・ブルー！〉moure bleu! と罵ったり、[1]〈パルブルー！〉parbleu!〔神にかけて！〕と言ったりしているのである。これはさきに述べた「公理」〔162〕で提示しておいた「知性の内なる語彙集」のひとつの見本になるだろう。

二

483　所有権を確実なものにする必要があったことが、このうえなく適切にも〈ゲーンス〉gens〔氏族〕と呼ばれていた〈多くの家族に分岐した家〉の生まれであることを指すための呼称としての〈記号〉や〈名前〉を考案する必要性の大部分をなしている〔433〕。たとえば、さきに証明しておいたように〔209〕、エジプト人の創始者たちの詩的記号であったヘルメス・トリスメギストゥス〔メルクリウス〕はエジプト人のために法律と文字を発明したのだったが、そのヘルメスはまた商業の神であるとも信じられていた。そこでイタリア人は、商売しようとする家畜や他の物品に、その所有者を識別し確実なものにするために文字や紋章で印しをつけることを〈メルカーレ〉mercare と言っているのである（このような思考と説明の一様性が現在にいたるまで保存されていることには、驚かざるをえない）。

三

484　これらが貴族の紋章、ひいてはメダルの最初の起源である。これらの徽章はまずもっては私的な、のちには公的な必要から発明されたものであるが、ここからやがて博識をともなったインプレーサ〔徽章〕が娯楽目的で生まれることとなった。これらのインプレーサは判じ絵の絵解きをするようなところがあって、このために〈英雄的〉と言われた[1]。また、それらはそこに付されたモットーによって魂を吹きこまれる必要があった。というのも、それらはそこに付されたモットーと類比的な指示関係をもつものであったからである。これにたいして、本来の英雄的インプレーサはまさしくモットーを欠いていたからこそ英雄的なのであった。そして、物言わぬままに語っていたのである。こうしてまた、それらは、三本の麦の穂ないしは三度の刈り入れが自然に〈三年〉を意味しているといった具合に、本来的な指示作用を含んでいるという理由で、最善のインプレーサなのであった。ここから、いずれの場合についてもさきに述べたように〔433〕、〈記号〉と〈名前〉とは相互に置換可能で、〈名前〉と〈性質〉〔事物の本来的なあり方〕とは同一であるというような事態が生じることとなったのだった。

485　さて、貴族の紋章について最初から学習しなおしておくとして、ふたたび戻ってきた野蛮時代には、諸国民はふたたび通俗語をしゃべれなくなってしまった。このため、当時のイタリア人、フランス人、スペイン人、その他の諸国民の言語については、なんらの情報もわたしたちのもとに届いていない。またラテン語とギリシア語は聖職者たちに知られていたにすぎない。だから、フランス語では〔今日では〈聖職者〉の意味で使われている〕〈クレール〉clerc という語は〈文字を知っている人〉という意味であったのだ。また逆にイタリア語では〈文字を知らない者〉を指すのに〈ライコ〉laico〔この語は今日では〈聖職者でない者・俗人〉を指すのに用いられる〉という言い方がなされていたことがダンテのみごとな一節をつうじて知られる。[1]それどころか、聖職者のあいだでさえ文字を知らない場合がほとんどであった。じっさいにも、司教たちが十字架の印でもって署名した例が今日でも残っているが、それはかれらが自分の名前を書くすべを知らなかったからであった。また学識ある高位聖職者でさえ、書き方を知っている者はわずかしかいなかった。たとえば、マビヨン神父はその著作『古文書論』のなかで、ふたたび戻ってきた野蛮時代に開かれた宗教会議の報告書に記された司教や大司教の署名を勤勉にも銅版に覆刻してみせているが、[2]それらの署名は、今日ならまったくの無学者しか書かないような、形のくずれた不細工な文字でしたためられている。しかも、ヨーロッパ諸王国の尚書官は、たいてい、これらの高位聖職者であった。たとえば、神聖ローマ帝国では、ドイツ語、フランス語、イタリア語の三つの言語のために、そのおのおのに一人ずつの三人の大司教が尚書官を務めていたが、そのかれらの文字の書き方といったらじつに変則的なものであった。ここから〈尚書官ふう字体〉という名称が生まれたにちがいないのである。このように書に熟達した者が少なかったところから、あるイギリスの法令は、死刑に値する大罪を犯した者が文字を知っていた場合には、この技に秀でているということで死刑を免除するよう命じたのだった。またこのことから、おそらく、〈レッテラート〉letterato〔文字を知っている人〕という語はのちになって〈エルディート〉erudito〔学識者〕を意味するようになったのだった。

486　これもまた文字を書ける者が少ししかいなかったためであろう、古代の家にはどの家の壁にもなんらかのインプレーサ〔紋章〕が刻みつけられている。——ちなみに、野蛮時代のラティウムの人々は境界をもった所領地を〈テルラ・プレーサ〉terra presa〔獲得された土地〕と呼んでいた。また、ラティウムの人々によって〈プラエディウム〉praedium〔獲得物〕と言われていたのと同じ観念によって、イタリア人は所領地を〈ポデーレ〉podere と呼んでいた。それというのも、耕作ができるようにされた土地が世界で最初の獲得物だったからである。また十二表法では所有地は〈マンキピウム〉mancipium〔手で獲得されたもの〕と言われており、不動産で納税する義務を負っている者は〈プラエス〉praes とか〈マンケプス〉manceps と言われていた。そしていわゆる〈現物〉役務は〈ユース・プラエディオールム〉ius praediorum と言われていた〔433〕。さらに、スペイン人は〈冒険的な事業〉のことを〈プレンダ〉prenda と言っていたが、これは世界で最初の大事業は土地を鎮めて耕地にすることだったからである〔433〕。そして、のちに見るように〔540 以下〕、これはヘラクレスの功業のなかでも最大の功業であった。――インプレーサの話に戻って、インプレーサはイタリア人から〈印しづけるもの〉という意味をこめて〈インセーニャ〉insegna とも言われていた（ここからまたイタリア語の〈インセニャーレ〉insegnare〔しつける・教えこむ〕という言い方が出てくる）。また、それは〈ディヴィーザ〉divisa とも言われたが、それはインセーニャが考案されたのはそれ以前には全人類に共通のものとして使用されていた土地が初めて分割されたことの印しとしてであったからである〔434〕。ここからまた、初めはこうして分割された田畑の実際的な境界石を指していた〈テルミニー〉termini という語がやがてスコラ学者たちによって言語上の境界、つまりは命題のおよぶ範囲を画す用語という意味で採用されるようになったのだった〔433〕。こういう〈テルミニー〉の用法はまさしくアメリカ原住民のもとにも見られるところであって、かれらは、さきに見たように〔435〕、象形文字を用いて互いの家族を区別しているのである。

487　これらすべてのことから、諸国民がいまだ言葉を発することができないでいた時代に徽章によって意味させる大いなる必要があったのは所有権を確実なものにする必要があったためであるにちがいないということが結論される。この徽章はのちには平時における公共的な徽章へと移行していった。そこからメダルが作られるようになり、さらに戦争が始まると、軍旗にうってつけであることがわかるようになった。軍旗はまずもっては象形文字として使用された。戦争はたいてい、それぞれの分節語を異にし、したがって互いに話し合うことのできない国民同士のあいだでおこなわれていたからである。――ここで推理したことはすべて、驚くべきことにも、つぎの事実から真実であることが確証される。すなわち、観念の一様性によって、エジプト人のもとでも、古代トスカーナ人〔エトルリア人〕のもとでも、ローマ人のもとでも、イギリス人のもとでも、王家の紋章の飾りとして用いられた象形がすべて一様であったということ、つまり王笏の頂きに鷲がとまったかたちになっているということである。このことは、互いに陸と海との計り知れない空間によって隔てられたこれら諸国民のもとで、いずれも等しく、王政はゼウスの前兆の力によって樹立されたかれの最初の神的な王国から始まったということを意味している。――最後に、鋳造貨幣を用いた通商が始まると、メダルは貨幣にうってつけであることが見いだされるようになる。貨幣は、メダルを使用したことから、ラティウムの人々によって〈モネンド〉monendo〔告げ知らせるもの〕という意味をこめて〈モネータ〉moneta と言われるようになったのだった。これはイタリア人のもとで〈インセーニャ〉〔印しづけるもの・標識〕から〈インセニャーレ〉〔しつける・教えこむ〕という言葉が生まれたのと同じである。また、〈ノモス〉νόμος〔法律〕から〈ノミスマ〉νόμισμα〔貨幣〕がやってきたということは、アリストテレスがわたしたちに語っているところである。そしてここからおそらく、さらにはラテン語の〈ヌームス〉numus〔貨幣〕はやってきたのだろう（最良のラテン語ではこれにmをひとつ付加して〈ヌンムス〉nummusと表記している）。またフランス人は法律を〈ロワ〉loiと言い、貨幣を〈アロワ〉aloiと言っている〔433〕。このような言い回しは〈法律〉ないしは〈法〉が象形語としてはメダルを用いることによって示されたところからやってきたものとしか考えられない。このことは、驚くべきことにも、〈ドゥカート〉ducato〔イタリアの貨幣名〕は軍隊の指揮官のものである〈ドゥケンド〉ducendo〔指揮すること〕からそう呼ばれるようになったこと、〈ソルド〉soldo〔同じくイタリアの貨幣名〕から〈ソルダート〉soldato〔兵士〕という言い方が出てきたこと、また防御の武具である〈スクード〉scudo〔盾〕は、元来は貴族の家紋の描かれる地《じ》を意味しており、この地とは、のちに証明するように〔529, 562以下〕、そもそもは諸家族が並存していた時代にそれぞれの家父長が所有していた耕地のことであったことから、確証される。ひいては、このことは古代の数多くのメダルを解明する光をあたえてくれるにちがいない。それらのメダルのなかには、祭壇や、卜占官たちが前兆を受けとるために用いる棒である卜杖や、神託を受けとる鼎《かなえ》（ここから〈神託の言葉〉を指すのに〈ディクトゥム・エクス・トリポデ〉dictum ex tripode〔鼎から受けとられた言葉〕という言い方が出てきたのだった）がある。

488 ギリシア人はかれらの神話において前兆にもとづく英雄たちの行為を指示するすべての物体に翼を付けていたが、この翼もその種のメダルであったにちがいない。たとえば、イダントゥルススは、ダレイオス王に実物象形語で答えたさい、一羽の小鳥を送ったのだった〔435〕。またローマの貴族は、平民とのあいだで展開されたすべての英雄的闘争（このことはローマ史に明白に記されているとおりである）において、かれらの英雄的権利を保持するために、〈鳥占いによって得られる前兆は自分たちのものである〉という理由を対置していた〔490〕。これとまさしく同様に、ふたたび戻ってきた野蛮時代には貴族の紋章には前立《まえだて》を羽毛で飾った兜の図案が彫りこまれているし、西インドでは羽根飾りを身につけているのは貴族だけである。

四

489　〈ヨーウス〉Ious〔ゼウス〕、そしてこれが短縮されて〈ユース〉ius〔法〕と言われていたものは、なによりもまず、さきに述べたことからして〔433〕、ゼウスにささげる生贄の脂身を指していたにちがいないのであった。同じように、ふたたび戻ってきた野蛮時代においては、〈カノーン〉canon は教会法と所有主に支払われる永代借地料とを指して言われていた。これはおそらく、最初の永代借地契約は聖職者たちが自分で耕作することができなかったので教会の所領地を他の者にあたえて耕作させたところから導入されたためであろう。ここに述べた二つの事実はさきに述べた二つのことがら〔487〕と合致する。ひとつはギリシア人のもとでは〈ノモス〉は法律を、〈ノミスマ〉は貨幣を意味していたということであり、いまひとつはフランス人のもとでは法律を〈ロワ〉、貨幣を〈アロワ〉と言っているということである。これと同じようにして、〈最強のゼウス〉を指して〈ヨーウス・オプティムス〉Ious optimus〔最善者ゼウス〕という言い方がなされたのであって、ゼウスは雷光の力によって、さきに述べたように〔387〕、〈所有権〉というその原初の意味における神的な権威に始まりをあたえたのだった。というのも、万物はゼウスのものであったからである。

490　詩的形而上学によって偽りの感覚にもとづいて〈万物はユピテル〔ゼウス〕で満たされている〉〔379〕というように受けとられてきた神の遍在性をめぐっての悟性的推理にもとづく形而上学の真理は、世界で最初の無人の土地を占拠していた巨人たちに〈所有権〉という意味での人間的な権威を生みだした〔388〕。そして、これはたしかにローマ法にも〈ユース・オプティムム〉ius optimum〔最高の権利〕という言い方で残っている。しかし、その本来の意味は、後世に伝えられて残っている意味とはかなり異なったものであった。それというのも、それが誕生したときの意味は、キケロがかれの演説の黄金の場所で〈私的にだけでなく公的にもいっさいの物質的負担を免除された不動産所有権〉と定義しているからである[1]。そして、この権利が〈最高〉と言われたのは、いかなる外部からの義務によっても弱められることがなかったために〈最強〉であったという意味においてであった。やがて見るように〔923ほか〕、世界の最初の時代には権利は力によって評価されていたのである。その所有権は諸家族の並存状態のもとにあっての家父長たちの権利であったにちがいない。ひいては、都市的＝国家的所有権に先立って生じたものであったにちがいない自然的所有権なのであった[2]。そして、ギリシア語で〈ディカイオン・アリストン〉δίκαιον ἄριστον と呼ばれたそのような最高権にもとづいて、やがて家族が合体して都市ができあがると、のちに見るように〔582以下〕、それらの都市はアリストクラティックな〔貴族政体的＝寡頭制的な〕形式をとって誕生することとなったのだった。これと同じ起源から、ラティウムの人々のもとでは、そのような最高権をもった者たち optimates〔貴族たち〕の国家は〈少数者の国家〉とも言われた。それらの国家は〈公正なユピテル〔ゼウス〕が愛したわずかの者たち〉〔389〕で構成されていたからである。また英雄たちは平民との英雄的闘争においてかれらの英雄的権利を神の前兆を占うことによって主張したのだった。それは、人々がいまだ言葉をもたなかった時代には、イダントゥルススの小鳥であり、ギリシア神話の翼であった。そして最後に人々が分節言語を手にするようになると、ローマの貴族たちは〈鳥占いによって得られる前兆は自分たちのものである〉と言明したのである〔488〕。

491 ゼウスは、雷光によって――これこそは最も重要な前兆であった――最初の巨人たちを地面に打ち倒し、地下に、山の洞窟のなかに追いこんだ。そして、かれらを打ち倒すことによって、かれらに自分たちがそこに隠れて定着することとなった土地の領主になるという幸運を恵みあたえた。最初の国家の支配者たちはこの巨人たちからやってきたのである。そのようにして土地の所有者になったことから、かれらは〈アウクトル auctor〔権威者・創建者〕となる〉と言うべきところを〈フンドゥス fundus〔土台〕となる〉と言われたのだった。また、のちに見るように〔584〕、かれらの私的な家族的権威がやがて団結して、そこから都市を統治する英雄的元老院議員たちの国家的ないしは公的な権威が形成されたのだった。このことは、三人の人間の腰が中央で合体し、足の裏で周囲を支えている図柄の刻まれたメダルに説明されているとおりである（ゴルツ[1]によれば、こういう図柄はギリシアの国家のメダルにはしばしば見られるとのことである）。この図柄はそれぞれの世界の土地、ないしはそれぞれの国家の領土もしくは管区の所有権を意味している。この所有権は今日では〈卓越的所有権[2]〉と呼ばれており、のちに説明するように〔548〕、国家権力を示す王冠の上に載ったリンゴによって象形文字的に表示されている。また〈三〉によって〈きわめて強い〉ということを意味している（それというのも、ギリシア人は〈三〉という数字によって最上級を表わすのを常としていたからである）。このことは、今日でもフランス人が同じような言い回しをしているとおりである。[3] この種の表現法がとられている例としては、跡を曳きながら空中を烈しく走り抜けるゼウスの三つの跡を曳く雷光がある（おそらく〈跡を曳く〉という観念は、まずは空中に、ついでは地中に、そして最後には水中におけるそれを指していたのだろう）。海神ポセイドン〔ネプトゥーヌス〕の三つの歯をもった銛もそうである。これは、のちに見るように、船をひっかける、あるいは捕らえるための、このうえなく強力な鉤であったのだ。さらにケルベロス〔ギリシア神話に出てくる冥界の番犬〕は、三つの頭をもつ、つまりはきわめて巨大な喉をもつと言われた。

492 ここで貴族の紋章について述べたことは、それらの起源について本書の初版で推理しておいたことの前に置かれるべきである。ちなみに、その個所は、本書の初版のうちで公刊したことを悔いてはいない第三の場所である。[1]

五

493 したがって、グロティウス、セルデン、プーフェンドルフの三人の第一人者〔大御所〕は、万民の自然法について語るにあたって、ヘルメス・トリスメギストゥスがエジプト人のために発明した文字と法律〔66-68〕、ギリシア人の〈記号〉と〈名前〉〔433〕、ローマ人にとって〈氏族〉と〈権利〉の双方を意味していたこれらの〈名前〉〔433〕から始めるべきであったのだ。こうしてまた、それを異教諸国民が創建された時代のメダルである象形文字と神話〔487-488〕についての悟性的推理によって説明すべきであったのであり、諸国民の創建者たちにかんする形而上学的批判〔348, 392〕によってかれらの習俗についての知識を確実なものにすべきであったのだ。この諸国民の創建者たちにかんする形而上学的批判から著作家たちにかんする文献学的批判〔352–359〕は最初の光をとってくるべきであったのであって、かれら著作家たちがやってきたのは諸国民が創建されてから千年以上も経過したのちでしかなかったのである。

〔第7章〕 学者たちの論理についての最後の系

一

494 これまで詩的論理学の力を借りて言語の起源について推理してきたことから、それらの言語の最初の創始者たちがその後のあらゆる時代をつうじて賢者であると見なされてきたことは、正しかったものと判断される。なぜなら、かれらは事物に自然で本来的な名前をあたえたからである。このために、さきに見たように〔433〕、ギリシア人のもとでもラティウムの人々のもとでも、〈名前〉と〈性質〉〈自然本性〉とは同一のことがらを意味していたのだった。

二

495 文明の最初の創建者たちは感覚的トピカ(1)に専念していた。それによってかれらは個や種の言ってみれば具体的な特性や性質あるいは関係をひとつにまとめ、そこからそれらの詩的な類概念をつくりあげていたのである〔205, 209〕。

三

496　だから、世界の最初の時代は人間の知性の第一の操作(1)に専念していたと、偽ることなく言うことができる。

四

497　また、まずもってはトピカが彫琢されはじめた。ひとがあることがらを十分にあるいは完全に知りたいとおもう場合には、そのことがらのなかに存在しているかぎりの論拠をくまなく渉猟していなければならない。トピカとは、そのような論拠の在り場所《トポス》を教えることによって、わたしたちの知性の第一の操作を巧く規制する術にほかならないのである(1)。

五

498　神の摂理は、人間にかんすることがらにたいして、クリティカよりも先にトピカを人間の知性のなかで促進するよう取り計らったのだった。事物については、まずは認識し、つぎに判断するというのが、ことがらの順序であるからである(1)。トピカというのは知性を創意工夫に富んだものにする能力のことであり、クリティカというのは知性を厳密で正確なものにする能力のことである。そして、最初の時代には人間として生きていくうえで必要なあらゆるものが発明されなければならなかったのであり、発明するというのは創意工夫の特性なのである。その結果、そのことに反省をめぐらせる者はだれでも、生きていくうえで必要なものだけでなく、有益なもの、便利なもの、快適なもの、そしてさらには余計な奢侈までもが、ホメロスの時代について推理するさいに見るように〔792–803〕、すでにギリシアでは哲学者たちが出現する以前に発明されていたことに気づくだろう。このことについては、さきに公理を提示しておいた。すなわち、〈幼児は模倣することに長けている〉、〈詩とは模倣にほかならない〉、〈技術とは自然の模倣にほかならず、ある仕方においての実物的な詩である〉というものである〔215–217〕。こうして、人類の幼児であった最初の諸民族は、まずは技術の世界を作りだした。つづいては、ずっとあとになってから出現した、ひいては諸国民の老年期にあたる哲学者たちが、学問の世界を作りあげた。このようにして文明は完成をみるにいたったのだった。

六

499　このような人間的観念の歴史は、驚くべきことにも、哲学の歴史によって確認されている。それというのも、人間たちが用いた最初の粗雑な哲学の方法は、〈アウトプシア〉αὐτοψία、すなわち感覚の明証性であった（そして、この方法をやがてエピクロスは採用したのだった。かれは感覚の哲学者として事物を感覚の明証性のもとにさらけ出すことだけで満足していたのである）。「詩の起源」において見たように〔375〕、最初の詩的な諸国民はこのうえなく生き生きとした感覚に満ち満ちていたのだった。ついでは、アイソポス、あるいはわたしたちが〈通俗的〉と呼んだ道徳哲学者たちがやってくる（通俗的道徳哲学は、さきに述べたように〔424〕、ギリシアの七賢人よりも前に始まったのである）。かれは実例によって推理した。そして、詩的な時代がなおも続いていたので、その実例を似通った作り話からとっていた。かのメネニウス・アグリッパが反乱を起こしたローマの平民を鎮めるために用いたのも、そうした作り話であった〔424〕。今日でも、そのような実例を挙げて説明するほうが、それが作り話ではなく真実の実例である場合にはなおのこと、さまざまな実践的規範〔格言〕を駆使して打ち負かしがたい理詰めで攻めるよりも、無知な民衆にははるかに説得力をもっているものである。アイソポスのあとには、ソクラテスがやってくる。そして対話法を導入して、問題となっている疑わしいことがらをそれと関係のある多くの確実なことがらからの帰納という方法をとることによって解決していこうとするのだった。またソクラテスよりも前に、ヒッポクラテスは観察からの帰納という方法をとることによって、医学を始めていた。ヒッポクラテスは能力からしても時代からしてもすべての医学者の第一人者であって、〈何者をも欺かず、また何者にも欺かれない〉という不朽の讃辞に値する人であった。[1] 数学は、〈総合的〉と称される統合〔帰納〕の道をとることによって、プラトンの時代に、『ティマイオス』からうかがえるように、ピュタゴラスのイタリア学派のなかで長足の進歩を遂げていた。こうしてまた、同じく統合の道をとることによって、ソクラテスとプラトンの時代には、詩、雄弁術、歴史から、音楽、鋳造、絵画、彫刻、建築にいたるまで、人間の創意工夫の能力を誇るに足るあらゆる学芸がアテナイには咲き乱れていた。それからアリストテレスがやってきて、三段論法〔演繹的推理〕を教えた。これは個別を統合して普遍をつかみとるよりも、むしろ普遍をそれらの個別のなかで展開していこうとする方法である。また、ゼノンがやってきて、連鎖式〔連鎖的推理〕を教えた。これは近代の哲学者たちの方法に見合ったものであって、人間の創意工夫の能力を鋭利にするよりは精密にするものである。[2] そして、人類の進歩のために注記に値するものはなんらもたらさない。したがって、偉大な哲学者であると同時に政治家でもあるヴェルラム卿〔フランシス・ベーコン〕がかれの『ノーウム・オルガヌム』のなかで帰納法を提唱し、註解し、例示しているのは、きわめて正当なことなのである。そして、今日でもイギリス人によって受け継がれて、実験哲学において大いなる成果を上げているのである。

七

500　この人間的観念の歴史から、古代人がこのうえなく高い知恵をもっていたとする共通の誤った見解にとらわれて、ミノスが諸民族で最初の立法者であり、アテナイ人にはテセウスが、スパルタ人にはリュクルゴスが、ローマ人にはロムルスやその他の王たちが普遍法を制定したというように信じてきたすべての者たちは、自分たちが共通の誤謬に陥っていたことを明白に悟ることとなる。なぜなら、太古の法律はただ一人の者にたいしてのみ命じるか禁じるかというかたちで案出されたものであったことが分かるからである。それがやがて後世になって万人に適用されるようになったのだった（これほどまでに最初の諸民族は普遍的なものを考える能力が欠如していたのである！）。また、かれらは、それらを要求する事態が生じないかぎり、それらを案出することもなかった。たとえば、ホラティウスを告発するさいに制定されたトゥルス・ホスティリウスの法律は、王によってそのために任命された二人委員が光栄ある犯罪人にたいして命じた刑罰にほかならなかったのである。この法律をリウィウスは〈身の毛もよだつ文言の法〉と叫んでいる。それは、ドラコンが血でもって書き、聖史が〈血の法〉と呼んでいる法律のひとつであったからである。ただ、王はかくも冷酷で民衆に不人気な判決の責任者とならないよう法律の公布を望んでいなかったというリウィウスの省察は、まったくの噴飯ものである。二人委員に弾劾の方式を指令したのは王だった。そのために二人委員はホラティウスが無実だとわかっていてもかれを無罪放免にすることができなかったのである。ここでリウィウスの言っていることが全然意味不明なものになってしまっているのは、のちに明らかにするように〔521〕アリストクラティックなものであった英雄的元老院においては、王たちはただ二人委員を公的な告訴について裁決をくだす委員の資格においてつくりだす権限しかもっていなかったということ、また、英雄的都市の人民は貴族のみで構成されていて、有罪宣告を受けた者たちが提訴していたのもかれら貴族にたいしてであったということ――このことがリウィウスにはわかっていなかったからである[1]。

501　さて、本題に戻って、そのようなトゥルス・ホスティリウスの法律は、実際には、〈見せしめのための懲罰〉という意味で〈エクセンプルム〉exemplum〔範例〕と言われていたもののひとつなのであった。そして、人間の理性が用いた最初の範例であったにちがいないのであった（このことは、わたしたちがさきにアリストテレスから「公理」〔269〕において聞いたこと、すなわち、〈英雄的国家においては私的な損害や侵害行為にかんする法律は存在しなかった〉ということと合致する）。このようにして、まずは実例があり、あとになって論理学と弁論術が利用しているような悟性的に推理された範例が生まれたのだった。しかし、知的な普遍概念が理解されるようになってからは、法律は普遍的なものであらねばならないという、法律の本質的な特性が承認されるようになった。こうして、〈裁決は範例によってではなく、法律によってくだされなければならない〉という法学の格言が確立されるにいたったのである。

〔全1章〕詩的道徳学、および宗教によって婚姻とともに教えられた通俗的な徳の起源について

502　哲学者たちの形而上学は、神の観念を媒介として、その最初の仕事をおこなう。人間の知性を明晰にするというのがそれであって、その仕事は明晰判明な観念によって推論を形成するためには論理学を必要とする。哲学者たちの形而上学は、推論を使用することによって人間の心の中に降りていって、それを道徳によって浄化するのである。これと同じように、神への信仰をもたぬまま天に戦いを挑んでいた巨人＝詩人たちの形而上学も、ゼウスの恐怖によってかれらを打ち負かしたのであって、かれらは天が雷光を閃かせるのを知って恐怖したのだった〔377以下〕。そのさい、天はかれらの身体だけでなく、知性をも地面に打ち倒した。こうしてかれらはゼウスという、かくも恐るべき観念を心に想い描くこととなったのである。ゼウスの観念は、推論によってではなかったが――推論の能力はまだかれらにはなかった――、感覚によって――かれらの感覚は質料においては虚偽であったが、形式においては真実であった（それはそのようなかれらの自然本性的なあり方に合致した論理学であったのだ〔400〕）――、か

れらのうちに詩的道徳学を芽生えさせ、かれらを敬虔にするのであった。人間にかんすることがらがこのような自然本性的なあり方〔始まり方〕をしていたことから、つぎのような永遠の特性が出てきたのである。すなわち、人々の知性は、神の認識を善用するためには、自ら怖れおののく必要があるというのがそれである。これとは反対に、人々の知性が驕慢になると、人々は無神論に走ってしまう。そして、無神論者は精神においての巨人族[1]と化して、ホラティウスとともにこう言わざるをえなくなってしまうのだ。〈われらは愚かにも天そのものに達せんと願う[2]〉と。

503　このような敬虔な巨人の存在をたしかにプラトンはホメロスのポリュペモスのうちに見てとっている〔296〕。このことをわたしたちはホメロスがその巨人について語っていることから確証することができる。ホメロスの語っているところによれば、かつて巨人たちといっしょに住んでいたひとりの鳥占いが、ポリュペモスにたいして、やがておまえはオデュッセウスによって不幸に見舞われるだろうと予言したという。このくだりがそれである[1]。というのも、鳥占い師たちはたしかに神への信仰をもたない者たちのあいだでは生きることができないからである。このようなわけで、詩的道徳学は敬虔から始まったのだった。敬虔こそが諸国民の創建の基礎となるよう、神の摂理によって命じられていたのであって、どの国民のもとでも、敬虔は通俗的な知恵の領域においてはすべての道徳的、家政的、政治的な徳の母なのである。そして、それをわたしたちのあいだで徳として作動させるためには、もっぱら宗教のみが有効なのである。哲学のほうはむしろそれについて推理するのに向いているからである。こうして敬虔は宗教から始まったのだった。宗教というのは、本来の意味では、神性にたいする怖れなのであった。その言葉の英雄的起源は、ラティウムの人々のもとでは、〈宗教〉religioという言葉は〈レリガンド〉religando〔結びつける〕からそう呼ばれるようになったと考えようとした者たちをつうじて保存された。すなわち、ティテュオスとプロメテウスを高い断崖の上に縛りつけた鎖からそう呼ばれるようになったというのであって、そのように断崖の上に鎖で縛りつけられたかれらの心臓と臓腑を鷲、すなわちゼウスの前兆の恐るべき宗教がむさぼり食うのだった〔387〕。ここから、敬虔はなんらかの神性にたいする怖れとともに子供たちの心に浸透していく、という永遠の特性がどの国民のもとでも残ることとなったのである。

504 道徳的な徳は、そうであらねばならなかったように、努力から始まった〔340〕。恐るべき雷光の宗教によって山の下に鎖で縛りつけられた巨人たちは、努力によって、地上の大森林を野獣のように彷徨するという野獣的習性を抑制し、その鎖で縛りつけられた地面の下に身を隠してとどまるという、まったく反対の慣習に慣らされていったのだった。そして、さきに触れておいたように〔387-389〕、またのちにもっと詳しく説明するように〔553 以下〕、やがて諸国民の創建者となり、最初の諸国家の主人となったのである。これは、天神が前兆の宗教によって地上で君臨していたときに人類にあたえたというようたに民間伝承がわたしたちに伝えている〔64, 377〕大いなる恩恵のひとつである。ここから、さきに述べたように、ゼウスには〈定着させた者〉ないしは〈停止させた者〉という肩書があたえられることとなったのだった〔379〕。同じくまた努力によって、かれらのあいだには、精神の力〔696〕が発揮され始め、このうえなく大きな恐怖をあたえた天を目の前にしてかれらの野獣的放縦を抑えこむようになった。そして、一人一人がそれぞれの女を洞窟のなかに引きずりこんで、そのなかで生涯の恒久的な伴侶にしておこうとするのだった。こうしてかれらは覆いの下で、人の目につかないように、つまりは恥じらいの念をもって、女たちと人間的な愛をいとなむようになったのだった。そして、ソクラテスが〈徳の色〉であると呼んだ羞恥心を感じはじめたのである。[1] この羞恥心は、諸国民を団結させたままにしておくための、宗教のきずなに続く第二のきずなである。[2] これにたいして、大胆さと無信仰は諸国民を破滅へと導いていくのである。

505　このようにして婚姻は導入されたのだった。なんらかの神性にたいする怖れのもとでなされる羞恥ある肉体的な結合である〔333〕。これをわたしたちはこの学の第二の原理として設定したが、じっさいにも、それはわたしたちが第一の原理として設定した神の摂理という原理からやってきたものであった。そして、それが生じるにあたっては、三つの儀式がともなっていた。

506　第一の儀式は、ゼウスの前兆であった。巨人たちは雷光からゼウスの前兆を受けとってはそれを遵守するよう導かれていったのだった。この〔ゼウスの前兆によって予言された〕運命から、ローマ人のもとには婚姻を〈一生の運命を共にすること〉omnis vitae consortium と定義する定義の仕方が残ったのであり、夫と妻は〈運命を共にする者〉consortes と呼ばれたのである。そして今日でもイタリアの乙女たちは〈嫁ぐ〉ことを〈運命を引き受ける〉prender sorte というように言っているのである。また、このような世界の最初の時代にあって、このような特定の生まれ方をして以来、妻は夫の属する公的な宗教に移行するという万民の法が今日にいたるまで残ることとなった。というのも、結婚した男たちは、女たちをかれらの洞窟の中に引きずりこむようにさせたのは神性であるという観念にもとづいて、かれらの女たちと最初の人間的な観念を交信しはじめたからである。かくてはこの通俗的な形而上学もまた神のうちに人間の知性を認識しはじめたのだった。そして、人間にかんすることがらすべてのこの最初の時点から、異教の人間たちは古代ローマ法が語っている〈召喚する〉とか〈名指しで呼ぶ〉という意味において神々を讃えはじめたにちがいないのであった。ここから、人間たちがおこなってきたことすべての保証人として神々を召喚することを指して、〈ラウダーレ・アウクトーレース〉laudare auctores〔保証人を引き合い出す・創建者を称賛する〕と言う言い方が残ることとなったのである。(1) 人間たちに帰属させられてきた称賛は神々にこそあたえられなければならなかったとでもいうかのようにである。

507 このような婚姻の太古の起源から、女はその妻となった男の家に入って家族となるという習わしが生まれたのだった。そして、この万民の自然的慣習はローマ人によって保存された。ローマ人のもとでは、妻は夫の娘であり、夫の息子たちの姉妹であるという地位をあたえられていたのである。こうしてまた、婚姻はローマ人によって保持されていたように、ただ一人の女性とのあいだで始まっただけでなく〈タキトゥスはこのような慣習を古代ゲルマン人のあいだにも見いだして賛嘆している。(1) 古代ゲルマン人は、ローマ人と同様、かれらの民族の最初の起源を保持しており、それ以外のすべての民族も始まりにおいては同じであったのではないかと推測する根拠をあたえてくれる)、きわめて多くの民族に慣習として残っているように、生涯をつうじての変わらぬ伴侶となるものとしても始まったにちがいないのであった。このため、ローマ人のもとでは、結婚は、この特性をとらえて、〈生涯にわたって断ち切られることのない同居生活〉individuae vitae consuetudo と定義されていたのである。(2) ローマ人のもとで離婚が導入されたのは、ずっとのちになってからであった。

508 このようにしてゼウスの雷光から受けとられた前兆のうち、ギリシアの神話伝説的な歴史が語っているところによれば、ヘラクレス（かれは、さきに見たように〔82〕、またもっとあとでも考察するように〔514〕、諸国民の創建者の〔詩的〕記号である〉はゼウスの雷鳴によってアルクメネから生まれたのだという。また、ギリシアのもうひとりの偉大な英雄ディオニュソスも、同じく雷光に打たれたセメレから生まれたのだという。英雄たちが自分たちのことをゼウスの子であると称していた第一の理由はここにあったのだ。このことをかれらは感覚によって受けとったところをありのまま包み隠さずに、さきに考察したように〔377〕、万物は神々が作ったのだという、かれらも納得した見解にもとづいて言明していたのだった。こうしてまた、ローマ史においてはつぎのような記述に出会うのである。すなわち、英雄的闘争のなかで、〈鳥占いによって得られる前兆は自分たちのものである〉と言っていた貴族たち〔110, 488〕にたいして、平民は、ロムルスが構成した元老院の構成員であり、貴族たちの父祖にあたる家父長たちは〈天から降りてきた者ではない〉と応答したというのだ〔415〕。ということは、かれら家父長たちは英雄ではなかったということであって、そう理解しないかぎり、そのような応答はつじつまが合わなくなってしまうのである。そこで、婚姻、すなわち厳粛な儀式を執りおこなって結婚の契約を結ぶことは——そのうちの最大の儀式はゼウスの前兆を受けとる儀式であったのだが——英雄たちの特権であることを示すために、かれらは高貴な愛神に翼をつけさせ、またその目に目隠しをさせて、彼女が羞恥心をもっていることを示そうとしたのだった〔愛神は〈ヘーロース〉ἥρως〔英雄〕と類似した名前で〈エロース〉Ἔρως と呼ばれた〕[1]。また、〔結婚の行列を先導する神〕ヒュメナイオスにも翼をつけさせた。ヒュメナイオスは、ウラニアの息子であった。そして、ウラニアは、〈ウラノス〉οὐρανός〔天〕に由来するということから〈天の観照者〉と言われた。天から前兆を受けとることを目的としているというのだった。そのウラニアはムーサたちのうちで最初に生まれたムーサであったにちがいなく、さきに見たように〔365, 391〕、ホメロスによって〈善と悪についての知識〉と定義された。また、ウラニアも、他のムーサたちと同様、翼をつけた姿で描かれている。[2] 翼をつけているということが、いましがたも説明したように、英雄たちの本来的なあり方だったからである。このことについては、同じくさきに〈ユピテル〔ゼウス〕からムーサは始まった〉というモットーの歴史的意味を説明しておいた〔391〕。ウラニアも他のムーサたちもみなゼウスの娘であると信じられていたのだった[3]（というのも、宗教から文明の諸技術は生まれたからであって、その諸技術の守護神が主要には神占の神であると信じられていたアポロンなのである）。そして、彼女たちはラテン語で〈予言する〉を意味する〈カネレ〉canere もしくは〈カンターレ〉cantare によって歌うのである。

509　第二の儀式は、世界で最初の婚姻をおこなわせた羞恥心のしるしとして、女たちはヴェールを被るよう要請されることになったということである。この慣習はすべての国民によって保持されてきた。そして、ラティウムの人々は結婚そのものに、〈覆う〉を意味する〈ヌーベーンド〉nubendo に由来する〈ヌープティアエ〉nuptiae という名前をあたえたのだった。また、ふたたび戻ってきた野蛮時代には、未婚女性たちはヴェールを被って歩く既婚女性たちと区別して、〈頭髪を垂らした処女〉と呼ばれていた。

510　第三の儀式は、（この慣習はローマ人によって守られてきたのだったが）許嫁を力ずくで掠奪してみせるというものであった。これは巨人たちが最初の女たちを本当に力ずくでかれらの洞窟の中に引きずりこんだところからやってきたものである。そして、巨人たちが最初の土地を物体でさえぎることによって占有するようになって以後は、婚姻によって占有物となった妻たちは〈マヌーカプタエ〉manucaptae〔手によって摑みとられたもの〕と呼ばれたのだった。

511　神学詩人たちは、厳粛な婚姻から、ゼウスにつぐ第二の神的な詩的記号をつくり出した。いわゆる〈大〉氏族の第二の神性、ヘラ〔ユノ〕である〔317〕。ヘラはゼウスの妹であり妻である。なぜなら、最初の正しい、もしくは厳粛な婚姻（それはゼウスの前兆を受けとるための儀式を執りおこなったことから〈正しい〉と言われたのだった）は、兄妹のあいだから始まったにちがいないからである。——またヘラは人間たちと神々の女王である。なぜなら、王国はのちにかれらの合法的な婚姻から生まれたからである。——さらにヘラは、彫像やメダルに見られるように、羞恥心を指し示すために、全身を衣で被っている。

512　こうして、英雄的アプロディテ〔ウェヌス〕[1]も、彼女もまた厳粛な婚姻の神性で、〈花嫁の介添人〉と呼ばれているところから、恥部を帯で被い隠しているのである（その帯を後世、女性化した柔弱な詩人たちはさまざまな好色の刺激剤で飾り立てることとなったのだった）。ところが、やがて前兆の厳粛な物語が崩れ出すとともに、ゼウスが人間の女たちと交わったように、アプロディテも男どもと床をともにし、アンキセスと通じて、もとはと言えばこの〔英雄的〕アプロディテの前兆によって産み出されたものであったはずのアイネイアスを生んだと信じられるようになってしまったのである。——さらに、この〔英雄的〕アプロディテには白鳥が付き従っているが、これらの白鳥はアポロンとの共有物で、〈ディーウィーナーリー〉ないしは〈予言する〉を意味する〈カネレ〉もしくは〈カンターレ〉を歌うのである〔508〕。また、ゼウスはそれらの白鳥の一羽に姿を変えてレダと交わったと言われているが、この神話はレダがゼウスの前兆によってカストルとポリュデウケスとヘレネとを身籠もって、卵から生み育てたということを言おうとしたものだったのである。

513 彼女、すなわちユノは、厳粛な婚姻が〈コンユギウム〉coniugium と呼ばれ、夫と妻とが〈コンユゲース〉coniuges と呼ばれる由縁となったくびき iugum[1] との関連から〈ユガーリス〉iugalis〔くびきに繋がれた・婚礼の〕と言われたのだった。[2] ——彼女はまたルーキーナ Lucina とも呼ばれているが、これは生まれた子たちを光のもとにもたらすからである。[3] それも、自然の光ではなくて〔自然の光であれば、それは奴隷の子として生まれた子にも共通に注がれる〕、文明〔国家生活〕の光のもとにもたらすのであって、ここから貴族たちは〈光り輝く者〉と言われるようになったのである〔533〕。——さらに彼女は政治的に嫉妬深く、このため、ローマ人はローマ暦三〇九年まで婚姻を平民には閉ざしつづけたほどであった〔110, 598〕。しかしまた、ギリシア人からは、彼女はヘラと呼ばれた。そして、このヘラから〈ヘーロース〉ἥρως〔英雄〕という言い方がなされるようになったにちがいないのである。[4] なぜなら、英雄たちはユノを守護神とする厳粛な婚姻から生まれたからであって、ひいては高貴な愛神（これがエロースの意味である）[5] によって産み出されたものであったからである〔508〕。そして、この愛神がほかならぬヒュメナイオスであったのだ。また、英雄たちは、保護民（こちらのほうは、のちに見るように〔553〕、奴隷に等しい存在であった）と区別して、〈家族の主人〉という意味でそう呼ばれたものにちがいないのであった。じっさいにも、かれらはこのような意味でラティウムの人々によって〈ヘーレース〉heres〔相続人〕と呼ばれたのであり、ここから相続財産は〈ヘーレーディタース〉hereditas と言われるようになったのだった。[6] そして、この相続財産のことはラテン祖語では〈ファミリア〉familia と言われていたのである。[7] だから、このような起源からして、〈ヘーレーディタース〉というのは〈専制的な支配権〉のことを指していたにちがいない。じじつ、十二表法においては家父長たちに相続財産処理の主権が〈家父長は自分の動産と不動産の管理にかんして委託される者を指名するようにというのが法の定めるところである〉Uti paterfamilias super pecuniae tutelaeve rei suae legassit, ita ius esto という条項によって認められていた。(8) 相続財産を処理することは一般に〈委託される者を指名する〉legare というように言われていたのだ。これは主権者の専権事項である。こうして、相続人はあくまでも財産を委託された者にとどまるのであって、かれは相続財産において亡くなった家父長を代表するのである。また、息子たちは、奴隷と同じく、〈自分の動産と不動産〉という言い回しのなかに包含されてしまっていたのである。このことはすべて、父たちが自然状態においてかれらの家族にたいして一頭支配的〔君主政治的〕権力をもっていたことをあまりにも雄弁に立証している。この権力をかれらはその後英雄的都市においても保持していたにちがいない〔実際に保持していたことはのちに見るとおりである〕。また、英雄的都市はアリストクラティックな〔貴族政治的＝寡頭支配的な〕形態をとって、すなわち主人たちでもって構成された国家として生まれたにちがいないのであった。というのも、かれらはその権力を人民的〔民主的〕な国家になってからもなお保持していたからである。こういったことについてはすべてのちに十分な推理を展開するつもりである〔582–598〕。

514　女神ヘラは、テーバイの、すなわちギリシア人のヘラクレスに〔というのも、さきに「公理」〔196〕において述べたように、古代の異教諸国民はすべて、その国民を創建したそれぞれのヘラクレスをもっていたからである〕大いなる難業に立ち向かうよう命じる。なぜなら、婚姻をともなった敬虔こそはすべての偉大な徳の最初の基礎が学ばれる学校であるからである。そしてヘラクレスは、かれがその前兆によって生みだされたゼウスの庇護を得て、それらの難業をすべて克服する。そこから、かれはヘラクレスと呼ばれたのであって、これは〈ヘーラス・クレオス〉Ἥρας κλέος[1]、〈ヘラの栄光〉という意味なのである。そして栄光というものが、キケロの定義にあるように、〈人類に向かってなされた功績ゆえに広く行きわたった名声〉という正しい観念によって評価されるとするなら、ヘラクレスたちがかれらの難業に立ち向かうことによって諸国民を創建したということはなんと偉大な栄光であったことか！ところが、時代とともにこの厳格な意味は曖昧になり、習俗が惰弱になるにつれて、ヘラが子供を孕まないのは自然的な理由によるものであって、嫉妬も姦夫ゼウスにたいする嫉妬であると受けとられるようになる。こうしてまた、ヘラクレスもゼウスが人間とのあいだで生んだ庶子であると解釈されるようになる。その結果、名前は事実とは正反対のものに転化してしまい、ヘラクレスは、ゼウスの庇護を得て、ヘラの意に反して、難業をやりとげたことによって、ヘラにとっては〔栄光どころか〕恥辱以外の何ものでもなくなってしまう。そして、ヘラは徳の致命的な敵にされてしまったのである。また、首に綱をかけ、手も綱で縛られ、足には重い石を二つ着けられて、宙吊りにされているヘラの象形もしくは神話[2]は、もともとは婚姻の神聖さを意味していたのが（宙吊りにされているのは、厳粛な結婚のためには前兆が必要とされたからである。このために、ヘラには虹の女神イリスが侍女としてあたえられているのであり、またイリスに似た虹色の尾羽をもつ孔雀があてがわれているのである。首に綱をかけているのは、巨人たちが最初の女たちに加えた力を意味している。手が綱で縛られているのは、夫にたいする妻の服従を意味している。これはのちにどの国民のもとでも上品化されて指輪になった。足に重い石を着けているのは、結婚の安定性を指し示している。このため、ウェルギリウスは厳粛な婚姻のことを

〈コンユギウム・スタビレ〉coniugium stabile と呼んでいるのである）[3]、のちには姦夫ゼウスの残酷な懲罰であると受けとられるようになる。そして、習俗が腐敗してしまったなかで後世がそれらにあたえてきたこのような不適切な意味によって、今日まで神話学者たちを大いに悩ませてきたのだった。

515　まさしくこのような理由から、プラトンは、マネトーがエジプトの神聖文字についておこなったのと同じことをギリシア神話についておこなったのであり、一方では神々がこのような習俗をもっているのは似つかわしくないことを指摘するとともに、他方では神話が自分の観念と適合することを見てとったのだった。そして、ゼウスの神話のうちに、さきに述べたように〔379〕、〈万物はユピテル〔ゼウス〕で満たされている〉という言葉をとらえて、あらゆるところに流れ浸透していくというかれのアイテールの観念を潜りこませたのである。しかし、神学詩人たちのゼウスは、山よりも高いところに住んでいたわけでもなければ、雷光の発生する大気圏よりも高いところに住んでいたわけでもなかったのだ。また、ヘラの神話のうちに呼吸のできる大気という観念を潜りこませたが、アイテールと空気はあらゆるものを産み出すのにひきかえ、ヘラはゼウスから生まれたものではないのである。この〈〈万物はユピテル〔ゼウス〕で満たされている〉という〉モットーによって神学詩人たちが理解していたものは、宇宙にはアイテールが充満していると教える自然学における真理とも、自然神学者たちの言う神の遍在を証明する形而上学における真理とも、こんなにもかけ離れていたのだ！　さらにまたプラトンは、詩人たちの構想した英雄主義に立脚してかれの哲学的英雄主義を樹立した。英雄は獣よりも上位にあるばかりか人間よりも上位にある存在であり（獣は情念の奴隷である。人間は中間に位置していて、情念と闘う。英雄はみずから意志して情念を支配する）、英雄的本性は神的本性と人間的本性の中間にあるというのであった。(1) そして、詩人たちの高貴な愛神——この愛神は英雄が〈ヘーロース〉と言われたのと語源を同じくしたところからエロースと呼ばれた〔508〕——は翼を生やし目隠しをしていて、平民的な愛神は目隠しもしておらず翼も生やしていないのが、神的な愛と獣的な愛という二つの愛を説明するのには適切であることを見いだした。前者は感覚的な事物にたいして目隠しをされており、後者は感覚的な事物に夢中になっている。前者は翼でもって叡智的な事物の観照へと飛翔し、後者は翼がないために感覚的な事物のなかに転落してしまう、云々。(2) また、ゼウスによって天に攫われた鷲のガニュメデスは、それを創作した厳格な詩人たちの意図ではゼウスの前兆の観照者を意味していたのが、やがて時代が堕落するとともにゼウスのよこしまな慰みものにされてしまったのだが、プラトンはこのガニュメデスをもののみごとに形而上学の観照者に仕立てあげてみせるのだった。ガニュメデスは、かれのいわゆる〈総合〉の道をつうじて至高の存在を観照することによって、ゼウスと合一しようとしたというのである。(3)

516　このようにして、敬虔と宗教とは最初の人間たちをおのずと賢慮ある存在にした。かれらはゼウスの前兆から助言を得ていたのである。また、正しい存在にした。まずもってはゼウスに向かっての正義という意味において。さきに見たように〔398〕、ゼウスから〈正義〉という名称はやってきたのである。ついでは人間たちに向かっての正義という意味において。シチリアの洞穴に棲んでいる巨人たちについてポリュペモスがオデュッセウスに語っているように、かれらは他人のことにはなんら干渉することがなかったのである(1)（もっとも、これは、見かけは正義のようでいて、実際にはいまだ社交性をもつにいたっていないことの証しでしかなかった）。さらには、節度ある存在にした。かれらは生涯をつうじてただ一人の女だけで満足していたのである。また、のちに見るように〔1099〕、力強く、勤勉で、度量の大きい存在にした。これらが黄金時代の徳であったのであって、後世文弱に流れた詩人たちが作りあげたような、喜ばしいものはなんでも許すといったたぐいのものではなかったのである。というのも、神学詩人たちの活躍した黄金時代には、人々は胸がむかつくような反省趣味[2]にはまったく鈍感であって(これは今日でも農民たちの習俗のうちに観察されるとおりである)、許されたものにしか喜びを感じることがなく、役に立つものにしか喜びを感じることがなかったからである(ラテン語の〈ユウァート〉iuvat〔援助する・支える〕という語が〈気に入る・喜ばしい〉を意味するのにも用いられていることのうちにそのような英雄的起源の痕跡をうかがうことができる)。また、哲学者たちが作りあげたように、ゼウスの胸のうちに正義の永遠の法律を読んだりするようなこともなかった。というのも、かれらはなによりもまず天の顔つきのなかに雷光によってかれらに命じられた法律を読みとっていたからである。結局のところ、そのような最初の時代の徳は、さきに「年表への註記」〔100〕においてスキュタイ人が称賛するのを聞いたようなたぐいのものだったのである。スキュタイ人は大地に剣を突き立て、これを神に見立てて拝んでいたのだった(このことによってつぎには殺戮を正当化したのだった)。すなわち、それらは感覚による徳であったのであって、そこには宗教と残酷さとが混ざり合っていたのだった。かれらのあいだでおこなわれていたそのような習俗は、「公理」〔190〕で見ておいたように、今日でも魔女たちのうちに見ることができる。

517　このような迷信深くて乱暴な異教世界の最初の道徳から、神々に人間の犠牲をささげるという習俗が発生した。たとえば、太古のフェニキア人のもとでは、戦争とか飢饉とか疾病のような大災厄に見舞われたときには、王たちは自分の息子たちを犠牲にささげて、天の怒りを宥めようとした、とビブロスのピロンは語っている。[1] そして、クイントゥス・クルティウスの報告によれば、このように子供をサトゥルヌスに犠牲としてささげることは慣例化していたという。[2] また、この習俗は、ユスティヌスが語っているように、[3] その後カルタゴの人々によって保存されるところとなった。この民族は疑いもなくフェニキアから渡来してきたのである（このことについては本書でのちに見るとおりである〔660〕）。そして、かれらによって最後の時代まで実践されていたことは、エンニウスが〈そしてポエニ人〔カルタゴ人〕は自分の子供を犠牲にささげるのを習わしとしていた〉と述べて確認しているとおりである。[4] かれらは、〔シラクサの僭主〕アガトクレスに敗北を喫したとき〔前三〇六年〕には、二百人もの貴族の子弟をかれらの神々に犠牲としてささげて、神々を宥めようとしたという。また、ギリシア人もフェニキア人やカルタゴ人とともにそのような不敬虔にも敬虔な習俗に陥っていたのであり、[5] アガメムノンはその娘イピゲネイアを犠牲としてささげて神に誓ったのであった。このことは、異教世界の最初の家父長たちのキュクロプス的な父権に想いを致すなら、なんら驚くにはあたらない。その父権はギリシア人という最も知識のある国民によってもローマ人という最も賢明な国民によっても実践されていたのであって、両者ともに、かれらの最も文明化された時代においてさえ、かれらの生まれたての赤ん坊を好き勝手に殺していたのだった。この事実に想いを致すなら、ブルートゥスが暴君タルクイニウスをふたたびローマの王に即位させようと画策した二人の息子を打ち首にしたとか、〈インペリオースス〉〔帝王のごとき〕と渾名された執政官のマンリウスがかれの命令に背いて戦って勝利したかれの勇敢な息子の頭を斬り落としたというような話を聞いて、これまでこの文明化した生活状態のなかで生きているわたしたちに引き起こしてきた恐怖も、たしかに和らげられるにちがいない。人間を犠牲として神々にささげることはガリア人によってもなされていた、とカエサルは主張している。(6) またタキトゥスが『年代記』のなかでイギリス人について語っているところによれば、かれらはドルイデス教徒（学者たちのうぬぼれによれば、ドルイデス教徒は深遠な知恵に恵まれていたとのことである）の神占知識によって、人間の犠牲の腸から未来を占っていたという。(7) スエトニウスがクラウディウス帝の伝記のなかで報告しているところによると、この恐ろしい残忍な宗教をアウグストゥス帝はガリア〔フランス〕に住んでいたローマ人にたいして禁止し、クラウディウス帝はガリア人自体にも禁じたとのことである。(8) さらにオリエント諸語の学者たちの説によれば、フェニキア人は生きながらに人間を焼くモロック神――これはサトゥルヌスと同一であった、とモルネイ、(9) ドリーシュ、(10) セルデン(11) は指摘している――の犠牲祭を世界の残りの地域にも拡散させていたという。ギリシア人に文字を伝えたフェニキア人は、このうえなく野蛮な異教世界の最初の諸国民になんという文明を教えてまわったことか！　同様の非道な習俗からヘラクレスはラティウムの地を浄化したと言われている。すなわち、生きた人間を犠牲としてテーヴェレ河に投げこんでいたのを止めさせて、代わりに藁の人形を投げこませたというのだ。しかし、タキトゥスの語っているところによれば、人身を犠牲として神にささげる儀式は古代ゲルマン人のもとでもおこなわれていたという。(12) そのかれらは、記憶に残っているあらゆる時代をつうじて、たしかにあらゆる外国民に自らを閉ざしていたのであって、このため、ローマ人があらんかぎりの力を尽くしてもかれらのなかに分け入っていくことはできなかったのである。また、スペイン人は二世紀前まで世界の残りの部分から身を隠していたアメリカにも同様の儀式を見いだしたのだった。アメリカでは――レスカルボー『新フランス誌』(13) の観察によれば――その地の野蛮人たちは人肉を食べていたというが、この人肉はかれらが殺して犠牲に供した人間たちのものであったにちがいない（こういう犠牲の儀式のことはオビエド『インディアス誌』[14]に語られている）。だから、古代ゲルマン人が地上に神々を見ていたときに、アメリカのインディオも同様のことをしていたのだった（それぞれについてはさきに述べたとおりである〔375〕）。また、太古のスキュタイ人は、さきに多くの著作家たちによって称賛されているのを聞いたほどの〔100〕多くのすばらしい徳に満ちあふれていたという。まさにそのような同じ時代にかれらはかくも非道な文明を実践していたのだ！　これらはすべてプラウトゥスによって〈サトゥルヌスの生贄〉Saturni hostiae と呼ばれたものにほかならなかった〔191〕。著作家たちはこの時代をラティウムの黄金時代であったと呼ぼうとしているのである〔73〕。それはなんと穏やかで、恵み深く、慎みがあり、行儀正しく、義務感にあふれた時代であったことか！

518　これらすべてのことから結論されてよいとおもわれるのは、最初の異教諸国民に見られる黄金時代の純真無垢さについての学者たちのうぬぼれがどんなに空疎なものであったかということである。黄金時代というのは、実際には、迷信のファナティズムにほかならなかったのであって、これを異教世界の野生的で傲慢で乱暴きわまりない最初の人間たちはかれらの想像した神性にたいする強い恐怖によってなんとか制御していたのである。この迷信に反省をめぐらせて、プルタルコスはつぎのように問題を提起している。このように不敬虔に神々を崇拝するのと、まったく神々を信じないのと、はたしてどちらのほうが害が少なかっただろうか、と[1]。しかし、かれがそのような猖獗をきわめた迷信を無神論に対置しているのは正しくない。というのも、さきに「原理」〔333–335〕において証明しておいたところにしたがって、迷信からはこのうえなく光り輝く諸国民が勃興したが、無神論によってはこの世に国民はひとつとして創建されなかったからである。

519　ここまで述べてきたことは、今日では滅んでしまった人類の最初の人々の神的な道徳についてのものである。英雄的な道徳についてはのちに場所をあらためて〔666-668〕論じるだろう。

［第4部　詩的家政学］

［第1章］詩的家政学について——ここではまず息子たちからなっていた家族について

520　英雄たちは、人間的感覚をつうじて、全家政学説を構成する二つの真理を感じとっていた。ラテン民族が〈エードゥーケレ〉educere〔引き出す〕と〈エードゥカーレ〉educare〔しつける〕という二つの言葉によって保存していたものであって、正確には、前者は精神の教育にかかわっており、後者は身体の教育にかかわっている。そして前者は、学者的な隠喩作用をつうじて、自然学者たちによって質料から形相を引き出すという意味に転移された。というのも、そのような英雄的教育によって、巨人たちの広大な身体のなかにまったく埋めこまれてしまっていた人間の霊魂の形相が、質料からなんらかの仕方で引き出されはじめたからである。また、度はずれて巨大なかれらの身体から、正常な体格の人間らしい身体の形相が引き出されはじめたからである〔371, 524〕。

521　第一の部分〔精神の教育〕にかんしていえば、英雄＝家父長たちは、「公理」〔250〕で述べておいたように、「自然の」と言われる状態にあっての、前兆の知恵、すなわち通俗的な知恵に秀でた賢者であったにちがいない。そして、そのような知恵に秀でていた結果、祭司であったたにちがいない。かれらは、なかんずく崇高な職務として、前兆を獲得するために、もしくはよく理解するために、犠牲をささげるという職務を担っていたのである。また最後には、王であったたにちがいない。かれらには、〈レーギスラートル〉legislatorという言葉の本来の意味、すなわち〈法律を伝達する者〉という意味において、神々から自分たちの家族に法律を伝達する義務があった。そして、この点では、のちの英雄都市における最初の王たちも同様であった。英雄都市の最初の王たちも統治主体である元老院から人民に法律を伝達していたのである。このことについては、さきに「年表への註記」のなかで〔67〕、ホメロスの挙げている二種類の英雄集会――ひとつは〈ブーレー〉βουλή、いまひとつは〈アゴラ〉ἀγορά――の場合に即して見ておいたとおりである。当時は通俗文字がまだ考案されていなかったので、英雄たちは前者の場で法律を口頭で制定し、後者の場でそれを同じく口頭で公布していたという。このようなわけで、英雄王たちは法律を制定したさい、それを統治主体である元老院から人民に二人委員をつうじて伝達していたのだった。二人委員の制度を王たちがつくり出したのは、トゥルス・ホスティリウスがホラティウスを弾劾したさいにつくり出した二人委員がそうであったように、法律を伝達するためであった。だから、二人委員はみずから語る生きた法律であることとなる。リウィウスにはこのことがわかっていなかった。そのため、さきに見たように〔500〕、ホラティウス裁判についてのかれの説明は意味不明なものになってしまっているのだ。

522 古代人は到達しがたい知恵をもっていたという誤った見解〔128〕にもとづいたこのような民間伝承は、プラトンを誘惑して、哲学者が統治していたか、王が哲学していたような時代を空しくも夢想させる機縁となった〔253〕。そしてたしかに、「公理」〔256〕で述べておいたように、それらの家父長たちはそれぞれ家族の一頭支配者的な王であったにちがいないのだった。かれらは、かれらの家族のなかではだれよりも優位に立ち、神のみに従属していた。また、かれらに授与された支配権は、恐るべき宗教で武装し、非道このうえない刑罰によって聖化されていた。それはプラトンがこの世で最初の家父長たちであったと認めているキュクロプスたちの支配権に等しいものであったにちがいない。ところが、この伝承が誤解されて、すべての政治理論家に共通の誤った見解を生みだす重大な機会をあたえることとなった。この世における国家的な統治の最初の形態は君主制的なものであったと信じるようになったのだ。この結果、かれらは、国家的な統治は公然たる暴力ないしはのちに暴力となって勃発することになる奸策から生じたのだという、邪悪な政治の不当な原理に屈するにいたった。しかし、その時代には、だれもが野獣的放縦状態（これについてもさきに公理をひとつ提起しておいた〔290〕）から出現したばかりで傲慢かつ乱暴であった。そして、そのようなこのうえなく単純で粗野な生活のなかにあって、天然に自生する果実を食べ、泉の水を飲み、洞窟で眠ることで満足していた。また、どの家父長もそれぞれの家族のなかにあって主権者であるという自然的な平等の状態にあった。そのような状態のもとでは、一人が他のすべての者たちを君主制的統治のもとに服従させることのできるような奸策とか暴力といったものはまったく考えられないのである。このことについては、のちにくわしく立証されるだろう〔585〕。

523　いまはただ、異教世界の人間たちが生来の野獣的放縦状態から、長いキュクロプス的な家族訓練の段階を経て、やがて国家制度化されるにいたった政体のなかでおのずと法律に従うようになるまでには、どれほどの時間が必要であったか、ということを省みておくことが許されるにすぎない。ここから、父たちが宗教しか教えず、息子たちから自分たちの賢者として称賛され、祭司として崇拝され、王として怖れられている国家のほうが、プラトンが理想化した国家よりも幸福である、という永遠の特性が残ることとなった。不恰好で獰猛な巨人たちを人間としての義務の道に引き戻すには、これほどまでの神的な力が必要とされたのだ！　この力をかれらは抽象的に表現することができなかったので、具体的に弦という物体的なかたちで表示した。この弦はギリシア語では〈コルダ〉κορδά と言われており、ラテン語では当初〈フィデース〉fides と言われていたが、その本来の意味は〈フィデース・デーオールム〉fides deorum、すなわち〈神々の力〉という言い回しのなかで表現されていたものであったのだ。そして、この弦から、竪琴が一弦琴から始まったにちがいないように、オルペウスの竪琴が作られたのだった。この竪琴を奏でつつ、前兆に宿る神々の力を歌い讃えることによって、オルペウスはギリシアの野獣どもを人間の道へと引き戻したのである。また、アンピオンは石を動かしてテーバイの城壁を築いたのである。すなわち、デウカリオンとピュラが、テミスの神殿の前で（すなわち、神の裁きにたいする怖れを抱きつつ）、頭をヴェールで被って（婚姻の羞恥心をもって）、足下にあったのを拾い、肩越しに後ろへ投げたら、人間たちが生まれたという、例の石である（これは以前には人間たちは愚鈍であったからであって、ラテン語には〈愚鈍なこと〉を指すのに〈石〉lapis と表現する言い方が残っている）[1]。この神話については、「年表への註記」のなかで説明しておいたとおりである〔79〕。

524　家政学的訓練のいまひとつの部分、すなわち身体の教育にかんしていうなら、家父長たちは、さきに述べたように〔371〕、恐るべき宗教とかれらのキュクロプス的支配権と聖なる浄めとによって、かれらの息子たちの巨人的な体格から正常な人体のかたちを導き出しはじめたのである。ここでも、神の摂理には最大の讃辞がささげられなければならない。それというのも、家政学的教育がおとずれるまでは、神を見失った人間たちはしだいに巨人化していった。そして、このことによって、野獣的放浪を続けていたあいだも、強靱な体格で厳しい天候や季節に耐え抜き、途方もない力をふるって地上の大森林に分け入り、その大森林の中を野獣から逃れ、嫌がる女たちを追いかけ回し、ばらばらになりながら食べ物と水を求めて歩き回っていたのだった〔369〕。ところが、かれらがかれらの女たちといっしょに、最初は洞穴の中で、その後は泉の近くの（その理由についてはまもなく述べる〔526〕）藁葺き小屋で定住しはじめ、土地を耕して、その田畑から生活の糧を得るようになるとともに、いまここで推理している理由からして、今日の人間たちのような正常な体格にまで退化していく。このように神の摂理は取り計らっているからである。

525　そのさい、このようにして家政学を生みだすにあたっては、かれらはそれをその最善の理念において達成した。すなわち、家父長たちが刻苦勉励して息子たちに家産を遺し、たとえ外国との交易が途絶え、いっさいの国家制度上の成果が得られなくなり、都市がなくなってしまった場合でも、生活を容易かつ快適にそして安全に保つことができるようにしておき、こうしてたとえ都市がなくなってしまっても少なくとも家族は保存されていて、そこから諸国民が再興する期待がもてるようにしておくというのが、それである。また、家父長たちが息子たちに遺す家産は、空気が清浄で、近くに永遠に枯れることのない泉があり、また天然の砦をなしていて、都市が絶望状態に陥った場合にはそこに退却できるような場所でなければならず、都市が崩壊した場合に都市から逃げてきた貧しい者たちを農夫として受け入れて、かれらの労働で主人たちの生活を維持していけるだけの広大な封土として利用できるような田畑でなければならなかった。このような秩序を神の摂理は(「公理」〔308〕に引いたディオン・カッシオスの言に従えば)僭主として法律によってではなく、人間にかんすることがらの女王にふさわしく、人々の生活慣習によって、諸家族からなる状態のなかでうち立てたのだった。なぜなら、じっさいにも、強者たちは山の頂きの空気が爽やかで健康的な場所にかれらの地所を設けていたからである。また、そこはもともと堅固であって、この世で最初の〈アルクス〉arx〔砦〕であった。それをその後、軍事建築術がその規則にしたがって要塞化したのである(これは、イタリア語で切り立った険しい山のことを〈ロッチャ〉rocciaと言っていたのが、のちにそこから要塞が〈ロッカ〉roccaと呼ばれるようになったのと同じである)。最後には、それらの地所は永遠に枯れることのない泉のそばにあった。泉は大方が山の中で湧き出ている。そして、泉のそばには猛禽類が巣をつくっており、そのため、猟師たちは泉のそばに網を張るのである。古代ラティウムの人々がそれらの猛禽類をそれらがまるで〈アクイレガ〉aquilega〔水の探索者〕であるとでもいうかのように〈アクイラ〉aquila〔鷲〕と総称していたのは、そのためであろう(じじつ、〈水を探索したり集めて回る人〉のことを〈アクイレクス〉aquilexと呼ぶ呼び方がラテン語には残っている〔240〕)。だからこそ、疑いもなく、ロムルスが新都にふさわしい場所を決めるために前兆を受けとろうとした鳥は禿鷹であったと歴史は語っているのであり、それがやがて鷲に転化し、ローマ軍の守り神となったのだった。こうして、単純で粗野な人間たちは、鷲が天高く飛んでいるのでゼウスの鳥だと信じて追いかけているうちに、永遠に枯れることのない泉を見つけ出し、天神が地上で君臨していたときにかれらにあたえたこのもうひとつの大いなる恩恵を尊んだのである。そして、雷光の告知した前兆ののち、最も厳粛な前兆をかれらは鷲の飛翔のうちに観照することとなったのだった。これをメッサラとコルウィヌスは〈より大きな前兆〉あるいは〈公的な前兆〉と呼んでいる。[1] ローマの貴族が英雄的闘争のなかで平民に〈前兆は自分たちのものである〉と答えたときに思い描いていたのも、この前兆のことであった〔110〕。神の摂理によって異教の人間文明に始まりをあたえるために取り計らわれたこれらすべてのことを、プラトンは最初の都市創建者たちの抜け目のない人間的配慮であると評価した。[2] しかし、ふたたび野蛮状態が戻ってきて、いたるところで都市を破壊してしまったところでも、同じようにして家族は救済されたのであり、そこからヨーロッパの新しい諸国民がやってきたのである。また、イタリア語には新たに興った領主たちの権力の所在地をすべて〈城〉castelloと呼ぶ呼び方が残っているが、これは一般に太古の都市ならびにほとんどすべての首都は山の頂きに位置しており、逆に村落は平野に散在しているのが見いだされるからである。ここから、〈貴族〉を指すのに〈高い場所に生まれた〉summo loco natiとか〈光り輝く場所に生まれた〉illustri loco natiと言い、〈平民〉を指すのに〈低い場所に生まれた〉imo loco natiとか〈暗い場所に生まれた〉obscuro loco natiと言うラテン語の言い方は出てきたのだった。というのも、のちに見るように〔608〕、英雄たちは都市に住み、被保護民たちは田野に住んでいたからである。

526　しかしまた、他のなにものにもまして、永遠に枯れることのない泉のために、政治学者たちは水の共有こそが家族が近くに寄り集まることになった機会原因であったと言ってきた。[1] ひいては、最初の氏族共同体をギリシア人は〈プラトリア〉φρατρίαと呼んでいたのだった。[2] また最初に人々が集落を形成するようになった土地をラティウムの人々は〈パーグス〉pagusと呼んでいたが、これはドリアのギリシア人が泉を〈パガ〉παγάと呼んでいたのに似ている。要するに、水こそは結婚の二つの主要な儀式のうちの第一のものなのだ。結婚の儀式をローマ人は〈水と火によって〉執りおこなっていたが〔371〕、それは、最初の婚姻は自然に水と火を共有し、ひいては同じ家族に属する男と女のあいだで取り結ばれていたからである。こうして、さきに述べたように〔511〕、婚姻は兄弟と姉妹のあいだから始まったにちがいないのだった。——なお、火の神はそれぞれの家の守護神 lar であった。家父長が家の神々〔祖霊〕を祀っていた炉が〈フォクス・ラリス〉focus laris〔ラルの炉〕と言われるようになったのは、これに由来する。家の神々は、十二表法の「父親殺害」の項において、ヤーコプ・レヴォードの読みにしたがうなら、〈先祖の神々〉deivei parentum と呼ばれている。(3) また聖史にもしばしばこれと似た表現が出てくる。〈われらが父祖の神〉、もっとあからさまには〈アブラハム神〉〈イサク神〉〈ヤコブ神〉等々。この点にかんしては、キケロの提案した法律にも、つぎのようにある。〈一族の父祖以来の祭儀は守らなければならない〉と。(4) ローマ法にしばしば出てくる、家族の息子は〈父の祭儀のうちに〉あるとか、父権は〈父の祭儀〉であるといった言い回しも、ここに由来する。父権は、本書において論証されるように〔628〕、最初の時代にはすべて神聖なものであると信じられていたのである。そして、付言しておかなければならないが、このような風習はふたたび戻ってきた野蛮時代の人々にも遵守されていたのだった。たとえば、フィレンツェでは、ジョヴァンニ・ボッカッチョの時代に(かれの『神々の系譜』に見られるように)(5)、毎年の初め、一家の長が炉に座して、火のついた薪の頭に香水をかけ、葡萄酒をふりまいていた。また、わがナポリの下層民のあいだでは、クリスマスの前夜、家長は厳かに炉で薪に火をつけることが習わしになっている。そしてナポリ王国では家族の数は炉でかぞえられたと言われている。——それがやがて都市が建設されると、婚姻は都市民同士のあいだで取り結ばれるのが一般的な慣習となる。そして最後には、外国人とのあいだでも婚姻が結ばれるようになるが、その場合でも、少なくとも宗教はたがいに共通したものであるというしきたりが残ることとなったのである。

527 さて、火から水に戻って、神々がそれにかけて誓ったというステュクス河が、もろもろの泉の源であった。ここからも、（さきに述べたように〔449〕）神々が英雄都市の貴族だったにちがいないことがわかる。というのも、この水の共有がかれらを人間たち〔平民〕の上に君臨させてきたからである〔437〕。また、このためにローマ暦三〇九年まで貴族は平民に結婚の儀を許さずにきたのだった。このことについてはすでに少しばかり述べたが〔110〕、のちにもっと立ちいって述べるだろう〔598〕。聖史に〈誓いの井戸〉とか〈井戸の誓い〉という言葉が出てくるのも、[1] このためである。このようなわけで、ポッツオーリという町はその名前のうちにそれがきわめて古くから存在した町であったことの証拠をとどめているのであって、それは多くの小さな井戸が一つにまとまってできたところから〈プテオリー〉Puteoli と呼ばれていたのだった。また、これはさきに述べた知性の内なる語彙集〔162〕にもとづく合理的推測なのだが、このように複数形で呼ばれる都市が古代の諸国民にはたくさん散在しているのは、実体においては一つであったものが、分節語が生まれるとともに、さまざまな呼称で呼ばれるようになったものなのであった。

528 ここから第三の主要な神格、アルテミス〔ディアナ〕がつくり出された〔317〕。これは、巨人たちが一定の土地にとどまり、婚姻の儀式を執りおこなって一定の女と結ばれるようになったときに、かれらのあいだで感知された最初の人間的必要〔水〕を表わしたものであった。神学詩人たちは、これらのことがらについての歴史をアルテミスの二つの神話によって描写して、わたしたちに残している。そのうちのひとつは婚姻のさいの羞恥を意味している。すなわち、アルテミスは深い夜の闇の中で、一言も口を利かずに、眠っているエンデュミオンに添い寝するというのである。だから、アルテミスは純潔であったわけで、この純潔さからキケロの提案した法律のひとつは〈神々の前に進むときには清浄〔純潔〕であること〉（すなわち、犠牲をささげるには、まずこれに先立って斎戒沐浴しなければならない）と命じているのである[1]〔469〕。もうひとつは恐るべき泉の宗教について語ったもので、泉に〈聖なる〉という形容詞をいつの世にも変わらず残すこととなった。すなわち、裸で水浴するアルテミス〈清らかな泉〉を見たアクタイオンは、女神の水しぶきを浴びて（つまりは女神によって大いなる恐怖にうちのめされて）、牡鹿（最も臆病な動物）に変身し、自分の猟犬に噛み裂かれてしまった（宗教を侵犯したことによる良心の呵責に悩む）というのである。だから、〈リュンファートゥス〉lymphatus〔気が狂った者〕（これはもともと〈リュンファ〉lympha すなわち〈泉の水〉を浴びた者という意味であった）というのは、最初は迷信的な恐怖に襲われて正気を失ったアクタイオンのことであったにちがいないのだった。この詩的歴史をラティウムの人々は〈ラテクス〉latex〔液体〕という語[2]（この語は〈ラテンド〉latendo〔隠れている〕からやってきたにちがいない）のうちに保存している。この語はいつも〈清らかな〉purus という形容詞をともなっており、泉から湧き出る水を意味している。そして、このラティウムの人々の〈ラテクス〉に相当するのが、ギリシア人のもとでは、アルテミスに随伴するニンフ〔妖精〕であったにちがいないのだった。ギリシア人にとっては〈ニュンファ〉は〈リュンファ〉と同義であったのだ。また、〈リュンファ〉すなわち〈泉の水〉がニンフ〔妖精〕と呼ばれたのは、「詩的形而上学」のところで推理しておいたように〔379〕、当時はすべての事物を生命ある実体、それも多くの場合人間であるというようにとらえていたからである。

529　その後〔泉の宗教がつくりあげられたのち〕、山中に居住していた敬虔な巨人たちは、近くの地面の上に放り棄てられて腐っていく亡者たちの死骸の発する悪臭に悩まされるようになったにちがいない。ここから、かれらは死者たちを埋葬するようになったのだった（かれらの大きな頭蓋や骨がこれまで発見されてきたし、今日でも発見されているが〔369〕、それらはたいてい山の頂きにある。このことは、いたるところの平地や谷間に散在していた不敬虔な巨人たちの死骸は埋葬されないままに腐敗し、その頭蓋や骨は激流に流されて海に運ばれるか、雨にたたかれて崩れ去ってしまったということの一大論拠となる）。そして、それらの墓にかくもおびただしい宗教、もしくは神的な恐怖をふりまいたので、墓のつくられた場所のことを〈畏怖すべき神聖な場所〉locus religiosus と呼ぶ呼び方がラテン語には残っているほどである。ここから、わたしたちがさきに「原理」の部〔337〕で立証しておいた普遍的な信仰、すなわち、人間の霊魂は不死であるという信仰が始まったのだった（これはわたしたちが採用したこの学の原理のうちの第三の原理である）。じっさいにも、亡くなった人間の霊魂は〈神の亡霊〉dii manes と言われていた〔12〕。また、十二表法の「父親殺害」の項では、〈先祖の神々〉deivei parentum と称されている〔526〕。――またその一方で、かれらはそれぞれの古墳（古墳は、最初は土を少しばかり盛り上げただけのものでしかありえなかった。たとえば、古代ゲルマン人の事例は同じ習俗が他の最初の諸国民すべてにも存在したことを推測させてくれるのだが、その古代ゲルマン人は、タキトゥスの報告によると、死者たちには土をかけすぎてはならないと考えていたという[1]。ここから、亡くなった者たちへの〈土の汝に軽くあらんことを〉という祈りの言葉は出てきたのだった）の上に、もしくは近くに、埋葬の印しとして、木の切り株を突き立てたにちがいないのだった。それはギリシア人によって〈ピュラクス〉φύλαξ と呼ばれた。〈番人〉の意味である。単純なかれらは、この切り株が死者の番をしてくれるものと信じていたのだ。ちなみに、ラテン語にも〈墓標〉のことを指すのに〈キップス〉cippus と言う言い方が残っている。またイタリア語では〈チェッポ〉ceppo と言えば〈系統樹〉のことである。そして、この〈ピュラクス〉から、ギリシア語で〈部族〉を意味する〈ピュレー〉φυλή という語はやってきたにちがいないのだった。またローマ人はかれらの家系を示すのに先祖の影像を自分の家の大広間に一列に並べ、これを〈ステンマ〉stemma と呼んでいた（これは〈列〉を意味する〈テーメン〉temen からやってきたにちがいない[2]。ここから、布を織る〈縦糸〉を意味する〈スブテーメン〉subtemen という語は出てきたのである）。この家系の糸はその後法学者たちによって〈リーネア〉linea と言われるようになった。ひいては、〈ステンマ〉も〈貴族の家紋〉を意味するようになったのである。だから、死者を埋葬した最初の土地が家族の最初の盾であったのではないか、と強く推測されることとなる。スパルタの母が戦場に赴こうとする息子に盾を渡して、〈これとともに、さもなければこれのなかに〉と言ったのも、このことから理解されなければならない。すなわち、その意味は〈盾とともに戻ってくるか、さもなければ棺の上に載せられて戻ってこい〉ということだったのである。じっさいにも、今日でもナポリでは棺は〈スクード〉scudo〔盾〕と言われている。また、墓は以前は種を播くために使われていた田畑の地面にあったので、盾は家紋学において〈畑の地面〉と定義されており、それがのちに〈紋章の地《じ》〉と呼ばれるようになったのだった〔487〕。

530 このような起源から〈息子〉filius という言い方も出てきたにちがいない。〈息子〉は父の名もしくは家によって区別され、〈貴族〉を意味していた。さきに見たように〔433〕、ローマの貴族はまさしく〈父の名を称しうる者〉と定義されていたのである。すなわち、ローマの貴族の〈名前〉は最初のギリシア人たちがしばしば用いていた父祖名と同じものであったのだ。こういう事情から、英雄たちはホメロスによって〈アカイア人の息子たち〉と呼ばれているのであり、また聖史では〈イスラエルの息子たち〉という言葉でヘブライ民族の貴族たちを意味させているのである。だから、部族が最初は貴族からなっていたのだとすれば、あとで証明するように〔597〕、都市も最初は必然的に貴族だけで構成されていたことにならざるをえないのである。

531 こうして、巨人たちは、そこに埋葬された者たちの墓があるということをもって、その土地の領主であることを証明していたのだった。そして、このことは、ローマ法において、死者を自分の土地に埋葬して拝むように、という命令となって残ることとなった〔529〕。また、〈わたしたちはこの土地の息子である〉とか〈わたしたちはこれらの樫の木から生まれた〉といった英雄語句は、真実ありのままを語ったものであったのだ。じっさいにも、家族の父祖はラティウムの人々のあいだでは〈スティルプス〉stirps〔幹〕とか〈スティーペス〉stipes〔木の根元〕と言われており、それぞれの子孫は〈プローパーゴー〉propago〔繁茂する樹木〕と呼ばれていた。また家族はイタリア古語で〈レニャッジョ〉legnaggio〔木ぎれ〕と称されていた。そしてヨーロッパの高貴な家柄とほとんどすべての王家はその姓を自分の所有する土地から採っている。このため、ギリシア語でもラテン語でも、〈大地の息子〉と言えば〈貴族〉を意味していたのである。また、ラテン語では〈貴族〉を指すのに〈インゲヌウス〉ingenuus という言い方がなされるが、これはまるで〈インデゲニトゥス〉indegenitus〔そこに生まれた者〕、あるいはそれを約めて〈インゲニトゥス〉ingenitus と言っているかのようなのだった。じっさいにも、ある土地に生まれた者を指して〈インディゲナ〉indigena と呼ぶ呼び方がたしかに残っており、その土地の神々〔祖神〕は〈ディイ・インディゲテース〉dii indigetes と言われていた。これは、さきに述べたように〔370〕、英雄都市の貴族たちが〈神々〉と呼ばれたもので、この神々の大いなる母が〈大地〉なのであった。こうして、最初から〈インゲヌウス〉ingenuus と〈パトリキウス〉patricius はともに〈貴族〉を意味していたのだった。それというのも、最初の都市は貴族だけでなっていたからである。また、このような〈インゲヌウス〉は原住民であったにちがいないのであって、この〈原住民〉aborigines という言い方はほとんど〈起源をもたない〉とか〈ひとりでに生まれた〉と言っているに等しく、これにギリシア人のいう〈アウトクトネス〉αὐτόκθονες は相当しているのである。そして原住民というのは巨人たちのことであった。〈巨人たち〉gigantes とはもともと〈大地の息子たち〉のことを指していたのだ。このようなわけで、〈大地〉は巨人たちと神々の母であった、と神話は忠実にわたしたちに語っているのである。

532　これらのことはすべてすでにわたしたちが推理しておいたことであるが〔369-373〕、本来の場所であるここで繰り返してきたのは、森の中の焼き払われた場所に開かれた避難所に逃げこんできた者たちに向かってロムルスがかれの仲間であった家父長たちに〈自分たちはこの地の息子たちである〉と言わせている場所で、リウィウスがこの英雄語句を誤解し、最初の諸民族の創建者たちにおいてはひとつの英雄的真実であったものを臆面もない嘘に転化させてしまっていることを論証するためにほかならない。すなわち、ロムルスはアルバ王の血筋を引くと認められていながら、かれらの母はあまりにも不公平にも男たちしか産まなかったため、かれらはサビーニ族の女性を掠奪して妻にする必要があったというのである[1]。だが、ここはむしろこう言うべきなのだ。最初の諸民族の詩的記号による思考方法からして、ロムルスは都市の創建者の詩的記号であると目されていた。このため、数多く存在したラティウムの都市のなかでやがてローマを創建することになったロムルスには、最初の都市創建者たちにふさわしい特性の付与がなされたのだ、と。リウィウスが避難所についてあたえている定義も、この誤謬と同種のものである。すなわち、リウィウスによると、避難所は〈都市創建者たちの古き計らい〉であったというけれども[2]、都市の最初の創建者たちの思考様式は単純素朴そのものであって、神の摂理に奉仕することになったのは、かれらの計らいというよりは、ことがらの自然な成り行きであったのだ。

533　ここでいわゆる〈大〉氏族の第四の神格がつくり出されることとなった。人々に国家生活の光をもたらす神であるというようにとらえられたアポロンがそれである。ここから、英雄はギリシア語で〈クレイトス〉κλειτος と言われたのだった。これは〈クレオス〉κλέος〈栄光〉からやってきた言葉である。またラテン語では〈インクリュトゥス〉inclytus と言われたが、これも〈家紋の輝き〉を意味する〈クルエール〉cluer、ひいてはユノ＝ルーキーナが高貴な生まれの者たちをそこへと導いていった例の光〔513〕に由来する言葉である。だから、ウラニア――これは、さきに見たように〔365, 391〕、ホメロスが〈善と悪についての知識〉、すなわち神占と定義しているムーサであって、これもさきに述べたように〔508〕、その力によってアポロンは詩的知恵ないしは神占の神となったのであるが――、そのウラニアに続いて、第二のムーサとして、英雄たちの歴史を物語るクレイオーがつくり出されたにちがいないのだった。また、その最初の歴史は英雄たちの系譜を物語ることから始まったにちがいないのである。

じっさいにも、聖史は父祖たちの子孫の話から始まっている。そして、この歴史にアポロンはつぎのような行為をなしたことによって始まりをあたえるのである。すなわち、アポロンは森の中を〔恥知らずの生活を送りながら〕さまよっている放浪少女、ダプネを追いかける。すると、ダプネは神々に援助を乞うて〔厳粛な婚姻のためには神々の前兆を受けとる必要があったのだ〕、その場に立ち止まり、月桂樹に変身するのである〔この樹木は確実な認知された子孫のなかでつねに青々と繁りつづけている。これと同様の意味において、ラティウムの人々は家族の父祖を〈スティーペス〉stipes〔木の根元〕と呼んだのだった〔531〕。ふたたび戻ってきた野蛮時代〔中世〕も同じ英雄語句をわたしたちに報告しており、そこでは家族の子孫は〈樹木〉、創建者たちは〈株〉とか〈根元〉と呼ばれている。また分家は〈枝〉と呼ばれ、その家族は〈木ぎれ〉と呼ばれている〉。このようなわけで、アポロンが追いかけるのは神に固有の行為であり、ダプネが逃げるのは野獣に固有の行為なのであった。ところがその後、そのような厳格な歴史の語りが忘れ去られてしまって、アポロンが追いかけるのは淫蕩者のなす行為であり、ダプネが逃げるのは女性らしい行為であると見なされるにいたったのである。

534　さらにアポロンはアルテミスの兄弟である。永遠に枯れることのない泉があったからこそ、最初の諸民族は山の上に創設されることができたからである。それゆえ、アポロンはムーサたち〔つまりは文明の諸学芸〕の住むパルナソスの山上の、その水を白鳥たち〔つまりはラテン語で〈予言する〉という意味の〈カネレ〉canere または〈カンターレ〉cantare〔509〕を歌う鳥〕が飲むヒッポクレネの泉の近くに住居をかまえているのである。そして、それらの白鳥たちの一羽〔つまりはゼウス〕の前兆によってレダは二個の卵を孕み、そのうちのひとつからヘレネが、もうひとつからカストルとポリュデウケスがいっしょに生まれ出るのである。
535 またアポロンとアルテミスはともにレト＝ラートーナの子である。レト＝ラートーナは〈ラテーレ〉latere、すなわち〈身を隠していること〉nascondersi からこう呼ばれたのであって、ここから〈民族・王国・都市を condere する〔創設する〕〉という言い方は出てきているのであり、とくにイタリアでは〈ラティウム〉Latium という地名が生まれたのだった。またレトはさきに述べた永遠に枯れることのない泉の水辺でかれらを生む。そして生まれるとともに人間たちは蛙に変身する。蛙は夏の雨が降るなかで大地から生まれてくるが、その大地は〈巨人たちの母〉と言われていたのであって、〈巨人たち〉というのはもともと〈大地の息子たち〉のことであったのである〔370〕。イダントゥルススがダレイオスに贈ったのも、それらの蛙の一匹であった〔435〕。また、フランスの王家の紋章になっているのも、このようにして生まれた三匹の（ひきがえるではなくて）蛙であったにちがいない。それがのちに黄金の百合に変えられ、〈三〉という最上級を表わす数〔491〕でもって描かれるようになったのである。フランスには、最大の蛙、すなわち大地の最大の息子、ひいては領主を指すのに、三匹の蛙をもって表現する習わしが今日も残っている。
536 アポロンとアルテミスはともに狩人でもある。かれらは根から引き抜いた木で――その一本がヘラクレスの棍棒となるのだが――野獣をうち殺す。はじめは自分と家族を守るために（無法の生活を送る放浪者のように逃げることによって危険を免れることは、もはや許されていなかったので）、そしてのちには自分たちと家族の食糧にするために。ウェルギリウスはこれらの肉を英雄たちに食させており(1)、またタキトゥスの報告しているところによれば、古代のゲルマン人はこうした目的のために妻をともなって野獣狩りに出かけていたという(2)。

537 またアポロンは文明とその諸学芸、すなわち、いましがた述べたように〔534〕ムーサたちを創始した神でもある。それらの学芸はラテン語で〈貴族の学芸〉という意味で〈自由学芸〉artes liberales と呼ばれている〔370, 556〕。そして、そのうちのひとつが乗馬である。それゆえ、ペガソスが翼をつけてパルナソス山の上を飛翔するのは、かれが貴族の一員であるからなのだ〔488〕。また、ふたたび戻ってきた野蛮時代には、貴族だけが馬に乗って戦うことができたところから、貴族はスペイン人から〈カバリエール〉cavalier〔騎士〕と呼ばれたのだった。また文明 humanitas は〈フマーレ〉humare、すなわち〈埋葬すること〉から始まった（これが埋葬をこの学の第三の原理に採用した理由である）。このため、すべての国民のうちで最も文明度の高かったアテナイ人は、キケロの報告によると、最初に死者たちを埋葬した国民でもあったのである(1)。

538 最後に、アポロンはいつまでも青年である（これは月桂樹に変身したダプネの生命がつねに緑色をしているのと同じである）。それというのも、アポロンは家の〈名前〉によって人間たちをその家族において永遠の存在にするからである〔433〕。また、かれは貴族のしるしとして長い髪をしている。ここから、貴族が長髪にする習慣がきわめて多くの国民のあいだに残ることとなったのだった。また、ペルシア人やアメリカ人のもとには、貴族の刑罰のひとつに、その長髪を一本か数本引き抜くという習わしがあるという。ひいては、〈長髪のガリア人〉Gallia comata という言葉も、その国民を創建した貴族によって言われたものであろう。じじつ、たしかにどの国民のもとでも、奴隷は頭を剃らされている。

539 さてしかしながら、英雄たちは限られた土地にとどまって生活し、家族の数が増えてくると、自然がひとりでにあたえる果実だけでは十分ではなくなった。しかしまた、たくさん採集するために境界の外に出るのも恐ろしかった。かれらを限られた土地にとどまらせていたのは、巨人たちを山の下に縛りつけたあの宗教の鎖だったのだ〔387, 503〕。その一方で、この同じ宗教は、天の見通しを良くしてゼウスの前兆を受けとれるようにするために、森に火をつけることをも、徐々にかれらに教えこんでいった〔391〕。そこで、かれらは長期にわたって多くの大変な労苦を重ねて、土地を耕地に変え、そこに麦の種を播くようになった。おそらく麦が人間の栄養に役立つことは茨や棘のなかで焼いてみてわかったのだろう。こうして、かれらは、このうえなく美しい、自然で必然的な譬喩でもって、麦の穂を〈黄金のりんご〉と呼んだのだった。夏になると摘みとられる自然の果実であるりんごの実という観念がまずあって、これを同じく夏になると労働のおかげで収穫される麦の穂に転用したのである。

540　すべての労苦のうちで最も偉大で最も輝かしいものであったこの労苦から、ヘラクレスという〔詩的〕記号は躍り出てきたのだった。そして、ヘラには、家族を養うためにこの労苦をヘラクレスに命じたということで、かくも輝かしい栄光が授与されることとなったのである〔514〕。また、これに劣らず美しく、かつまた必然的な譬喩でもって、かれらは大地を一匹の巨大なドラコン〔竜〕の姿に仕立てあげた。このドラコンは、鱗と針（つまりは竜の茨と棘）で武装しており、翼を生やし（というのも、土地は英雄たちの所領であったからである）、たえず目を覚ましていて（すなわち、いたるところ樹木が密生していて）、ヘスペリデス〔宵の明星神ヘスペルスの四人の娘たち〕の庭で黄金のりんごを守っていた。また、大洪水の湿気によって水中で生まれたものと信じられていた。その一方で、別の相貌のもと、かれらはヒュドラをつくりあげた（これも同じく〈ヒュドール〉ὕδωρ、すなわち〈水〉からこう呼ばれるようになったのだった）。ヒュドラは、いくら頭を切られても、また別の頭がにょきにょき生え出てくる。また、黒（焼かれた土地）、緑（草木）、黄金（実った麦）の三色に変化する。このように三つの色に変わることによって蛇は脱皮を重ねてきたのであり、年老いるとまたそれを繰り返すのである。最後に、大地は凶暴で平定には多大の努力を要するという面をとらえたところから、最強の動物がつくりあげられた。ネメアの獅子である（そのためにそれ以来、動物たちのうちで最強のものには〈獅子〉という名があたえられるようになったのである）。この獅子を文献学者たちは途方もなく大きな蛇ではなかったかとも考えようとしている[1]。また、これらはすべて口から火を吐き出すが、これはヘラクレスが森に放った火であったのだ。

541　これら三つの物語〔神話伝説〕は実体においては同一のことがらを意味していながら、それぞれギリシアの三つの別々の地方で生まれたものであった。また、ギリシアの別の地方では、幼児のときに揺りかごのなかで（すなわち英雄主義の幼年時代に）蛇を殺したというヘラクレスの同じく別の物語が生まれている。さらに別の地方では、ベレロポンが蛇の尻尾と山羊の胸（これは森林地を意味している）、そして同じく火の炎を吐き出す獅子の頭をもった、キマイラと呼ばれる怪物を殺している[1]。テーバイではカドモスが同じく大蛇を殺してその歯を地面にばらまいている（みごとな譬喩によって、鉄器が発明される以前に土地を耕すために使っていたにちがいない固い彎曲した木片をかれらは〈蛇の歯〉と呼んでいたのだった）。そしてカドモス自身も蛇に変身する（古代ローマ人であれば、カドモスは〈土台となった〉〔411〕と言ったことだろう）。このことについてはすでに少しばかり説明したが〔446〕、のちにさらにくわしく説明するだろう〔679〕。そこでは、メドゥーサの頭に巻きついた蛇〔616〕とヘルメスの杖に巻きついた蛇〔604〕がいずれも〈土地の領有〉を意味することが明らかにされるはずである。ここから、〈ヘラクレスの十分の一税〉とも称された借地料を〈オーペレイア〉ὠφέλεια（この語は〈オピス〉ὄφις、すなわち〈蛇〉に由来する）と呼ぶ呼び方が残ることとなったのだった。ホメロスに出てくるカルカスの蛇の予言、すなわち、蛇が八羽の小雀を食べ、さらに母雀までも呑みこんでしまうのを見て、トロイアの地が九年目にはギリシア人に占領されるだろうと予言したのも、またトロイア軍と戦っていたギリシア軍が、鷲に殺された蛇が空から戦場のまっただ中に落ちてきたのを見て、カルカスの予言と一致しているとして、吉兆だと喜んだのも、[2] 同じくこのような意味を含んでいる。それゆえにペルセポネは（彼女はケレスと同一の神であった〔716〕）蛇に曳かれた車で強奪されるさまを大理石に彫りこまれているのである。またギリシアの国家のメダルにはしばしば蛇が見いだされるのである。

542 さらに知性の内なる辞書のために言っておくなら（そしてこれは〔知性の内なる辞書の編纂にとって〕省察に値することがらでもあるのだが）、アメリカ〔インディオ〕の王たちは、フラカストロの『シュフィリス』に歌われているところによると、王杖のかわりに、乾燥した蛇の皮を持ち歩いていたという。[1] またシナ〔中国〕人は、王家の紋章に竜を用い、それを国家統治の旗印にしているが、この竜はアテナイ人に血でもって法律を書いたというドラコンのことであったにちがいない〔423〕。そして、さきに述べたように、そのドラコンはペルセウスがかれの盾に釘付けにしたゴルゴンの蛇の一匹であったのだ。その後、ペルセウスの盾は、アテナイ人の守護神で、彼女の顔を見つめる者をすべて石に変えたといわれるアテナのものとなった。こうしたことから、それはアテナイの国家支配権の象形文字であったことがわかるのである。また聖書も、『エゼキエル書』のなかで、エジプトの王に河の真ん中に横たわる「巨大な竜」の称号をあたえているが、[2]これも、竜は水の中で生まれ、ヒュドラは水からその名をとった、とさきに述べたのときっかり符合する。日本の皇帝も竜を紋章にした騎士階級をつくりあげている。また、ふたたび戻ってきた野蛮時代〔中世〕には、その偉大な高貴さによってミラノ公の称号をあたえられたヴィスコンティ家は、子供を呑みこむ竜を描いた盾をもっていた、と歴史は語っている。これはまさしく、ギリシアの人々を呑みこんでアポロンに殺されたピュトンにほかならない〔449〕。アポロンは、すでに述べたように〔533〕、貴族の神なのであった。こうしたインプレーサのなかにも、驚くべきことにも、第二の野蛮時代の人々の英雄的な考え方と第一の野蛮時代の太古の人々のそれとのあいだに一様性が認められるのである。したがって、この竜は、火打ち石の首輪を吊し、炎を口から吐き出して点火する、二頭の翼の生えた竜であったにちがいなく、金毛の羊皮の番をしていたあの二頭の竜であったにちがいない。その位階勲章の歴史を書いたシフレはこのことを理解することができなかった。[3]そのため、ピエトラサンタはシフレの歴史には不明なところが多いと告白しているのである。[4]

543　ギリシアのある地方ではヘラクレスが蛇や獅子やヒュドラや竜を殺し、また他の地方ではベレロポンがキマイラを殺したように、別の地方ではディオニュソスが虎を飼い馴らしているが、この虎は虎の毛皮のようにさまざまな色合いをした土地のことであったにちがいない。また、こうしてその後、〈虎〉という名前がいちばん強い動物につけられるようになったのだった。それというのも、ディオニュソスが虎をぶどう酒でおとなしくさせたなどという話は、諸国民を創建することになった粗野な英雄たちには知るよしもなかった自然史上の話であるからである。さらにディオニュソスはアフリカやヒュルカニア[1]におもむいて虎を手なずけたと伝えられているが、当時は、「詩的地理学」で論証するように〔747〕、ギリシア人はこの世にヒュルカニアとかましてやアフリカとかいう土地があるかどうか知るよしもなかったのだった。いわんや、ヒュルカニアの森やアフリカの砂漠に虎がいることも知らなかったのである。

544 さらに、かれらは麦の穂を〈黄金のりんご〉と言っていたが、麦の穂こそはたしかに世界で最初の黄金であったにちがいないのだった〔539〕。当時はまだ金は岩塊のなかに眠っていて、それを岩塊から抽出する技術も磨いて光らせるすべもかれらは知らないでいた。また、人々が泉から水を飲んでいたというのに、そんな時代に金の使用法など尊重されるはずもなかった。それがその後、その金属は当時最も珍重されていた食べ物〔麦〕の色に似ていたため、転喩によって〈黄金〉と呼ばれるようになったのである（このために、プラウトゥスは金の貯蔵庫を〈グラーナーリウム〉granarium〔穀物庫〕から区別するのに、〈テーサウルム・アウリ〉thesaurum auri という言い方をしなければならなかったのだった[1]）。じっさいにも、たしかにヨブは、自分がしたことはけっしてないと述べている贅沢のなかに、麦でつくったパンを食べることを挙げている[2]。また今日でも、都会でなら〈宝石〔真珠〕の粉末を散りばめた秘薬〉を飲むところを、僻地の村では病人は麦のパンを食べる。そして〈病人が麦のパンを食べる〉と言えば、その人が臨終の時を迎えつつあることを意味しているのである。

545 さらにその後、このような珍重と愛着の観念が拡大されて、美しい羊毛も〈黄金の〉と呼ぶようになったにちがいないのだった。こうして、ホメロスのもとではアトレウスはテュエステスに黄金の羊を奪われたと嘆いているのであり[1]、またアルゴの乗組員たちはポントスから金の羊皮を奪ったのである。だからまたホメロスは、王や英雄を呼ぶときにはいつも〈羊でいっぱいの〉という意味の〈ポリュメーロス〉πολύμηλος という言葉を付け添えているのである[2]。同様に、このような観念の一様性によって、古代ラティウムの人々は財産を〈ペクーニア〉pecuniaと言っていたのだった。ラテン語の文法学者たちによると、この語は〈ペクス〉pecus〔家畜の群れ〕に由来するという[3]。また、タキトゥスが語っているところによると、古代ゲルマン人にとっては羊や家畜の群れが〈唯一にして最も貴重な財産である〉という[4]。このことは古代ローマ人の場合にも同様であったにちがいない。古代ローマ人も、十二表法が「遺言」の項において証言しているように〔513〕、財産のことを〈ペクーニア〉と呼んでいたからである。さらにまた、ギリシア語の〈メーロン〉μῆλονは〈羊〉とならんで〈りんご〉をも意味している。おそらくは珍重すべき果実ということで、〈メリ〉μέλι、すなわち蜜と言ったのだろう。イタリア人もりんごのことを〈メラ〉melaと言っている。

546　したがって、この麦の穂が黄金のりんごであったにちがいなく、ヘラクレスはなによりもまずこれをヘスペリア〔西国、すなわちイタリアとスペイン〕から採取して持ち帰ったのだった〔540〕。また、ガリアのヘラクレスはこの黄金の鎖を口から吐き出し、これでもって人々の耳を繋ぎ合わせたというが、この伝説が田畑の耕作をめぐっての真実をありのままに語ったひとつの歴史であることはのちに明らかにされるだろう〔560〕。ひいては、ヘラクレスは宝を探すのに幸先のよい神性として後世に残ることとなったのだった[1]。宝の神はディースであったが、このディースはペルセポネを掠奪して冥界に連れていったと詩人たちがわたしたちに語っているプルトン〔冥界の神ハデスの呼称〕と同一の神である。そしてペルセポネはケレス（すなわち麦）と同一であったのだ。ちなみに、詩人たちが語っているところによると、あとでも述べるが〔714以下〕、第一の冥界にはステュクス河、第二の冥界には死者たちの墓場があり、第三の冥界は深い溝になっていたという。富者のことを〈ディーティス〉ditisと呼ぶのは、このディース神に由来している。そして富者は貴族であったのであって、貴族はスペイン人のもとでは〈リコス・ホムブレス〉ricos hombres〔裕福な人々〕と呼ばれており、わたしたちのもとでも昔は〈ベネスタンティ〉benestanti〔裕福な人々〕と呼ばれていたのだった。また、わたしたちが〈国家の主権〉と呼んでいるものがラティウムの人々のもとでは〈ディティオー〉ditio と言われていたが、これは耕された田畑こそが国家にとっての真の富であったからである。こうしてまた、同じくラティウムの人々からは支配権下にある地域は〈アゲル〉ager と言われていたのだった。〈アゲル〉というのは、元来は〈鋤でもって掘り起こされた〉aratro agitur 土地のことだったのである。だから、ナイル河が〈クリュソロアス〉Χρυσορρόας、〈流れる黄金〉と呼ばれたのは、真実そのとおりであったにちがいない。なぜなら、ナイル河は広大なエジプトの田野を水で浸し、その洪水によって豊穣な収穫がもたらされたからである。同様にパクトロス河、(2) ガンジス河、ヒュダスペス河、(3) タグス河(4)も〈黄金の河〉と呼ばれているが、これもそれらの河が麦畑を肥沃にするからである。英雄的古代に通暁していたウェルギリウスは、きっとこれらの黄金のりんごを念頭におきながら、譬喩を拡大して、アエネアス〔アイネイアス〕が黄金の杖を持って冥界におもむく話を作りあげたのだろう。(5) この物語についても、いずれもっと適切な場所で説明することにする〔721〕。そのうえ、英雄時代には金は鉄以上に珍重されてはいなかった。たとえば、エティオピアの王エテアルクスは、カンビュセス〔ペルシア王〕の使者が王の名代としてたくさんの金の瓶を奉呈したとき、使い方もわからず、必要だともおもえないからと答えて、天性の鷹揚さでこれを謝絶したという。(6) タキトゥスも、まさしく同様のことを古代ゲルマン人について語っている（古代ゲルマン人は、かれの時代には、いまわたしたちが論じている太古の英雄たちであったのだ）。〈かれらのあいだでは、使節やその王から贈り物としてあたえられた銀の壺が、土で造られた壺と同等の扱いを受けているのがわかる〉[7]。だから、ホメロスにあっても、英雄たちの武具については、それが金製であろうと鉄製であろうと、無頓着にあつかわれているのである[8]。なぜなら、最初の世界には金銀のような鉱石はふんだんに存在していたにちがいないからであって（アメリカが発見されたときそうであったように）、それがのちになって人間の貪欲さによって費消されてしまったのだった。

547　これらすべてのことからつぎの重大な系が出てくる。すなわち、金、銀、銅、鉄というあの世界の四時代区分は頽廃した時代の詩人たちが作りあげたものだということである。なぜなら、最初のギリシア人のもとで黄金の時代にその名をあたえているのは、麦というこの詩的な黄金であったからである。そして、そのかれらの無知さといったら、このうえなく野生的なキュクロプスたちのそれにほかならなかったのだ（すでにたびたび述べたように〔296, 338, 503〕、プラトンはこのキュクロプスたちが最初の家父長たちであったと認めている）。キュクロプスたちは、各自ばらばらのまま、妻や息子たちといっしょに洞窟の中に住んでおり、ホメロスのなかでポリュペモスがオデュッセウスに語っているように、たがいに他人のことにはいっさい干渉しなかったのである[1]。

548　ここでこれまで詩的黄金について述べてきたことを確証するためには、今日でもおこなわれている二つの慣習に言及しておくのが役立つ。この二つの慣習はいずれも、ここで述べてきた原理に立脚しなければ、原因を説明することができないのだ。ひとつは、荘厳な戴冠式の最中に黄金の球が王の手に置かれるというものである〔602〕。この戴冠式のさいに王が手にする球は王の紋章のなかで王が王冠の頂きにつけている球と同じものであるにちがいないのだが、この慣習の起源は黄金のりんご、わたしたちに言わせてもらうなら麦の穂以外には考えられないのであって、この黄金のりんごは、ここでもまた、英雄たちが有していた土地支配権の象形文字であったことが見いだされるのである〔同じことをおそらくはエジプトの神官たちもかれらの神クネフが口にくわえているりんご、または卵によって意味させようとしていたのだろう。このことについてはまたのちに述べる〔605〕〕。そして、この象形文字はローマの支配権のもとに服属していた諸国民に侵入した蛮族たちによってもたらされたものであったのだ。もうひとつの慣習は、婚姻の儀式の最中に王が婚約者である王妃に金貨をあたえるというものである。この慣習も、ここで述べている詩的な黄金ないしは麦に由来するものにちがいない。金貨はまさしく古代ローマ人が〈共買と麦製菓子とによって〉coëmptione et farre 執りおこなっていた英雄的結婚〔671〕を意味している(1)。そして、この慣習は、英雄たちは結納金によって妻を買っていた、とホメロスが語っていることとも合致する(2)。じっさい、ゼウスは黄金の雨に変身して、塔（これは穀物庫であったにちがいない）に閉じこめられたダナエのもとに現われるのであり、こうしてこの結婚の儀式が稔り豊かなものであることを示そうとしているのである。〈そしてあなたの城郭のうちに豊かな稔りがあるように〉というヘブライ人の表現(3)も、驚くべきことにも、これとの一致を示している。また古代ブリトン人の慣習も同様の推測に確証をあたえてくれる。かれらのもとでは、花婿は結婚式のあいだに花嫁に焼き菓子を贈るのが習わしになっていたのだった。

549　これらの人間にかんすることがらが生まれるとともに、ギリシア人の空想のなかでは、事物の順序に対応した観念の順序にしたがって、さらに三つの大氏族の神々が生み出された。第一にはヘパイストス〈ウルカヌス（火の神）〉、ついでクロノス〈サトゥルヌス〉（サトゥルヌスは〈サトゥス〉satus、すなわち

〈種播かれた〉からこう呼ばれるようになった。したがって、ラティウムの人々のサトゥルヌスの時代はギリシア人の黄金の時代に対応する〔73〕、そして第三にはキュベレ、もしくはベレキュンティア、すなわち耕された土地であった。それゆえ、キュベレは獅子の背に坐った姿で描かれているのである（さきに説明したように〔402, 540〕、獅子は森林と化した大地を指しており、これを英雄たちは耕して畑としたのだった）。またキュベレは〈神々の偉大なる母〉であると言われ、さらには〈巨人たちの母〉であるとも言われた（さきに推理したように〔531〕、巨人たちはもともと〈大地の息子たち〉という意味でそう呼ばれていたのだった）。このようなわけで、キュベレは神々の、すなわち巨人たちの母であるのであって、これもさきに述べたように〔377〕、最初の都市の時代には、巨人たちは〈神々〉の名を僭称していたのだった。また彼女には松が奉納される（松は最初の土地に定着して都市を建設した諸国民の創建者たちの安定性の象徴である〔379〕。そしてこれらの都市の守護神がキュベレなのだ）。さらにキュベレはローマ人のもとではウェスタと呼ばれた。すなわち祭儀の女神であるが、これは（「詩的地理学」のなかで見るように〔775–776〕）その時代には耕された土地が世界で最初の祭壇であったからである。その祭壇で女神ウェスタは猛々しい宗教で武装して火と古代ローマ人の穀物であった麦とを見張っていたのだった。このため、ローマ人のもとでは、結婚は〈水と火〉とさらには麦製菓子によって執りおこなわれていた（うち、〈麦製菓子による婚姻〉nuptiae confarreatae のほうは、のちには祭司にのみ残ることとなった。最初の家族はすべて祭司からなっていたからである〔254〕。似た状況は東インド地域の僧侶たちの王国にも見られる[1]）。このように水と火と麦製菓子とがローマの祭儀を構成する要素なのであった。そして、この最初の土地の上で、ウェスタは、最初の祭壇（この祭壇が最初の麦畑であったということは、さきにも述べたとおりであるが、のちにも説明する〔776〕を侵犯した、破廉恥にも女と物を共有する不敬虔な者どもを、生贄としてユピテルにささげたのだった。かれらは異教の宗教の最初の生贄、最初の犠牲であった。すなわち、さきに述べたように〔191〕、プラウトゥスが〈サトゥルヌスの生贄〉Saturni hostia と呼んだものがそれである。ちなみに、かれらが〈ウィクティマ〉victima〔犠牲〕と呼ばれたのは、〈ウィークトゥス〉victus、すなわち〈孤独なために弱い者〉ということからそう呼ばれたのだった（ラテン語の〈ウィークトゥス〉victus〔敗れた〕にはこの〈弱い〉という意味がいまも残っている）[2]。また、かれらが〈ホスティス〉hostis〔敵〕と呼ばれたのは、[3]そのような不敬虔な者どもは、正当にも、全人類の敵と見なされたからである。さらにはまた、ローマ人には、犠牲や生贄にされる獣の額と角を小麦粉でまぶす風習が残っている。この女神ウェスタから名をとってローマ人はまた永遠の火の番をする者たちを〈ウェスタの乙女〉と呼んでいた。もし運悪くこの火が消えるようなことがあれば、太陽によってふたたび点火する必要があった。なぜなら、のちに見るように〔713〕、プロメテウスは太陽から最初の火を奪って、これを地上に運んできた。そして、ギリシア人はこの火を森に放つことによって地面を耕作しはじめたからである。こうしてまたウェスタがローマ人にとって祭儀の神であるのは、異教の世界に生まれた最初の〈コレレ〉colere〔祭る行為〕は土地を耕すことであったからなのであった。また、最初になされた信仰の行為は、そのような祭壇を設置して、そこに最初の火を点け、いまも述べたように、不敬虔な者どもを犠牲としてささげることなのであった。

550　このような仕方で田畑には境界が設定され守られたのだった〔486〕。田畑の分割は、法学者ヘルモゲニアヌスが語っているところによると、まだ軍隊という公的力も存在せず、その結果法律によるなんらの国家的命令権も存在しなかった時代にあって、人々の思慮深い取り決めによって案出され、かくも多くの公正さを発揮して実行され、同じく多くの善意によって遵守されてきたのだという[1]。しかし、それはこのうえなく凶暴な人々のあいだでなんらかの恐るべき宗教が遵守されることをとおしてなされたとしか考えられないのであって、この宗教こそがかれらを立ち止まらせて一定の土地の内部に押しとどめることとなったのだった。そして、かれらはそのようにして最初に占拠した土地の境界を血なまぐさい儀式によって守護していたのである。文献学者たちも言っているように[2]、それらの境界は都市の創建者たちによって鋤でもって描かれたのだった。鋤の彎曲した部分は、さきに発見した言語の起源〔428, 429〕によれば、最初は〈ウルブス〉urbsと言われていたにちがいないのであって、そこから〈彎曲した〉を意味する古語〈ウルブム〉urbumは出てきたのである〔16〕。〈オルビス〉orbis〔円形の場所〕という言葉もおそらく同じ起源から生じたのだろう〔778〕。だから、〔のちには〈地球〉の意味で用いられるようになる〕〈オルビス・テルラエ〉orbis terraeというのも、もともとはこうして囲われた土地のことであったにちがいない。この囲いはとても低かった。そのために、レムスはこれを一跳びで越えて、ロムルスに殺された。そして、ラテンの歴史家たちが語っているところによると、ローマの最初の周壁はレムスの血でもって浄められたという。だから、この囲いは生け垣siepeであったにちがいない〔ちなみに、〔〈生け垣〉siepeとの類縁性を連想させる〕ギリシア語〈セープス〉σήψは〈蛇〉という意味だが、英雄語では〈耕された土地〉を指していた〔452, 549〕〕。また、同じ語源から〈ムーニーレ・ウィアム〉munire viam〔道をつくる〕という言い方は出てきたにちがいないのであって、道は田畑の生け垣を強化することによってつくられるのである。さらにそこから都市を取り囲む周壁は〈モエニア〉moeniaと言われるようになったのだった。これはまるで〈ムーニア〉muniaと言っているに等しい。[3]そして、〈ムーニーレ〉munireにはたしかに〈保塁で強化する〉という意味が残っているのである。また、それらの生け垣はラティウムの人々が〈サーグミナ〉sagminaと呼んでいた樹木を植えてつくられたにちがいないのであった。すなわち、血瘤樹、ニワトコのことで、使用法も名前も今日まで残っている。[4]また、その〈サーグミナ〉という言葉には祭壇を祀るための草木という意味もあって、この意味も今日まで残っている。そして、これはレムスのようにこの垣根を乗りこえて殺された者たちの〈血〉からこう呼ばれるようになったにちがいないのであった。この血によって、都市を取り囲む周壁は神聖化されたのである。[5]同様に、軍使も、この草でつくった冠をつけることによって神聖化された。じっさいにも、昔はローマの使者たちはカピトリウムの丘でこの草を摘みとって冠をつくっていたのである。最後には、軍使の伝達する開戦や和平の法令も、これによって神聖化された。ここから、侵犯者に罰を科す条款は〈サンクティオ〉sanctioと呼ばれるようになったのである。[6]そして、ひいてはここに、わたしたちがこの著作において検証したいとおもうことが始まるのである。すなわち、万民の自然法は神の摂理によってそれぞれの民族のあいだで個々別々に命じられていたのが、かれらが互いに知り合うようになって、万民に共通のものであると承認されるにいたったというのが、それである〔146〕。それというのも、この草を冠に戴いたローマの軍使がラティウムの他の民族のもとに出向いていっても神聖を侵されるようなことがないためには、ラティウムの他の民族のほうも、ローマ人のことはなんら知らないまま、同じことをするのが風習になっていた必要があるからである。

551　かくて家父長たちは宗教によって英雄的家族の存続を図ってきたのであって、家族を維持するためには宗教によらなければならなかったのである。それゆえに、ジュリオ・チェーザレ・スカリージェロが『詩学』において述べているように[1]、宗教的であるということが貴族の変わらぬ習俗となったのだった。だから、貴族が自分たちの祖国の宗教をないがしろにしているところでは、それはその国民が終末へと近づきつつあることの大いなる徴候であるにちがいないのである[2]。

552 〈自然の〉と言われる状態における家族は息子たちからなる家族以外のものではなかったというのが、文献学者からも哲学者からも共通に支持されている意見である。しかし、実際には、それらは奴僕たち famuli からなる家族でもあったのであって、このことから主として〈家族〉familia と言われるようになったのだった〔257〕。そのため、このような不備な家政学からは偽りの政治学が確立される（このことはすでに示唆しておいたところであるが〔522〕、のちに十分な論証がなされるだろう〔585, 662 以下、1009 以下〕）。したがって、わたしたちは政治について推理するのにまずは家政学固有のトピックであるこの奴僕の問題から始めようとおもう。

[第2章] 都市に先立って存在していた奴僕たちからなる家族について——この家族がなくては都市が誕生することはまったくありえなかったのだ

553 不敬虔な巨人たちは物と女の破廉恥な共有状態を続けていた。そして、その共有が生み出すいさかいを繰り返していた〔503〕。しかし、そうこうしているうちに長い時が流れ、法学者たちも述べているように、ついにそのうちのグロティウスの単純な者たち〔338〕、プーフェンドルフのこの世に見棄てられた者たち〔338〕は、ホッブズの暴力的な者たち〔179〕から身を護ろうとして、強者たちの祭壇〔549〕に逃れこんできた（これは、野獣が極度の寒さに追い立てられて、身を護るべく、しばしば人里にやってくるのと同じである）。そこで、強者たちは、すでに団結して家族社会を構成していたので、暴力をふるって自分たちの土地を侵害した者たちは殺し、その暴力から逃れてきた哀れな者たちは受けいれて保護してやった。こうしてかれらのうちには、自分たちはゼウスから生まれた、あるいはゼウスの前兆によって生み出されたのだという、生まれの英雄主義を超えたところに、徳の英雄主義が主要なものとして立ち現われることとなった。この徳の英雄主義にかけてはローマ民族が地上の他のすべての民族に卓越していた。そして、それはまさしく〈服従する者は寛大にあつかい、傲慢な輩は圧伏する〉(2)という二つの実践的原則にもとづいて行使されたのであった。

554 野獣状態の人間たちは凶暴でなにものによっても馴らされることがなかった。そのかれらがどのようにして野獣的放浪から脱して人間的な社交関係を取り結ぶにいたったのだろうか。この点を理解するうえで省察に値することがらがここには提供されている。すなわち、巨人たちのうちの第一の者たち〔強者たち〕が婚姻という最初の人間的な社交関係に到達するにあたっては、まずかれらをそこに入りこませるためには野獣的欲望のこのうえなく強烈な刺激が必要とされたのであり、ついでかれらをそこにとどめておくためには、さきに論証しておいたように〔505〕、恐ろしい宗教によるこのうえなく強力な抑制が必要とされたというのが、それである。ここから婚姻がやってきた。婚姻というのはこの世に生まれた最初の友愛関係にほかならなかった。このため、ホメロスは、ゼウスとヘラが臥床をともにしたことを指すのに、荘重な英雄語で、かれらは互いに〈友愛関係を取り結んだ〉と述べているのである(1)。ここで用いられている〈友愛関係〉という意味のギリシア語〈ピリア〉φιλία は〈ピレオー〉φιλέω、〈愛する〉と語源を同じくしている。そして、ここから〈フィリウス〉filius〔息子〕というラテン語はやってきたのだった。またイオニア・ギリシア語では〈ピリオス〉φίλιος と言えば〈友人〉のことであるが、これが同じくギリシア人のもとで音価の似た文字の転換が生じて〈ピュレー〉φυλή、〈部族〉となった。こうしてまた、ここから、法学者たちによって〈リーネア〉linea と呼ばれている〈家系図〉も、さきに見たように〔529〕、古いラテン語で〈ステンマ〉stemma と言われていたのである。人間にかんすることがらのこのような本性から、婚姻こそは真の自然的な友愛関係であって、そこでは誠実、有益、快楽という善の三つの目的がすべて自然に交通しあっている、という永遠の特性が残ることとなったのだった。夫と妻は、自然本性によって、人生の苦楽において同じ運命をたどるのである(〈これはまさしく、選択意志によって〈友は万事を共有する〉というのと同じである)(2)。このため、婚姻はモデスティヌスによって〈生涯にわたって運命を分かちあうこと〉omnis vitae consortium と定義されたのだった〔110〕。

555 巨人たちのうちの第二の者たち〔弱者たち〕がいみじくも〈ソキエタース〉societas と名づけられた第二の〔英雄たちと利益関係によって結ばれた〕社交的関係に到達したのは、少しさきに解明するように〔558〕、差し迫った生活の必要のためでしかなかった。これもまた省察に値することがらである。第一の者たちは宗教と人間の種を広めようという自然的な本能とから（すなわち、敬虔と、氏族にかかわることがら〔種の存続〕とが原因となって）人間的な社交関係を結ぶにいたったのであり、高貴で主人的な友愛に始まりをあたえた。これにたいして、第二の者たちは自分たちの生命を救済する必要上社交関係を結ぶにいたったのであって、主として利益の共有を目的とした、本来の意味での〈ソキエタース〉〔同盟関係〕[1]に始まりをあたえることとなった。ひいては、そこで取り結ばれた社交関係は卑賤で隷属的なものであった。このようなわけで、逃げこんできた者たちは英雄たちから正しい保護の法にもとづいて受けいれられた。そして、英雄たちに日雇い農夫として奉仕するという義務を負うことによって、自分たちの自然的な生命を支えようとしたのだった。ここで、英雄たちの〈ファーマ〉fama〔名声〕（これは、主として、いましがた述べた徳の英雄主義が用いる二つの部分〔553〕を実践することによって獲得される）から、またその世人のあいだでの評判、すなわちギリシア人の言う〈クレオス〉κλέος（栄光）〔533〕——これはラティウムの人々のもとでは〈ファーマ〉fama と言われるようになる（またギリシア人からも〈ペーメー〉φήμη と言われている）——から、逃げこんできて奴僕となった者たちは〈ファムルス／ファムリー〉famulus/famuli と名づけられたのであり、ここから主としては〈ファミリア〉familia〔家族〕という言い方は出てきたのである〔257〕。聖史が大洪水以前に存在していた巨人たちのことを語ったさい、かれらを〈名高い有力者たち〉と定義したのは〔372〕、きっとこのような名声によっているのであった。また、ウェルギリウスも、女神ファーマを、高い塔の上に坐り（強者たちは高いところに住んでいた）、頭を天に聳えさせ（天の高さは、最初は山頂と等しいところにあった）、翼を生やし（これが英雄たちには似つかわしかったからである。このため、トロイアの戦場でファーマはギリシアの英雄たちの陣営のなかを飛び回り、平民の軍勢には加わらないのである[2]）、らっぱを吹いて（これは英雄史を物語るムーサ、クレイオーのらっぱであったにちがいない〔533〕）偉大な名前（つまりは諸国民の創建者たちの名前）を高らかに祝福している姿として描写している[3]。

556　さて、都市が成立する以前のこのような家族のなかでは、奴僕たちは奴隷状態のもとで生活していた（かれらがその後都市の成立後に生じた戦争のなかで捕らえられた者たちからなる奴隷の祖型であった。またかれらはラティウムの人々から〈ウェルナエ〉vernae〔家で生まれた奴隷〕と呼ばれていた。さきに推理しておいたように〔443〕、同じくラティウムの人々によって〈ウェルナークラ〉vernaculaと呼ばれた言語〔俗語〕は、かれらからやってきたのだった）。そこで、英雄の息子たちは、奴僕の息子たちから自分たちを区別しようとして、自分たちのことを〈リーベリー〉liberi〔子供たち〕と称した。しかし、実際には、かれらは奴僕の息子たちと全然変わるところがなかった。たとえば、古代ゲルマン人の習俗からわたしたちは最初の野蛮な民族がすべて同じ習俗をもっていたと推測することができるのだが、その古代ゲルマン人についてタキトゥスが語っているところによると、〈主人と奴隷とを育て方の柔弱さによって見分けることはけっしてできないだろう〉という[1]。また、たしかに古代ローマ人のあいだでも、家父長たちは自分たちの息子たちにたいする生殺与奪の絶対的な権利と自分たちの獲得したものにたいする専制的な所有権を有していた。そのため、ローマの帝政期までは、ペクリウム peculium 〔家父長から家族に、また主人から奴隷にあたえられる、特有財産〕の面で息子たちと奴隷とのあいだにはなんらの違いもなかったのである。しかし、この〈リーベル〉liber という言葉は元来〈高貴な・貴族の〉という意味でもあった。[2] このため、〈アルテース・リーベラーレース〉artes liberales と言えば〈高貴な学芸・貴族のたしなむ学芸〉のことであり、〈リーベラーリス〉liberalis には〈高貴な〉という意味、〈リーベラーリタース〉liberalitas には〈高貴さ〉という意味が残ることとなったのである。そして、これはラティウムの人々によって〈高貴な家柄・貴族〉が〈ゲーンス〉gens 〔氏族〕と呼ばれたのと語源を同じくしている。なぜなら、あとで見るように〔597〕、最初の氏族は貴族だけで構成されていたからであり、貴族だけが最初の都市においては自由な身分であったからである。その一方で、奴僕は〈クリエンテース〉clientes と呼ばれていた。また当初は〈クルエンテース〉cluentes と呼ばれていたが、これは〈クルエレ〉cluere、〈武具の光で照り映える〉という古い動詞に由来する言葉で〈武具の輝きが〈クルエール〉cluer と言われた〉、かれらの英雄たちが使っていた武具の輝きで照り映えていたことからこう呼ばれたのである。英雄たちは同じ語源から〈インクルティ〉incluti 〔名を知られた者たち〕、そしてのちには〈インクリュティ〉inclyti と呼ばれた。もし武具の光を映して輝いていなかったとしたなら、のちに説明するように〔559〕、かれらはまるで人間たちのあいだには存在しなかったかのように、その存在に気づかれることもなかったのだった。

557 そしてここにクリエンテーラ〔ローマの貴族と平民とのあいだの保護＝被保護関係〕および封土の最初の粗

型が始まりをもつこととなったのだった〔これについてはのちに推理すべきことが多くある〔599以下、1057以下〕〕。また、「公理」〔263〕で提示しておいたように、古代史を読んでみれば、このような保護＝被保護関係や被保護民は〔ローマ人だけでなく〕諸国民すべてにあまねく拡がっていたことがわかる。トゥキュディデスの語っているところによると、エジプトでは、かれの時代になっても、タニス王朝は家父長たち、すなわち牧者としてそれぞれの家族の面倒を見る王たちによって分割支配されていたという。(1) またホメロスもかれの歌う英雄たちをそれぞれ「王」と呼び、「民の牧者」と定義している。(2) のちに見るように〔607, 1058〕、この「民の牧者」は羊の群れの牧者よりも以前に出現していたにちがいないのだった。さらにアラビアでは、かつてエジプトにおいてそうであったように、今日でもそのような「民の牧者」が多数存在している。また西インド地域でも、大部分が、そうした自然状態のもとにあって、多数の奴隷に取り囲まれて成り立つ家族によって統治されていることが判明した。(3) これを見て、スペイン王でもあった神聖ローマ帝国の皇帝カール五世はそのような統治のあり方に規制をくわえようと考えるようになったのだった。(4) さらにはまた、アブラハムが異教徒の王たちと戦ったさいにかれを手助けしたのも、これらの家族〔主人の家で生まれた奴隷たち〕のうちのひとつであったにちがいないのだった。じっさいにも、かれを手助けした奴隷たちのことを聖書学者たちは——わたしたちの意図にぴったり合致することにも——〈ウェルナークロス〉vernaculos と訳している。(5) これは、いましがたわたしたちがかれらは〈ウェルナエ〉であるというように説明したところと一致している。

558　これらの人間にかんすることがらの誕生とともに、あの有名なヘラクレスの紐帯(1)が真に始まったのであって、この紐帯によって被保護民たちはかれらが貴族のために耕作する義務を負っていた土地に〈縛られている〉と言われたのだった。また、それはその後、十二表法のなかで擬制的な紐帯に移行する。この紐帯が都市の所有する財産権に形式をあたえ、ローマ人のあらゆる厳正法上の行為を認可することとなったのである。さて、富をふんだんに所有している者の側からすれば、これ以上に制約された同盟は考えられず、また富を欠いている者の側からすれば、これ以上に必要とされる同盟も考えられない。(2)ここにおいて世界で最初の同盟者 socius が生まれたにちがいないのである。「公理」〔258〕で述べておいたように、英雄たちの同盟者がそれであって、かれらは英雄たちに生命を保護してもらった見返りに、その生命を英雄たちの裁量に委ねたのだった。このようなわけで、オデュッセウスは、かれの同盟者の首領であったアンティノスの頭を、その発した一言が善意からのものであったにもかかわらず気に入らなかったために、斬り落とそうとしたのである。(3)また、敬虔なアエネアス〔アイネイアス〕は、犠牲をささげるために必要であるという理由で、同盟者のミセノスを殺害するのである。この逸話については民間伝承も語り伝えている。ところが、敬虔であったことで有名なアエネアスがこのような殺害行為を犯したという話はおとなしいローマの民衆の耳にはあまりにも残酷に響くということで、賢明な詩人のウェルギリウスは話を偽って、ミセノスがあえてらっぱ吹きの技をトリトンと競い合おうとしたためにトリトンによって殺されたということにしてしまっている。しかし、同時にウェルギリウスは、巫女がアエネアスにあたえた神託のなかでミセノスの死について語らせることによって、かれの死の原因がなんであったか、はっきりわかるようにしている。巫女の神託のひとつはアエネアスが冥界に降りていくためにはそれに先立ってミセノスを埋葬しておく必要があるというものであった。つまり、ウェルギリウスは巫女がアエネアスにミセノスの死を予言していたことを公然と認めているのである。(4)

559　だから、かれらは同盟者であったと言っても、たんに労働だけの同盟者であったにすぎず、獲得物の同盟者ではなかった。いわんや、栄光の同盟者ではなかった。栄光で照り映えたのは英雄たちだけであって、英雄たちはギリシア人から〈クレイトイ〉κλειτοί と呼ばれ、ラティウムの人々からは〈インクリュティ〉inclyti と呼ばれていたのだった〔いずれも〈輝く者たち〉の意味〕〔533〕。ローマ人によって属州が〈同盟者〉socius と呼ばれるようになったのも、このことに由来している。こうしてアイソポスは、さきに述べたように、寓話のなかで、ライオンとの同盟関係のことを嘆いているのである〔425〕。また古代ゲルマン人はわたしたちが他のすべての野蛮な民族の場合にもそうであったにちがいないとの推測をおこなうのをゆるしてくれるのだが、その古代ゲルマン人についてタキトゥスが語っているところによると、奴僕や被保護民、あるいは家来たちは〈王を守り庇い、みずからの勇敢な功績をさえ、王の栄光に帰するのが、その第一の誓いである〉とのことであった。[1] これはわたしたちの封建制の最もよく耳にする特性のひとつである。ひいてはここから、そしてこれ以外のどの理由からでもなく、ローマの家父長の〈ペルソーナ〉persona もしくは〈頭部〉caput〔これは、のちに見るように〔1033〕、〈仮面〉と同じものを意味していた〕のもとで、また〈名前〉nomen〔今日なら〈徽章〉とでも呼ばれたであろうもの〕のもとで、法的には、息子たちと奴隷たちの全員が含まれるというようなことが生じることとなったにちがいないのである。またここから、ローマ人のもとでは、中庭の側壁に彫られた円形の額縁の中に安置された、祖先の像をかたどった半身像を〈クリュペウム〉clypeum と呼ぶ言い方が残ることとなったのだった。[2] それらの円形の額縁に彫りこまれた肖像画は、本書でメダルの起源について述べられていること〔487〕とみごとに符合しており、近代建築では〈メダイヨン〉médaillon と呼ばれている。

このようなわけで、〈ギリシア軍の塔〉アイアスはただひとりでトロイアの全軍と戦ったとホメロスが語っているのも(3)、それがギリシア人の英雄時代のことであってみれば、真実そのとおりであったにちがいないのだった。同じくラティウムの人々のあいだでも、ホラティウスはただひとりでエトルリア人の軍勢を橋の上で支えたという話が残っているが(4)、これもかれらの英雄時代の話であってみれば、真実そのとおりであったにちがいないのである。すなわち、アイアスもホラティウスも自分の家来を率いてということだったのだ。まったく同様に、ふたたび戻ってきた野蛮時代〔中世〕においても、聖地から引き返してきた四十人のノルマンの英雄たちが、サレルノを包囲していたサラセンの軍勢を追いはらっている。したがって、英雄たちがかれらの土地に逃げこんできた者たちを受けいれたこの最初のきわめて古い保護の制度から、この世における封建制は始まったにちがいない、と言う必要があるのである。それは、最初は農園での人格的な関係であった。そして、そこでは、従者〔家来〕たちは、英雄たちが自分たちの畑を耕しに出かけるところではどこでも英雄たちに付き従っていく義務を人格的に負っていた、最初の〈ウァデス〉vades〔担保物〕であったにちがいなかったのである（のちには、裁判で原告に服従する義務を負わされた被告も、こう呼ばれるようになった）。ここから、〈従者〔家来〕〉を指すのに、ラティウムの人々によって〈ウァス〉vasという言い方がなされ、ギリシア人によって〈バス〉βάςという言い方がなされたように、ふたたび戻ってきた野蛮時代における封建法の著作家たちの場合にも〈ヴァス〉was〔奴僕〕とか〈ヴァッスス〉wassus〔被保護者〕という言い方が残ることとなったのだった〔1064〕。そして、この人格的な〔動産的な〕関係のあとに農園での物財で結ばれた〔不動産的な〕関係はやってきたにちがいないのであって、そこでは、従者〔家来〕は最初の〈プラエス〉praes〔捕獲物〕もしくは〈マンケプス〉manceps〔握取物〕、つまりは不動産で納税する義務を負わされた存在であったにちがいないのだった〔486〕。ちなみに、〈マンケプス〉という言い方は納税義務を負った者を指す呼び方として残ることとなった。この件については、あとでも立ちいって論じることにする〔1065〕。

560　ここからは同様にまた最初の英雄的植民も始まったのにちがいない。この植民たちをわたしたちは〈内陸〉植民と呼んで、あとにやってきた渡海植民と区別する（後者は、「公理」〔300〕で触れておいたように、海を渡って他の土地で生命を救われた逃亡者の一群である）。〈コローニー〉coloniという名前は、元来、〈日々の糧のために田畑を耕していた（今日でもそうであるが）日雇い農夫の群れ〉を指すものでしかなかったからである。この二種類の植民については、その来歴を二つの物語が語っている。すなわち、内陸植民のそれは有名なガリアのヘラクレスの話である。かれは、詩的黄金（すなわち麦）の鎖を口から吐き出して、その鎖でもって大勢の人間たちの耳を繋ぎ合わせ、好きなところへ引き連れていくのである〔1064〕。この話はこれまで雄弁のシンボルであると受けとられてきた。[1] しかし、この物語が生まれたのは、さきにも述べたように〔546〕、英雄たちがまだ言葉を分節化するすべを知らなかった時代のことなのであった。他方、渡海植民のそれは、英雄的なヘパイストスが平民的なアプロディテとアレスを網でもって海から引き上げたという話である[2]（英雄的と平民的の区別についてはのちに一般的な説明をおこなうつもりである〔579–581〕）。この二人は素裸で（すなわち、英雄たちがその光に照り映えていた高貴さの光〔533〕をまとうことなく）太陽神のもとにさらされたため、神々（すなわち、さきに説明したように〔437〕、英雄都市の貴族たち）に嘲り笑われたという（これは古代ローマの貴族たちが哀れな平民を嘲り笑っていたのと事情を同じくしている）。

561　そして最後に、避難所もここにその最初の起源をもっていたのだった。こうしてカドモスは避難所としてギリシアの最も古い都市であるテーバイを創設したのである。またテセウスは〈不幸な者たちの祭壇〉tempulm misericordiae の上にアテナイを創設したのである。[1] ちなみに、〈不幸な者たち〉というのは不敬虔な放浪者たちのことを指したものであって、適切な表現である。かれらには、人間社会が敬虔な者たちのために産出したいっさいの神的および人間的な財宝が欠けていたからである。さらに、ロムルスは森の中の焼き払われた場所に開かれた避難所としてローマを創建したのである。というよりはむしろ、新しい都市の創建者として、かれは、かれの仲間とともに、ラティウムの古代都市の発生基盤となっていた避難所を基礎にして、ローマを創建したのだった。この点にかんして、リウィウスは避難所を一般的に〈都市創建者たちの古き計らい〉であったと定義している。それゆえ、リウィウスは、自分と仲間たちはこの地の息子たちである、というロムルスの言をまちがって避難所に結びつけて考えているわけである〔106, 160, 532〕。それでも、避難所が都市の起源であったことを論証しているかぎりでは、リウィウスの言はわたしたちの目的に適っている。都市の永遠の特性はなにかと言えば、それは人間たちがそこでは暴力から安全に生命を守られて生活するということなのだ。このようにして、いたるところで敬虔な強者たちの土地に逃れてきて救われた不敬虔な放浪者たちから、ゼウス＝ユピテルには〈ホスピターリス〉hospitalis〔歓待者〕という感謝をこめた称号があたえられた。[2] こうしてできた避難所は世界の最初の〈ホスピティウム〉hospitium〔宿〕であり、そこに〈受けいれられた者〉は、のちに見るように、最初の都市の最初の〈ホスペス〉hospes〔客〕もしくは〈ホスピトゥス〉hospitus〔外来者〕であったのだ。このことについて、詩的ギリシア史はヘラクレスの多くの功業のうちでもとりわけつぎの二つを記録に残している。かれは怪物たち、外貌は人間であるが習性は獣であるような者たちを殺害しながら、世界中を歩いて回ったこと、アウゲイアス〔エリスの王〕の汚れきった厩舎を清掃したことが[3]、それである。

562　こうしてまた、詩的氏族[1]はさらに二つの神性をつくり出した。アレス〔マルス〕とアプロディテ〔ウェヌス〕である〔317〕。うち、アレスは、なによりもまずもっては〈祭壇と炉のために〉戦っていた英雄たちの詩的記号として。この戦いの運命はつねに英雄的なものであった。それは自然の援助に絶望した人類にとっての頼みの綱である自分の宗教のための戦いなのであった。ここから宗教上の戦争はこのうえなく血なまぐさいものとなるのである〔958〕。また、神の存在を信じない自由思想の持ち主たちでも、年をとると、自然の援助に不足を感じて、信心深くなるものである。このためにわたしたちはさきに宗教をこの学の第一の原理に採用したのだった〔333〕。つぎにはまたアレス〔マルス〕は、本物の戦場で本物の盾のもとで戦った。そして、その盾はローマ人によって〈クルエール〉cluer〔光り輝いている〕ということから最初は〈クルペウス〉clupeusと呼ばれ、のちには〈クリュペウス〉clypeusと呼ばれるようになったのだった〔533, 556〕。これはふたたび戻ってきた野蛮時代に牧場や立ち入り禁止の森が〈ディフェンサ〉difensa〔防護柵で囲まれた場所〕と呼ばれたのと同じである。また、これらの盾には本物の武器が装填されていた。その武器は、当初はまだ鉄製の武器が存在しなかったので、木の先端を焼いただけの棒であったが、やがて傷つけるのに適したように先を丸くしたり尖らせたりする工夫がなされた。すなわち、〈単純槍〉hastae puraeあるいは鉄を使っていない槍であって、これがローマの兵士たちには褒賞としてあたえられ、かれらはこれを携えて勇んで戦場に出かけていったのだった[2]。こうして、ギリシア人のもとでも、アテナやベロナやパラスは槍で武装しているのである〔590〕。またラティウムの人々のもとでは、〈クイリース〉quiris、〈槍〉からユノは〈ユーノー・クイリーナ〉Juno quirina、マルスは〈マールス・クイリーヌス〉Mars quirinusと呼ばれたのであり、ロムルスは生前槍の技に長けていたので、死後〈クイリーヌス〉Quirinusと称されたのだった。そして〈ギリシアの英雄的国民であったスパルタ人も槍で武装していたように〉投げ槍で武装していたローマ人民[3]は、集会の場では、〈クイリーテース〉quiritesと呼ばれたのである。しかしまた、ローマ史がわたしたちに語っているところによると、蛮族たちはいましがたわたしたちが述べたような原始的な槍で戦っていたとのことで、かれらのことを〈プラエウースタース・スデース〉praeustas sudes、〈先端を焼いた槍〉というように描写している[4]（アメリカの原住民たちもこれと同様の武装をしていたことが判明している）。また今日でも、貴族たちは、かつて戦場で実際に使っていた槍で武装して騎馬試合をおこなっている。こういった種類の武器は、柄を長くして、体と体のあいだの間隔をひろげ、できるだけ傷を負うことがないようにしようという、正しい防御観念から考案されたものであった。武器は、それが体に近ければ近いほど、それだけ野獣の使う武器に近いのだ。

563　死者を埋葬した田畑の土地が世界の最初の盾であったことをさきにわたしたちは見いだした〔529〕。こうして紋章学では今日においても盾が紋地でありつづけているのである。盾の色も、実物をありのままに表現した色であった。すなわち、黒はヘラクレスが火を放って焼いた土の色である〔540〕。——緑は葉っぱのころの麦の色である。——黄金色は誤って金属の金の色だと受けとられてきたが、実際には麦が乾いて黄色くなった穀物の色であった。そして、さきに述べたように〔544〕、これが第三の土の色だったのである。また、ローマ人は、戦闘で手柄をたてた兵士の盾に穀物を載せて、英雄的な軍功の褒賞とし、かれらの〈軍事的栄誉〉のことを〈アドーレア〉adorea と言っていたが、[1] これは〈アドル〉ador、すなわち、かれらの最初の食べ物であった〈焼いた小麦〉に由来する言葉であって、[2] 古代ラティウムの人々は〈ウーロー〉uro、〈焼く〉から、〈アドゥール〉adur という言い方をしていたのである。だから、宗教的な時代の最初の〈アドラーレ〉adorare〔崇拝行為〕はおそらく穀物を焼くことだったのではないだろうか。——青はかれらの森の中の焼き払われた土地を覆う空の色であった（これが、さきに述べたように〔482〕、フランス人が〈青〉のことを〈ブルー〉bleu と言って、〈天〉と〈神〉を意味させていた理由である）。——赤は、英雄たちが自分たちの田畑に侵入してきたのを見つけて殺した不敬虔な盗賊たちの血の色であった〔549, 553〕。ふたたび戻ってきた野蛮時代に出現した貴族の紋章には、黒、緑、金、青、そして最後には赤の獅子が彫られていた。これらは、種播かれた田畑がのちに紋地に移行していったことから推察して、このことについてもさきに推理しておいたように〔540〕、ヘラクレスに打ち負かされた獅子の相貌のもとで見られた、そしていましがた列挙したような色合いをした、耕作された土地であるにちがいないのである。——そのうちのあるものは青と銀の二色模様をしているが、これは殺した大蛇の歯を溝に播いたら、そこから武装した人間が生まれてきたという、カドモスの溝にちがいない〔679〕。——またあるものには杭が彫られているが、これは最初の英雄たちがそれで武装した槍であるにちがいない。——また最後には熊手が彫られたものもあるが、これはまちがいなく村で使われていた道具である。これらのことからは、第一の野蛮時代についてはローマ人がわたしたちに確認させてくれるが、その第一の野蛮時代と同様に第二の野蛮時代にも、諸国民の最初の貴族たちは農業を営んでいた、と結論される。

564 古代人の盾は皮革で被われていた[1]。また、詩人たちによると、年老いた英雄たちも皮革を身にまとっていたという。すなわち、かれらが狩りで殺した野獣の皮である。これについてはパウサニアスにみごとな一節がある。ペラスゴスが〈革衣を考案した〉というのだ[2]（ちなみに、ペラスゴスはギリシアの太古の英雄で、この民族に〈ペラスゴイ〉という最初の名前をあたえた。このため、アポロドロスは、『神々の起源』のなかで、かれのことを〈アウトクトーン〉αὐτόχθων、〈大地の息子〉と呼んでいる[3]。一言で言えば、〈巨人〉である〔370〕）。また、第二の野蛮時代にも第一の野蛮時代と驚くべき対応関係が見られることにも、ダンテは昔の偉人について語って、かれらは〈革と骨とを〉身に着けていたと述べており[4]、ボッカッチョも、かれらは革でくるまれていた、と述べている[5]。貴族の紋章が革で被われていたのはこのことからやってきたのにちがいないのであって、貴族の紋章には頭と脚の皮を巻いて筒状にしたものを飾りに使うのがふさわしいのである。盾は丸く削られていたが、これはさきに述べたように〔550〕、森林を切り拓いて耕された土地が最初の〈オルビス・テルラエ〉orbis terrae〔地球・地領〕だったからである。ここから、ラティウムの人々の〈クリュペウス〉clypeus〔盾〕は、四角い〈スクトゥム〉scutum〔長い槍〕とは異なって、円形であったという特性が残ることとなったのだった[6]。森の中の切り拓かれた場所・神苑が〈ルークス〉lucusと呼ばれたのには〈目〉という意味があったのも、同じ理由による。これは今日でも光が家の中に射しこんでくる窓が〈目〉と呼ばれているのと同じである。これが〈巨人はそれぞれ自分のルークスをもっていた〉という英雄語句の真の意味であった。ところが、その真の意味はやがて忘れ去られ、転意し、ついには堕落してしまった。こうして、ホメロスのところにその語句が届いたときには、それは偽りのものに転化してしまい、巨人はそれぞれ額に一眼をもつというように受けとられていたのである。これらの一眼の巨人たちとともにヘパイストス〔ウルカヌス〕が登場して、最初の鍛冶場――すなわち、ヘパイストスが火を放って、そこで最初の武器である先端を焼いて尖らせた棒杭を製造した森――で働くのである。そして、その武器の着想を押し広げて、ゼウスのために雷光を製造するのである。それというのも、ヘパイストスは森に火を放って天を見渡せるようにした。そして、その天からゼウスによって雷光が送られてくるようにしたからである。

565　人間にかんするこれら太古のことがらのあいだで生じたもうひとつの神性がアプロディテという神性、すなわち、政治的な美を象徴した詩的記号であった。こうして〈ホネスタース〉honestasという言葉には〈高貴さ〉と〈美麗さ〉と〈徳〉という三つの意味がいまに残ることとなったのである。それというのも、これらの順序にしたがって、つぎのような三つの観念が生まれたにちがいないからである。すなわち、それは最初、英雄たちのものであった政治的な美しさのことであった。――その後、それは人間的な感覚のもとに落ちこんでくる自然的な美しさの意味になった。しかしまた、それは利発で理解力のある知性をもった人間に限られていた。そうした人間だけがある物体の部分を識別して全体へとうまく結合するすべを知っているからである。美とは本質的にこのように部分をうまく全体へと結合することによって成り立っているものなのだ。このため、農夫や汚らしい平民たちには美というものがほとんどまったくと言ってよいほど理解できないのである（文献学者たちの言うところによると、いまわたしたちが推理しているこの単純素朴で愚かな時代にあって、王はかれらの身体の見た目の良さによって選出されていたとのことであるが、このような文献学者たちの見解がまちがっていることをこのことは証明している〉。――そして最後に、〈ホネスタース〉と呼ばれる徳の美しさを意味するようになったのだった。これは哲学者によってのみ理解される美である。したがって、政治的な美しさをこそアポロンやディオニュソスやガニュメデスやベレロポンやテセウスは他の英雄たちとともに所有していたにちがいないのであって、こうしてまたおそらくアプロディテは男性であると想像されていたのだった(1)。

566 政治的な美の観念が神学詩人たちの頭の中に生まれたのは、かれらの土地に逃げこんできた不敬虔な者たちが外貌は人間だが習性は野獣であるのを見たからにちがいない〔688〕。ギリシアの英雄であったスパルタ人は、醜い不恰好な嬰児たち、すなわち、貴族の女性から生まれたが厳粛な婚姻の儀式を挙げることなく孕まれた嬰児たちをタイゲトス山から投げ落としたという。そのときかれらが願望していたのは、このような美にほかならなかったのである。また、十二表法がテーヴェレ河に投げこむよう命じていた〈怪物〉というのも、そのようにして生まれた嬰児のことであったにちがいないのだった〔410〕。なぜなら、最初の国家にはまだ法律がごくわずかしか存在しなかったなかにあって、十人官が自然界の怪物のことを考えていたなどということはおよそありそうもないからである。自然界の怪物はごくまれにしか存在しない。このため、自然界においてまれにしか存在しないものは〈怪物〉と言われているほどなのだ。それに、わずらわしいほど法律がふんだんに存在している今日にあっても、立法者たちは、まれにしか発生しない訴件は裁判官たちの自由裁量に任せている。だから、ここで言われている怪物というのは、なによりもまず本来的には、〈政治的〉怪物のことであったにちがいないのだった〈若い娘フィルメーナが妊娠したのではないかと疑ったパンフィルスが〈……どこかの怪物が仕込みおったか〉と言ったとき(1)、かれが考えていたのもこの種の〈政治的〉怪物であった〉。そして、ローマ法のなかではそのように〈怪物〉と呼ばれつづけているのであって、アントワーヌ・ファーヴルが『パピニアヌス法学の知識』のなかで指摘しているように、ローマ法の表現の仕方は事物の本質をありのままに語って適切このうえないものであったのだ。このことについては、別の目的からであるが、さきにも指摘しておいたとおりである〔410〕。

567　リウィウスが、善意からではあるが、その善意におとらず、自分の書いているローマの古代についての無知でもって、つぎのように述べるとき、かれが心に想い浮かべていたのは、きっとこういうことであったにちがいない。すなわち、貴族が平民と結婚したなら、〈自己矛盾した〉子、いいかえれば〈二つの性質が混ざり合った怪物〉が生まれるだろう、というのである(1)。一方は、貴族の英雄的な性質であり、他方は〈野獣の仕方で結婚をおこなう〉平民の野獣的な性質である。この〈野獣の仕方で結婚をおこなう〉という句をリウィウスは古代のさる年代記作家から採ってきているのだが、これを〈もし貴族が平民と姻戚関係を結んだならば〉そうなるだろうという意味にとっているところをみると、本当の意味がわからずに用いたもののようである。なぜなら、平民は、当時は奴隷さながらの惨めな状態にあって、貴族と結婚するなどというようなことは毛頭要求できなかったからである。平民が求めていたのは、厳粛な式を執りおこなって婚姻関係を結ぶ権利であった（これが〈コンヌービウム〉の意味なのだ）。この権利は、当時は貴族のみのものであった〔598〕。しかし、野獣でも、他の種と交合するものはいない。だから、こう言わねばならない。〈野獣の仕方で結婚をおこなう〉という句は、英雄的闘争のなかで貴族が平民を嘲ろうとして用いたものであった、と。平民には厳粛な儀式によって結婚を正当化する公的な前兆を受けとることが許されていなかったので、だれひとりとして父であると確認されることがなかった（こうしてまたローマ法では〈婚姻が父親を証明する〉という周知の定義[2]が残ることとなったのだった）。そこで、このような不確かさをとらえて、平民は貴族から、母親や娘と野獣のように交わる、と言われたのだった。

568　ところで、平民的アプロディテには鳩が付き従っていた。これは情熱的な愛を指し示すためではなくて、ホラティウスが定義しているように[1]、鳩は鷲と比較して〈賤しきもの〉degeneres、低俗な鳥であるからである（ホラティウスは鷲を〈猛きもの〉feroces と定義している）。こうしてまた、平民の受けとる前兆は私的ないしは小さな前兆であって、鷲と雷光のあたえる前兆とは異なるということを指し示そうとしていたのである。鷲と雷光のあたえる前兆は貴族のものであって、これをウァッロとメッサラは〈大きな前兆〉または〈公的な前兆〉と言っていた[2]。ローマ史がはっきりと確証しているように、貴族の英雄法はすべて後者の前兆に依拠していたのだった。その一方で、〈花嫁の介添人〉pronuba である英雄的アプロディテには白鳥が付き従っていた。白鳥はまた、さきに貴族の神であることを見たアポロン〔533〕の鳥でもあって、さきに説明しておいたように〔512〕、そのうちの一羽の前兆によってレダはゼウスの卵を懐胎するのである。

569　さきに述べたように〔512〕、花嫁の介添人〔英雄的アプロディテ〕のほうは帯で覆われていたのにたいして、平民的アプロディテは裸体で描かれていた。このことからも、これら詩的古代のことどもについての後世の観念がどれほど歪曲されてしまったものであるかがわかろうというものである。本当を言えば自然的な羞恥心、あるいは平民のあいだで自然的な義務が遵守されていたさいの手立てとなっていた律儀な信仰心を指し示すために考案されたものが、のちには欲情を刺激するためにつくり出されたものと信じられるようになってしまったのだ。というのも、すこしあとで「詩的政治学」のなかでも見るように〔597〕、英雄都市においては、平民はなんら市民権にあずかることはなかったのであり、遂行を必要とされるようななんらかの市民法のきずなによって結ばれた義務関係を互いのあいだで契約してもいなかったからである。こうしてまた平民的アプロディテには同じく裸のカリス（グラーティア）たち〔優美の三女神〕が付き従わされたのだった。(1) そしてラテン語では〈カウサ〉causa と〈グラーティア〉gratia とは同じものを意味している。(2) だから、詩人たちにとっては、カリスは自然的な義務のみを生み出す〈裸の約束〉を意味していたにちがいないのである。またのちに中世の注釈者たちによって〈着衣の約束〉と言われるようになった約束(3)をローマの法学者たちは〈パクタ・スティプラータ〉pacta stipulata〔問答行為による約束〕と言っていた。なぜなら、裸の約束は問答行為によらない約束であると考えられるからであって、それゆえ、〈スティプラーティオー〉stipulatio〔問答行為〕という語は〈約束を守るように〉という強制的な意味をもつ〈スティーペス〉stipes〔棒杭〕から出てきたものではなくて（これが語源なら、〈スティパーティオー〉stipatio と言われてしかるべきだったはずである）、〈スティプラ〉stipula〔葉鞘〕から出てきたものであったにちがいないのである。(4) こちらはラティウムの農民たちに〈穀物を包んでいる衣〉という意味でそう呼ばれていたのだった。一方、〈着衣の約束〉というのは、当初封建法学者たちによって、封土の〈インウェースティトゥーラ〉investitura〔授与。〈衣を着せる〉の意〕という言い方が出てきたのと語源を同じくしたところからそう言われていたのだった。また同じ語源から〈地位を剥奪する〉という意味の〈エクスフェーストゥカーレ〉exfestucare という言葉も生じたのだった〔〈フェーストゥーカ〉festuca は〈藁〉の意〕(5)。以上のことからして、英雄都市の平民によって結ばれていた契約をめぐっての〈カウサ〉〔訴訟〕と〈グラーティア〉とはラティウムの詩人たちからは同じものであると理解されていたものと考えられるのである。同様に、その後、ウルピアヌスが〈人間的な〉という語を付け加えている〈氏族の自然法〉〔990〕の契約が導入されると、そこでは〈カウサ〉〔訴訟〕と〈ネゴティウム〉negotium〔金銭取引〕とは同じものを意味するようになった。というのも、こういう種類の契約にあっては、金銭取引というのはほとんどつねに〈カウサ〉〔訴訟ないしは法律問題〕であり、あるいはまた約束を担保する約定として役立つ〈カウィッサ〉ないしは〈カウテラ〉〔保証〕であるからである〔1072〕。

〔第3章〕たんなる合意によってのみ成立する契約についての系

570　英雄的諸民族は生きていくのに必要なものだけにしか心を使わなかった。また、かれらが採集していたものといえば、天然の果実だけで、いまだ貨幣が有益であることを理解するにいたっていなかった。そして、言ってみれば、すべてが肉体の塊であった。したがって、このような英雄的諸民族の太古の法には、今日合意のみによって成立すると言われている契約のことなど知られるよしもなかった。さらにはまた、かれらはこのうえなく粗野であったので、なにごとにも疑い深かった。というのも、粗野は無知から生まれるからであり、無知な者はつねに疑うというのが人間的な自然本性の特性であるからである。このようなわけで、かれらは誠意を信用するということを知らず、債権債務関係についてはすべて実際の手で、もしくは手に見立てたものでもって確かめていた。そのうえ、この手による引き渡しは、取引行為においては、厳粛な契約を締結することによって確かなものにされた。ここから、十二表法のなかの〈もし拘束行為 nexum および握取行為 mancipatio をなす者が言葉でおごそかに言明したならば、それはそのまま法としての拘束力を有するものとなるようにすべし〉という有名な条項ができあがったのである〔433, 1031〕。人間にかんする政治的なことがらのこのようなあり方から、以下の真理が出てくる(1)。

一

571 太古の売買は物々交換であったと言われている。しかしながら、不動産の場合には、その交換はふたたび戻ってきた野蛮時代に〈リベルス〉libellus〔借地契約〕と呼ばれていたような種類のものであったにちがいない。このような交換のあり方が有益なものであったことは、ある者の領地では果物がいっぱいとれるが、他の者の領地ではわずかしかとれなかったりする、等々のことからわかる〔1071〕。

二

572 家の貸借は、都市が小さくて住民の数が限られていたときには、おこなうことができなかった。だから、地主は他人に土地をあたえて家が建てられるようにしなければならなかった。こうして、ありえた唯一の賃料は地代でしかなかった。

三

573 土地貸借は、ラティウムの人々が〈クリエンテーラ〉と呼んでいた永代借地契約によるものであったにちがいない。このため、文法学者たちは〈クリエンテース〉clientes〔被保護民〕というのは〈コレンテース〉colentes〔耕作者〕とほぼ同義であったのではないかと推測したのだった(1)。

四

574 だから、このことが、ふたたび戻ってきた野蛮時代の古文書には、家や所領地の永代もしくは一時的な賃料以外の契約が見あたらない理由であるにちがいない。

五

575 このことがおそらくはまた、永代借地契約が〈市民法〉上の契約であることの理由なのだ。そして、この〈市民法〉は、本学の原理によって、〈ローマ英雄法〉と同じものであることが見いだされるだろう。これにウルピアヌスは〈人間的な氏族の自然法〉を対置させたのだったが〔569〕、その場合かれが〈人間的な〉と称したのはかつて存在していた野蛮的な氏族の法との対比においてであった。もっとも、その野蛮的な氏族の法というのはかれの時代にローマ帝国領の外に存在していた野蛮な民族〔変族〕の法のことではなかった。そのような領外の者たちの法はローマの法学者たちにとってなんらの重要性ももたなかったのである。

六

576 ホメロスが、ポリュペモスがオデュッセウスにした話のなかでわたしたちに聞かせているように〔516〕、それぞれの家父長がただ自分のことだけに気を配って、他人のことにはまったく無関心であったキュクロプス的習俗のもとでは、同盟関係は知られていなかった。

七

577 また同じ理由で委任権も知られていなかった。このため、古い市民法には〈なんぴとも本人以外の者から受けとることはできない〉という規則が残っているのである。(1)

八

578 しかし、英雄的な氏族の法が人間的な氏族の法とウルピアヌスの定義するものに継承されていくとともに、事態には一大変化が生じた。たとえば売買は、昔なら契約を締結するさいに〈ドゥプラ〉dupla〔倍額補償〕の取り決めがなければ追奪〔追い立て〕は成立しなかったものが、今日では〈誠意にもとづく〉bona fide と呼ばれる契約が契約の女王であって、(1) あらかじめの取り決めがなくても当然追奪されてしかるべきであると見なされるようになっているのである。(2)

〔第4章〕 神話学の規準

579 さて、ヘパイストス、アレス、アプロディテという三つの詩的記号に戻るとして、ここで注意すべきなのは、これら三つの記号は英雄を指し示す神的な記号であったと同時に、他方では平民を指し示す記号でもあったということである（そしてこの注意事項はわたしたちの神話学のひとつの重要な規準であると考えられなければならない）。じっさいにも、ヘパイストスは、ゼウスの頭を斧でたたき割って、そこからアテナが生まれるのである。(1) また、ゼウスとヘラの争いの仲裁に入ろうとして、ゼウスに足をつかまれて空から投げ落とされ、そのためにびっこになってしまっている。(2) ——アレスは、ホメロスによると、ゼウスから〈神々のうちで一番の卑怯者〉と激しく非難されたという。(3) またアテナは、同じくホメロスによると、神々の争いの最中に、アレスを石でなぐって傷つけたという(4)（このことはヘパイストスやアレスが戦争で英雄たちの下僕をつとめる平民であったことを指し示している）。——そして（平民の自然の妻であったにちがいない）アプロディテは、やはり平民的なアレスと、二人して英雄的ヘパイストスに網で掬いとられ、裸のまま太陽神の前に曝されて、他の神々から嘲笑されている〔560〕。こうしてまたアプロディテは、後世誤ってヘパイストスの妻であると信じられるようになったのだった。しかし、さきに見たように、天上で正式に結婚したのはゼウスとヘラ以外にはいなかったのであり、しかも、そのかれらには子供は生まれなかった〔80, 511〕。また、アレスはアプロディテの〈姦夫〉ではなくて〈コンクビーヌス〉concubinus〔妾もち・内縁の夫〕であったと言われている。[5] というのも、平民同士のあいだには自然婚しか存在しなかったからである〔597〕。のちに明らかにするように〔683〕、これをラティウムの人々は〈コンクビウム〉concubium〔内縁関係〕と称していたのだった。[6]

580　ここで説明したこれら三つの詩的記号と同じように、他の詩的記号についても、のちにそれぞれの場所で説明されるだろう。たとえば、背伸びしてもりんごに届かず、身をかがめても水に触れることのできない平民的タンタロス〔583〕。触るものはすべて金に変わってしまうので飢えて死んでしまう平民的ミダス〔649〕。アポロンと歌を競って敗れ、殺されてしまう平民的リノス〔647〕。

581　これらの二重の物語、あるいは二重の詩的記号も、さきに述べたように〔559〕、平民が名前をもたず、英雄たちの名前を借りていた英雄国家においては、必然的なものであったにちがいないのだった。そのうえ、太古の時代には、言葉も極端に貧困であったにちがいない。言葉が氾濫している今日でさえ、同一の語彙がしばしば互いに異なった、そして時には正反対の二つのことがらを表わすこともあるのだから。

〔第1章〕詩的政治学について——これによってきわめて厳格な貴族政体をとった最初の国家がこの世に生まれたのだった

582　このようにして、英雄たちから信義や力のもとで受けいれられ保護下に置かれた奴僕たちの家族が創建されたのだった。さきに見たように〔553–569〕、この奴僕たちは世界で最初の〈同盟者〉であった〔258, 555, 558〕。かれらの生命は主人たちの思いのままであった。そして、生命が主人たちの思いのままであった結果、所得物についても同じであった。またその一方で、英雄たちは、キュクロプス的な家父長支配によって、自分の息子たちにたいして生殺与奪の権利を行使していた。そして、そのような人身にたいする権利を行使していた結果、息子たちの所得物全体にたいしても専制的な権利を行使していた〔556〕。アリストテレスが家族の子供というのは〈かれらの父親の生命ある道具〉であると定義したときに言おうとしていたのは、このことであった[1]。また十二表法も、人民的自由が最も解放された時代になってさえ、ローマの家父長たちに、これら二つの君主的な分け前の部分、すなわち、人身にたいする支配権と所有権は、両方とも確保させていたのである。そして、皇帝たちがやってくるまでは、息子たちは、奴隷と同様、〈ペクーリウム・プロフェクティーキウム〉peculium profecticium〔家父長から譲渡される特有財産〕というただ一種類の財産しかもっていなかった〔556〕。初期の時代には、父親はじつに三度まで本当に子供を売る権利をもっていたにちがいないのである。じじつ、その後人間的な時代の穏やかなやり方が強まるようになるにつれて、父親が子供を父権の支配から解放してやろうとおもったときには、三度見せかけの売却をおこなっていたのだった[2]。しかし、ガリア人とケルト人は息子と奴隷の両方にたいして等しい支配権を保持しつづけていた[3]。また父親が子供を本当に売る慣習は西インド地域に見られるし、ヨーロッパでも、モスクワ人やタタール人は四度まで子供を売っている。にもかかわらず、他の野蛮な民族は〈ローマ市民が有しているような〉父権をもっていないなどという説[4]がまことしやかに唱えられているとは！　このような真っ赤な偽りは、学者たちが右の文言を受けいれたさいに共通して抱いていた通俗的な誤りから出てきたものである。しかし、右のようなことをローマの法学者たちが口にしたのは、ローマ市民によって征服された諸国民にかんしてであったのである。それらの国民からはローマが勝利したためにいっさいの市民権が奪われてしまって、かれらには自然的な父権しか残されていなかった。ひいてはまた、〈コーグナーティオー〉cognatio〔血縁関係〕と呼ばれる自然的な血のきずなと、同じく自然的な委付的所有権、そしてこれらすべてのことからして、ウルピアヌスが〈人間的な〉という形容詞を付け加えた〈氏族の自然法による〉自然的義務しか残されていなかったのだ。しかし、ローマの支配下に置かれることのなかった民族はすべて、まさにローマ市民がもっていたのと同じような市民権をもっていたにちがいないのだった。

583　だが、わたしたちの推理に戻るとしよう。父親が死ぬと、あとに残された息子たちはそのような私的な一頭支配的支配権から解放されて自由になる。そればかりか、それぞれの息子はその支配権をそっくり自分で引き受ける（このため、父親たちの権力から解放されてローマ市民となった息子たちは、いずれも、ローマ法で〈家族の父〉paterfamilias〔家父長〕と称されるのである）[1]。ところが、奴僕たちのほうは、あいかわらず、隷属状態のまま暮らさねばならない。そこで、長い歳月ののちには、さきに提示しておいた〈従属していた人間はおのずと従属状態から脱しようと願うようになる〉という公理〔292〕からして、おのずとそのような隷属状態にうんざりするようになったにちがいないのだった。だから、かれらはいましがたわたしたちが平民的と呼んだタンタロスであったにちがいない。タンタロスはどうしてもりんごに食いつくことができず（そのりんごはさきに述べたように英雄たちの領地に生えていた穀物の黄金のりんごだったにちがいない）、一口の水も口にすることができないのだ。水はかれの唇に近づくやいなや逃げてしまうのである〔580〕。――また、いつまでも車輪を回しつづけているイクシオンであったにちがいない[2]。――さらには、カドモスが投げた岩石を繰り返し丘の上に押しあげているシシュポスであったにちがいない（この岩石は頂上まで積み上げたかとおもうと下に崩れ落ちてしまう固い地面である。じじつ、ラテン語には〈地面を耕す〉ことを〈ウェルテレ・テルラム〉vertere terram〔地面をひっくり返す〕と言い、〈熱心に長いあいだ激しい労働をする〉ことを〈サクスム・ウォルウェレ〉saxum volvere〔岩石を転がす〕と言う言い方が残っている）[3]。こうしたことすべてからして、奴僕たちは英雄たちに反抗するにいたったにちがいないのだった。これが、諸家族の並存状態のもとにあって奴僕たちによって家父長である英雄たちにたいして押しつけられ、ここから国家が生まれることになっ

たのではないか、と「公理」〔261〕において推測しておいた〈必要〉である。(4)

584　この時点にいたって、英雄たちは、大いなる必要を前にして、蜂起した奴僕たちの群れに対抗するために、おのずと一致団結する方向へと導かれていったにちがいないのだった。そして、全員のうちで最も勇猛で最も元気旺盛な何人かの家父長たちを指導者に選んだにちがいない。これらの指導者は、もともとは〈維持する〉とか〈指導する〉という意味である動詞〈レゲレ〉regere から、〈レーゲース〉reges〔王たち〕と呼ばれた。(1) このようにして、法学者ポンポニウスのあまりにもよく知られた言葉を借りるなら、〈事態そのものの命じるところにしたがって王国は建設された〉のだった。(2) この表現は〈万民の自然法は神の摂理によって確立されたものである〉と言明しているローマ法の学説〔342, 569〕ともぴったり合致する。英雄的王国の誕生とはこのようなものであったのだ。家父長たちはそれぞれの家族の専制的な支配者であった。そして、このようにそれぞれの置かれている地位が対等であったうえに、それぞれがポリュペモス〔296〕のように獰猛であった。このため、だれひとりとして自然には他の者に屈服しようとしなかったにちがいない。そこで、家族の支配者と同じ数の、統治にあたる元老院議員が、かれら自身のあいだから輩出することとなった。こうして、かれらは、人間的な判断や計らいをいっさい加えることをしないままに、自分たちの私的利益を〈パトリア〉patria と呼ばれる各自に共通の利益のもとに統一してしまったことに気づいたのだった。この〈パトリア〉という語は、そこに暗黙のうちに〈もの〉res という語をともなっていて、〈父たちの利益〉res patrum を指している。(3) こうしてまた貴族たちは〈パトリキー〉patricii と言われたのである。それゆえ、貴族だけが最初のパトリアの市民であったにちがいないのだった。かくして、最初の時代には王は自然によって選出されたという、わたしたちのもとにまで届いている民間伝承は真実の話でありうるのだ。この点については、タキトゥスの『ゲルマニア』に、同じ習俗が最初の他のすべての野蛮な民族のあいだにも存在したと推測させてくれる二つの黄金の場所がある。[4] ひとつは〈騎兵隊や歩兵の楔形隊は偶然とか人間のたまさかの集合が構成しているのではなく、家族や血縁者が構成している〉という個所である。いまひとつは〈統率者は、権威よりもむしろ、模範となる行動を示すことによって、つまり大胆で、衆に抜きん出ていて、第一線に立って戦ってこそ、はじめて人々の讃美を得る〉という個所である。

585 地上における最初の王たちがこのような存在であったことは、ホメロスの黄金の場所[1]において示されているように、英雄詩人たちは天上におけるゼウスが神々と人間たちの王であると想像していたことから証明される。そのホメロスの黄金の場所で、ゼウスはテティスにたいして、ひとたび天上の大評議会で神々が決定したことには自分もいっさい反対できないのだ、と弁明している。これこそは貴族政体のもとでの王の真実の言葉なのだ。そこにその後ストア主義者たちは自分たちのドグマを差しこんで、ゼウスも運命の支配に服従しているのだと主張した。[2] しかし、ゼウスと他の神々とは人間たちのことがらについて評議をおこなったのであり、それらを自由な意志によって決定したのだった。ここで言及した場所は、政治学者たちが誤ってホメロスには王政のことがわかっていたと判断してきた同じホメロスの他の二つの場所の真の意味をも説明してくれる。ひとつは、アキレウスが言うことを聞かないのに腹を立てて、アガメムノンがアキレウスを責める場面である。[3] もうひとつは、オデュッセウスが、命令に逆らって自分たちの家に戻ろうとするギリシア人たちにたいして、始めたばかりのトロイア攻囲を継続するよう説得する場面である。[4] いずれの場面でも〈王は一人である〉と言われているが、そう言われているのはどちらも戦争の最中に言われているからであって、戦争では、タキトゥスも注目している実践規範にしたがって、総指揮官は一人であらねばならないのである。タキトゥスは述べている。〈ただ一人の人物に委ねられないかぎり、計算は合わないというのが、指揮をとるための条件である〉[5]と。それ以外の場面では、ホメロスは、二つの詩〔『イリアス』と『オデュッセイア』〕のどの場所でも、英雄たちにいつも〈王〉βασιλεύςという語を付加している。くわえて、この点では、『創世記』にも、驚くべきことにも、ホメロスとぴったり符合する黄金の場所[6]がある。そこでは、モーセがエサウの子孫たちのことを語るさいには、いつも〈王〉、あるいはこう言ったほうがよければ首長と呼んでいるのだ（かれらのことはウルガータ版聖書では〈ドゥケース〉ducesと訳されている）。また、ピュロスの使節たち[7]は、ローマで多数の王からなる元老院を見た、と報告している。そして、じっさいにも、家父長たちが、このような状態の変化に際会して、かれらが家族のなかでもっていた主権的な権力をかれら自身の構成する統治団体に従属させるというやり方以外に、それまで自然状態において保持していたものを幾分かでも変更させなければならないような原因があったとは、国家制度的なことがらの自然本性的なあり方としてはまったく考えられないのである。それというのも、強者の自然本性は、さきに「公理」〔261〕においても提示しておいたように、力によって手に入れた獲得物についてはできるだけ少ししか手放そうとはせず、獲得したものを保持するのに必要な分だけしか手放したがらないということであるからである。このために、わたしたちはローマ史を読んでいて、〈自分の勇気によって分捕ったものを不面目にも引き渡すこと〉[8]に我慢のならない強者たちの英雄的な憤りをしばしば目にするのである。また人間にかんすることがらのあらゆる可能性のうちにあっても、〈さきに証明しておいたように〔522〕、またあとでも証明するように〔1011–1013〕）政体は詐欺行為によって生まれたのでもなければ一個人の力によって生まれたのでもなかった以上、どのようにして家父長たちの権力から国家権力が形成されえたのか、また家父長たちの自然的所有権（この所有権は、さきに触れておいたように〔490〕、〈いっさいの私的ならびに公的な負担を免除されている〉という意味で〈最高の権利にもとづく〉ものであった）から政体そのものの所有する卓越的所有権〔266〕が形成されたのかは、これ以外の仕方では想像もできないのである。

586 以上のようなわたしたちの省察は、驚くべきことにも、言葉の起源によって立証される。なぜなら、家父長たちが有していた最高の所有権（ギリシア人の言う〈ディカイオン・アリストン〉δίκαιον ἄριστον〔490〕）にもとづいて国家が形成されたために、さきに別の個所で述べたように、それらの国家はギリシア人によって〈アリストクラティックな〉国家と呼ばれたのだった。また、ラティウムの人々からは、力の女神であるオプスにちなんで、〈オプティマーテース optimates の国家〉[1]と称された。それゆえ、おそらくオプスはユピテルの妻、すなわち、英雄たちの形成する統治団体の妻であると言われたのだった（ここからユピテルは〈オプティムス〉optimus〔最高神〕と呼ばれるようになったにちがいない。この神〔ユピテル＝ゼウス〕はギリシア人にとっては〈アリストス〉ἄριστος であり、ひいてはまたラティウムの人々にとっては〈オプティムス〉optimus なのである）。英雄たちは、さきに述べたように〔377〕、〈神々〉という名を僭称していた（なぜなら、ヘラ＝ユノは、前兆の法によって、雷光を発する天であると受けとられたゼウス＝ユピテルの妻であったからである〔511〕）。また、それらの神々の母が、さきに述べたように〔549〕、キュベレであったが、そのキュベレは、もともと〈貴族〉のことを指してそう呼ばれていた〈巨人たち〉の〈母〉であるとも言われた〔549〕。そしてまたキュベレは、のちに「詩的宇宙学」において見るように〔722, 724〕、都市の女王であるとも受けとられていたのだった。したがって、オプスから〈オプティマーテース〉と言われるようになったのは、それらの国家はすべて貴族たちの権力を維持するために組織されているからである。そして、その権力を維持するために、それらの国家は二つの主要な守護を永遠の特性として保持しているのである。ひとつは秩序〔身分制度〕の守護であり、いまひとつは国境の守護である〔981–1003〕。秩序の守護からは、まずは血縁関係の守護がやってくる。この目的のためにローマ人はローマ暦三〇九年まで婚姻の儀式を執りおこなうことを平民には閉ざしていたのである〔598〕。つぎには行政職の守護がやってくる。このことから貴族たちは執政官職に就かせろという平民の要求をあれほどまで強く拒否してきたのである。そのあとには祭司職の守護、そしてこのために最後には法律の守護がやってくるのであって、最初の諸国民はすべて法律を神聖なものと見なしていたのだった。こうして、十二表法が制定されるまでは、「公理」〔284〕においてわたしたちにハリカルナッソスのディオニュシオスが確認してくれているように、貴族たちはローマを慣習によって統治していたのである。また、その後も百年間は、法学者のポンポニウスが語っているところによると[2]、その法の解釈を神官団の内部に閉ざしていたというが、それは、その時代までは、神官団には貴族だけが加わっていたからである。いまひとつの主要な守護は国境の守護である。こうしてローマ人は、コリントに破壊行為をはたらくまでは、さきに公理を二つ提示しておいたように〔273–276〕、平民を好戦的にさせないために、戦争においては他に比べうるものがないほどの公平さを遵守していたのであり、また平民を富ませないために、勝利した場合でも敵方にたいしてこのうえなく慈悲深い処置をとっていたのである。

587　このような詩的歴史の大いなる重要な特徴はつぎの物語〔神話伝説〕のうちにすべて含まれている。クロノス＝サトゥルヌスが幼いゼウス＝ユピテルを食べようとする。と、キュベレの祭司たちがクロノス＝サトゥルヌスからゼウス＝ユピテルを隠し、武具を打ち鳴らして嬰児の泣き声が聞こえないようにしたという話がそれである。ここでは、クロノス＝サトゥルヌスは、日雇い農夫として主人である家父長たちの田畑を耕し、自分たちの生活を支えるための田畑を家父長たちから手に入れたいと熱望していた奴僕たちの詩的記号であるにちがいないのだった。また、こうしてクロノス＝サトゥルヌスはゼウス＝ユピテルの父にあたるわけであるが、それはこのクロノス＝サトゥルヌスを機会原因として家父長たちの国家的な統治が誕生したからであって、この家父長たちの国家的な統治は、さきに述べたように〔586〕、オプスを妻としたユピテル＝ゼウスという詩的記号によって説明されるのである。それというのも、ユピテル＝ゼウスは前兆の神であると受けとられていたので――その前兆のうちで最も厳粛なものは雷光と鷲であった（その場合のユピテル＝ゼウスの妻はユノ＝ヘラであった）――、かれは〈神々の父〉、すなわち英雄たちの父なのであった。英雄たちは、自分たちはユピテル＝ゼウスの息子であると信じていたのである。かれらはユピテル＝ゼウスの前兆によって厳粛な結婚から産まれたからである（その結婚の守護神がユノ＝ヘラなのだ）。こうしてかれらは〈神々〉の名を僭称することとなったのであり、その神々の母が大地神、あるいは、いましがたも述べたとおり〔586〕、このユピテル＝ゼウスの妻であるオプスなのだ。同様にまた、このユピテル＝ゼウスは〈人間たちの王〉であるとも言われた。すなわち、諸家族の並存していた状態における奴僕たち、そしてまた英雄都市における平民たちの王であるというのであった〔437〕。ところが、このユピテル＝ゼウスの〈神々の父〉および〈人間たちの王〉という〕二つの称号は、ここに見たような詩的歴史にかんする無知のために混同されてしまい、あたかもユピテル＝ゼウスは人間たちの父でもあったかのように解釈されるにいたったのだった。しかし、リウィウスも語っているように、[1] 奴僕ないしは平民は古代ローマ国家の時代にはずっと〈父の名を称しえなかった〉のである〔433〕。それというのも、厳粛な婚姻の儀式を執りおこなうことなく、自然婚から生まれていたからである。このため、法学には、〈婚姻が父親を証明する〉という規則が残ることとなったのである〔567〕。

588　これのあとに、キュベレ、あるいはオプスの祭司たち（さきに少しばかり述べたように〔254〕、またのちに十分に証明するように、最初の王国はどこでも祭司たちによって統治されていたのだ）がゼウス＝ユピテルを隠したという物語〔神話伝説〕が続く（ラテン語の文献学者たちは、この〈隠す〉latereということから〈ラティウム〉Latiumという呼称は出てきたものと推測している。またラテン語は、その詩的歴史を〈コンデレ・レーグナ〉condere regna〔王国を創設する／隠す〕という言い回しのうちに保存している。このことについてはさきに述べたとおりである〔535〕。家父長たちは反抗した奴僕たちに対抗して閉鎖的な団体を形成した。そして、このように自分たちのことを秘匿したことから、政治学者たちが〈アルカーナ・インペリー〉arcana imperii〔支配の奥義〕と呼んでいるものが生じるようになったのだった）。またこの物語は、祭司たちが武具を打ち鳴らして、この団体が一致団結するなかで生まれたばかりのゼウス＝ユピテルの泣き声が聞こえないようにし、こうしてゼウス＝ユピテルを救った、とも語っている。このようにして、プラトンが曖昧に〈国家は武器を基盤にして生まれた〉[1] と述べていたことが、この物語では判明に語られているわけである。英雄国家では貴族たちは平民の永遠の敵であると誓い合っていた、というさきに「公理」〔271〕において見ておいたアリストテレスの言葉も、これと合体させなければならない。このような英雄国家の永遠の特性は、今日でも、召使いは主人から給料をもらっている主人の敵である、という言い方となって残っている。この歴史をギリシア人はつぎのような語源学的事実のうちに保存してきた。すなわち、ギリシア人のもとでは、〈ポリス〉πόλις、〈都市〉から、〈戦争〉は〈ポレモス〉πόλεμοςと呼ばれているのである。

589　このことと関連して、ギリシア人はいわゆる大氏族の第十番目の神性をつくり出した。アテナである。そして、この女神の誕生はつぎのような凶暴であると同時に不様な仕方でなされたものと想像していた。ヘパイストスがゼウスの頭を斧で断ち割る。すると、そこからアテナが生まれたというのである〔579〕。この物語によってかれらが言おうとしていたのは、隷属的な仕事に従事していた奴僕たちの群れがいましがたも述べたように平民的ヘパイストスという詩的記号のもとに結集して、諸家族の並存状態のもとにあって一頭支配的体制をとっていたゼウスの王国を〈〈無力化させる〉とか〈弱体化させる〉という意味で〉うち壊し（ラテン語には〈ミヌエレ・カプト〉minuere caput、〈頭を砕く〉という表現が残っているが、これは〈王権〉というような抽象的表現を用いるすべをラティウムの人々は知らなかったので、〈頭〉という具体的な言い方をしたのだった）、貴族政体をとった都市国家へと変えていったということなのであった。だから、そのような〈ミヌエレ〉minuere〔砕く〕ということから、ラティウムの人々はアテナのことをミネルウァと表現するようになったのではないか、という推測[1]もあながち当たっていないわけではないのである。また、同じくラティウムの人々のもとにはローマ法で〈身分・状態の変化〉を指すのに〈カピティス・デーミヌーティオー〉capitis deminutio〔頭格喪失〕という言い方が残ることになったのも、このきわめて古い時代の詩的表現に由来するのではないか、という推測についても同様である。じっさい、ミネルウァは家族の並存状態を都市国家の状態へと変えたのだった。

590　その後哲学者たちはこの物語にかれらの形而上学的省察のうちでも最高の省察を打ちこんだ。永遠の観念は神によって神のうちに産み出され、一方、創造されたもろもろの観念は神によってわたしたちのうちに産み出される、という省察である。しかし、神学詩人たちはアテナ＝ミネルウァを政治的な身分[1]という観念のもとに観照していたのだった。じじつ、ラティウムの人々のあいだでは〈元老院〉のことを指すのに〈オールドー〉ordo という言葉が使われた形跡がある〔このことがおそらくは動機となって、哲学者たちはその〔政治的な身分という〕観念を永遠の身分にほかならない神の永遠の観念であると思いこむにいたったのだろう〕。そしてここから、最も優れた者たちで構成される身分こそ都市の知恵である、という永遠の特性が残ることとなったのだった。しかしまた、アテナはホメロスのもとではいつでも〈戦いを好む〉とか〈掠奪者の〉といった形容句を付けて表現されていて、知るかぎり、〈助言者の〉という形容句が付けられた例はたったの二回あるにすぎない[2]。またアテナ＝ミネルウァにふくろうとオリーヴの油がささげられたのは、彼女が夜中に思索し、燈火の下で読んだり書いたりしていたからではなく、さきに述べたように〔387〕、文明が創建された隠れ場所〔天神の発する雷光に恐怖して巨人たちの一部が逃げこんだ洞窟の底〕を覆っていた暗い夜を指し示すため、そしていっそう適切には都市を構成していた英雄たちの議会が秘密裡に法律を構想したことを指し示すためであった。ここからアレイオパギテース〔アテナイのアレイオパゴスの会議場で裁判をおこなっていた裁判官たち〕がアテナイの議会で夜中に賛否の意見を述べるという慣習が残ることとなったのである（アテナイはアテナ女神の都市であった）。またこのような〔隠れた場所で秘密裡に法律を構想するという〕英雄的慣習からラティウムの人々のもとでは〈コンデレ・レーゲース〉condere leges〔法律を制定する〕という言い方がなされたのだった。だから、〈法律の制定者〉legum conditoresというのはまさしく法律を制定していた元老院議員たちのことであったのであり、〈法律の伝達者〉legum latoresというのは、ホラティウスの告発の場合についてさきに述べておいたように〔521〕、元老院議員から平民たちに法律を伝達していた者たちのことであったのだ。神学詩人たちがアテナ＝ミネルウァを知恵の女神と考えることからどれほど懸け離れた場所にいたかは、彫像やメダルにおいて彼女がつねに武装した姿で登場していることから明らかとなる。また彼女は法廷においては〈アテナ〉であり、平民集会においては〈パラス〉であり（たとえばホメロスの詩のなかでは、パラスは父親のオデュッセウスを探しに行こうとしているテレマコスをかれが〈別の民〉と呼ぶ平民の集会に案内している[3]）、最後に戦場においては〈ベロナ〉であった。

591　だから、アテナが神学詩人たちによって知恵を指すものと理解されていたという謬説と、〈クーリア〉curia〔元老院〕が国家の〈クーラ〉cura〔世話〕に由来するという謬説[1]とは軌を一にしていると言わねばならない。これらが謬説であるというのは、諸国民は当時なおも無知蒙昧な状態にあったからである。それは太古のギリシア人によって〈ケイル〉χείρ、〈手〉という言葉から〈キュリア〉κυρία と言われていたにちがいないのであって、そこからラティウムの人々のもとでも同じく〈クーリア〉と言われるようになったのだった[2]。このことは、古代の二つの大いなる断片のうちのいずれかから推測することができる。これらの断片は（「年表」と「年表への註記」において述べておいたように〔77〕）ギリシアの英雄たちの時代に先立つギリシア史のうちに、ひいてはエジプト人の言う神々の時代〔52〕——この時代のことをわたしたちはここで追跡しているわけであるが——のうちにばらまかれているのを、わたしたちにとって幸運なことにも、ドニ・ペトーは発見している(3)。

592 それらの断片のうちのひとつは、ヘラクレイダイ、すなわちヘラクレスの子孫たちはギリシア全土に散在しており、アテナイのあったアッティカ地方にも住んでいたが、その後スパルタのあったペロポネソスに引きこもったというものである。そのスパルタはヘラクレスの血筋を引く二人の王の支配する貴族政体をとった国家あるいは王国であって、ヘラクレイダイすなわち貴族たちが〔五人で構成された民選の〕執政官の監督のもとで法律と戦争の執行にあたっていた。執政官は〔民選ではあったが〕人民的自由ではなくて主人的自由の番人であった。じじつ、かれらはアギス王〔前二四〇年に没したアギス四世のことか〕を絞殺するよう命じたが、それはこの王がリウィウスによって〈平民を貴族に敵対して燃え上がらせる燃え木〉と定義された(1)債務を帳消しにする法律と、さらには遺産相続の権利を貴族身分の外にまで普及させようとする遺言にかんする法律を人民にあたえようとくわだてたからであった。遺産については、それまでは貴族だけが自権者としての地位や宗族関係や氏族関係を有していてしかるべきであるとされていたため、貴族だけが正当な相続権をもつとされていたのである。そして同様の事件は、のちに証明するように〔598〕、十二表法が制定される以前のローマでも起きていたのだった。このようなわけで、カッシウス(2)やカピトリヌス(3)やグラックス兄弟(4)やその他の主だった市民たちが、それと同様の法律によって、哀れな抑圧されたローマの平民の地位を少しばかり高めようとしたということで、元老院から裏切り者呼ばわりされて殺されたように、アギス王も執政官たちによって絞殺されたのである。ところが、そのスパルタの執政官たちが、ポリュビオスによると、ラケダイモンの人民的自由の番人であったとは！[5] それゆえ、アテナイも、女神アテナからそう呼ばれていたのだが、最初の時代には貴族政体をとっていたにちがいないのだった。このことについては、さきに見たように〔423〕、アテナイでは貴族たちに占領されていた時代にドラコンが支配していた、とギリシア史がわたしたちに語っているとおりである。また、トゥキュディデスもそのことを確認してくれていて、厳格このうえないアレイオパギテースによって統治されていたあいだ、アテナイは最も美しい英雄的美徳に溢れ、最も卓越した事業をおこなっていた、と語っている[6]（ローマでも、のちに見るように、貴族政体をとっていた時代に同様のことが起こっている）。なお、アレイオパギテースをユウェナリスは〈武装した裁判官〉という意味で〈マルス神の裁判官〉と翻訳している。[7] しかし、この語は〈アレース〉Ἄρης＝〈マルス〉とラテン語の〈パーグス〉pagus〔村人〕の語源である〈ペーゲー〉πηγή とで構成されているのだから、ローマ人がそう呼ばれていたように〈マルスの民〉と翻訳されていたほうがよかっただろう。なぜなら、諸国民は誕生当初、貴族のみで構成されており、貴族だけが武器を携帯する権利をもっていたからである。このような〔貴族の支配していた〕状態から、ペリクレスとアリスティデスは（護民官のセクスティウス[8]とカヌレイウス[9]がローマにおいて着手したのと同じように）アテナイを人民的自由の状態に変換したのだった。

593 もうひとつの大いなる断片は、ギリシア人がギリシアの外に出たとき、クーレーテスすなわちキュベレの祭司たちがサトゥルニア（すなわち古代イタリア）とクレタとアジアに散在しているのを見た、というものである。[1] だから、最初の野蛮な諸国民のあいだでは、太古のギリシアに散在していたヘラクレイダイの王国に対応するクーレーテスの王国が栄えていたにちがいないのだった。これらのクーレーテスこそ、武具を打ち鳴らして、クロノス＝サトゥルヌスがむさぼり食おうとしていた幼いゼウス＝ユピテルの泣き声が聞こえないようにしていた、例の武装した祭司たちであったのだ。この物語〔神話伝説〕についてはいましがた説明したとおりである〔588〕。

594　いままで推理してきたすべてのことからして、このような太古の時点から、このような仕方でもって、ローマ史の著作に登場する最も古い民会である最初の〈コミティア・クーリアータ〉comitia curiata〔貴族会〕は生まれたことがわかる〔624–628〕。それらの民会は武装しておこなわれたにちがいなく、その後もずっと神事をあつかうために維持されたのだった。というのも、最初の時代には俗事はすべてこのような宗教的観点のもとで見られていたからである。リウィウスは、ハンニバルがガリアを通過したとき、そこでもそのような〔武装した〕集会がおこなわれていたことに驚いている[1]。しかし、タキトゥスは、『ゲルマニア』のなかで、ゲルマニアでも同じような集会が祭司たちによって開かれており、その集会で祭司たちは、まるでかれらの神々がそこに居合わせているかのように、武器の真ん中で刑罰を言い渡していた、と語っている[2]（これはことがらの本質をみごとに捉えた正しい言い方である。刑罰を言い渡すための英雄集会が武装していたのは、法律の最高命令権は武力の最高命令権のあとに続いてやってくるからなのであった）。そして、さらには一般的な言い方をして、ゲルマン人はかれらの公事を武装して運営しており、そこでは祭司たちが議長を務めていた、と語っている[3]。このようなわけで、その習俗は最初の野蛮な諸民族のすべてに同じく見られるのではないかと想定する機会をあたえてくれている古代のゲルマン人のあいだにも、エジプトの神官たちの王国〔605〕が見いだされるのである。また、さきにも述べたように、ギリシア人がサトゥルニア（すなわち古代イタリア）とクレタとアジアに散在しているのを見たクーレーテスすなわち武装した祭司たちの王国〔593〕が見いだされるのである。さらには、太古のラティウムのクイリーテースが見いだされるのである。

595 いままで推理してきたもろもろのことがらからして、〈ユース・クイリーティウム〉ius quiritium〔クイリーテースの法〕というのはイタリアの英雄的氏族の自然法であったにちがいない、と推測される。それが、他の諸民族の自然法と区別するために、〈ユース・クイリーティウム・ローマーノールム〉ius quiritium romanorum〔ローマ市民の法〕と言われたのだった。また、それはサビーニ人とローマ人とのあいだで取り結ばれた契約によるものではなかった。いわんや、ローマ人が〈クイリーテース〉と呼ばれたのはサビーニ人の首都クレースに由来するものではなかった。[1] なぜなら、もしそうであったなら、ギリシア人がサトゥルニアで見たと証言している〈クーレーテス〉という名前で呼ばれていたはずだからである。しかし、サビーニ人の首都がケレースと呼ばれていたのなら——ラテン語の文法学者たちはそう呼ばれていたと思いたがっているが[2]——、その場合にはむしろ〈ケリーテース〉と呼ばれてしかるべきであっただろう（これはまたなんとはなはだしい観念の歪曲であることか、わかろうというものである！）。〈ケリーテース〉というのは、財産調査官によってなにひとつ公的名誉にあずかることはないまま税を負担するよう宣告されたローマ市民のことであったのだ。つまり、かれらは、まもなく見るように〔597〕、英雄都市が誕生したさいに奴僕を構成することとなった平民たちが受けたのと同じ扱いを受けたわけである。そして、そのような平民たちの仲間にサビーニ人も加えられたにちがいないのだった。なにしろ当時は野蛮な時代で、敗北した都市は城壁を取り壊され（ローマ人は、かれらの生みの母であったアルバ市にたいしてすら、そうした措置を免除してやろうとはしなかったのである）、降伏した者たちは平原に散り散りばらばらに逃亡して、勝利した民族のために田畑を耕さねばならなかったのだ。このようにして征服された近在の都市が〈最初の属州〉であったのであって、それらは〈近くの敗北者〉prope victaeということからそう呼ばれたのだった（こうしてまたマルキウスは、かれがうち破ったコリオリーの町から採って、コリオラヌスと呼ばれるようになったのである）。反対に〈最後の属州〉という言い方がなされたのは、それらが〈遠くの敗北者〉procul victaeであったからなのだった。(3) また、前者の平野には最初の内陸植民が送りこまれた。かれらは〈コローニアエ・デードゥクタエ〉coloniae deductae〔低い身分に貶められた入植者たち〕と呼ばれていたが、これはまことに適切な表現であった。すなわち、かれらは高い身分から引きずり降ろされた日雇い農夫たちの一団であったのだ〔1023〕。これにたいして、最後の植民の場合にはそれは正反対の意味をもつようになった。というのも、入植者たちは貧しい平民たちがそこに住むことを余儀なくされていたローマの低くて耐えがたくじめじめとした場所から属州の高くて地盤のしっかりした場所へ連れて行かれたからである。そして、そこでは、属州の秩序を維持するために、入植者たちを領主の地位につけ、その土地の領主たちを貧しい日雇い農夫に変えてしまうことが画策されたのだった〔300, 560〕。このようにして、結果だけしか見ることをしなかったリウィウスの報告しているところによると、ローマはアルバの廃墟の上に生い育っているのだった。(4) また、フロルスが空しくも省察をめぐらせているように、サビーニ人はローマの娘婿に、掠奪された娘の持参金としてケレースの富を提供しているのである。(5) これこそが、グラックス兄弟の農地法のあとにやってきた植民に先立つ植民の姿なのであった。リウィウス自身も、ローマの平民が貴族にたいしておこなった英雄的な闘争のなかで最初の植民に腹を立てて怒り狂ったのは、それらが最後の植民とは性格を異にしていたからであり、また、それらはローマの平民の地位をなんら向上させるものではなかったからである、と報告している。[6] そしてリウィウスはそれらが争いの火に油を注ぐことになったのを見て、いまも見たようなかれの空しい省察を提供しているのである。

596　最後に、アテナが武装した貴族身分の者たちのことを指し示していたということは、争いの最中にアテナはアレスを石で傷つけた、とホメロスが語っていることから立証される。アレスは、さきに見たように〔579〕、戦争で英雄たちに仕えていた平民たちを象徴する詩的記号であったのだ。さらにはまた、アテナがゼウスに陰謀をくわだてようとしている、と報告していることからも立証される。[1] こういったことは貴族政体のもとではありがちなことなのだ。そこでは、第一人者たちが専制政治をおこなおうとするときには、領主たちは秘密裡に評議してはその者を第一人者の地位から追い落としているのである。暴君の誅殺者にたいして彫像が建てられたという記録が見られるのはこの時代だけである。もしその暴君というのが君主政体のもとでの王であったとしたなら、その王を殺害した者たちは反逆者と見なされていたことだろう。

597　こうして最初の都市は命令する立場にあった貴族だけで構成されていたのだった。けれども、そこには奉仕する者たちも必要とされたので、英雄たちは共通の利益感覚から、蜂起した被保護民たちの群れを満足させることを余儀なくされ、かれらのもとに最初の使節団を送った。使節というのは、氏族の法にもとづいて、主権を握っている者によって派遣されるものなのである。そのさい、英雄たちは使節団を派遣するにあたって、かれらにこの世に生まれた最初の農地法を持参させた[1]〔265〕。ただ、その農地法によって英雄たちが被保護民たちに譲りあたえたものといえば、いかにも強者らしく、できうるかぎり少ないものでしかなかった〔261〕。英雄たちが被保護民に耕作をゆだねていた田畑の委付的所有権がそれである。この意味で、ケレス〔ローマ神話に登場する農業の神〕が麦と法律をともに考案したというのは真実であったと言ってよいだろう。この農地法はつぎのような氏族の自然法によって規定されたものであった。すなわち、所有権は権力に従属するものであり、くわえて奴僕たちはかれらを避難所に救済してやった英雄たちの意向次第で生死を決定される不安定な生命しかもっていないので、それと同様に不安定な所有権しかもたず、その所有権を享受できるのは英雄たちにとって自分たちが耕作をゆだねていた田畑を奴僕たちに所有させておくことが好ましいあいだだけであるというのは正当かつ道理に適ったことである、というわけなのだ。こうして奴僕たちは英雄都市の最初の平民を構成するにいたったのだが、市民としての特権はなんら有していなかったのである。これは、アキレウスがアガメムノンによって不当なやり方でブリセイスを奪われたとき、かれがアガメムノンから受けたと語っている待遇とまさしく同じものである。アキレウスの言によると、アガメムノンは市民としての権利をいっさいもたない日雇い人足にすら投げかけなかったような侮辱の言葉をかれに投げかけたという(3)。

598　これが〈コンヌービウム〉connubium〔婚姻権〕をめぐる闘争のころまでのローマの平民たちの状況であった。というのも、平民たちが十二表法によって貴族たちからかれらにあたえられた第二次農地法のおかげで田畑のローマ市民的所有権を獲得するにいたっていたことは、何年も前に『普遍法の原理』のなかで証明しておいたとおりである(1)(これはその著作が日の目を見たことを悔いてはいない二つの場所のうちの一つである)。しかし、氏族の法にもとづいて外国人は市民的所有権がもてないものとされていた。また平民たちはまだ市民ではなかった。それゆえ、死の間際に平民たちは田畑を遺言によって親族に残すことはできなかったのである。なぜなら、自権者としての地位も、宗族関係も、氏族関係も、すべて正式の婚姻関係に依存していた以上、かれらはそれらをなにひとつ持ち合わせていなかったからである。また、市民ではなかったため、それらの田畑を遺言によって処分することもできなかった。だから、かれらに委ねられていた田畑は、かれらがそこから所有権の根拠を得ていた貴族の手にふたたび返還されていたのである。このことに気づくやいなや、平民たちは三年という短い期間のうちに婚姻権を要求するにいたった。もっとも、ローマ史がわたしたちにはっきりと語っている悲惨な奴隷状態のもとにあって、平民たちは貴族との縁組みを求めていたわけではなかった。もしそうであったなら、ラテン語で〈コンヌービウム・クム・パトリブス〉connubium cum patribus〔貴族との婚姻〕を要求すると言われていたはずである〔987〕。そうではなくて、かれらが求めていたのは、家父長＝貴族たちが取り結んでいるような厳粛な儀式を挙行しての婚姻を取り結ぶことであった。そこでかれらは〈コンヌービウム・パトルム〉connubium patrum〔貴族流の婚姻〕を要求したのだった。その種の婚姻を厳粛なものにしている最たるものはウァッロとメッサラが〈より大きな前兆〉と呼んでいた公的な前兆であった〔525〕。それらを家父長＝貴族たちは〈前兆は自分たちのものである〉と主張して独占していたのである。だから、平民たちはこの要求をつうじてローマ市民権を要求していたわけである。じっさいにも、ローマ市民権の自然的な原理は婚姻であった。それゆえ婚姻は法学者のモデスティヌスによって〈神と人間にかんするあらゆる権利を共有すること〉omnis divini et humani iuris communicatio と定義されているのだが、市民権そのものにかんしてもこれ以上に適切な定義をあたえることはできないのである〔110〕。

[第2章] 国家はすべて封土にかんするいくつかの永遠の原理から生じる

599 このようにして、獲得物を手放さないでおこうとする強者の自然本性と政治生活において期待される恩恵の自然本性とから（「公理」[260-262]において述べたように、人間にかんするこれら二つの自然本性に封土の永遠の原理は基礎を置いているのである）、三種類の封土による三種類の所有権をともなった国家がこの世に生まれたのだった。この三種類の所有権は三種類の人格が三種類の事物にたいして有しているものである。

600 第一の所有権は、農園もしくは人間の封土の委付的所有権〔266, 597〕であった。この所有権は、野蛮時代がふたたび戻ってきたときに封土関係の法律で〈家来・封臣〉のことが〈人間〉と呼ばれているということでオトマンが驚いている、その〈人間たち〉が英雄たちの所領の収穫物について有していたものである〔437〕。

601 第二の所有権は、貴族的、すなわち英雄的な封土、もしくは今日〈軍事的〉と呼ばれている、武力で守られた封土の市民的〔クイリーテース的〕所有権〔26〕であった。すなわち、英雄たちが団結して武装した身分を形成し、自分たちの所領にたいする絶対的権力を維持していたさいのよりどころとなる所有権であった。これは自然状態においては最高の所有権であった。キケロは、別の場所でも述べたことがあったように〔490〕、『腸卜占者の返答について』という演説のなかで、このような所有権がかれの時代にもローマのいくつかの名門に残されていたことを認めており、それを〈私的にだけでなく公的にもいっさいの物質的負担を免除された不動産所有権〉と定義している。[1] さらに、この所有権については、モーセ五書にも黄金の場所がある。そこでモーセが語っているところによると、ヨセフの時代にはエジプトの神官たちは王に自分たちの土地に課せられた税を払わないでいたというのである。[2] そして、わたしたちも少し前に証明しておいたように〔594〕、すべての英雄王国は祭司たちからなっていたのだった。また、あとで証明するように〔619〕、ローマの貴族たちは最初、国庫に自分たちの税さえも払っていなかったのである。これらの私的な絶対的権力に属する封土は、英雄国家が形成されるなかで、おのずと、統治する英雄的身分の者たちによって構成される、より高い主権に従属するようになった（かれらの構成するそれぞれの共同体は〈パトリア〉patriaと呼ばれたが、この語には〈もの〉resという語が暗々裡に含意されていた。つまりは〈父たちの利益〉を意味していたのである〔584〕）。この主権をかれらは防御し維持していかなければならないのであったが、それはこの主権がかれらの全員を相互に平等な地位に置きつつ、それぞれの家族の内部における絶対的な命令権を保持することを保証していたからである。そしてこのことは自由がもっぱら主人的な自由であったことを意味しているのだった〔105〕。

602　第三の、まったく適切なことにも〈国家的〔都市的〕所有権〉と呼ばれている所有権は、[1] さきに証明しておいたように、最初英雄たちだけで構成されていた英雄都市が、それに先立って家父長たちが神の摂理から受けとっていたある種の神的な封土にもとづいて、自分たちの土地にたいして有していた所有権である〔582〕（この神の摂理のおかげで、家父長たちは諸家族の並存状態のもとにあっての絶対的権力者となったのであり、都市が成立すると自分たちを統治身分へと構成することとなったのである）。

こうして英雄都市はそれぞれが国家的主権をもつ王国に転化したのだった。そして、それらは最高の主権をもつ神にのみ従属していたのであって、その神の摂理が働いていることをすべての国家主権的権力は承認しているのである。このことは、絶対的権力を握った者たちによって人間的感覚をつうじてもはっきり理解できるかたちで言明されている。かれらは自分たちの威厳に満ちた称号に〈神の摂理によって〉とか〈神の恩寵によって〉などという言葉を付け加えているのである。神の摂理ないしは恩寵から王国を受けとったということをかれらはおおやけに言明せざるをえなくされているのだ。したがって、神を崇拝することが禁じられてしまったなら、かれらの権力はおのずと崩れ去ってしまうだろう。じじつ、運命論者や偶然論者、あるいは無神論者からなる国民といったようなものはこの世にはけっして存在したことがなかった。さきに見たように〔334〕、世界のあらゆる国民は、ただ四つしかない主要な宗教〔異教、ユダヤ教、キリスト教、イスラム教〕をつうじて、先を見通している神性の存在を信じてきたのだった。このようなわけで、平民たちは英雄たちにかけて誓い（そのうち、今日まで残っている誓いの言葉は、〈ヘラクレスにかけて！〉〈カストルにかけて！〉〈ポルクスにかけて！〉〈フィディウス神にかけて！〉である。フィディウスは、のちに見るように〔658〕、ローマ人のヘラクレスであった）、一方、英雄たちはゼウス＝ユピテルにかけて誓っていたのである。それというのも、平民たちは当初、英雄たちの支配下にあった（じじつ、ローマの貴族たちは、ローマ暦四一九年にいたるまで、負債をかかえた平民たちを私牢に閉じこめる権利を行使していた〔115〕）。また、統治階級を形成していた英雄たちは、前兆の権利によってゼウス＝ユピテルの支配下にあったからである。ゼウス＝ユピテルが許可しているようにおもわれた場合には、英雄たちは行政官を任命し、法律を施行し、その他の主権的権利を行使した。しかし、禁止しているようにおもわれた場合には、それらを差し控えたのである。こうしたことはすべて〈フィデース・デーオールム・エト・ホミヌム〉fides deorum et hominum〔神々と人間たちのあいだの信義関係〕なのであって、ラテン語の〈インプロラーレ・フィデム〉implorare fidem、〈救いと助けを求める〉とか、〈レキペレ・イン・フィデム〉recipere in fidem、〈自分の保護ないしは支配の下に迎え入れる〉といった表現は、この信義に属するものなのである。抑圧された者たちが〈神々と人間たちの力〉が味方についてくれるよう嘆願するさいに発する〈プロー・デーウム・アトクエ・ホミヌム・フィデム・インプロロー!〉proh deûm atque hominum fidem imploro!〔ああ、わたしは神々と人間たちの信義を求める!〕という言葉などもそうである。これをイタリア人は人間的な感覚でもって受けとめて〈世界の力を!〉poter del mondo! と言い換えたのだった〔523〕。なぜなら、最高の国家権力が〈権力〉と呼ばれるゆえんをなしているこの力、すなわち、いましがた見た誓いの言葉が立証しているように服従する者たちがそれに敬意の念をいだいているこの信義と、権力者が弱者にたいしてあたえなければならないこの保護こそは(これら二つのこと〔信義と保護〕のうちに封建制の本質のすべてが存しているのである)、この国家制度的世界を維持し支配している力にほかならないからである。そして、その力の中心がそれぞれの国家制度的領域の基盤をなしていることは、ギリシア人とラティウムの人々とによって、推理はされないまでも感知されていたのだった(このことは、ギリシア人の場合にはかれらの国家のメダルのうちに、ラティウムの人々の場合にはかれらの英雄的語句のうちに見てきたとおりである〔491, 389, 411〕)。また今日でも、君主たちは、かれらの王冠の頂きに、神聖さを表わす十字架を掲げた球体を載せている。その球体は、さきに証明しておいたように〔548〕、黄金のりんごであって、君主たちが自分たちの君臨している土地にたいして高度の所有権を有していることを表示している。それゆえ、その球体はかれらの戴冠式の最も厳粛な瞬間にかれらの左手の上に置かれるのである。したがって、国家制度的な権力こそは、それの上に乗っかっていてそれを支えにしているすべてのものを支え、包みこみ、維持している国民の財産の所有者であると言わねばならない。そのような国民の財産の一部——スコラの術語を用いるなら、〔事実上ではなく〕ただ権利上でのみ区別される〈不可分割の〉部分——をなしているために、ローマ法では、家父長たちの財産は〈スブスタンティア・パトリス〉substantia patris ないしは〈パテルナ・スブスタンティア〉paterna substantia と呼ばれているのである。そして、このことこそは、国家主権的権力が、身柄についても、取得物、製作物、労働についても、そうした国民の財産に付属するいっさいのものを自由に処分し、領地にたいして所有権を行使する必要がある場合には年貢や税金を課すことのできる深い根拠理由なのである。この所有権を今日道徳神学者や公法の著述家たちは正反対の観点から(しかし実体においては同一のことを指しているのだが)〈卓越的所有権〉と呼んでいる。そして、この所有権にかかわる法律を王国の〈基本法〉と呼んでいる。この卓越的所有権は国土の所有権であるから、君主たちは当然、かれらの政体を支えている財産を保持するため以外にはそれを行使できない。かれらの政体の存廃に国民のいっさいの個別的なことがらの存廃は依存しているのである。

603 国家がこのようにして封土の永遠の原理にもとづいて誕生したということをローマ人が頭で理解はしていないまでも心で感じとっていたことは、かれらが不当に奪われた土地の所有権回復要求をおこなったさいの、わたしたちに残してきたつぎのような宣言の言葉によって証明される。その言葉とは〈わたしはこの土地がローマ市民権にもとづいてわたしのものであることを宣言する〉というものであった(1)〔961〕。こう宣言することによって、かれらは、都市自体のものであり、言うなれば都市の中心的な力に由来するものである土地の所有権にかんする権利確認の公的な訴訟に取りかかったのであった。この〔都市自体の有する中心的な〕力のおかげで、ローマ市民はいずれもそれぞれの所領の確かな所有者なのであった。そして、その所有権は、スコラ学者なら〈不可分割の〉と言ったであろうような〔都市自体の有する〕所有権がたんに権利上分割されたにすぎないのだった。それゆえに〈ローマ市民権にもとづいて〉という言い方がなされたのだったが、その場合のローマ市民というのは、すでに示され、またこれからも示される無数の証拠からわかるように〔594以下、624以下、1073〕、もとは槍で武装して公共の集会に結集し、都市を作りあげていたローマ人のことであった。これこそは、土地と全財産〔それらはすべて土地から生じているのだ〕は、所有者がいなくなった場合には、国庫に戻されるということの深い根拠理由なのである。なぜなら、〈不可分割の〉私的財産はすべて公的財産であるからであって、このため、私的領有者がいなくなったときには、部分としての指示名称を喪失し、全体としての指示名称のみを保持することになるのである。このことがつぎの正確このうえない法律上の表現の原因であるにちがいない。すなわち、〔直接の相続人がいないなかで〕特別に法的に正当と認められた相続人に贈られる遺産は、実際には一度しか贈られないのに、相続人に〈あたえ直す〉redireという言い方がなされるのである。それというのも、ローマ国家を建設するなかで同時に建設したローマ法の創建者たちによって、すべての私的財産は封建法の学者たちが〈契約と摂理にもとづく〉と言っている封土であると規定されていたからである。要するに、いっさいは公的財産から生じているのであり、もろもろの国家的な法律の契約と摂理にもとづいて一定の厳粛な儀式のもとで私人から私人へと回っているのであって、そうした私人がいない場合には、それらが出てきたもともとの起源へと立ち戻らなくてはならないのである。ここで述べたことはすべて、独身男性に正当な刑罰を科した、無効遺産にかんするパピア＝ポッパエア法〔前九年公布〕によってはっきりと裏づけられている。婚姻によってローマ人としての姓を増やしていくことをなおざりにした市民は、たとえ遺言を書いても、その遺言は無効と見なされる。他方、遺言なしでも相続できる親族がいるとも見なされない。こうして、どちらの場合にも、自分の姓を保存するような相続人を得ることはできない。そこで、財産は国庫に返還される、ただし遺産としてではなく特有財産(2)として、タキトゥスとともに言うなら、(3)〈すべての者たちの親〉であるポプルス populus〔人民〕のもとに戻るのである。ここで、その深い洞察力のある著述家は、無効遺産にかんする罰則の根拠理由を、人類の最初の父たちが最初の無主の土地を占拠した太古の時代にまでさかのぼって求めようとしている〔389〕。その占拠行為こそはこの世のすべての所有権の源泉なのだ。かれら最初の父たちはその後、団結して都市を形成する。そして、自分たちの家父長的権力をもとにして国家的権力を作りあげ、自分たちの私的な財産をもとにして〈国庫〉と呼ばれる公的な財産を作りあげる〔619-623〕。こうして、市民たちの財産は私人から私人へと遺産という資格において移っていくのではあるが、国庫に戻る場合には、太古来の特有財産としての資格を取り戻すこととなるのであった。

604　ここで、英雄詩人たちは、英雄国家を生みだすにあたって、大氏族の第十一番目の神性を想像した。**メルクリウス**〔ヘルメス〕である〔317〕。メルクリウスは、蜂起した奴僕たちのところへ法律(1)を神聖な杖（前兆の実物語《じつぶつご》）の中に入れて持参する。ウェルギリウスが語っているところによると、(2)この杖でもってメルクリウスは冥界の神オルクスのもとから霊魂を呼び戻すのである（すなわち、英雄たちの保護のもとにあった状態から脱して四分五裂の無法状態――この無法状態を象徴しているのが詩人たちの冥界の神オルクスなのであって、この神は、のちに説明するように〔688, 717〕、人間という人間をことごとくむさぼり食っていたのだった――に立ち返ってしまっていた被保護民たちを社会生活に呼び戻すのである）。その杖には一匹もしくは二匹の蛇が巻きついている（それらは蛇の抜けがらであって、それぞれ、英雄たちから奴僕たちにあたえられていた委付的所有権と英雄たちが保持していたローマ市民的所有権を表示するものであったにちがいない〔541–542〕）。また、杖のてっぺんには二枚の翼がついており（これは英雄たちからなる組織自体の有する卓越的所有権を表示している〔488, 590, 603〕）、メルクリウスの被っている帽子にも翼がついている（これは英雄たちが自由な主権を有していることを裏づけている。じっさいにも、帽子は〔貴族的な〕自由の象形文字として残ることとなった）。くわえては、かれの踵にも翼がついている（これは土地の所有権は統治する元老院議員たちのものであるということを意味している）。また、身体の残りの部分は丸裸である（なぜなら、かれが持参したのは、市民としての権利をいっさいまとっておらず、すべてが英雄たちの名誉意識に依存していた、裸の所有権であったからである。これはアプロディテとそれに付き従うカリスたちが裸で描かれているのを見た〔569〕のとまさに事情を同じくしている）。このようなわけで、かつてイダントゥルススはダレイオス王にたいして、自分はその地で鳥占いの権利を握っているためにスキュティアの最高の主権者であるということを言おうとして小鳥を示したが〔435〕、そのイダントゥルススの小鳥からギリシア人は翼を切り取って、英雄国家の根拠理由を表示しようとしたのだった。そして最後にローマ人は、分節化された言葉で抽象的に

〈前兆は自分たちのものである〉と言うことによって、市民的な法と権利のいっさいはまさに自分たち英雄のものであることを平民に証明しようとしたのだった〔110〕。こうして、このギリシア人のヘルメスの翼のついた杖は、そこから蛇を取り除かれて、さきに述べたエジプト人、エトルリア人、ローマ人、また最後にはイギリス人の、鷲の乗っかった王笏となるのである〔487〕。そのヘルメスの杖はギリシア人によって〈ケーリュケイオン〉κηρύκειον と呼ばれたが、それはその杖がホメロスによって〈ケーリュケス〉κήρυκες と称されていた英雄たちの奴僕に例の農地法を持参したからである。それはまた〈ケーンスス〉census〔財産登録制度・戸口調査〕を定めたセルウィウス・トゥリウスの農地法を持参した。その結果、対象となった農民たちは、ローマ法上〈ケーンシティー〉censiti〔頭数のみに数えられた者たち・農奴〕と言われたのである(3)。さらにまた、その杖はこれらの蛇によって田畑の委付的所有権を持参した。このため、さきに明らかにしておいたように、平民たちから英雄たちに支払われる借地料は〈オーペレイア〉ὠφέλεια と言われたのである（〈オーペレイア〉という語は〈オピス〉ὄφις、〈蛇〉に由来する）〔541〕。最後に、それはあの有名なヘラクレスの紐帯〔558〕を持参した。この紐帯のために人間たちは英雄たちにヘラクレスの十分の一税〔541〕を支払っていたのであり、ローマの負債平民はポエテリア法〔115〕が制定されるまで貴族の〈債務奴隷〉nexus であり忠誠を義務づけられた家来・従者であったのだ。これらについては、あとで多くのことを論じなければならない。

605　ここで付言しておかなければならないのは、このギリシア人のヘルメスは、クネフという〔鳥頭蛇体の〕象形文字で表示されている、エジプト人に法律をあたえたトート、ないしはヘルメス・トリスメギストゥスであったということである。このエジプト人のヘルメスは蛇の姿で描かれているが、これは耕作地を指し示している〔541〕。頭部は鷹もしくは鷲であるが、これはロムルスの鷹がのちにローマ人の鷲に転化したのと同じで〔487〕、英雄たちの受けとる前兆を意味していた。また一本の帯で縛られているのは、ヘラクレスの紐帯〔558〕の印しである。手には笏をもっているが、これはエジプトが神官たちの王国であること〔594〕を言おうとしたものであった。またこのエジプト人のヘルメスも同じく翼のついた帽子〔604〕を被っているが、これは土地にたいして英雄＝神官たちが卓越的な所有権を有していることを指し示していた。そして最後に、かれは口のなかに一個の卵をくわえているが、これはエジプトの国土を意味させようとしていたのである。そして、これはおそらく、さきに明らかにしておいたように〔602〕、神官たちがエジプトの土地にたいして有していた卓越的な所有権を意味する黄金のりんごではなかったかとおもわれる。このクネフという象形文字のうちにマネトーは全世界の誕生を読みとろうとした(1)。そして学者たちのうぬぼれは見境なく高じて、アタナシウス・キルヒャーは『パンフィルスのオベリスク』のなかでその象形文字は三位一体を表示したものであるとまで言うにいたっているのである(2)。

606　ここにこの世で最初の商業が始まった〔483〕。この〈商業＝コンメルキウム〉commercium という言葉からメルクリウスは名を得たのであった。そしてその後、商業の神と見なされるようになったのである。また、このかれの果たした最初の通信行為〔604〕からかれは使節の神であるとも信じられるようになったのであり、人々の感覚が真実と受けとめたところにしたがって、神々（さきに見たように〔377〕、都市の英雄たちは自分たちのことを〈神々〉と称していた）から人間たち（かのオトマンは、ふたたび戻ってきた野蛮時代には家来・封臣たちが〈人間〉と呼ばれていたことに驚きつつ注目している〔437, 600〕のもとへ派遣されたというように言われたのだった。さらに、ここで英雄であることの根拠理由を表示しているのを見た翼〔488, 604〕は、メルクリウスが天界から地上へ飛んでやって来て、それからまた地上から天界へ飛んで戻るために使うのだと信じられていたのだった。しかし、話を商業のことに戻すとして、商業はまずもってはこれらの種類の不動産をめぐって始まったのだった。そして最初に代金として支払われたものはといえば、それは当然そうであらざるをえなかったように、最も単純で自然なもの、すなわち、土地から収穫されるものであった。そのような支払いは、労役であれ物財であれ、今日でも農民たちの取引においては普通におこなわれている。

607　この歴史の全体をギリシア人は〈法律〉と〈牧養〉とをともに意味する〈ノモス〉νόμοςという言葉のなかに保存してきた。なぜなら、最初の法律は農地法であったからである〔597, 604〕。このために、さきに触れたように〔557〕、またあとでくわしく説明するように〔1058〕、英雄王たちは〈民の牧者〉と言われたのだった。

608　こうして、タキトゥスが古代ゲルマン人のもとにおける平民について語っているのとまさに同じように[1]（タキトゥスは誤って、かれらを奴隷であると思いこんでいる。さきに明らかにしておいたように、ローマでは、英雄たちの同盟者〔奴僕〕はさながら奴隷のような状態に置かれていたからである〔525, 582〕）、最初の野蛮な諸国民の平民たちは、英雄たちによって田園に分散して居住させられ、そこでかれらに割り当てられた田畑のなかでそれぞれの家にとどまり、主人たちの生活を維持するのに必要なものはなんでも農場の産物によって貢納していたにちがいないのだった。このような条件に、さきにやはりタキトゥスから聞いた事情[2]、すなわち、平民たちは英雄たちにたいして、自分の主人をいつも怠りなく守護し、その名誉のために奉仕すると誓っていたという事情〔559〕を付け加えてみよう。そして、そのような権利関係はどのような法律の名によって定義されるのかを考えてみよう。そうすれば、わたしたちによって〈封建制〉と言われている権利関係以外にふさわしい名称はありえないことがはっきりとわかるだろう。

609 このようにして、最初の都市はひとつの身分へと自らを組織した貴族たちとばらばらの群れをなす平民たちをもとにして建設されたことが見いだされるのであった〔597〕。そして、そこには、ここでわたしたちの推理してきた国家制度上の人間にかんすることがらの自然本性から出てくる二つの正反対の特性がともなっていたのである。ひとつは、つねに政体を変化させようとする平民たちの特性であり、じじつ、それを変化させているのはつねに平民たちなのである。いまひとつは、つねに政体を〔現状のまま〕維持しようとする貴族たちの特性である。このために、国家的統治が動揺するなかで、政体の維持に努力する者たちはすべて〈オプティマーテース〉optimates〔貴族〕と言われるのである。ちなみに、〈政体〉Statusという語は、このようにしっかりと足を踏んばって一所にとどまっているstar fermi ed in piediという特性からその名を得ていたのである。

610 ここで二種類の区別が生じた。第一の区別は、賢者と民衆との区別である。それというのも、「公理」〔250〕で言及し、さきにくわしく推理しておいたように〔365, 521〕、英雄たちは前兆の知恵にもとづいてかれらの王国を建設したからである。この区別の結果、民衆には〈世俗の・不浄の〉という形容詞がいつまでも変わることなく残ることとなった。なぜなら、英雄都市の祭司は、英雄たち、もしくは貴族たちに独占されていたからである。じじつ、さきに述べたように〔586〕、ローマ人のあいだでは十二表法が制定されてから百年が経過するまでたしかに祭司職は英雄＝貴族たちによって占められていたのだった。このため、のちに明らかにするように〔957〕、最初の諸民族は、市民権を剝奪するさいには、ローマ人のもとでの〈水火の禁〉〔371, 957〕のようなある種の宗教的破門の儀式を執りおこなっていたのである。それゆえ、諸国民の最初の平民たちは、いま見るように〔611〕、外国人と見なされていたのだった（このことから宗教を異にする者には市民権をあたえないという永遠の特性が残ることとなった）。また、この〈民衆〉vulgus ということから、庶出子のことを〈ウルゴー・クアエスティーティ〉vulgo quaestiti〔民衆のあいだで得られた者たち〕と言う言い方が残ることとなったのだった[1]。さきに推理しておいたように〔567〕、最初の都市における平民たちは、神聖なことがら、もしくは神事にあずかることができなかったので、何世紀にもわたって厳粛な式を挙げて婚姻を取り結ぶことをしていなかったのである。

611　第二の区別は、〈キーウィス〉civis〔市民〉と〈ホスティス〉hostis〔余所者〉の区別であった。〈ホスティス〉は〈客人ないしは外国人〉と〈敵〉のいずれをも意味した[1]。なぜなら、最初の都市は英雄たちとかれらの避難所に迎え入れられた者たちとでなっていたからである（英雄〔貴族〕たちの客人を泊める場所はすべて避難所と受けとられるべきである）。また、ふたたび戻ってきた野蛮時代には、イタリア語で〈オステ〉oste と言えば〈旅館の主人〉と〈戦場での兵士たちの宿舎〉のことであり、〈オステッロ〉ostello は〈旅館〉を意味していた。こうして、パリスはアルゴスの王家の客人、すなわち敵であり、ヘレネという詩的記号によって表象されるアルゴスの高貴な娘たちを誘拐したのだった。同様に、テセウスはアリアドネの客人であり、イアソンはメデアの客人であった。二人ともその後、彼女らを捨てたのであり、彼女らとその土地で婚姻を取り結ぶことをしなかったのである。かれらの行動は、わたしたち現代人の感覚からすれば、実際にもそのとおりであるように、悪漢の所業のようにおもわれる。ところが、その行動が英雄的な行動であるとの評判を得ていたのだった。こうしてまた、アイネイアス〔アエネアス〕についても、その敬虔ぶりを弁護こそされ非難されるべきではないだろう。かれはすでに手込めにしていたディドを（彼女からこのうえなく親切にもてなされており、また寛大にも彼女はかれにカルタゴの王国を結婚の持参金として提供すると申し出ていたにもかかわらず）捨てるのだが、それはかれの生地であるイタリアでラウィニアを——彼女もやはり外国人ではあったけれども——妻に娶るよう定めていた運命に従うためにほかならなかったのだ。この英雄的習俗をホメロスはギリシアの英雄たちのなかでも最大の英雄であるアキレウスの人となりのうちに保存してくれている。アキレウスは、アガメムノンが農夫や牧人のたくさん住みついている七つの領地を持参金として提供するから妻に娶ってくれと申し出た三人の王女のいずれをも断り、自分の生まれた国で父のペレウスが選んでくれる娘を妻に迎えるつもりでいると答えたのだった。(2) 要するに、平民たちは英雄都市の〈ホスティス〉であったのであって、アリストテレスから何度となく聞いたように、〈英雄〔貴族〕たちは自分たちが〔かれら平民の〕永遠の敵であると誓っていた〉のだった〔271〕。この区別の意味するところは、〈キーウィス〉civis〔市民〕と〈田野をうろつき回る者〉という生来の特性においてとらえられた〈ペレグリーヌス〉peregrinus〔放浪者〕という極端な区別のことを考えてみれば、わたしたちの目にも明白になる。〈ペレグリーヌス〉というのは、〈領地〉や〈地方〉を指すのに〈アゲル〉ager という言い方がされるところから（〈アゲル・ネアーポリターヌス〉ager neapolitanus〔ナポリ地方〕、〈アゲル・ノーラーヌス〉ager nolanus〔ノラ地方〕といった具合に〉、ほとんど〈ペルアグリーヌス〉peragrinus〔領地を通過していく者〕という意味でそう言われているのである[3]。これにたいして、世界中を旅して歩く外国人のほうは田野をうろつき回るようなことはせず、公道をまっすぐに進んでいくのである。

612　英雄時代の客人についてのここで推理したような〔〈客人〉とはもともと英雄たちの保護下に置かれていた奴僕＝平民のことであったという〕起源は、サモス島人、シュバリス人、トロイゼーン人、アンピポリス人、カルケドン人、クニドス人、キオス島人が、外国人の力によって、国家を貴族政体から人民政体〔民主政体〕へと変えたというようにギリシア史が語っていることの意味を解明するうえで、大きな光をあたえてくれる。またその起源は、わたしたちが何年も前に出版した『普遍法の原理』[1]のなかで、十二表法がアテナイからローマにやってきたという作り話をめぐっておおやけにしておいたことに最終的な磨きをかけてくれる（この作り話をめぐって述べた個所は、わたしたちがあの著作をまったく無益であったとは考えていない二つの場所のうちのひとつである）。その著作のなかで、わたしたちは「拘束〔債務〕を解かれた強くて健康な者たちについて」という条項こそは例の〔貴族と平民のあいだの〕闘争の主題であったということを立証しておいた。ラテン語の文献学者たちは〈強くて健康な者たち〉というのは無理に服従させられた外国人のことであると言ってきたが、それはローマの平民のことであったのだ。ローマの平民は反乱を起こしたが、それは田畑の確実な所有権を貴族たちから手に入れることができないでいたからにほかならなかった。また、所有権を取り戻すための絶対的な権力が貴族たちに属していた以上、法律を公的な表に永遠に固定して、不確かな権利を明確に規定されたものにし、秘匿されていた権利を明白なものにしておかないと、せっかく手に入れた所有権も確実なかたちでは存続しえなかったのである。これこそ、ポンポニウスが語っていることの真意なのだ。このために平民は十人官の創設が必要になるほどの大騒動を引き起こしたのだった。そして、十人官は政体に別の形式をあたえ、右の条項によって、平民は委付的所有権というかたちでの現実の束縛――このようなかたちで束縛されていたため、かれらは〈グレーバエ・アッディクティー〉glebae addicti〔債務を負った農奴〕であり、〈アドスクリープティキー〉adscripticii〔農奴名簿登載者〕であり、さきに明らかにしたように〔604〕、セルウィウス・トゥッリウスの財産登録制度の〈ケーンシティー〉censiti〔戸口調査の対象者〕であったのだが――を解かれ、ローマ市民的所有権という仮構された束縛にのみ義務を負うことになったと宣言して、蜂起した平民をふたたび服従させたのだった。しかし、その痕跡は、ポエテリア法〔115〕が制定されるまで、貴族たちが有していた、負債平民たちを私牢に閉じこめておくという権利のかたちで残ることとなった。この負債平民たちこそは、リウィウスが優雅に表現している〈護民官たちの刺激〉(2)〈この刺激については、さきに「年表への註記」のなかでプブリリア法にかんして述べた個所〔112〕で挙げておいた〉のもとでローマの政体を貴族政体からついに人民政体に変化させるにいたった〈外国人〉であったのである。

613 ローマは最初の農地革命にもとづいて建設されたのではないということは〔584以下〕、歴史が歌っているように、それが新しくできた都市であったこと〔160〕を明らかにしてくれる。それはむしろ、避難所にもとづいて建設されたのだった。まだいたるところで暴力が続いていたので、ロムルスとその仲間たちはまず自分たちが強くならなければならなかった。そのあとで、そこに逃げこんできた者たちを受けいれ、さきに説明しておいたような保護＝被保護関係を作りあげたのである〔263以下、556以下、

597〕。その後、被保護民たちがそのような状態に我慢がならなくなるまでには、二百年が経過したにちがいないのだった。セルウィウス・トゥリウスが最初の農地法をもたらすまでには〔107〕、それだけの時間がかかったのである。もっと古くから存在した都市の場合には、これと同じことが起こるためには五百年という時間が経過しなければならなかった。古い都市のほうはより単純な人間たちでなっていたのにたいして、ローマはもっと抜け目のない人間たちで構成されていたからである。そしてこれこそは、ローマ人がラティウム、ついではイタリア、さらにその後世界を制覇した理由である。ローマ人はラティウムの他の諸民族よりも若々しい英雄主義を有していたのだった。またこれこそは、ギリシア人が物語〔神話伝説〕によって書いていた英雄時代の歴史をローマ人は通俗語で書いた最も本来的な理由である（このことについては「公理」で述べたとおりである〔158〕）。

614　わたしたちがいま詩的政治学の原理について省察し、ローマ史のうちに観察してきたことはすべて、驚くべきことにも、つぎの四つの英雄的記号が裏づけてくれている。第一はオルペウスもしくはアポロンの竪琴、第二はメドゥーサの頭、第三はローマ人の束桿〔権標〕、第四はヘラクレスとアンタイオスとの争いである。

615　まず、法律がエジプト人のメルクリウス〔トート〕によって発明されたように〔66〕、竪琴はギリシア人のメルクリウス〔ヘルメス〕によって発明されたものであった。また、この竪琴をかれにあたえたのは国家制度的な光もしくは高貴さの神であるアポロン〔533〕であったが、それは英雄国家においては貴族たちが法律を制定していたからである。そして、のちにくわしく説明するように〔647, 661〕、この竪琴を用いてオルペウス、アンピオン、その他の神学詩人たちは法律の知識を宣べ伝えつつ、ギリシア人の文明を創建し確立したのだった。だから、竪琴というのは弦すなわち家父長たちの力が結合したものを表示していたのであって、そこから〈国権〉imperium civilis と呼ばれる公的な権力が構成されて、ついにはすべての私的な権力や暴力を停止させるにいたるのである〔523〕。このため、まったく適切なことにも、法律を〈王国の竪琴〉と呼ぶ呼び方が詩人たちのあいだで残ることとなったのであって、ポリュペモスがオデュッセウスに語ったように〔516〕、それまでは諸家族の並存状態のもとにあって全員が個々ばらばらに分裂したために不和であった家父長たちの家族王国が、法律のもとで一致協力するようになったのだった。そして、この輝かしい歴史はその後天界に竪琴の姿で星々とともに描かれることとなったのであり、アイルランド王国はイギリスの諸王家の紋章の中で竪琴の盾をたずさえているのである。ところがその後、哲学者たちはこの竪琴を太陽によって調律された天球の調和を表示したものというように解釈した。しかし、アポロンがその竪琴を弾いたのは、地上においてであったのである。また、ピュタゴラスはこれまでくわせもの扱いされてきたが、そうではなくて神学詩人であり国民の創建者であると見なされるなら、かれもその竪琴の音を聞くことができただけでなく、聞いたにちがいないのだった。それのみか、かれ自身が竪琴を演奏したにちがいないのである〔427〕。

616　こめかみに翼をつけたメドゥーサの頭に巻きついている蛇たちは、諸家族の並存状態のもとで家父長たちがそれぞれの家族のなかにあって有していた高度の所有権であって、それらがやがてひとつに結集して国家の卓越的所有権を構成する方向へと向かっていったのである〔602〕。またその頭はペルセウスの盾に釘付けにされているが、これはミネルウァ〔アテナ〕が武装していたのと同じ武器である。ミネルウァは、武器の真ん中で、すなわち最初の諸国民——そのなかにはローマ人も入っていたのだが——

の武装した集会の中で、見る者を石に変えるという恐ろしい刑罰をあたえるのである。それらの蛇のうちの一匹が、さきに述べたように、ドラコン〔竜〕であった。ドラコンは自分の血でもって法律を書いたと言われたが、それは、これもさきに述べたように、あのアテナイの都市（ミネルウァはギリシア人のあいだではアテナと呼ばれた）は貴族たちに占領されていた時代にはそれら〔竜＝蛇〕でもって武装していたからである〔542〕。また、今日でも象形文字で書いているシナ〔中国〕人のもとでは、竜は、このことについてもさきに見ておいたように、国家的支配権の表徴である〔423〕。

617　ローマ人の束桿は、諸家族の並存状態のもとで家父長たちが用いていた鉤状の杖である。ホメロスは、世界の歴史が描かれているというアキレウスの盾について描写した場所のなかで、家父長たちのひとりが手にしていたその種の杖を重々しく〈笏〉と呼んでいる。そして、その家父長を〈王〉と名づけている(1)。また、その場所では、あとで十分に説明するように〔683〕、家族の時代が都市の時代の前に固定されている。それらの杖で前兆を受けとっては、家父長たちは息子たちに刑罰をあたえていたのだった。そして、それが十二表法ではさきに見た不敬虔な息子〔父親を殺害した息子〕にたいする刑罰へと移行していったのである〔526〕。このようなわけで、それらの杖の結集はいまここで推理した国権の誕生を意味しているのである。

618　最後に、ヘラクレス（ヘラクレイダイすなわち英雄都市の貴族たちを象徴する詩的記号〔592〕）はアンタイオス（反乱を起こした奴僕たちを象徴する詩的記号）と争い、かれを天上に吊り上げることによって（奴僕たちを高所〔丘の上〕に設営された最初の都市〔377〕に連れ戻すことによって）、かれを打ち負かし、大地に縛りつける。この神話からギリシア人のあいだで〈ひっこき結び〉と呼ばれる遊びが生まれていまに残ることとなったのだが、これはヘラクレスが英雄諸国民を創建したさいに用いたヘラクレスの紐帯にほかならない。[1]またこのことが理由で、平民たちは英雄たちにヘラクレスの十分の一税〔541〕を支払っていたのである。そして、このヘラクレスの十分の一税こそは貴族政体をとったあらゆる国家の基盤をなす納税制度であったにちがいないのだった。このようなわけで、ローマの平民たちはセルウィウス・トゥッリウスの税制によって貴族の債務奴隷同様の状態に縛りつけられていたのであり〔619以下〕、タキトゥスの述べているところによると古代ゲルマン人がかれらの王にたいしておこなっていたという誓約[2]と同様の誓約にもとづいて、戦争のときには強制された従者として自分の費用で主人たちに奉仕しなければならなかったのである〔559〕。従来人民的自由の時代であったと夢想されてきたまさにその時代のさなかにあって、ローマの平民はこのような義務が課されていることを嘆き悲しんでいるのだ。かれらこそ、〈自分の負担した税で戦った〉最初の納税義務者であったにちがいないのだった。[3]しかしまた、そのかれらは自発的に戦に参加した傭兵ないしは冒険軍人であったわけではなく、厳しい必要に強いられて従軍した〔徴募された〕兵士だったのである。

〔第3章〕 税制および国庫の起源について

619　平民たちは、貴族たちがかれらの田畑にたいして課す苛酷な地代と度重なる権利簒奪行為に耐え続けていた（その酷さといったら、最後には護民官のフィリップスが声を大にして、当時ローマに生活していた優に三十万にのぼる市民のあいだで分割されてしかるべきすべての田畑が二千人の貴族によって占有されてしまっている、と叫んだほどであった(1)）。それというのも、タルクイニウス・スペルブスが〔前五〇九年に〕追放されて以来四十年も経過すると、かれの死に安心した貴族たちは哀れな平民にふたたび傲慢な態度をとりはじめていたからである。そこでついに当時の元老院は、平民たちにたいして、それまでは私的に貴族たちに支払わなければならなかった税を国庫に支払うようにという命令を実施せざるをえなくなった。このような措置を講じることによって、今後は平民たちが戦争に従軍するときの費用は国庫が肩代わりできるようにしよう、というのであった。このとき以来、ローマ史には、貴族たちが、リウィウスの報告しているところによると(2)、自分たちの尊厳にふさわしくないものとして侮蔑したという税制が新たに出現することとなる（リウィウスがこのように述べているのは、貴族たちが新しい税制の実施を望んでいなかったのは、それがセルウィウス・トゥリウスの命じた税制ではなかったからである、ということを理解することができなかったからである。セルウィウス・トゥリウスの税制は主人たちの自由を確立しようとしたものであった。その税制のもとでは税は私的に貴族たちに支払われていたからである。ところが、リウィウスは他のすべての学者たちとともに欺かれて、セルウィウス・トゥリウスの税制は人民的自由を確立したものであったと思いこんでいたのである。それというのも、たしかに税制を執行する官職以上に権威のある官職はなかったのにくわえて、第一年目から税制は執政官によって運営されていたからである）。こうして貴族たちは、自分たちの貪欲な術策そのものによって、やがて人民的自由の基盤となった税制〔620〕をみずから形成するにいたったのだった。このようなわけで、護民官フィリップスの時代にはすべての田畑が二千人の貴族の手中に帰してしまっていたため、かれらは当時三十万におよんでいた他の市民たちのために税金を支払わなくてはならなかったのである（これはスパルタですべての田畑が少数者のものと化したのと事情を同じくしている）。というのも、まだ未耕作地であった昔から耕作するよう平民たちに割り当てておいた土地に貴族たちが私的に課していた税が国庫に記載されることになったからである。ローマの平民たちの大きな騒擾と反乱はこのような不平等のために起こったのにちがいないのだった。かれらの起こした反乱をファビウス[3]は、まさにマクシムス〔最も偉大な〕の渾名に値する賢明このうえない命令を発することによって鎮めた。ローマの人民全体を元老院議員、騎士、平民の三つの階級に分割し、市民たちをその資産に応じてそのうちのどれかに割り当てるよう命じたのである。こうして平民たちの心を慰めたのだった。それまではもっぱら貴族たちだけで構成されていた元老院身分が官職に就いていたのにたいして、それ以後は平民たちも富を持ちさえすれば官職に就くことができるようになり、ひいては平民たちにも国家のすべての名誉ある職に加わる正規の道が開かれることとなったのである[4]。

620　このような仕方によってのみ、セルウィウス・トゥリウスの税制は人民的自由の基盤であったという伝説は――さきに「年表への註記」のなかのプブリリア法にかんする場所で仮説として提示しておいたように〔113〕――（この税制によって素材が準備され、またこの税制から機会が生じたという意味で）真実そのとおりであったと認めることができるのである。また、ローマ自身の内部で生まれたこの法律〔プブリリア法〕こそが人民的〔民主的〕な国家をローマに樹立したのであって、アテナイからやってきたという十二表法が樹立したわけではなかったのだ。じっさいにも、ベルナルド・セーニはアリストテレスが〈民主制国家〉と呼んでいるものをトスカーナ語に移し換えるさい、そこに〈自由な人民国家〉という意味をこめて〈税による国家〉repblica per censo と訳している(1)。さらにこのことはリウィウス自身の言からも証明される。リウィウスは、当時のローマ国家の実情についてはまったくの無知ぶりをさらけ出しながらも、それでもなおこう語っているのである。すなわち、貴族たちはこの年、多くの大勝利をもたらしたにもかかわらず、外地で武器によって得た以上のものを都市の内部でこの法律によって失ったと嘆いていた、と(2)。この法律の起草者であったプブリリウス・フィロが〈人民的な独裁執政官〉と呼ばれたのは、このことによっている〔112〕。

621　全人民が都市を構成する人民的自由の政体が到来するとともに、都市的＝国家的所有権 dominium civilis は〈公的所有権〉という本来の意味（それは〈都市＝国家〉civitas のものであるということから〈都市的＝国家的〉civilis と称されていたのである）を失い、いまや全員が一体となってローマという都市を形成することとなったローマ市民たちの私的な所有権へと細分化されてしまった〔603〕。最高の所有権 dominium optimum は、さきに述べたような〈公的な負担もふくめていかなる物的負担によっても弱体化されることのない最も強力な所有権〉という言葉が生じたときの意味〔601〕が曖昧になり、〈いかなる私的な負担をも免除された財産の所有権〉を指すものとして存続することとなった。ローマ市民的所有権 dominium quiritium は、もはや、被保護民ないしは平民がそれを占有できなくなった場合、その者に所有権を保証していた貴族がその権利を防衛してやらなければならない土地所有権を意味するものではなくなった。ローマ法における最初の〈アウクトーレース・ユーリス〉auctores iuris〔法の保証人〕は、ほかでもなくロムルスによって定められたこの保護＝被保護関係にもとづいて、平民たちにほかでもなくこの法律を教示する義務を負っていた人々のことであったのだ。それというのも、貴族たちはこの法律以外のいかなる法律を平民たちに教示しなければならなかったというのか。平民たちは、ローマ暦三〇九年までは、市民としての特権をなんら有していなかった〔110, 598〕。また、十二表法が制定されてから百年が経過するまでは、その法を貴族たちは自分たちの神官団の内部に秘匿したまま、平民たちには知らせずにきたのである〔999〕。このようなわけで、貴族たちは、当時は〈アウクトーレース・ユーリス〉であった（そのなごりは今日でも、ある土地を買った所有者が他人からその土地の返還請求を受けた場合、自分を助けてその権利を弁護してくれる者の名前を告げる〈ラウダーティオー・アウクトーリタース〉laudatio auctoritas〔保証人告知〕のかたちで残っている）。ところが、いまではそのようなローマ市民的所有権は、占有によってのみ保持される委付的所有権とは異なって、返還請求権によって補佐された私的な都市的＝国家的所有権を意味するものとなってしまったのである。

622　これらのことがらは、封土の永遠の自然本性にもとづいて、ふたたび戻ってきた野蛮時代にもそっくりそのまま同じ仕方で戻ってきた。フランス王国を例にとってみよう。フランス王国では、今日その王国を構成している多くの地方は、当時はその王国の国王に服従していた君主たちがそれぞれ支配する領地であった。そして、かれら君主たちはいかなる公的な負担にも服することのない財産を所有していたにちがいないのだった。ところがその後、相続や反逆や家系の断絶などのために、それらの領地は王国に組み入れられてしまい、君主たちの〈最高の権利にもとづく〉ex iure optimo 財産はすべて公的な課税の対象と見なされるにいたった。なぜなら、それぞれの王室が所有していた王たちの家や土地は、縁組や譲渡をつうじて家臣たちの手に移ってしまい、今日では租税や貢納義務の対象とされているからである。こうして、世襲制をとる王国においては、〈最高の権利にもとづく〉所有権はしだいに公的負担を課せられる私的所有権と見分けがつかなくなっていったのだった。この事情は、ローマ皇帝の個人的な財産であった国庫 fiscus がしだいに公的な国庫 erarium と見分けがつかなくなっていったのと同じである〔1076〕。

623 「著作の観念」において注意しておいたように〔25〕、税制および国庫についての以上のような研究は、ローマの制度にかんするわたしたちの省察のなかでも最も困難をきわめた部分であった。

［第4章］ローマの民会の起源について

624　以上に省察してきたことから、ホメロスが語っているのをわたしたちがさきに指摘しておいた〈ブーレー〉βουλή と〈アゴラ〉ἀγορά というギリシアの二つの英雄集会〔67〕は、ローマ人のあいだでは、〈コミティア・クーリアータ〉comitia curiata〔貴族会〕――そのうちの最も古いものは王たちのもとでの集会であったとの記録がある――と〈コミティア・トリブータ〉comitia tributa〔区民会〕に該当するものだったにちがいないことがわかる。前者の集会は〈槍〉を意味する〈クイル〉quir から〈クーリアータ〉と言われるようになったのである。〈クイル〉の属格は〈クイリース〉quiris であって、これがのちに主格となって残ることとなったのだった。このことは、わたしたちが「ラテン語の起源」において推理しておいたことと合致する。[1] じじつ、どの国民のもとでも〈権力〉を意味していた〈ケイル〉χείρ、〈手〉という言葉から、ラテン語の〈クーリア〉curia〔貴族の一門の集会・元老院〕と意味を同じくするギリシア語の〈キュリア〉κυρία という言葉は出てきたのにちがいないのだった。そして、ここから槍で武装した祭司を意味する〈クーレーテス〉という言葉が生じたのである〔593〕。なぜなら、すべての英雄民族は祭司たちでなっていたからであり、また英雄たちだけが武装する権利を有していたからである。さきに見たように、そのようなクーレーテスたちがサトゥルニア（もしくは太古のイタリア）、クレタ島、そしてアジアにも存在しているのをギリシア人は観察していた。また〈キュリア〉という言葉は、古くは〈シニョリーア〉signoria〔貴族の一門の集会・貴族で構成される政庁〕を意味するものであったにちがいないのだった。じじつ、今日でも貴族国家は〈シニョリーア〉と呼ばれている。この英雄たち＝貴族たちで構成される元老院から〈権威〉は〈キュロス〉κῦρος と言われたのだった。しかしまた、それは、さきに指摘したように〔386, 603, 621〕、またあとでも指摘するように〔944〕、〈所有権にかかわる権威〉のことであった。こうした語源にもとづいて、やがて〈ご主人様〉signore〔裕福な男性を指す敬称〕や〈奥様〉signora〔その夫人を指す敬称〕のことを〈キュリオス〉κύριος ならびに〈キュリア〉κυρία と呼ぶようになったのだった。また、ギリシア人によって〈ケイル〉ということから〈クーレーテス〉と言われるようになったのと同様、さきに指摘しておいたように〔562〕、ラティウムの人々のあいだでは〈クイル〉という言葉から〈クイリーテース〉という言い方は出てきたのであって、この〈クイリーテース〉という言葉は、同じくさきに触れておいたように〔594〕、公的な集会に参加する人々にあたえられたローマの威厳を意味する称号であったのだ。なお、その場所でガリア人や古代ゲルマン人の集会とギリシア人がクーレーテスと呼んでいた武装した祭司たちの集会とを結び合わせて指摘しておいたように、最初の野蛮な民族はすべて武器をたずさえて公的な集会を開いていたのである。

625　それゆえ、このような〔クイリーテースという〕威厳ある称号は、人民が貴族のみでなっていて、貴族だけが武器をもつ権利があった時代に用いられはじめたのにちがいないのだった。それがその後、ローマが人民的な国家に転化するとともに、この称号は平民によっても構成された人民のものへと移行していったのである。それというのも、平民たちは当初そのような武器をもつ権利を有していなかったので、平民たちの集会は〈区〉を意味する〈トリブス〉tribus という言葉から〈コミティア・トリブータ〉

〔区民会〕と呼ばれていた。そして、ローマ人のあいだでは、諸家族が並存していた状態のもとでそれが〈ファムリー〉famuli〔奴僕たち〕によって構成されていたということから家族を指して〈ファミリア〉familiaと言われるようになった〔552〕のと同じように、その後に出現した都市からなる状態のもとでは、平民たちからなる区は統治する元老院の命令を受けとるために集会を開いていたが、その命令のうちでも主要でしばしば発せられていたのは平民たちも国庫に貢納しなければならないという命令であった。そこで、〈トリブス〉tribus〔区〕という語から〈トリブートゥム〉tributum〔貢納物・税〕という言い方が出てきたのである[1]。

626　しかし、その後、ファビウス・マクシムスは、ローマ人民全体を市民たちの財産に応じて三つの階級に区分する税制を導入した〔619〕。——それまでは元老院議員だけが騎士であった。英雄時代には貴族だけが武装する権利を有していたからである。だから、ローマ史の記述には、古代のローマ国家は〈家父長〉と〈平民〉とに分かれていた、とあるのであった。このようなわけで、それまでは〈元老院議員〉と言えば〈貴族〉のことを意味していた。また反対に〈平民〉と言えば〈非貴族〉のことを意味していた。ひいては、古代のローマ人民が二つの階級だけであったので、集会の種類も二つの種類だけであった。家父長ないしは貴族ないしは元老院議員で構成される〈コミティア・クーリアータ〉と、平民ないしは非貴族で構成される〈コミティア・トリブータ〉である。——ところが、ファビウスが市民たちをそれぞれの資力に応じて、元老院議員、騎士、平民という三つの階級に分割しなおしてからは、貴族はもはや都市における身分を構成する存在ではなくなり、それぞれの資力に応じて、そうした三つの階級のうちのいずれかに繰り入れられることとなった。このとき以後、〈貴族〉と〈元老院議員〉および〈騎士〉とは区別され、〈平民〉と〈非貴族〉とは区別されるようになった。そして〈平民〉はもはや〈貴族〉に対立するのではなくて、〈騎士〉と〈元老院議員〉とに対立することとなったのだった。また〈平民〉とは〈非貴族〉を意味するものではなくて、たとえ貴族ではあっても〈財産の少ない市民〉は〈平民〉と呼ばれることとなった。反対に、〈元老院議員〉というのはもはや〈貴族〉のことではなくて、〈莫大な財産をもつ市民〉は非貴族ではあっても〈元老院議員〉になることができたのだった。

627　こうしたことから、それ以後、これら三つの階級からなるローマ人民全体がなかでも執政官法を布告するために集まる集会は〈コミティア・ケントゥリアータ〉comitia centuriata〔百人隊議会〕と呼ばれるようになった。また、平民だけで護民官の法律を布告する集会については依然として〈コミティア・トリブータ〉という名で呼ばれることとなった。その場合の護民官の法律というのは、それまではキケロが〈プレービー・ノータ〉plebi nota、すなわち〈平民に公布される法律〉という意味でそう言われていたと伝えている(1)平民会議決のことであった(2)（その一例がユニウス・ブルートゥスの布告した法律であった。ポンポニウスが語っているところによると、その法律によってブルートゥスは王が永遠にローマから追放されることになったと平民に布告したという）。だから、君主政体をとる国家においては、これと似た特性にもとづいて、君主の法律は〈ポプロー・ノータ〉populo nota〔人民に知らされる〕と言うことができるだろう。このために、学識は乏しかったが、その分だけ鋭かったバルドゥスは、平民会議決という語が〈プレービスキートゥム〉plebiscitum というように s を一つしか含まない綴りで記録されてきたことに驚いている(3)。なぜなら、〈平民が公布した法律〉の意味であるなら、〈プレービスキートゥム〉plebisscitum とsを二つ含んだ綴りで表記されていてよかったはずだからである。平民会議決という語は、じつは〈スキオー〉scio〔議決する〕という言葉からではなく、〈スキースコル〉sciscor〔知らされる〕という言葉からやってきているのである。[4]

628 最後に、神聖な儀式を確実に執りおこなうために、クーリア[1]の長だけが集まって神事について問題にする集会は、その後も〈コミティア・クーリアータ〉と呼ばれた。王たちが統治していた時代には、世俗のことがらもすべて神事の相貌のもとで眺められていた。そして英雄たちはどこでも、さきに述べたように〔587–588, 593〕、クーレーテス、すなわち武装した祭司たちであった。ここから、ローマの最後の時代にいたるまで、家父長権は神事の相貌のままにとどまりつづけていた（その権利を規定した条項は法律においてしばしば〈サクラ・パトリア〉sacra patria〔父の祭儀〕と言われている〔526〕）。このために、自権者の養子縁組はこの集会で〈レーゲース・クーリアータエ〉leges curiatae〔クーリアによって決議された法律〕にもとづいて執りおこなわれたのだった。[2]

629　神々の時代〔52〕には、統治は神政、すなわち神的な統治であった。それがその後、最初の人間的な統治、すなわち英雄的な統治へと発展していった（ここで〈人間的〉と呼ぶのは、それらを神的な統治から区別するためである）。しかしまた、この人間的な統治のなかでも、あたかも威風堂々とした河の大いなる潮流は海に流れこんでからも長時間にわたってその流れと清らかな水とを保ちつづけているのと同様に〔412〕、神々の時代が経過していったのだった。なぜなら、人間たちがおこなってきたことはすべて神々がおこなってきたのだというように考える宗教的な思考様式がなおも持続していたにちがいないからである〔922〕（こうしてかれらは、諸家族の並存状態のもとで支配していた家父長たちからゼウスを作りあげたのだった〔585〕。また、最初の都市が誕生したさいに団結して閉鎖的な身分を構成した同じ家父長たちからアテナを作りあげたのだった〔579〕。さらには、蜂起した被保護民たちのもとに派遣されたかれらの使節たちからヘルメスを作りあげたのだった〔604〕。そして最後には、少しあとで見るように〔634〕、海賊の英雄たちからポセイドンを作りあげたのだった）。――このような次第で国家の誕生は神々の時代に見いだされるのだが、この点にかんしては神の摂理こそ最高に称賛されるべきである。神の摂理は、人間たちがまったく別のことを意図しているところを、その人間たちをしてまずもっては神性を怖れるよう導いていったのだった（この神性にたいする怖れこそは国家の最初の基本的な土台なのだ）。――ついでは、この神性にたいする怖れから、かれらは自分たちが他の者たちに先んじて占拠した最初の無主の土地に定住するようになった（この占拠がすべての所有権の源泉なのだ〔389〕）。そして、巨人たちのうちでも最も強健な者たちはいつまでも枯れることのない泉の湧き出ている山の頂上部分を占拠していたので、神の摂理は、そこが健康的で守りが固く水が豊富にある場所であることをかれらが見いだしてその場所に定着し、もはや放浪することのないように取り計らった。この三つの性質〔健康的で、守りが固く、水が豊富にあるということ〕こそ、やがてそこに都市が起こるために土地がもっていなければならない性質なのだ〔525 以下〕。――それから、神の摂理は、同じ神性にたいする怖れを力として、かれらが決まった女といっしょになって生涯変わらずに同居しつづけるように取り計らった。ここにすべての権力の源泉であると認められている婚姻の制度が生まれることとなったのである〔506以下〕。――その後、かれらはこの女たちと国家の苗床である家族を形成するにいたっているのを見いだすこととなった。――そして最後には、かれらは避難所〔561〕を開いたことによって保護＝被保護関係を作りあげてしまったのを見いだすこととなった〔557〕。こうして、やがて最初の農地法〔597〕によって都市が二種類の人間共同体を基礎にして生じるための素材を準備することとなったのである。ひとつは支配する貴族たちの共同体であり、いまひとつは服従する平民たちの共同体である（テレマコスは、ホメロスに出てくる長々とした演説のなかで、かれらのことを〈別の民〉と称している〔590〕。すなわち、英雄たちで構成される統治する民とは異なる、従属させられた民であるというわけである）。ここから政治学の素材が出てくる。政治学というのは、都市＝国家における支配と服従にかんする学以外のなにものでもないのだ。また、国家が誕生するにあたって、神の摂理は最初の人間たちの野生的で孤独な自然本性に見合うように、それらを貴族政体という形式で誕生させる。そして、その形式の本領は、政治学者たちも気づいているように、もっぱら国境と秩序〔身分制度〕を守護することにあるのである〔586, 981–998〕。このようにして、文明の端緒についたばかりの諸民族が、かれらの統治の形式によってもまた、長期間にわたって国境と秩序の内部にとどまりつづけ、野獣的状態のもとで常態化していた破廉恥で非道な乱婚の習性を忘れ去るようにしようというのだった。さらには、最初の人間たちの知性はどこまでも個別的なことがらだけに意を用いていて、共通の善というものを理解することができないでいた。このため、ホメロスがポリュペモスからオデュッセウスに語らせているとおり〔516〕、他人の個別的なことがらにすら関心をもたないでいることに慣れてしまっていた（この巨人＝ポリュペモスのうちにプラトンは都市の状態に先立ついわゆる〈自然の〉状態における家父長たちの姿を認めている〔296〕）。そこで神の摂理は、そのような統治の形式そのものによって、かれらをかれらの〈パトリア〉〔〈父たちの利益〉の意〕に団結させ、かれらの家族内における一頭支配が保証していたのと同じ量だけの私的利益（これのみがかれらの理解していた利益であったのだ）が保持できるようにしようと取り計らった〔584〕。こうしてかれらは、かれら自身の意図していたあらゆることから逸脱して、〈国家〉と呼ばれる普遍的な公共的善において一致を見ることとなったのであった。(1)

630　さてここで、さきに「方法」の個所で挙げておいた神的な証明〔343〕にもとづいて、どれほど単純かつ自然な仕方でもって神の摂理がこれら人間たちのことどもを命じたかということを省みるとともに、このことの意味するところについて考察してみるとよい。いっさいは神々の仕業であると人間たちが述べていたのは、偽りの感覚によってそう述べていたのだったが、真実を述べていたのである〔490〕。

——また、そこに無数の国家制度上の結果を結び合わせてみるとよい。それらの結果はすべて、この著作全体をつうじて観察されるように、この国家制度的な世界の四大元素とも言うべき四つの原因に帰着させることができるだろう。すなわち、さきに推理しておいた宗教〔神性にたいする怖れ〕、婚姻、避難所、最初の農地法の四つである。——それから、あらゆる人間的可能性のなかにあって、かくも多彩で多様なことがらが、エピクロスが偶然から生まれたと言い、ゼノンが必然から生じたと言っている当の人間たち〔345〕のあいだで、これとは別の仕方で、これよりも単純で自然な始まりをもちえたかどうかを探求してみるとよい。この自然の秩序の外へと、偶然もかれらを逸脱させることはないのであり、運命〔必然〕もかれらを引きずっていくことはないのである。なぜなら、国家が誕生しようとしていたその瞬間には、すでに素材〔質料〕はまえもって準備を整えていて、形式〔形相〕を受けいれる用意ができていたからである。そして、そこから知性と身体とでもって構成された国家の範型が生じてくるのである。準備の整った素材とは、かれら自身の宗教、かれら自身の言語、かれら自身の土地、かれら自身の婚姻、かれら自身の名前（すなわち氏族名ないしは家名）、かれら自身の武器、それからかれら自身の支配権、かれら自身の行政職、そして最後にかれら自身の法律であった。それらの素材は、かれら自身のものであったため、まったく自由なものであった。そして、まったく自由なものであったため、真の国家を構成するものでもあったのだ。また、こうしたことのすべてが生じるのは、上述の権利がすべてまえもって自然状態のもとにあって一頭的支配者であった家父長たちのものであったからにほかならないのだった。家父長たちは、この時点にいたって、団結して自分たちをひとつの身分に構成しつつ、最高の都市的＝国家的権力を生みだす方向へと歩み出していったのである。それは、自然状態において、かれら家父長たちが神以外の他の者には従属することのない家族内権力を掌握していたのと事情を同じくしている。この最高の権力をもった都市＝国家という人格は知性と身体とで形成された。知性を代表していたのは、そのこのうえなく粗野で単純な状態のもとにあって自然な仕方で賢者でありえたかぎりでの賢者たちからなる身分であった。そしてここから、賢者たちからなる身分が存在しなくては、政体は外見上国家の体をなしているようでいて、内実は魂のない死せる肉体にすぎない、という永遠の特性が残ることとなった。一方、身体は頭部とその他のより重要度の低い器官とで形成されている。ここから、国家にはもうひとつの永遠の特性が残ることとなった。ある者は知性を使って公共の政治的な知恵に奉仕しなければならず、ある者は身体を使って平時にも戦時にも同様に必要とされる諸種の職業や技術に奉仕しなければならないというのが、それである。これにさらにはつぎのような第三の永遠の特性が加わる。すなわち、そこでは知性がつねに支配するのであり、身体はいつまで経っても服従したままでいなければならないというのが、それである〔597〕。

631　しかし、さらに驚くべきことは、神の摂理が家族を誕生させたとき（家族はすべて、無知と無秩序のためにいずれもが真実の神を認識することこそなかったけれども、神性についてのなんらかの認識とともに生まれたのだった）、その家族は各自がそれぞれ自分の宗教、言語、土地、婚姻、名前、武器、統治方法、法律をもつようになったことによって、同時に、上述のような特性をすべて具備した大氏族の自然法も誕生させ、それをやがて家父長たちが被保護民たちにたいして用いることができるようにしたということである。こうしてまた、神の摂理は国家を誕生させたとき、国家が誕生したさいにとっていたアリストクラティックな形式を手段に用いて、国家の誕生に先立って自然状態のもとで遵守されていた大氏族（または家族）の自然法を小氏族（または人民(1)）の自然法にも移行させ、都市の時代のなかで遵守するようにさせたのだった。それというのも、上述の権利を被保護民たちに行使し、その時点において被保護民に対抗する自然的な身分へと自分たちを閉ざしていた家父長たちは、このたびは上述の特性をすべて平民たちに対抗するかれらの政治的な身分の内部に閉じこめるにいたったからである。英雄国家の厳格このうえないアリストクラティックな形式はこのことによって成り立っていたのだった。

632 このようにして、現在さまざまな都市民や国民のあいだでおこなわれるようになっている万民の自然法は、もとはといえば国家が誕生するさいに最高の政治的権力に固有の法として生まれたのであった。だから、内部に上述の諸特性のすべてを具備した最高の政治的権力をもっていないような都市民ないしは国民は、本来の意味では都市民でも国民でもないのであり、外部にあって他の都市民や国民に対抗して万民の自然法を行使することもできないのである。権利と同様、行使もまた、自分たちよりも優れた他の都市民ないしは国民の手に移ることになるだろう。

633 ここで推理したことがらは、最初の都市の英雄たちは自分たちのことを〈神々〉と称していたというさきに述べた事実〔449〕といっしょにして立ててみたなら、氏族の自然法の諸規定は〈神々によって定立された法〉であるというモットーの意味を説明してくれる。しかし、ウルピアヌスがさきにしばしばわたしたちに語ってきた人間的な氏族の自然法〔569, 575, 578, 582〕がその後につづいて登場して、それにもとづいて哲学者や道徳神学者が全面的に展開された永遠の道理〔326, 924〕の自然法を理解しようとするまでになるとともに、そのモットーは、適切にも、真実の神によって制定された万民の自然法を意味するものへと移行していったのだった。

［第6章］英雄たちの政治——続き

634　しかし、すべての歴史家たちは、ミノス〔クレタ島の王〕の海賊行為[1]と、イアソンがポントスへ船で遠征したときから英雄時代が始まるとしている。そしてトロイア戦争によってそれが継続し、英雄たちの放浪をもって終わるとしている（英雄たちの放浪はオデュッセウスのイタケへの帰還とともに終結へ向かう）。だから、このような歴史家たちの提供する権威〔事実的証拠〕から推察して、この時代に主要な神性のうちの最後の神性、ポセイドンが誕生したのにちがいないのだった[2]。そこで、わたしたちはこの歴史家たちの提供する権威をホメロスの数多くある黄金のくだりから裏づけられるあるひとつの哲学的道理によって補強しておきたい[3]。その哲学的道理というのは、造船と航海の技術は諸国民が考案したさまざまな技術のなかでも最も遅くに考案された技術だというものである。というのも、それらを考案するためには創意工夫の能力が咲き誇っていることが必要とされるからである。じじつ、その考案者であったダイダロスは創意工夫の能力の象徴として名を残しているのであって[4]、ルクレティウスは〈創意工夫に富む大地〉という意味で〈ダエダラ・テルス〉daedala tellus〔ダイダロスの大地〕と言ったのだった[5]。ホメロスの問題のくだりは『オデュッセイア』のなかに登場する。そこでは、オデュッセウスが上陸したか、あるいは嵐によって岸に打ち上げられた場合には、いつも決まって丘の頂きに登り、その土地に人間が住んでいることを示す煙が立ちのぼっていないかどうか確かめているのだ[6]。これらのホメロスのくだりは、さきに「公理」〔296〕においてストラボンによって言及されているのを聞いておいた、最初の諸国民は長いあいだ海にたいして恐怖心をいだいていたというプラトンの黄金の場所〔金言〕によって補強される。そして、その理由については、トゥキュディデスが指摘している。海賊を怖れていたためにギリシアの諸民族は海岸地帯にまで降りてきて生活するのが遅れた、というのである[7]。こういったわけで、ポセイドンは大地を震動させる三叉鉾で武装していたと伝えられているのだ。〈三叉鉾〉tridenteというのは、船をひっかけるための巨大な鉤が〈歯〉denteというみごとな隠喩によって表現され、これにさきに述べた〈三〉treという最高数〔491〕を付加したものであったにちがいない。この三叉鉾でもってポセイドンは人間たちの土地を海賊行為の恐怖によって震動させたのであった。それがその後、すでにホメロスの時代には、自然の土地を震動させるというように信じられるにいたっていたのである[8]。この意見をプラトンはホメロスから受け継いで、大地の奥底には深い水の淵が存在するというように説明した[9]。しかし、この説明の巧妙さの程度たるやどれほどのものであったかは、のちに明らかにされるだろう〔714〕。

635　ゼウスがそれに化けてエウロペを掠奪した牡牛や、アッティカの海岸から少年少女を奪い取ったミノタウロスもしくはミノスの牡牛は、こうした海賊のことであったにちがいない[1]（じっさいにも、帆のことを〈船の角《つの》〉と言う言い方が残っていて、のちにウェルギリウスも用いている[2]）。また、陸地の住民が、ミノタウロスが子供たちを呑みこんだ、と説明したのは自分たちが見たとおりのことをありのままに語ったものなのであって、かれらは船が子供たちを呑みこむのを驚きと悲しみでもって見ていたのだった。こうして海の怪物オルカ〔クジラの一種〕は、鎖で岩に縛りつけられ、恐怖でがちがちになってしまったアンドロメダを呑みこもうとするのである（じじつ、ラテン語には〈恐怖のために動けなくなってしまった〉という意味の〈テルローレ・デーフィークス〉terrore defixus という表現が残っている）。また、ペルセウスがアンドロメダを救うのに利用した翼を生やした馬は、帆のことを〈船の翼〉と言う言い方が残っているように、別の海賊船であったにちがいない。こうした英雄時代の故事に通じていたウェルギリウスは、船の考案者であったダイダロスについて語ったさい、かれは〈アーラールム・レーミギウム〉alarum remigium〔翼の櫂〕と称する機械で飛ぶ、と述べている[3]。またダイダロスはテセウスの兄だったとも伝えられている[4]。だから、テセウスは、ミノスによってアテナイの人々に課される力の法によってかれの牡牛すなわち海賊船に呑みこまれるアテナイの少年たちを象徴する詩的記号であるにちがいないのである。そのテセウスにアリアドネ（航海術）は（航海の）糸を使ってダイダロスの迷宮から脱出することを教える（ダイダロスの迷宮というのは、王宮での凝りに凝った施設のことであった以前に、エーゲ海にはそれが取り巻いて岸辺を洗っている無数の島々が点在していることから、そのエーゲ海のことを指していたにちがいないのだった）。そしてテセウスは、航海の技術を（クレタ島の人々から）習得すると、アリアドネを捨て、その妹であるパイドラをともなって（すなわち航海の技術を携えて）帰国する。またミノタウロスを殺し、ミノスが課していた冷酷な貢納義務からアテナイを（アテナイの人々自身に海賊行為をおこなわせることによって）解放する。このようなわけで、パイドラがアリアドネの妹であったように、テセウスはダイダロスの弟だったのだ。

636　これらのことがらに関連して、プルタルコスが『テセウスの生涯』のなかで述べているところによると、英雄たちは〈盗賊〉と呼ばれることを大きな名誉におもい、武門の誉れと見なしていたという[1]。これはふたたび戻ってきた野蛮時代に〈海賊〉というのが貴族の称号と見なされたのと同じである〔1053〕。その〔テセウスの〕時代にソロンが登場したのだが、そのソロンの法律は海賊行為のために同盟を結ぶことを認めていたと言われている(2)。そのソロンが、海賊は万民の自然法に浴することができないという、このわたしたちの完成された文明観念を十分に理解できていたとは〔414-416〕！　しかし、それよりも驚かされるのは、プラトンとアリストテレスが盗賊行為を狩猟に含めていることである(3)。そして、この点にかんするかぎり、文明が高度に発達した民族のこれらの偉大な哲学者たちと野蛮のただなかにあった古代ゲルマン人とは見解を同じくしているのだ。じじつ、カエサルの報告しているところによると(4)、古代ゲルマン人のもとでは、盗賊・掠奪行為は不名誉な振る舞いではなかったばかりか、勇気のある振る舞いと見なされていたという。かれらは習わしからしていかなる技術にも馴染んでいなかった。そのため、それらの盗賊・掠奪行為によって怠惰から脱却しようとしたというのだ。このような野蛮な習俗は文明の光に輝く諸国民のもとでも途絶えることなく続いた。そこで、ポリュビオスの語っているところによると(5)、ローマ人からカルタゴ人に和平の提案がなされたとき、ほかにもいくつかあった取り決めのうちでもとりわけ、今後カルタゴ人は掠奪のためであれ通商のためであれシチリアのペローロ〔ファーロ〕岬を通過することはできない、という条項があったという。しかし、カルタゴ人やローマ人の場合はまだよい。カルタゴ人やローマ人は当時、自分たちは野蛮人である、と公言してはばからなかったのだから。このことは、プラウトゥスが多くの場所で、ギリシア喜劇を〈ラテン語〉に翻案するにあたって、それを〈野蛮な言語〉に移し換えたというように述べていることからも見てとれるとおりである(6)。むしろ驚かされるのは、このうえなく人間的なギリシア人によっても、かれらのきわめて教養ゆたかな文明の発達した時代にあってもなお、そのような野蛮な習俗がおこなわれていたということである。[7] かれらの喜劇のほとんどすべての主題はそのような野蛮な習俗からとられているのだ。そして、わたしたちと反対側にあるアフリカの海岸では今日でもそのような習俗が残っていて、キリスト教徒にたいして行使されているために、その地はたぶんバルバリア〔野蛮の地〕と言われたのだろう。

637　このような太古の戦争法の原理となったのは、さきに推理しておいた英雄的諸民族の〔外国人にたいする〕もてなしの悪さであった〔611〕。かれらは外国人をいつまで経っても変わることのない敵と見なしていた。そして、外国人を自分たちの国境からできるだけ遠くにとどめておくことに自分たちの支配権の評価がかかっているものと考えていた（これは古代ゲルマニアのうちでも最も評判の高かったスエービ族についてタキトゥスが語っているとおりである）。[1] こうしてかれらは、いましがた見ておいたように〔636〕、外国人を〈盗賊〉と見なしていたのだった。このことについては、トゥキュディデスに黄金の場所がある。かれの時代までは、陸地を旅して回る者であれ、海上を通過する者であれ、〈外国人〉かどうかを確認するのに、盗賊なのかそうでないのか、と互いに尋ねあっていたというのだ。[2] しかし、ギリシアはあまりにも文明への道を急ぎすぎたため、そのような野蛮な習俗をいち早く脱ぎ捨て、その習俗を維持していた他のすべての国民を〈野蛮な国民〉と呼ぶようになったのだった。こうして、今日でもそのような振る舞い方をしている野蛮な民族がいるように、自分の領内に侵入してきたその種の客人を殺害していたトログロディテス人〔洞穴のなかで生活していたエティオピアの民〕は、ギリシア人のあいだで〈バルバリア〉と呼ばれることとなったのであった。それに、たしかに文明化された国民でも、許可証を携帯していないと外国人の入国を認めてはいないのである。

638　このような習俗のためにギリシア人から〈野蛮な国民〉と言われた国民のなかにローマ人もいたことは、十二表法の二つの黄金の場所をつうじてうかがうことができる。ひとつは〈ホスティスにたいしてはアウクトーリタース〔土地所有権〕は永遠である〉というものであり[1]、いまひとつはキケロによって報告されているもので、〈もし日が指定されたなら、ホスティスとともに出廷せよ〉というものである[2]。この場合、〈ホスティス〉という言葉は、普通に推測するなら、〈訴訟を争っている敵方〉を比喩的にそう称したものと解される。しかし、その同じ場所でキケロが反省をくわえているところによると、わたしたちの意図にとってまことに好都合なことにも、古代の人々のあいだではのちに〈ペレグリーヌス〉〔余所者〕と言われたものが〈ホスティス〉と言われていたという。したがって、これら二つの場所は、双方を合体させてみると、ローマ人は当初から外国人を戦争における永遠の敵と見なしていたということを言おうとしたもののように理解される。しかし、それらの場所で言われている〈ホスティス〉というのは、この世で最初の〈ホスティス〉であった者たちについて言われたものと理解されなければならない。すなわち、さきに述べたように〔611〕、避難所に受けいれられた余所者たち、そしてその後英雄都市の形成に平民の資格で参与することになった者たちである。だから、キケロが引いている十二表法のくだりは、これについてもさきに述べたように〔612〕、指定された日に〈貴族は、その農場の権利を平民のために主張してやるために、平民とともに出廷せよ〉ということを意味しているのである。それゆえ、同じく十二表法で言われている〈永遠のアウクトーリタース〔土地所有権〕〉というのも、英雄たちが永遠の敵であると誓っていたとアリストテレスが述べているのを「公理」〔271〕で見ておいた平民たちにたいしてのものであったにちがいないのだった。その英雄的な法のために、平民たちはどれほど長い時間が経過してもローマの土地を使用取得することはまったくできなかったのである。それらの土地は貴族同士のあいだでしか売買できなかったのだ。そして、これこそは十二表法が裸の占有を承認しなかった理由の主たるものであった。このため、その後英雄的な法がしだいに用いられなくなり、人間的な法が力を増すようになるにつれて、法務官たちは平民を助けて裸の占有を認めるようになったが、それはあくまでも例外措置としてであった。というのも、十二表法そのものからは、裸の占有は、いかなる明示的な規定によっても、あるいはいかなる解釈によっても、直接的にも、利益の観点からも、正規の法律的手続きを踏んだ裁判を構成する(4)いかなる根拠理由も有していなかったからである。そして、これらのことはすべて、十二表法自体が平民たちによる裸の占有はもっぱら貴族たちの意向しだいでどうにでもなる一時的なものであると考えていたことに起因しているのである。他方、十二表法は、貴族たち自身の窃盗行為や暴力行為については、最初の国家は（これについてもアリストテレスが述べているのを「公理」〔269〕で見ておいたように）私的な不正行為や侵害行為にかんする法律をもっていなかったという特性からして、いっさい関心を示していなかった。私的な不正行為や侵害行為については、第4巻において十分な論証がなされるように〔960–961〕、個々人が武力によって処置しなければならなかったのである。そして、この本物の暴力のなごりが、所有物回収訴訟の手続きのなかに、アウルス・ゲリウスが〈藁の〉と呼んでいる偽りの(5)〔象徴化された〕力となって残ることとなったのだった。これらのことはすべて、法務官によって例外措置として発布された〈暴力による占有侵奪にかんする〉特示命令(6)によって裏づけられる。これが特示命令だったのは、十二表法が私的な暴力については言及していないばかりか、なにひとつ理解を示していなかったからにほかならない。さらにはまた、〈暴力による財産の侵奪にかんする〉訴訟や〈強迫を原因とするものにかんする〉訴訟によっても裏づけられる。これらは遅れて同じく法務官法として登場したものであった[7]。

639 さて、余所者を永遠の敵と見なすという、それぞれの民族によって平時に私的に遵守されていたこのような英雄的習俗は、外部にまで拡大された場合には、互いのあいだで不断の掠奪と海賊行為をともなった永遠の戦争を繰りひろげるという、すべての英雄的民族に共通して認められる形態をとることとなる。都市は、さきに見たように〔588〕、プラトンの言うとおり、武器を基盤として生じたのであって、都市間の戦争が引き起こされる以前から、戦争と同じ仕方で自らを統治しはじめたのだった[1]。こうして、〈都市〉を意味する〈ポリス〉πόλις から〈戦争〉を表わす〈ポレモス〉πόλεμος という呼称は出てきたのである。

640 いま述べたことを立証するために、つぎのような重要な観察をおこなっておかねばならない。ローマ人たちは、かれらがローマの内部で平民たちにたいして実施していた四つの法律をもとにして、征服地を拡大し、世界中で勝利を収めたというのが、それである。かれらは、凶暴な属州ではロムルスの保護＝被保護関係を実施し、そこへローマの植民を送りこんで、現地の領主たちを日雇い農夫に変えてしまった。従順な属州ではセルウィウス・トゥリウスの農地法を実施し、現地の領主たちに田畑の委付的所有権を認めてやった。イタリアでは十二表法の農地法を実施し、そこに住む者たちに人々が〈イタリアの土地〉soli italici と呼ぶ土地を享受するローマ市民的所有権を認めてやった。そして最後に、ムーニキピウム municipium ないしは特別待遇の都市〔ローマ市民としての権利を有しながら、自分の法律で統治されている都市〕には、婚姻権と、ローマの平民にはすでに許されていた執政官職につく権利とを認めてやったのだった。

641　最初の都市のあいだに見られる永遠の敵対関係は、戦争を開始するにあたってその旨を通告することを要求していなかった。また盗賊・掠奪行為も正当と見なされていた。ところが、諸国民がその後このような野蛮な習俗から脱するようになると、宣戦布告をともなわない戦争は盗賊行為と見なされ、もはやウルピアヌスによって〈人間的な〉と言われた氏の自然法によっては承認されないこととあいなる〔633〕。この最初の諸民族の永遠の敵対関係は、ローマ人がアルバ人と戦っていた長い時期はそっくりそのまま双方が互いにここでわたしたちの述べている盗賊行為をはたらいていた初期の時期に該当することをも説明してくれるにちがいない。だから、ホラティウスが、妹〔ホラティア〕が自分を掠奪したクリアティウス家の兄弟の死を嘆いているからといってその妹を殺すほうが、妹を嫁がせていたよりも理に適っているのである。(1) それにロムルス自身、アルバ人から妻を娶ることはできなかったのだ。ロムルスがアルバの王族の出身であったという事実も、かれが暴君アムリウスをアルバの町から追い出し、正統の王ヌミトルを復位させて、アルバのために大きな貢献をしたという事実も、まったくなんの役にも立たなかったのである。(2) 戦争における勝敗が主要な当事者同士の決闘の結果に委ねられたというのは、大いに注目に値する。アルバ戦争の場合には、ホラティウス家の三兄弟とクリアティウス家の三兄弟とのあいだの決闘がそうであった。トロイア戦争の場合にも、パリスとメネラオスが決闘した。ただ、トロイア戦争ではその決闘の決着がつかなかったので、ギリシア人とトロイア人はその後も最後まで戦いつづけたのだった。また、最近の野蛮時代〔中世〕にも、同様にして、君主たちは王国同士の争いを個人的な決闘によって決着させていたのであって、民衆はその決闘の成りゆきに身を委ねていたのだった。

だから、アルバはラティウムのトロイアであったのであり、ローマのヘレネがホラティアであったのだ（ゲルハルト・ヤン・フォスが『修辞学』のなかで報告しているところによると、この点にかんしてはギリシア人のあいだにも同じ物語が存在するという）[3]。また、ギリシア人にとってのトロイア攻囲の十年間はラティウムの人々にとってのウェイイ攻囲〔前四世紀初め〕の十年間であったにちがいない。すなわち、いずれの場合も、十年という歳月は、都市が互いに永遠の敵対関係にあった最初の時代全体の無限の期間を表わすための有限の数字なのだ。

642　なぜなら、数の体系はきわめて抽象的なものであるため、諸国民から最も理解されにくいものであったからである（このことは本書において別の主題との関連で論じられているとおりである〔713, 1026〕）。そこで、数えられない数を言い表わすのに、ラテン語では〈六百〉が用いられているのである（こうしてまたイタリア人のもとでも最初は〈百〉が用いられ、ついで〈千と百〉が用いられたのだった）。無限という観念は哲学者の頭脳にのみ宿りえたからである。また、最初の諸民族は、大きな数のことを言い表わすのに、〈十二〉と言ったのではないかとおもわれる。たとえば、ウァッロとギリシア人が三万もの名を枚挙している大氏族の神々の数も十二とされている。無数にあったにちがいないヘラクレスの功業も十二とされている。またラティウムの人々は無限に分割できる一個人の遺産を十二に分割されると言っていた。十二表法についても同様であって、折りにふれて表に刻まれていった無数の法律を指して、十二表法と言われたのにちがいないのだった。

643　ところでまた、トロイア戦争の時代には、その戦争がおこなわれていたギリシアの地方で、ギリシア人は自分たちのことを〈アカイア人〉と称していた（それまでは、ギリシアの太古の英雄たちのひとりであったペラスゴスの名にちなんで〈ペラスゴイ〉と称していたのだった。ペラスゴスについてはさきに触れたとおりである〔564〕。そして、その〈アカイア人〉という名称がやがてギリシア全域に拡がっていったにちがいないのだった（プリニウスによると[1]、〈アカイア人〉という呼称はルキウス・ムンミウスの時代まで続いたという）。それはその後の全時代をつうじて〈ヘレーネス〉という呼称が残ることとなったのと同様である〔70〕。こうして〈アカイア人〉という名称が拡がっていったことは、ホメロスの時代までにはギリシア全体がその戦争〔トロイア戦争〕のために同盟するにいたっていたのではないかとの想定へと導いてくれるにちがいない。タキトゥスの報告によると[2]、〈ゲルマニア〉という名称は最終的にはヨーロッパの大部分の地域全体に拡がっていったという。すなわち、ライン河を渡り、ガリア人を追い散らしていって、自ら〈ゲルマン人〉と称しはじめた者たちの名前にちなんで、ヨーロッパの大部分が〈ゲルマニア〉と呼ばれるようになったとのことであるが、ギリシアの場合も、これと事情はまったく同じである。そして、トロイア戦争の評判が〈アカイア人〉の名をギリシア全域に広めていったように、ゲルマン人を自称する民族の栄光はその名をゲルマニア全域に広めていったのだった。それというのも、諸民族が最初の野蛮状態にあったころには同盟というものを理解するにはおよそほど遠く、侵略された王の民族ですら、トロイア戦争の当初に見られるように、復讐のために武器をとろうとはしなかったほどであったからである。

644　このような国家制度上の人間にかんすることがらの自然本性的なあり方から、またそれによってのみ、つぎのような驚きのほかない問題を解くことが[1]できる。スペインは、キケロがきわめて強大で好戦的な国民であると拍手喝采を送っている多くの国民の母であった（そのことをカエサルは身をもって体験した。かれが勝利を得た世界の他のすべての地域では、かれは支配権を得るために戦った。ところが、スペインでは、わが身の安全を守るために戦ったのだった）。そして、ハンニバルは、アフリカから連れてきたばかりの無傷の軍勢を使いながら、サグントゥムを落とすためには延々と八ヶ月にもわたって汗をかかなければならなかった。しかも、その同じ軍勢で――かれらはどれほど疲れ果て、数も減っていたことか！――つぎにはカンネーの戦闘にうち勝ったのち、もう少しでカピトリウムの丘の上でローマにたいする勝利を宣言しかねないところまで行ったのだった[2]。また、ヌマンティアは、すでにカルタゴに勝利していたローマの栄光に衝撃をあたえ、アフリカでの勝利者であったスキピオの勇気と知恵そのものをもうろたえさせたのであった[3]。ところが、そのようなサグントゥムとヌマンティアの盛名にもかかわらず、スペインはその全民族を団結させて同盟を結ばせ、タホ河畔に世界帝国を確立しようとはしなかった。そして、そのすべての部分がうち負かされてしまったあとでようやく自分の力に気づいたという、ルキウス・フロルスのありがたくない讃辞[4]を受けることとなったのだった。これはどうしてであったのかという問題がそれである（タキトゥスも、『アグリコラ伝』のなかで、当時きわめて獰猛な戦士であることが判明したブリトン人のうちに同じ習俗が見られるのに注意して反省をめぐらせ、〈かれらは個々別々に争い合っているうちに、全体が征服されてしまったのだ〉という、ことがらの真相をみごとについた表現を用いている[5]）。その理由は、外から攻撃されないかぎり、かれらは自分たちの国境の内部に野獣のように巣くっていて、さきに明らかにしておいたように〔547〕、ポリュペモスたちのような野生的で孤独な生活を営みつづけていたことにあるのだった。

645　ところが歴史家たちは、英雄たちの海上の戦いの評判にすっかり心を奪われ、それに呆気にとられて、英雄たちの陸上の戦いについては注意がおろそかになってしまった。いわんや、ギリシア人が当時それでもって自分たちを統治していたにちがいない英雄たちの政治については、ほとんど注意を払ってこなかった。しかし、きわめて鋭敏で賢明な著述家であったトゥキュディデスは、この点についてひとつの重要な考察を残しておいてくれた。英雄都市はすべて、ギリシアのスパルタがそうであり、スペインのスパルタであったヌマンティアがそうであったように、城壁をもっていなかったというのである。また、アムリウスがヌミトルを追放し、ロムルスがアムリウスを追放してヌミトルをふたたびアルバの王位につけたように、英雄たちは傲慢かつ暴力的であって、毎日のように互いに相手をその地位から追放しあっていたのだった。ところが、その英雄時代のギリシアの王家の家系や、ラティウムの十四代にわたって続いたという王の家系が、年代学者たちに年代計算を保証してくれるとは！　ふたたび戻ってきた野蛮の場合でも、それがヨーロッパで猖獗をきわめていたときには、「年表への註記」で注意しておいたように〔76〕、王国の運命ほど変わりやすく不安定なものはなかったのである。じじつ、このうえなく目配りのよく利いたタキトゥスは、『年代記』の第一行目を〈ローマの都市は最初王たちが有していた〉Urbem Romam principio reges habuere と書き出すことによって、このことをわたしたちに知らせてくれている。[1] タキトゥスは、法学者たちが三種類の所有の程度を表わすのに使用する〈ハベーレ〉habere、〈テネーレ〉tenere、〈ポッシーデレ〉possidere という三つの動詞のうち、最も弱い程度を表わす〈ハベーレ〉を用いているのである。

646　このような王国のもとでおこなわれていた国家制度上のことがらは、歌合戦〈歌〉cantio という言葉は〈予言する〉という意味の〈カネレ〉canere ないしは〈カンターレ〉cantare から採られている)、ひいては前兆をめぐっての英雄たちの競争のことを含んだ数多くの物語のなかで、詩的歴史によってわたしたちに語り伝えられている〔508〕。

647 たとえば、サテュロスのマルシュアス（リウィウスが〈自己矛盾した〉[1]と述べている怪物〔567〕）は、歌合戦でアポロンに敗れると、この神の手で生皮を剝がれるのである（英雄的刑罰のなんと残酷なことか！）。平民の詩的記号であったにちがいない方のリノスは（というのも、もう一方のリノスは、たしかにアンピオン、オルペウス、ムサイオス等々と並び称される英雄詩人だったからである）、同じような歌合戦でアポロンに殺されている[2]〔580〕。このいずれの物語においても、競争は〈ディーウィーニタース〉の神、すなわち神占ないしは前兆の知識の神であるアポロンとのあいだでおこなわれている。また、わたしたちはアポロンが貴族の守護神であることも見ておいた。というのも、数多くの証拠によって明らかにされたように、前兆の知識は貴族だけの独占物であったからである〔508, 533 以下〕。

648 セイレーンたちは近くを通り過ぎる船乗りたちを歌で眠らせ、そのあとでかれらの喉を噛み切る。スフィンクスは旅人に謎をかけ、それを解けないと、その旅人を殺してしまう。キルケは呪文によってオデュッセウスの仲間を豚に変えてしまう（このため、〈カンターレ〉はその後、〈カンターレすることによって蛇は八つ裂きになってしまう〉という例[1]にあるように、〈魔法をかける〉という意味にとられるようになった。ここから、ペルシアではもともと前兆を占う知恵のことであったにちがいない巫術が魔法使いの術を意味するようになったのであって、かれらの唱える言葉が〈呪文〉と言われるようになったのだった〔475〕）。それらの船乗り、旅人、さすらい人たちは、さきに述べた英雄都市の余所者〔638〕、すなわち、前兆を自分たちにも分かちあたえてもらおうとして英雄たちと競い合う平民たちにほかならないのである。そして、かれらはその競争に敗れ、残酷に罰せられるのである。

649 同様にして、サテュロスのパンは、さきに述べたように〔467〕、歌に優れたニンフ、シュリンクスを捕まえようとするが、気がついてみたら葦を抱いているのだった。また、パンとシュリンクスの場合と同様に、厳粛な婚姻の女神ヘラに恋してしまったイクシオンも、ヘラの代わりに雲を抱く。ここでは、葦は自然婚の軽さを、雲は空しさを表わしている。この雲からケンタウロス族、すなわち平民が生まれたと言われているのであって、かれらはリウィウスの言う自己矛盾した性質をもつ怪物にほかならないのだった。そして、ラピテース族がかれらのあいだで結婚の儀式を執りおこなっているあいだに、そのかれらから花嫁を掠奪するのである。同じくまた、ミダス王（この王も、さきに明らかにしておいたように〔580〕、平民であった）は驢馬の耳をもっているのを隠しており、パンが捕まえる葦（すなわち自然婚）がそれを暴露するのだ。これはまさしく、ローマの貴族たちが平民にたいして、かれらが〈野獣のような仕方で婚姻をおこなっていた〉という理由で、その一人一人が怪物であることを立証してみせていたのと同じである〔567〕。

650 ヘパイストス（かれもここでは〈英雄と平民という二重の性質をそなえていたうちの〉平民であるにちがいない）は、ゼウスとヘラの諍いの仲裁に入ろうとして、ゼウスから一蹴りを喰らって天上から転落し、足が不自由になってしまう〔579〕。これは平民たちがゼウスの前兆とヘラの厳粛な婚姻を英雄たちから分けあたえてもらおうとしておこなった闘争を表象したものであるにちがいない。この闘争に敗れて、平民たちは〈屈辱をなめさせられた〉という意味で足が不自由になってしまったのだった。

651 同様にパエトンは、アポロンの一族であったため、自分を太陽神の息子だと信じて、父親の黄金の馬車（すなわち穀物〔544〕）を操縦したいと考える。ところが（一族の父の穀倉に通じている）いつもの道から逸れてしまい（田畑の所有権を主張して）、天上から墜落する。

652　だが、とりわけ興味深いのは、不和のりんご（すなわち、さきに明らかにしておいたように〔548〕、土地の所有権を表わすりんごであって、最初の不和は平民たちが田畑を自分たちで耕そうと望んだことが原因で生じたのだった）が天上から降ってきて、アプロディテ（ここでは平民であるにちがいない〔579〕）がヘラ（婚姻の女神）やアテナ（支配権の女神）〔589〕と争うことである。なぜなら、まことに好運なことにも、プルタルコスは『ホメロスの生涯と詩』のなかで、パリスの裁判を歌った『イリアス』の終わりに近い二つの詩句[1]は、ホメロスの作ではなく、後世の手になったものだと注意してくれているからである[2]。

653　アタランテは、黄金のりんごを投げることによって、競争で求婚者をうち負かす[1]。この物語は、さきに説明したように、ヘラクレスがアンタイオスと闘ったさい、アンタイオスを天上に吊し上げてうち負かす〔618〕のと、趣旨は同じである。アタランテは、平民たちに、まずは田畑の委付的所有権を、ついでは市民的所有権を授与するものの、婚姻権は留保するのである。これは、ローマの貴族たちがセルウィウス・トゥリウスの第一次農地法と十二表法の第二次農地法を平民たちに譲歩しながら、婚姻権にかんしては〈厳粛な儀式を執りおこなってなされる婚姻は平民に許してはならない〉という条項によって自分たちの身分の内部に保持しつづけたのとまったく同じである。この条項は〈前兆は平民に許してはならない〉という条項の直接の帰結なのであった[2]。このために、三年後には平民たちは婚姻権を要求しはじめ、三年にわたる英雄闘争ののちにそれをかちとったのだった〔110, 567, 598〕。

654　ペネロペの求婚者たちは、オデュッセウスの王宮（つまりは英雄たちの王国）に侵入し、みずから王と名乗り、王の所有物をむさぼり食い（田畑の所有権を自分のものにし）、ペネロペを妻にしようとする（婚姻権を主張する）。いくつかの版によると、ペネロペは貞操を守り、オデュッセウスはまるでツグミを捕まえるように求婚者たちを網で捕らえるという。(1) これは、英雄的ヘパイストスが平民的アプロディテや平民的アレスを捕らえるのと同じたぐいのやり方である〔579〕（オデュッセウスは求婚者たちをアキレウスの言う日雇い農夫のように土地に縛りつけて耕作させるのである。これは、さきに述べたように〔108〕、コリオラヌスがセルウィウス・トゥリウスの農地法に満足しないローマの平民たちをロムルスの日雇い農夫の境遇に引き戻そうとしたのと同じである）。またオデュッセウスは貧民のイロスと闘って殺す(2)（これは平民たちがオデュッセウスの財産をむさぼり食っていた農地争いであったにちがいない）。また別の版によると、ペネロペは求婚者たちに身を任せ（婚姻権を平民に許し）、そこからパン、すなわち人間と獣という二つの不調和な性質をそなえた怪物が生まれるという。(3) これこそまさしくリウィウスの言う〈自己矛盾した〉存在である〔567〕。ローマの貴族たちは、もし平民たちに貴族のもつ婚姻権が許されたなら、平民のなかからは、平民に身を任せたペネロペが分娩した、二つの不調和な性質をそなえた怪物パンに似た怪物が生まれるだろう、と平民たちに言っていたのだった。

655　牡牛と寝るパシパエからは、二つの異なる性質をそなえた怪物ミノタウロスが生まれる。この物語は、クレタ島の英雄たちが船でクレタ島にやってきたにちがいない余所者たちに婚姻を許したという歴史を表象したものであるにちがいない。その船が〈牡牛〉と呼ばれたのであって、その船＝〈牡牛〉によって、さきに説明したように〔635〕、ミノス王はアッティカの少年少女を掠奪したのであり、それに先立ってゼウスがエウロペを掠奪していたのだった。

656 イオの物語も、この種の国家制度上の歴史に属するものと見なされるべきである。ゼウスは彼女に恋する〈前兆によって彼女に好意的に振る舞う〉。ヘラはそのことに嫉妬する（その嫉妬は、さきに説明したように〔513〕、厳粛な儀式を執りおこなってなされる婚姻を英雄たちのあいだだけに独占的に保持しておこうとする国家制度上の嫉妬である）。そして、百個の目をもったアルゴスに（さきに解釈を試みておいたように〔564〕、それぞれが自分の目を、すなわち森の中の焼き払われた場所と耕された土地をもった、アルゴスの家父長たちに）彼女を監視させる。ところがヘルメス（かれはここでは傭兵となった平民の詩的記号であるにちがいない）は、笛の音、というよりはむしろ歌によって、そのアルゴスを眠らせてしまう（厳粛な儀式を執りおこなってなされる婚姻の運命を歌いながら占う前兆競争でアルゴスの家父長たちをうち負かす）。また、イオは牝牛に姿を変え、かつてパシパエが同衾した牡牛と寝て、さまよいながらエジプトに向かっていく（すなわち、ダナオスがイナコスの一族をアルゴス王国から追い出したとき、いっしょに追い出したエジプト出身の外国人の仲間に身を投じる〔75〕）。

657 しかし、ヘラクレスは晩年を迎えると柔弱になり、イオレとオンパレの命じるままに糸を紡ぐ。田畑にかんする英雄たちの権利は平民たちの手に落ちていくのである。なお、その平民たちに対抗して、〈ローマでは〉英雄たちは自分たちのことを〈ウィリー〉viri と称していたが、ラテン語の〈ウィル〉vir はギリシア語の〈ヘーロース〉〔英雄〕を意味しているのであった。たとえば、ウェルギリウスは『アエネイス』の冒頭で〈わたしは歌う、戦いと、そしてひとりの英雄 vir のことを〉と述べて、〈ウィル〉という言葉が〈英雄〉という意味をもつことを強調している。(1) またホラティウスは『オデュッセイア』の最初の詩句を〈わたしに歌え、ムーサよ、あの英雄virのことを〉と訳している。[2] さらにはまた、ローマ人のあいだでは、〈ウィリー〉という語は、厳粛な結婚の儀式によって夫となった者、行政官、祭司、裁判官をも意味していたが、これは詩的貴族制[3]のもとでは婚姻も行政も祭司職も裁判もすべて英雄的身分の者たちに独占されていたからにほかならない。こうして、ギリシアの平民たちに英雄的土地所有権が分けあたえられたのは、ローマの貴族たちから平民たちに第二次農地法をつうじてクイリーテース的〔市民的〕土地所有権が分けあたえられたのと事情を同じくしているのであって、ローマの場合には、さきに明らかにしておいたように〔598〕、英雄闘争の末、十二表法によってもたらされたのであった。またこれとまさしく同様に、ふたたび戻ってきた野蛮時代には、封建的義務を負う財産は〈槍の財産〉と呼ばれ、封建的義務を負わない完全私有地のほうは〈紡錘棒の財産〉と呼ばれていたことが、アングル族の法律によって知られる。[4] このため、フランスの王家の紋章は（この王国を相続する権利から女性を排除しているサリカ法[5]を表わすために）ダルマティア風の衣服を着て槍で武装した二人の天使によって支えられ、〈百合は紡がず〉という英雄的モットーで飾られているのである。だから、バルドゥスは、わたしたちにとって好都合なことにも、サリカ法を〈ガリア人の氏族の法〉と呼んだが、[6] これと同じように、わたしたちは十二表法を（遺言なしで相続できる権利を自権相続人、宗族、そして最後には氏族に厳しく制限していたかぎりで）〈ローマ人の氏族の法〉と呼ぶことができるのである〔110, 988〕。なぜなら、ローマの最初の時代には娘たちが遺言がなくとも父親の財産を相続する習わしがあって、それがのちに十二表法において成文化されたというような説がいかに信憑性に乏しいか、このことをあとで明らかにするつもりだからである〔991〕。

658　最後にヘラクレスは、ケンタウロスのひとりであるネッソス――まさしくリウィウスの言う二つの不調和な性質をそなえた平民たちの怪物〔567〕――の血にまみれて狂気に陥る。すなわち、政治的な狂気のさなかにあって、婚姻権を平民に許し、平民の血で汚染される。そして、ローマのヘラクレスであるフィディウス神が「債務奴隷にかんする法律」と呼ばれるポエテリア法〔115〕によって死ぬのと同じようにして死ぬのである。この法律によって〈信義の束縛 vinculum fidei がうち破られた〉のだった。このことをリウィウスは十年後に起きた別の事件を記述したさいに指摘している[1]。しかし、その事件はポエテリア法に原因をあたえたのと実質的に同じものであって、その事件においては、そのモットーのうちに含まれているものが、制定されたのではなくて実行されたのにちがいないのである。そして、だれか古代の年代記作家が記したものであったにちがいないそのモットーを、リウィウスは誠実に、しかしまた事情を知らずに引用しているのだった。それというのも、平民たちは債権者である貴族の私牢からは解放されたものの、それでもなお債務者たちは裁判所の決定どおりに負債を払うことを余儀なくされていた。しかし、封建的な権利＝義務関係、この世で最初の避難所で生まれ、ロムルスがそのかれの避難所の内部にローマを建設したときに用いた紐帯であったヘラクレスの紐帯〔558〕そのものは〔ポエテリア法によって〕解かれたのだった。それゆえ、推測するに、くだんの年代記作家によっては〈フィディウス神の束縛 vinculum Fidii〉というように記されていたのではないだろうか〔602〕。ウァッロがローマ人のヘラクレスであったと述べている神である[2]。そのモットーを、あとにやってきた他の年代記作家たちが、事情がわからずに、誤って〈信義の束縛 vinculum fidei〉と書かれたものと思いこんでしまったのだろう。同じ英雄的自然法はそっくりそのままアメリカの原住民たちのあいだにも見いだされる。

また、わたしたちの世界でも、アフリカのアビシニア人、ヨーロッパとアジアのモスクワ人やタタール人のあいだで今日も持続している。しかし、ヘブライ人のあいだでは、実施のされ方はもっと穏和なものであった。ヘブライ人のもとでは債務者たちは七年間以上は奉仕しないでもよかったのである(3)。

659 そして最後に述べておくと、竪琴、弦、もしくは力——これらはヘラクレスの紐帯（ポエテリア法の紐帯）と同じものを意味している——によってギリシアを創建したオルペウスの場合も同様である。オルペウスもまた、ディオニュソス神の女信徒たち（狂暴化した平民たち）によって殺されて死んでしまう。そして、彼女らはかれの竪琴（これは、さきに数多くの証拠をあげておいたように〔523, 615〕、法を意味していた）をこなごなに打ち壊してしまうのだ。このようなわけで、すでにホメロスの時代には、英雄たちは余所者の女でも妻に娶っていたのであり、私生児も王位を継承できたのだった。このことは、すでにギリシアが人民的な自由を遵守しはじめていたことを証明している〔802〕。

660 これらのことすべてからして、英雄たちの時代にその名をあたえたのはこうした英雄たちの闘争であったと結論すべきだろう。また、その闘争のなかで、多くの首領たちはうち負かされ、制圧されて、別の領地を見つけだすために自分の仲間を連れて旅立ち、海上を放浪することとなったのだった。かれらのうち一部の者は、メネラオスやオデュッセウスのように、最後には祖国に戻ってきた。しかし他の者は異国の地に定住するにいたった。たとえば、ケクロプス、カドモス、ダナオス、ペロプスがそうであって（そのような英雄たちの闘争は、フェニキア、エジプト、プリュギアでは何世紀も前に起こっていたのだった。それらの場所ではずっと以前に文明が始まっていたからである）、かれらはギリシアに定住することとなったのだった。ディドも、そうして異国の地に定住するにいたった者たちのひとりであったにちがいない〔78〕。彼女は、迫害をくわえた義兄の一党を逃れて、フェニキアからカルタゴにやってきてそこに定着したのであって、カルタゴはほとんど〈フェニキア〉という意味で〈プニカ〉と呼ばれたのである。またトロイアが破壊されたのち、すべてのトロイア人のうちのカピュスはカプアに定着し、アイネイアスはラツィオに上陸し、アンテノルはパドヴァにまで分け入っていったのだった。

199　このようにして、オルペウス、アンピオン、リノス、ムサイオス等々の神学詩人たち、あるいはギリシア人の詩的時代の賢者や政治家の知恵は終焉した。かれらは前兆のかたちで示される神々の力をギリシアの平民たちに歌うことによって（それらはこうした詩人たちが歌ったにちがいない神々の讃歌であった。すなわち、それらを歌うことがかれらの務めであった神の摂理の讃歌であった）、平民たちに英雄的身分にたいして恭順な態度をとりつづけさせていたのだった。それは、ローマの十人官を務めたアッピウスの孫のアッピウスが、別の場所で述べたとおり〔81〕、ローマ暦三百年ころ、前兆――貴族たちは、それについての知識をもっているのは自分たちであると言っていた――のかたちで示される神々の力をローマの平民たちに歌うことによって、かれらを貴族たちに服従させておいたのと、まったく事情を同じくしている。またそれは、アンピオンが竪琴を伴奏にして歌うことによって、三百年前にカドモスが建設していたテーバイの都市に自ら動く石でもって城壁を築き上げる、すなわち、そこに英雄的政体を確立するのとも、まったく事情を同じくしている。

〔第7章〕古代ローマのことがら、とりわけ、ローマ王国は君主政体をとっていたという夢想、またユニウス・ブルートゥスによって制定されたのは人民的自由であったという夢想についての系

662　このようにローマ人とギリシア人のあいだには人間にかんする国家制度上のことがらに多くの合致点が見られる。このために、ここ〔本書〕では多くの証拠によって、古代ローマ史はそれ自体じつに多種多様な展開を見せてきたギリシアの物語〔神話伝説〕の歴史神話学の反復版であることが見いだされてきたのだったが〔158, 160〕、これらの合致点は、人が〔記憶力でも想像力でもなくて〕理解力さえもっているなら、その人をして、王たちの時代から婚姻権が平民にも許されるようになった時代まで、ローマの人民〔マルスの民〕は貴族たちだけで構成されていたと、断固として主張せざるをえない状態におく。また、この貴族だけで構成されていた人民にたいして、トゥルス王は、ホラティウス告訴事件以来、二人委員や財務官から有罪を宣告された被告が人民を構成する身分全体に控訴する権利を認めたのだったが、(1) その場合の人民を構成する身分とは貴族からなる身分だけであって、平民たちはそうした人民の付属物にすぎなかった〔これは、グロティウスがみごとに看破したように、(2) のちに属州が征服民族の付属物にとどまっていたのと同じである〕。そして、わたしたちのさきに指摘した集会でテレマコスがかれの平民たちをそう呼んだような〈別の民〉にほかならないのだった〔590〕。だから、こうした諸国民

の創建者たちについての不撓不屈の形而上学的批判の力によって、つぎのような謬説は根元から揺り動かされるにちがいない。奴隷同様の状態に置かれていたきわめて身分の卑しい日雇い農夫たちの群れも、ロムルスが死んで以来ずっと王たちを選出する権利を有していて、それがのちに家父長たちによって承認されるようになったという謬説がそれである。(3) そのような見解は、平民がすでに都市の政治に参加するようになっていて、貴族といっしょに執政官の選出にあずかっていた（それは婚姻権が家父長たちから平民に許されたあとのことであった）時代の状態を、ロムルス死後の空位時代にまで三百年もさかのぼらせたアナクロニズム以外のなにものでもないにちがいないのだ。

663 都市からなる世界の最初の時代についてものちの時代におけるのと同じ意味で受けとられた（というのも、哲学者も文献学者も、その種の厳格このうえない貴族制は想像すらすることができなかったからである）この〈人民〉という言葉は、ついでは、〈王〉と〈自由〉という他の二つの言葉においても、同様に謬説を生みだすこととなった。こうしてだれもが、ローマ王国は君主政体をとっていたとか、ユニウス・ブルートゥスによって制定されたのは人民的自由であったなどと思いこんでしまったのである。こうしたなかにあってジャン・ボダンは、かれもそれ以前の他のすべての政治学者が陥っていた通俗的な謬説に陥って、まずは君主制があり、それが専制と化して、そのあとで人民的国家が登場し、最後に貴族制がやってくると思いこんではいたけれども（見られたい、真の原理が欠如した場合には、人間的な観念にはどれほどの歪曲が生じうるものか、また実際に生じているか、を！）、それでも、古代ローマには人民的自由が存在したと夢想されているなかで、実際に生じていたのは貴族たちの支配する国家であったことを見てとって、古代には、ローマは政体としては人民的であったが、統治は貴族たちによってなされていたというように、政体と統治とを区別することによって、自らの体系を支えようとする。しかしまた、そうした努力にもかかわらず、結果は裏目に出てしまう。また、そのように支えてみても、かれの政治学説の崩壊を押しとどめることはできない。そして最後には真実の力によって余儀なくされ、ぶざまにも首尾一貫性を欠如させて、古代には、ローマの国家は統治だけでなく政体のうえでも貴族的な国家であった、と告白するにいたっているのである〔1004以下、1084〕。

664 これらのことはすべて、ティトゥス・リウィウスによって確認されている。(1) リウィウスは、ユニウス・ブルートゥスが毎年二人の執政官を置くよう定めたことについて語ったさい、政体にはなんらの変化もなかった、と公然と言明している（じっさいにも賢明なブルートゥスのことである、政体をそれが陥っていた腐敗から起源の状態に戻す以外のどんな手を打つべきであったというのか）。また、任期一年の二名の執政官が定められたことによって、〈王の権限はいささかも減じられなかった〉と。すなわち、執政官は貴族から毎年選出される二名の王であるということになったというわけである。じじつ、キケロは『法律』のなかでかれらを〈年ごとの王〉と称している〔108〕（これは疑いもなく貴族国家であったスパルタの王が当人一代限りの王であったのと同じである）。また、そうして選出される執政官は、周知のように、統治期間中も人民提訴の対象でありえたし（これはスパルタの王たちが民選執政官による矯正要求に服していたのと同じである）、一年の統治が終わると、裁判にかけられることもありえた（これはスパルタの王たちが民選執政官によって死刑に処せられていたのと同じである）。リウィウスのそのくだりからは、ローマの王国が貴族制的なものであったことと、ブルートゥスによって制定された自由は人民的な自由、すなわち主人たちからの人民の自由ではなくて、主人的な自由、すなわち専制君主〔暴君〕タルクイニウス一族からの主人たちの自由であったことが、同時に明らかになる。もしローマ人ルクレティアの事件〔26〕が機会を提供しなかったなら、ブルートゥスとてこんなことはなしえなかったにちがいない。ところがブルートゥスは賢明にもその機会を捕まえたのだった。その機会は、平民を専制君主〔暴君〕タルクイニウス・スペルブスに反抗して起ちあがらせるためにはまたとない、ありとあらゆる周囲事情を身にまとっていたのである。くわえて、専制君主〔暴君〕タルクイニウス・スペルブスは貴族にかずかずの虐待をはたらいた。その結果、大勢の元老院議員がこの専制君主〔暴君〕によって殺され、元老院はもぬけの殻同然になってしまっていた。そこでブルートゥスには元老院の欠員を補充する必要が生じてもいた〔316〕。これを実行するにあたって、ブルートゥスは賢明な配慮によって二つの公共的な利益を達成した。すでに没落しつつあった貴族身分を強化しなおすとともに、平民からも賛同を得たのである。なぜなら、平民のなかからもきわめて多数の者たち、それも、さもなければあえて政権の再編に乗り出していたとおもわれる最も獰猛な連中を選抜したにちがいないからである。こうしてブルートゥスはかれらを貴族身分に参入させ、当時〈貴族と平民とに〉真二つに分裂していた都市をひとつにまとめあげたのだった。

665　まずはここで省察してきたようなサトゥルヌスの時代以来の多種多様な原因が先行して存在し、それに続いてボダンが観察しているような古代ローマ国家の多種多様な結果が生じたこと、そして、それらの原因が合流してこれらの結果を生みだすにあたっての、リウィウスが考察しているような反復性と持続性、これらのことをもってしてもローマ王国が貴族の支配する王国であったことやブルートゥスによって制定されたのが主人たちの自由であったことを確立するのには十分でないとすれば〈このことをわたしたちは権威のみに依拠して確認してきたのであるが）、そのときには、野蛮で粗野な民族であったローマ人は明敏で高度に文明の発達した民族であったギリシア人が得ることのできなかった特権を神から得ていたと言わなければならない。「年表への註記」において見ておいたように〔101〕、トゥキュディデスの語っているところによると、ギリシア人はギリシアの最も光り輝ける時代であったペロポネソス戦争の時代までの自分たちの古事についてはなにひとつ知らないでいたという。その同じ場所で、わたしたちは第二次カルタゴ〔ポエニ〕戦争までのローマ人についても同じことが言えることを明らかにしておいた。じっさい、リウィウスも、その戦争のころからローマ史について少しは確実なことが書けると言明している。しかも、同じく「年表への註記」において見ておいたように〔117〕、その第二次カルタゴ戦争についてすら、歴史においてきわめて重要な三つの点について自分には不明なことがあると公然と告白しているのである。だが、そのような特権をかりにローマ人に認めるとしても、それでもやはり記憶力の不明瞭さと想像力の混乱は残るだろう。したがって、知性はそのようなローマの古事についてわたしたちのおこなってきた悟性的推理を否定することはできないだろう。

666　わたしたちのあつかっている最初の世界の英雄的時代は、わたしたちを否応なしに最初の諸民族の英雄主義について推理することへと導いていく。この英雄主義は、さきに提示しておいた、そしていまここで応用する公理〔196以下〕からして、またここで確立しておいた英雄的政治の原理〔582以下〕からして、これまで哲学者たちが、〈人民〉〈王〉〈自由〉という、さきに見ておいた三つの定義されていない言葉にかんして文献学者たちに欺かれて〔105〕、古代人の到達しがたい知恵の結果であると想像してきたもの〔128〕とは、大きく異なる。かれらは、英雄時代の人民には平民もくわわっていたものと受けとめ、王は君主であったと受けとめ、自由は人民的な自由であったと受けとめていた。また逆にかれらは洗練され教育を受けた知性のものである自分たちの三つの観念をその時代に適用していた。第一はソクラテス的道徳の格言によって推理された正義、第二は栄光（すなわち人類に恩恵をもたらしたということにともなう名声）、第三は不死の願望である。そして、これら三つの誤りにもとづいて、またこれら三つの観念によって、かれらは、古代の王や偉大な人物たちが自分の全財産は言うにおよばず、自分自身や家族をもささげて、都市や国民においてつねに大多数を占めている貧民たちを幸せにしようとしていたものと信じていたのだった。

667　しかしまたホメロスは、ギリシアの英雄たちのなかで最大の英雄であるアキレウスについて、そうした哲学者たちの三つの観念とは正反対の三つの特性を語っている。まず正義にかんしては、アキレウスは、決闘で勝ったほうが殺した相手を埋葬することにしようと提案したヘクトルにたいして、地位が対等であることも、二人とも共通の運命にあることもいっさい省みることなく(これら二つの配慮こそ、自然なかたちで、人間たちを正義の承認へと導いていくのである)、乱暴にこう答えるのである。いつ人間がライオンと契約を結んだことがあったか、あるいは狼と小羊とが共通の望みをいだいたことがあったか、と。それどころか、かれはこう述べるのだ。もしおれがおまえを殺したなら、おまえを裸にして、おれの馬車に縛りつけ、三日間トロイアの城壁のまわりを引きずり回してやろう、と。またこうも言う。そして最後におまえをおれの猟犬のえさにくれてやろう、と。(1) もし不幸な父親のプリアモスが身代金を払ってヘクトルの遺体を買い戻しにやってこなかったなら、アキレウスはきっと言ったとおりのことをやっていたにちがいない。つぎに栄光にかんしては、アキレウスは、私的な悲しみのために(というのも、アガメムノンが不当にかれのブリセイスを奪ったからである)、人間どもからも神々からも名誉を傷つけられたと訴える。そしてゼウスに名誉を回復してくれるよう要求し、同盟軍から自分の軍勢を引きあげさせ、艦隊から自分の船を呼び戻し、ヘクトルがギリシア軍に大虐殺をはたらくのを許してしまう。(2) そして、祖国には恭順であるべきであるという掟に背いて、たとえ自分の民族が滅亡しようとも自分の受けた私的な侮辱に復讐するのだとまで言ってのける。それどころか、ヘクトルがギリシアの同胞に大殺戮をはたらいているのをパトロクロスとともに臆面もなく喜びあう。(3) また(さらに重大なことには)トロイアの運命を自分の踵の中に持ち運んでいるこの人物〔アキレウス〕は、同じくパトロクロスとともに、この戦争でトロイア人もギリシア人も全員が死んでしまって、自分たち二人だけが生き残れるようにという、破廉恥このうえない祈願を立てるのである。(4) 第三の観念〔不死の願望〕にかんしては、地獄でオデュッセウスからそんなところにいて満足なのかと尋ねられて、かれは、最も卑しい奴隷になってもいいから、生きた者たちのいる地上にいるほうがましだと答えている。(5) ホメロスがいつも〈非の打ちどころがない〉という形容詞を添えて、ギリシアの諸民族に英雄的美徳の模範として歌いあげている英雄とは、こんな人物だったのだ！　そのような〈非の打ちどころがない〉という形容詞は、ホメロス自身は楽しませながら教えるために利用したのであったとしても（これは詩人たちがなすべきことである）、今日のわたしたちであれば、蠅が鼻先を通るのも許さない奴と呼ぶような傲慢な人物のためのものであるとしか、理解のしようがない。こうしてホメロスが説いているのは意地っ張りの徳にほかならないのである。それは、ふたたび戻ってきた野蛮時代に決闘者たちがかれらの道徳全体の基礎としていたものであった。またそこから騎士道叙事詩の作者たちの歌いあげる遍歴騎士たちの誇り高い掟、崇高な義務、そして復讐の満足が生みだされていたのだった〔920〕。

668　これとは逆に、英雄たちは自分たちが平民の永遠の敵であると誓いあっていた、とアリストテレスの述べている誓い〔271〕についても省察をこころみてみることにしよう。ついではまた、ローマ的美徳の時代におけるローマ史についても省察してみよう。リウィウスは、このローマ的美徳の時代がピュロスとの戦争の時代であったと規定し、〈これ以上に多くの美徳を生んだ時代はなかった〉という言葉でもってその時代に喝采を送っている。(1) わたしたちはそのローマ的美徳の時代を（聖アウグスティヌス『神の国』に引用されているサルスティウスの言葉(2)にもとづいて）王たちの追放から第二次カルタゴ戦争にいたるまでの時期に拡大してもよいだろう。自由のために二人の息子とともに自分の家を捧げるブルートゥス。王を殺害し損ねた自分の右手を火で焼いて罰し、エトルリア人の王ポルセンナを驚愕させ逃走させるスカエウォラ。勇名と栄光の刺激にそそのかされて軍律を破った咎で、勝利をもたらしたにもかかわらず、自分の息子の首をはねさせ、〈尊大な〉と称されたマンリウス。武装したまま馬にまたがって地割れの底に飛び込んでいって命を落とすクルティウス。自分たちの軍隊を救うために身を捧げるデキウス父子。サムニウス族〔古代イタリア中部に住んでいた部族〕の黄金とピュロス王から申し出のあった領地の分け前をことわるファブリキウスとキュリウス。ローマ的誓いの神聖さを守るため、確実に残酷きわまる死に出会うことを覚悟しながらカルタゴに向かっていくアティリウス・レグルス。かれらは、惨めで不幸なローマの平民のために、いったいなにをしたというのか。戦争で平民の負担をいっそう重くしたこと、高利の海にいっそう深く沈めたこと、貴族たちの私牢の奥にいっそう深く埋没させたこと、そしてそこでまるで最も卑しい奴隷のように杖で裸の背中を打ったこと以外には。またしだれかが、このローマ的美徳の時代に、なんらかの穀物法ないしは農地法によって、この貴族たちで構成されている身分から平民を少しでも救い出そうと望んだなら、その者は反逆者として告発され死罪に処せられていたのではないだろうか。じじつ、ひとつだけ例を挙げると、そのような運命は残忍きわまりないガリアのセノネース族の放った火の手からカピトリウムの丘を守ったマンリウス・カピトリヌスの身におとずれた(3)。これは、スパルタで（ローマが世界の英雄たちの都市であったのと同じように、スパルタはギリシアの英雄たちの都市であった）度量の大きいアギス王が、貴族たちの高利にあえいでいたラケダイモンの哀れな平民の負担を徳政令によって軽減してやろうとくわだて、また別の遺言法によって同じく平民の地位を高めてやろうとくわだてたために、さきに述べたように〔592〕、民選執政官たちの命で絞め殺されたのと、事情を同じくしている。だから、勇敢なアギス王がスパルタのマンリウス・カピトリヌスであったように、マンリウス・カピトリヌスはローマのアギス王だったのであって、ローマの抑圧された哀れな平民に少しばかり援助の手を差し伸べようとしたという嫌疑だけのために、タルペウス山の岩の上から投げ落とされたのである。このようなわけで、最初の諸民族の貴族たちが哀れな民衆をかくも虐待していたのは、自分たちを英雄だと見なしていたため、あるいは、さきに十分明らかにしておいたように〔437〕、平民たちよりもすぐれた性質の持ち主であると考えていたためにほかならないのだった。それというのも、たしかにローマ史はそれをつぎのような事実関係と結び合わせる鋭敏さをもったどんな読者をも呆然自失させかねないからである。あれほどの傲慢さが存在したところに、どんなローマ的美徳があったというのか、あれほどの凶暴さが存在したところに、どんな穏健さがあったというのか、あれほどの不平等さが存在したところに、どんな正義があったというのか、と。

669　そこで、かくも大いなる驚異を満足せることのできる原理とは、必然的につぎのようなものであらざるをえない。

一

670　さきに推理しておいたような巨人たちの野獣的な教育〔523–524〕の結果、子供たちの教育は、ギリシアの英雄たちでもあった読み書きのできないラケダイモン人たちの場合がそうだったように、厳格で、苛烈で、残酷なものであるということ。ラケダイモン人たちは、アルテミスの神殿の中で、かれらの息子たちを息絶え絶えになるまで叩きのめしていた。このため、息子たちは父親の杖のもとで苦痛のあまり痙攣を起こして死ぬこともしばしばであった。このようにして、苦痛や死を怖れないように慣れさせようとしたのだった。このようなキュクロプス的家父長権はギリシア人のあいだでもローマ人のあいだでも後世まで残り、生まれたばかりのなんの罪もない嬰児たちを殺すことを許していた。これにたいして、今日わたしたちが自分たちの幼い息子に示す優しさは、わたしたち現代人の性質のあらゆる優美さを作りあげているのである。

二

671　妻は英雄式持参金でもって買いとられるということ。この習慣はその後、ローマの祭司たちのもとでの結婚の儀式として残ることとなった。ローマの祭司たちは、婚姻を〈共買と麦製菓子によって〉取り結んでいたのである（タキトゥスの語っているところによると、これは古代ゲルマン人の習慣でもあったという[1]。それゆえ、わたしたちは最初の野蛮な諸民族すべてについても同じであったと推定してよいだろう）。また妻は、そうすることがまるで自然の必要であるとでもいうかのようにして、息子を生む道具として養われるということ。そして、それ以外の点では、奴隷としてあつかわれるということ。このことは、わたしたちの世界〔旧世界〕の多くの地域において、また新世界においてはほぼ全域にわたって、諸国民の習俗となっている。一方、持参金というのは女たちを夫から自由にする買い物であって、夫が婚姻にかかる費用を負担しきれないことをおおやけに告白することでもある。おそらくこのためにこそ、皇帝たちはかずかずの特権をあたえて持参金を奨励してきたのだった。

三

672　息子たちが財物を獲得し、妻たちが財物を貯蓄するのは、かれらの父親と夫のためであるということ。これは、今日とは正反対の習慣である。

四

673　遊戯や娯楽は、格闘技や競走のように、骨の折れるものであるということ（このため、ホメロスはいつもアキレウスに〈早足の〉という形容詞をつけているのである）。さらには、馬上槍試合や野獣狩りのように、危険をともなうものであるということ。これらによって、体力や精神力を鍛えあげ、生命を手荒にあつかったり軽視する習慣を身につけようとするのである。

五

674　華美、贅沢、安楽などにはまったく無関心であるということ。

六

675　戦争は、古代の英雄たちの戦争がそうであったように、すべて宗教上の戦争であるということ〔562〕。そして宗教は、この学の第一原理として選んでおいた理由によって〔333〕、それらの戦争を残忍きわまりないものにするのである。

七

676　そのような戦争の結果として、英雄流の奴隷化も盛んにおこなわれるということ。戦争のさいには敗北者たちは神をもたない人間と見なされ、政治的な自由とともに自然的な自由をも失うのである〔556, 958〕。ここでは、さきに立てておいたつぎのような公理〔290〕が適用される。すなわち、〈自然的自由の度合いは財産がその所有者の身体に密着していればいるほど猛烈であり、政治的隷従は生活にとって必要不可欠でない財富が手に入るようになるとともに止む〉という公理がそれである。

八

677　これらのことすべてからして、国家は自然本性上貴族制国家、もしくは自然的に最強の者たちからなる国家であって、すべての政治的名誉職は少数の貴族の家父長だけに制限されているということ。また、公共善というのは個々の家族内での一頭支配的権力がパトリアによってかれらのためにとっておかれたものにほかならないということ。ここでいうパトリアは、何度となく述べてきたように、文字どおりのパトリア、すなわち少数の父たち patres の利益体のことである〔584〕。このために市民たちはおのずと貴族でもって構成されるのである。このような人々の性質、このような習慣、このような国家、このような制度、このような法律でもって、最初の諸民族の英雄主義は実行されていたのだ。そして、この英雄主義は、ここで枚挙したのとは正反対の原因が生じたことによって、今日では国家制度上の本性からして不可能になってしまっているのである。なお、それらの原因はやがて、他の二種類の、さきに立証しておいたようにいずれも人間的なものである政体、すなわち、人民的自由の政体と、この政体にもましてとりわけ君主政体を生みだすこととなる〔292ほか〕。この政体にもましてというのは、ローマにおける人民的自由の全時代をつうじて英雄の評判を得ているのはただひとり、ウティカのカトー(1)だけであるからである。そして、そのような評判を後世に残したのは、かれが貴族国家の精神を貫き通したからにほかならないのである。ポンペイウスが倒れたのち、かれは貴族党の首領としてとどまっていたが、カエサルに辱めを受けることに耐えられず、自害したのだった。一方、君主政体においては、英雄というのは自分たちの主君の栄光と偉大さのために自らの命をささげる者たちのことである。だから、〔人類の正義と幸福のために身をささげるような〕理想的な英雄を虐げられた民衆は待望し、哲学者たちは推理し、詩人たちは想像するけれども、公理をひとつ提示しておいたように〔260〕、国家制度上の自然本性的なあり方からしてその種の恩恵がもたらされることはない、と結論せざるをえないのである。

678 最初の諸民族の英雄主義についてここで推理したすべてのことは、ローマの英雄主義をめぐってさきに立てておいた公理〔278–282〕から光沢と輝きを受けとる。そして、それらの公理は、トゥキュディデスが語っているように、きわめて厳格なアレイオパギテース（これは、さきに見たように、一種の貴族的元老院であった）によって統治されていた時代の古代アテナイ人の英雄主義〔592〕にも、さきに無数の証拠によって明らかにしておいたように、ヘラクレイダイもしくは主人たちの国家を形成していたスパルタ人の英雄主義〔423〕にも、共通にあてはまることがわかるだろう。

［第6部　詩的歴史学］

［全1章］ 詩的歴史学の概要

一

679　神学詩人たちの製作になるこのような神々と英雄たちの歴史はたとえばカドモスの神話としてわたしたちのもとに届いているが、その描写のされ方は、わたしたちにはあまりにもわかりにくいものであった(1)。カドモスは大蛇を殺す（この地上を覆っていた太古の大森林を切り開く）。そして、その大蛇の歯を地面に播く（これはみごとな譬喩というほかない。さきに述べたように〔541〕、かれは曲がった固い木片を使って世界で最初の田畑を耕すのである。鉄を使用することを思いつく以前には、固い木片が最初の鋤の歯として利用されていたにちがいないのであって、このことから鋤のその部分は〈歯〉と呼ばれるようになったのだった）。それから、大きな石を投げる（固い大地がそれであって、さきに説明したように〔583〕、この大地を被保護民ないしは奴僕たちは自分たちのために耕したいと望むようになったのだった）。すると、畝の溝から武装した人間たちが生まれてくる（さきに述べた第一次農地法をめぐる英雄闘争をつうじて、英雄たちは自分たちこそが各自の占有している土地の領主であると主張しようとして起ちあがり、武装し団結して平民たちに対抗し、もはや英雄たち同士で戦うのではなくて、反乱した被保護民たちを相手に戦うのである。また、畝の溝というのは、かれらが団結してひとつの身分ないしは階級を構成し、こうして武器を基盤にして最初の都市を形成し安定させたということを意味している。これらのことについてもさきに述べたとおりである〔584〕）。そしてカドモスは蛇に姿を変える（つまりはそこから貴族的元老院の権威が生まれるのであって、古代ラティウムの人々であれば〈カドモスが土台となった〉と言ったであろうところを、ギリシア人はカドモスがドラコン〔竜〕に変身したというように表現したのだった。そして、そのドラコンは法律を血で書くのである〔423〕）。これらはすべて、わたしたちがさきに明らかにすると約束しておいたことである〔446〕。すなわち、カドモスの神話には何世紀にもわたる詩的歴史が内包されていたということ、そしてそれは幼児期にあった世界がいまだ音声を十分に分節化しえないでいたなかにあってみずからをなんとかして説明しようとした苦闘の大いなる一例であるということである。このことは、のちに列挙する神話の難解さの七つの大いなる源泉のうちのひとつである〔814〕。いやはやまったく、カドモスはかれがフェニキアからギリシア人のあいだに持ち運んできた通俗文字でもってそのような詩的歴史をなんとみごとに記録してくれていたことか！　ところが、デシデリウス・エラスムスは、〈キリスト教徒のウァッロ〉と称されたほどの物知りには似つかわしくない戯言《たわごと》を述べつらねて、その神話にはカドモスが文字を発明したという史実が含まれていると見ようとしているのだ(2)。このようなわけで、文字の発明といったような偉大な便益を諸国民にもたらしたという、明断このうえなく、ひいては広く知れ渡っていたにちがいない歴史を、カドモスはギリシアの人々にはエラスムスの時代にいたるまで不分明なままにとどまっていた神話のヴェールのうちに包み隠しているのだった。そして、かくも偉大な通俗的知恵の考案物を俗衆には秘密のままにしているのである。それらの文字は〈俗衆〉volgo によって使われていたということから〈通俗〉文字 lettere volgari という名称を得ていたにもかかわらずである。(3)

二

680　しかし、ホメロスは、驚くばかりに簡潔かつ適切な仕方でもって、同じ歴史をアガメムノンに伝達された笏の象形文字に縮約して物語っている。(1) その笏は、もともとヘパイストスがゼウスのために製作したものであった(なぜなら、ゼウスは洪水後最初の雷光によって神々と人間たちを支配下に置いた王国を建設したからである。諸家族の並存状態のもとにおける神政王国がそれであった〔587〕)。それをその後、ゼウスはヘルメスにあたえる(ヘルメスが第一次農地法を平民たちにもたらしたさいに用いた杖がそれである。ここから最初の都市の英雄たちの王国は誕生したのだった〔604〕)。そしてさらにその後、ヘルメスはそれをペロプスにあたえ、ペロプスはテュエステスに、テュエステスはアトレウスに、アトレウスはアガメムノンにあたえるというのだ(すなわち、笏はアルゴス王家に代々伝えられていったというわけである)。

三

681 しかしまた、同じホメロスがアキレウスの盾に描かれていたとわたしたちに語っている世界の歴史[1]のほうが、さらに詳細かつ克明である。

682 一、そこには最初に、天、地、海、太陽、月、星々が描かれていた。これは世界の創造の時代である。

683 二、つぎには二つの都市が描かれていた。そのうちのひとつの都市には、歌、祝婚歌、婚礼があった。これは厳粛な儀式を執りおこなってなされる結婚から生まれた息子たちからなる英雄的家族の時代である〔520以下〕。もうひとつの都市には、これらのものはなにひとつ見られなかった。これは奴僕たちからなる英雄的家族の時代である〔553以下〕。奴僕たちは自然婚しか取り結んではおらず、英雄たちの結婚が取り結ばれるさいにおこなわれていた厳粛な儀式はなんら執りおこなっていなかった。だから、これらの都市は二つながらに自然状態、もしくは諸家族からなる状態を表象していたのである。また、まさしくこれらこそ、オデュッセウスの農場管理人エウマイオスが、二つとも自分の生まれ故郷にあって、どちらも自分の父が治めていた、そして市民たちはなにもかも双方ではっきり二つに分けていた（すなわち、かれらは市民権において互いに共通するものをなんら有していなかった）、と語っている都市にほかならない[1]。そのため、祝婚歌をもたない都市のほうは、テレマコスが集会でイタケの平民をそう呼んでいる〈別の民〉にほかならないのだった〔590〕。またアキレウスも、アガメムノンから侮辱を受けたことを嘆いて、日雇い農夫のような扱いを受けたと述べているが、その日雇い農夫のほうは統治になんら参与することがなかったのである〔597〕。

684　三、さらに、婚礼のある都市のほうには、議会、法律、裁判、刑罰の様子が描かれていた。これはまさしく、ローマの貴族たちが英雄闘争のなかで平民たちにたいして、婚姻権も支配権も祭司権――法律の知識ならびに裁判はいずれもこの祭司権に依存していた――も、婚礼の儀式のうちでも最も厳粛なものである前兆を占う儀式が自分たちのものである以上、すべて自分たち貴族のみの権利であると答えていたのと、事情を同じくしている〔110〕。ローマでは、このことから、婚礼の儀式をあげた夫、行政官、祭司、そして最後に裁判官は、さきにも述べたように〔657〕、〈ウィル〉virと呼ばれたのだった（この語は、ラティウムの人々のもとでは、ギリシア人の言う〈ヘーロース〉と同じ意味であった）。だから、この時代は、奴僕たちからなる家族を土台にして厳格このうえないアリストクラティックな政体として生じた英雄都市の時代なのである〔597〕。

685　四、もうひとつの都市は、軍隊によって包囲されている。そして、前者の都市と交互になって、相手を食いものにしようと狙っている。こうして、婚礼のない都市（すなわち、英雄都市の平民たち）は、完全に別個の敵対的な都市に転化してしまう。このくだりは、驚くべきことに、さきにわたしたちが推理しておいたことを裏づけてくれる。すなわち、最初の余所者、最初の〈ホスティス〉は英雄民族の平民たちであった、というのがそれである〔638〕。この平民たちにたいして、アリストテレスが述べているのを何度も聞いたとおり〔271〕、自分たちは永遠の敵である、と英雄たちは誓いあっていたのだった。このため、その後、二つの都市はまるごと、互いに余所者であるという理由で、英雄的掠奪行為をはたらいては、互いに永遠の敵対関係を繰りひろげることとなったのである。これもさきに推理しておいたとおりである〔636–637〕。

689　五、最後に、そこには文明の諸技術の歴史が描かれていた。そして、それらは家族の時代から始まったとされている。というのも、なによりも真っ先には父なる王が、笏でもって、焼いた牡牛を分けあうよう、刈り取り人たちに命じている姿が描かれているからである。ついでは、植えられたぶどうの木、それから、家畜の群れ、羊飼いと小屋、そしてすべての最後には舞踏の光景が描かれている。絵は、じつにみごとに、かつまたありのままに、人間にかんすることがらの順序を示している。すなわち、まずは必要なものの技術（第一にはパン、第二にはぶどう酒を得るための農業技術）が発明され、それから有益なものの技術（牧畜）、ついでは快適なものの技術（都会の建築術）、そして最後に快楽の技術（舞踏）が発明されたことを展示している〔239, 241〕。

〔第7部　詩的自然学〕

〔第1章〕詩的自然学について

687　さて、いまや詩的形而上学という幹のもうひとつの枝に移るとして、詩的知恵は形而上学という幹をとおって自然学とひいては宇宙学、さらには天文学へと枝分かれする。そして、その果実が年代学と地理学なのだ〔367〕。そこで、わたしたちは推理のこの残りの部分を自然学から始めることにする。

688　神学詩人たちが考察した自然学は諸国民の世界の自然学であった。したがって、かれらは、まずもってはカオス〔混沌〕を女たちの忌まわしい共有状態にあっての人間の種子の混乱であると定義していた。そこからやがて自然学者たちは普遍的な自然の種子の混乱について考えるようになったのであり、そのことを説明するために、すでに神学詩人たちによって考案されていた、ひいては適切なその〔カオスという〕言葉を採用したのだった。カオスが混乱していたのは、そこにはなんらの文明の秩序も存在しなかったからである。また暗かったのは、それが生きるのは文明の光によってであるからである（このために英雄たちは〈光り輝く者たち・有名な者たち〉と言われたのだった〔533〕）。また神学詩人たちはカオスをオルクスであるとも想像していた。すべてをむさぼり食ってしまう、定まった形をもたない怪物である。それというのも、女たちの忌まわしい共有状態にあった人間たちは人間固有の形をもたず、また子孫がだれか定かではなかったため、自分のものとわかる痕跡を後世になにひとつ残さなかったので、虚無に呑みこまれてしまっていたからである。そして、このオルクスは、いまだ定まった形をもっていなかったので貪婪に形を求めてやまず、形あるものをすべて食いつくしてしまうということで、やがて自然学者たちによって、自然的事物の第一質料であると受けとられるようになったのだった。しかしまた、詩人たちは、カオスに野生の神パンという怪物めいた形をもあたえていた。都市ではなく森林に住むすべてのサテュロスたちの守護神である。そして、この詩的記号に、相貌は人間であるが習性は忌まわしい野獣さながらに地上の大森林をさまよい歩いていた不敬虔な者たちを還元していた。このパンをその後、のちに見るこじつけのアレゴリーによって、哲学者たちは、ギリシア語の〈パーン〉πᾶνが〈全〉を意味するのにあざむかれて、形をあたえられた世界＝宇宙のことであると考えるようになったのだった〔910〕。また学者たちは、詩人たちはプロテウスの神話によって第一質料を理解していたとも思いこんでいた。水の中にいる〔海の老人〕プロテウスとオデュッセウスはエジプトで水の外にいて闘うが、プロテウスのほうはいつも新しい形に姿を変えるので、かれを捕まえることができない、という神話である[1]。しかし、学者たちのかくも高尚な学説のもとになっているのは、じつをいえば最初の人間たちの無骨さと単純さなのであった。最初の人間たちは（幼児が鏡をのぞきこんで自分の姿をつかもうとするのと同じように）、自分の身振りや姿が水中でさまざまに変形するところから、水中にはさまざまな形に変化するひとりの人間がいると思いこんでいたのである。

689　ついに天が雷光を発した。そしてゼウスは、人間たちを知性の自由に固有のものである努力《コーナートゥス》のうちに置くことによって〔502–504〕、人間たちの世界に始まりをあたえた（それはちょうど、自然の世界が必然的な行為者である物体に固有のものである運動から始まったのと事情を同じくしている。なぜなら、さきに「方法」の部で述べておいたように〔340〕、不可感的な運動が〔最初の人間たちには〕物体の努力と見えたのであったからである）。そのような努力からこそ、文明の光は生じたのであって、それを象徴する詩的記号がアポロンなのである。そして、その光に照らし出されて文明の美が立ち現われたのであって、このために英雄たちは美しかったのだ〔533〕。また、その文明の美を象徴する詩的記号がアプロディテであった〔565〕。そのアプロディテをその後、自然学者たちは自然の美を象徴したもの、いやそればかりか、可感的なあらゆる形で飾り立てられて美しく照り映える、形をあたえられた自然全体を象徴したものと受けとめるにいたったのだった。

690　神学詩人たちの世界は、四つの神聖な元素から生じた。まずは、ゼウスがそこで雷光を放った空気〔アイテール〕〔379〕と、アルテミスが守護神である永遠の泉からこんこんとあふれ出る水〔528〕、ついでは、ヘパイストスが森林に火を点けるのに用いた火と、キュベレもしくはベレキュンティアのものである耕された大地である〔549〕。それらの四元素はいずれも神聖な儀式、すなわち、前兆の占い、水、火、麦を構成している。また、それらはヘスティアが見守っている。ヘスティアはキュベレもしくはベレキュンティアと同じ女神であって、耕地を冠に戴いている。その耕地は、生け垣によって囲われ、高所にある村落の塔から監視されている〔555〕（ここからラテン語では〈エクステルリス〉exterris〔土地を追われた〕とほとんど同じ意味で〈エクストルリス〉extorris〔塔を追われた〕という言い方がなされるようになったのだった[1]。こうして、このヘスティアの冠には、〈オルビス・テルラールム〉orbis terrarum と呼ばれて、もともと人間たちの世界を指していたもののいっさいが含まれているのである〔550〕。そして、ここからやがて自然学者たちは、自然の世界を構成する四つの元素について省察をめぐらせるきっかけを得たのだった。

691 同じ神学詩人たちは、その四つの元素や、そこから生じた無数の特殊的な性質にたいして、生命ある、可感的な、そして大部分は擬人的な形状をあたえた。そして、さきに「詩的形而上学」の部で推理しておいたように、それだけの数の、じつにさまざまな神性を作りだした〔375〕。このため、プラトンには、そこに、ゼウスはアイテールの知性であるとか、ヘパイストスは火の知性である、といったようなかれの〈知性〉にかんする見解を導入することが可能となったのである[1]。しかし、神学詩人たちがそのような叡智的実体を理解していた程度といったら、ホメロスの時代まで人間の知性については、それが反省の力によって感覚に抵抗するものであるかぎりでは、まったく不可知なものにとどまっていたほどであったのだ。この点にかんしては、『オデュッセイア』に二つの黄金の場所がある。そこでは、人間の知性は〈神聖な力〉とか、同じ意味だが〈神秘的な活力〉と呼ばれている[2]。

[第2章] 人間にかんする詩的自然学について、あるいは英雄的性質について692　だが、自然学の最大で最も重要な部分は、人間の自然本性を観照した部分である。異教的人間性の創建者たちは、どのようにしてかれら本来の人間的な形を、その〔肉体と精神の〕両面において、なんらかの仕方で、すなわち、恐怖に満ちた宗教と恐るべき父権とによって生みだしたのか、神聖な沐浴によってかれらの巨大な身体からわたしたちの正常な体格の形を導き出し、同じ家政学的規律訓練によってかれらの野獣的な霊魂からわたしたちの人間的霊魂の形を導き出したのか――これらはすべてさきに「詩的家政学」のなかで推理しておいたが〔520, 524〕、ここでいまいちど繰り返して見ておく必要がある。

693　さて、神学詩人たちは、粗野きわまりない自然学の観点に立って、人間のうちに存在と存続という二つの形而上学的観念を見ていた。たしかにラティウムの英雄たちは、〈在る〉ということをきわめて粗雑にも〈食べる〉ことによって感覚していたのであって、〈食べる〉ということこそは〈スム〉sum の最初の意味であったにちがいないのである。それがのちに〈食べる〉と〈在る〉の両方を意味するようになったのだった。じじつ、今日でも農民たちは、病人がまだ生きているということを言うのに、〈まだ食べている〉という言い方をしている。それというのも、〈在る〉という意味での〈スム〉はきわめて抽象的であって、実際に存在するありとあらゆるものを超越しているからである。またきわめて滑りがよくて、ありとあらゆる存在者に浸透していくからである。さらにはきわめて純粋であって、いかなる存在者によっても限定を受けることがないからである。またラティウムの英雄たちは、〈下にあって支えているもの〉という意味での〈実体〉を、人間は足の裏の上に立って存続しているということで、踵にあるものというように感覚していた。このため、アキレウスはかれの運命を踵の下に携えていたのだった。なぜなら、かれの運命、すなわち生きるか死ぬかは、そこにかかっていたからである。

694　神学詩人たちは身体の組織を固体と液体とに還元していた。うち、固体としてかれらが考えていたのは、まずは内臓 viscere あるいは肉 carni であった（たとえば、ローマ人は、祭司によって民になされる犠牲獣の肉の分配のことを〈ウィスケラーティオー〉visceratio と言っていた）。だから、肉が主食だったときには、〈ウェースキー〉vesci と言えば〈栄養をとる〉ことを意味していたのである。――それからまた骨と〈アルトゥス〉artus と呼ばれた関節（ここで注意しておくべきであるのは、〈アルトゥス〉は〈アルス〉ars に由来する語であるということである。そして、〈アルス〉は古代ラティウムの人々にとっては〈身体の力〉を意味していたのであって、ここから〈体格が強健な〉ことを意味する〈アルティートゥス〉artitus という語は出てきているのである。それがその後、知性のなんらかの能力を確固としたものにするあらゆる実践的規則の組織が〈アルス〉と呼ばれるようになったのだった）。――さらには腱。人々がいまだ物を言うことができずに物体で語っていたときには、人々は腱を力であると受けとめていたのだった（〈弦〉という意味で〈フィデース〉fides と呼ばれていた腱から、〈神々の力〉は〈フィデース〉と言われるようになったのである。そして、この腱、もしくは弦、もしくは力から、人々はのちにオルペウスの竪琴を作りあげたのである〔523〕）。そして、正しい感覚でもって[1]、かれらの力を腱のうちに置いていたのである。というのも、腱は力を発揮するためには伸ばす必要のある筋肉を伸ばすからである。——そして最後には髄であった。これまた正しい感覚でもって、髄のうちに神学詩人たちは生命の精華を置いたのであった（ここから恋する男によって恋人は〈メドゥラ〉medulla〔精髄〕と呼ばれたのであり、わたしたちが〈心の底から〉と言っているところをかれらは〈メドゥリトゥス〉medullitus〔骨髄に徹するほど〕と言っていたのだった。また恋が深刻な場合は〈髄〔体の芯〕を焦がす〉と言われるのである）。一方、液体として考えていたのは、血液だけであった。なぜなら、かれらは髄液や精液のことも〈血〉と呼んでいたからである（このことは〈生まれた〉ことを指して〈サングイネー・クレートゥス〉sanguine cretus〔血から造られた〕と表現する詩句[2]が示しているとおりである）。しかも、これまた正しい感覚でもってそう呼んでいたのだった。というのも、それらの物質は血液のエキスにほかならないからである。そして、同じく正しい感覚でもって、かれらは血液のことを肉の組成をなす繊維質の漿液だと考えていた。ここから、ラティウムの人々のもとには、〈肉付きがよい〉と言うのに〈スーキープレーヌス〉succiplenus、〈良い血を吸いこんだ〉という表現が残ることとなったのである[3]。

695　つぎにもうひとつの部分、すなわちアニマ anima〔霊魂〕については、神学詩人たちはそれを空気の中に置いていた（空気もラテン語では〈アニマ〉と言われている）。そして、それを生命活動の媒体であると考えていた（じっさいにも、ラテン語には〈アニマー・ウィーウィームス〉anima vivimus〔わたしたちはアニマによって生きる〕という独特の言い回しが残っており、〈生まれる〉ことを指して〈フェルリー・アド・ウィーターレース・アウラース〉ferri ad vitales auras〔生命の空気へと運ばれる〕と表現し、

〈生きる〉ことを指して〈ドゥーケレ・ウィーターレース・アウラース〉ducere vitales auras〔生命の空気を吸う〕と表現し、〈死ぬ〉ことを指して〈ウィータム・レフェルリー・イン・アウラース〉vitam referri in auras〔生命が空気のなかに戻される〕と表現する詩句も残っている。[1] またラテン俗語にも、〈生きる〉ことを〈アニマム・ドゥーケレ〉animam ducere〔空気を吸う〕と言い、[2]〈死に瀕している〉ことを〈アニマム・トラヘレ〉animam trahere〔なんとかして空気を引きこむ〕と言い、[3]〈死ぬ〉ことを〈アニマム・エッフラーレ〉animam efflare とか〈アニマム・エミッテレ〉animam emittere〔空気を吐き出す〕と言う[4]言い方が残っている。ここから、おそらく自然学者たちは世界霊を空気の中に置くという発想を得たのだった。また神学詩人たちは、同じく正しい感覚でもって、生命の流れを血液の流れのうちに置いていた。血液が正常に運動しているかどうかにわたしたちの生命はかかっているものとかれらは考えたのだった。

696　かれらは、これまた正しい感覚でもって、アニムス animus〔精神〕は感覚作用の媒体であると感じとっていたにちがいない。なぜなら、ラテン語には〈アニモー・センティームス〉animo sentimus〔わたしたちはアニムスによって感じる〕という独特の言い回しが残っているからである。[1] また、同じく正しい感覚でもって、かれらはアニムスを男性形に、アニマを女性形にしていた。それというのも、アニムスはアニマの中にあって作動するからである〔それはウェルギリウスの言う〈イーグネウス・ウィゴル〉igneus vigor〔火のような活力〕なのだ[2]。だから、アニムスはその基体を腱および腱を構成している物質中に有しており、アニマは静脈および血液中に有しているにちがいない。こうしてまた、アニムスの媒体はアイテールであり、アニマの媒体は空気だということになる。このことは、動物精気がきわめて敏速に動くのにたいして、生命精気のほうは動きが遅いという事実とも符合している。また、アニマが運動《モートゥス》の担い手であるように、アニムスは努力《コーナートゥス》の担い手、ひいては原理である。すなわち、いましがたウェルギリウスがわたしたちに語った〈イーグネウス・ウィゴル〉〔火のような活力〕なのだ。このような力が働いていることを神学詩人たちは感じとってはいたが、理解はしていなかった。そして、ホメロスのもとでは、〈神聖な力〉とか〈隠れた活力〉、あるいはまた〈未知の神〉と呼んでいた〔691〕。こうしてまた、ギリシア人やラティウムの人々は、なにか自分たちの理解を超えた原理が働いていると感じとったことを言ったり行なったりする場合には、神がそういったことを言ったり行なったりするのを欲したのだ、と言っていたのである。そして、その原理のことをラティウムの人々は〈メーンス・アニミー〉mens animi〔精神の知性〕と呼んでいたのだった。[3] このようにして、かれらは、観念は神から人間にやってくるという、のちに形而上学者たちの自然神学が、観念を物体の所産であると考えようとするエピクロス派の学者たちに反対して、反論の余地のない論証によって明らかにする至高の真理をつかみとっていたのである。[4][5]

697 かれらは、生命の誕生を、その後学者たちがそれ以上に適切な説明の仕方を見いだしえたかどうかわからないほど、巧妙な仕方で理解していた。その理解の仕方はすべてそっくりそのまま〈コンキペレ〉concipere〔懐胎する〕という言い回しのうちに含まれている。この言い回しはほとんど〈コンカペレ〉concapere〔つかみとる〕と言っているに等しく、物理的な形態がその本性を発揮して（これには今日ではわたしたちの時代になって明らかにされた空気の重量を補足しなければならないのだが）、手の届くところにあるあらゆる身近な物体を捕まえては、相手の抵抗にうち勝ちながら、それらを自らの形態に適合させていく行為を表わしている(1)。

698 かれらは、じつに賢明にも、腐敗を、身体を構成しているすべての部分が解体することを意味する〈コルルンピー〉corrumpi〔腐る〕という語によって説明していた。そして、その語を〈サーヌム〉sanum〔健全な〕に対置していた。というのも、生命はあらゆる部分が健全であることのうちに存しているからである。したがって、かれらは病気が死をもたらすのは生体を構成する固体〔血管〕を破壊することによってであると見なしていたにちがいないのだった(1)。

699 かれらは、アニムス〔精神〕のすべての内的機能を身体の三つの部分に引き戻してとらえていた。頭と胸と心臓である。そして、すべての認識作用は頭によるものだとしていた。また、それらの認識作用はすべて想像的なものであったので、記憶力も頭にあると考えていた。〈想像力〉のことをラティウムの人々は〈メモリア〉と呼んでいたのである。また、ふたたび戻ってきた野蛮時代〔中世〕には〈創意工夫の能力〉のことが〈ファンタシア〉と言われた。そして、〈創意に富む人〉と言う代わりに〈ウオーモ・ファンタスティコ〉uomo fantastico〔想像力豊かな人〕というように言われた。たとえば、野蛮なイタリア語でコラ・ディ・リエンツォの生涯について記した同時代の著作家は、コラは〈ウオーモ・ファンタスティコ〉であったと語っている(1)〔819〕。ちなみに、コラの生涯にはわたしたちが推理している古代の英雄たちの自然本性や習俗に類似した自然本性や習俗が含まれている。これは自然本性と習俗において諸国民がふたたび同じ経過をたどるということの一大証拠である〔1046以下〕。しかしながら、もともと、想像といってもそれは記憶していたことを再現してみせることにほかならず、創意といってもそれは覚えていることをめぐっての作業にほかならないのである。ところで、いまわたしたちが推理している時代の人間の知性は、さきに「方法」の部〔実際には「詩的形而上学」の部〕で述べたように〔378〕、いまだ書記の技術によって繊細化されてはおらず、なんらかの計量や計数の行為によって精神化されてもおらず、今日言語のうちに充満しているような無数の抽象的な語彙によって抽象化されてもいなかった。そして、それはその力のすべてを身体からやってくるこれら三つのこのうえなくみごとな能力〔記憶力・想像力・創意工夫の能力〕において発揮していたのだった。また、これらは三つとも知性の第一の操作に属している。そして、その操作を統括する技術がトピカなのである。同様に、第二の操作を統括する技術はクリティカである。また、クリティカが判断の技術であるように、トピカは発見の技術である（このことは、さきに「詩的論理学」の「最後の系」でも述べておいたとおりである〔495–498〕）。また、ことがらの本性からして、事物を発見するということが先にあり、そのあとでそれについて判断するということがやってくるのだから、世界の幼児期には、人間の知性の第一の操作に専念するのが適切であったのである。その時代には、世界はまずもって、生活に必要なものと有益なもののすべてを発見する必要があったからである。そして、これら生活に必要なものと有益なもののすべては、「真のホメロスの発見」の巻で十分に論証するように〔782 以下〕、哲学者たちが登場する以前に提供されていたのだった。したがって、神学詩人たちが記憶の女神メモリアは〈ムーサの母〉であると言っていたのは、正しかったのだ。ムーサが文明の諸技術を象徴したものであることはさきに見ておいたとおりである〔508, 534〕。

700 この点については、「方法」の部でさきに述べておいたこと〔338〕と深く関連する、つぎのような重要な考察をなおざりにすることはけっしてできない。異教文明を創建した最初の人間たちがどのように思考していたかということを、わたしたちは今日かろうじて頭で理解できるにすぎず、心に具体的に想い描いてみることはまったくできない、というのがそれである。かれら最初の人間たちの知性はどこまでも個別的で融通が利かなかった。そのため、プロテウスの神話で見たように〔688〕、顔の表情が変わるたびに、別の新しい顔が生じたと考えたのだった。また、新しい感情が起こるたびに、別の心臓、別の胸、別のアニムス〔精神〕が生じたと考えた。〈オーラ〉ora〔口〕、〈ウルトゥース〉vultus〔顔〕、〈アニミー〉animi〔精神〕、〈ペクトラ〉pectora〔胸〕、〈コルダ〉corda〔心臓〕といったように、単数を表わすのに複数形の詩的言い回しがなされるようになったのはこのためであって、それは数を数える必要からというよりはむしろ人間にかんすることがらの自然本性から生じたことなのであった。

701　かれらは胸をあらゆる情念の場であると見なしていた。そして、正しい感覚でもって、胸の下に情念の二つの発酵源を置いていた。すなわち、第一には、怒りの発酵源は胃にあるとしていた。なぜなら、わたしたちが怒りを感じるときには、わたしたちを襲う不快感を克服するために、胃のまわりの胆汁器官のなかの胆汁が胃の蠕動運動を活性化させながら拡がっていくのを感じるからである。また第二には、性欲の発酵源は他のどの器官よりも肝臓にあるとしていた。肝臓は〈血液の製造工場〉であると定義されているが、それを詩人たちは〈プラエコルディア〉praecordia〔肝っ玉〕と呼んでいた。そして、ティタン族のひとり〔プロメテウス〕は、他の動物の情念のうちそれぞれの種で最も目立つものを選んで、その情念をそこに移植したという。かれらは粗削りな仕方においてではあるが、性欲がすべての情念の母であり、情念はわたしたちの体液中に存在していることを理解していたのだった。

702　かれらは心臓にすべての思慮分別 consilium の源を求めていた[1]。このため、英雄たちは〈心臓の中で思慮分別をめぐらせつづけた〉のである。というのも、英雄たちは愚かで鈍感だったため、情念に突き動かされないかぎり、何をなすべきか、思いつかなかったからである。そこで、ラティウムの人々のあいだでは、賢者は〈コルダートゥス〉cordatus〔心臓を備えている者〕と呼ばれ、逆に愚者は〈ウェーコルス〉vecors〔心臓を失った者〕と呼ばれたのだった。また、かれらは決心のことを〈センテンティア〉sententia〔感じたこと・所感〕と言っていた。それというのも、かれらは感じたとおりに判断していたからである。このため、英雄たちの判断は、質料〔素材〕においてはしばしば虚偽であるけれども、形式においてはすべて真実であったのだ〔825〕。

〔第3章〕系——英雄的センテンティアについて

703　さて、異教世界の最初の人間たちの知性はきわめて個別的で、ほとんど野獣同然の状態にあり、新しい感覚作用が生じるたびに古い感覚作用はまったく消し去られてしまうのだった（こうして、ものごとを結び合わせたり比量したりすることは、かれらにはできないでいるのだ）。そのため、センテンティア〔感じたこと・所感・警句的表現〕もそれを感じた者の意向に応じてきわめて個別化されたものであったにちがいないのである〔825〕。だから、ディオニュシオス・ロンギノスが称賛し、のちにカトゥルスがラテン語に翻訳したサッポーの頌歌のなかの、恋する男が恋人の女性を前にして直喩を用いて表現している〈かれはわたしには神のようにみえる〉という崇高なセンテンティア(1)も、崇高性の度合いにおいては最高のものとは言いがたいのである。というのも、恋する男は、テレンティウスが〈われわれは神々の生に到達した(2)〉と言明しているときのようには、センテンティアを自分自身のうちに個別化することをしていないからである。しかしまた、この感情には、なるほどそれを表明している当人だけに固有のものではあるにしても、一人称において単数を複数で表わすというラテン語の慣用のために、どこか一般的な感情めいたものがつきまとっている。けれども、同じ詩人は、別の喜劇では同じ感情を最高度の崇高性にまで高めあげている。そこでは、その感情を徹底的に個別化して、それを感じている当人だけのものに仕立てあげてみせているのだ。〈わたしは神となった(3)〉と。

704 だから、抽象的な感情表現は哲学者たちのものである。なぜなら、そこには普遍的なものが含まれているからである。また、情念に反省をくわえるというのは心の冷たい偽りの詩人たちのすることである。

〔第4章〕系——英雄的描写について

705　最後に、かれらはアニムス〔精神〕の外的諸機能を身体の五官に引き戻してとらえていたが、それらは鋭敏で、生き生きとしていて、感じとり方も強烈であった。かれらは、悟性的判断力はほとんどないに等しく、全身が強靱な想像力のかたまりであったからである〔378, 699〕。このことについては、かれらが五官にあたえていた語彙が裏づけてくれている。(1)

706　かれらは〈アウディーレ〉audire〔聞く〕という言葉をほとんど〈ハウリーレ〉haurire〔吸いこむ・飲む〕に近い意味で用いていたが、(1)それは耳が他の物体によって揺り動かされた空気を飲みこむからであった。かれらははっきりと見分けることを〈ケルネレ・オクリース〉cernere oculis〔目で選り分ける〕と言っていたが(2)（ここからおそらくイタリア語の〈シェルネレ〉scernere〔見分ける〕という語は出てきたのである）、それは目が篩《ふるい》のようなものであり、瞳は二つの穴のようなものであるからであった。すなわち、ちょうど篩から棒状の粉が出て地面に降り注ぐように、目から瞳をとおして棒状の光が出て事物に降り注ぎ、それらをはっきりと見分けるというわけである（この視覚の棒についてはその後ストア派によって論じられた。(3)そして現代ではデカルトがみごとに証明してみせている）。(4)またかれらは見ることを一般的に〈ウースールパーレ・オクリース〉usurpare oculis〔目で捕らえる〕と言っていたが、(5)かれらは盗むこれは見ることによって事物を自分のものにするとでも言っているかのようであった。かれらは盗むことも〈タンゲレ〉tangere〔触れる〕という言葉でもって表現していたが、[6] それは触れることによって物体からはなにものかが奪い去られるからであった。この事実は今日ようやく目の行き届いた自然学者たちによって理解されはじめたばかりの事実である。かれらは匂いを嗅ぐことを〈オルファケレ〉olfacere〔匂いをつくり出す〕と言っていたが、[7] これはまるで匂いを嗅ぐことによって匂いをつくり出しているとでも言うかのようであった。この点については、その後自然哲学者たちも、五官が〈感性的な〉性質をつくり出すというのは真実であることを、まじめな観察によって見いだしている。最後に、かれらは味わうことを〈サペレ〉sapereと言っていた。[8] そして〈サペレ〉〔味わう〕というのは、本来、味をあたえる事物について言われたことなのであった。というのも、かれらは事物のうちにそれぞれの事物に固有の味を吟味していたからである。そしてここから、のちにみごとな隠喩によって、〈サピエンティア〉sapientia〔知恵〕という語は出てきたのであった。〈サピエンティア〉というのは、事物について作りあげられた意見ではなくて、事物がその自然本性において有しているところにしたがって、事物を使用する能力のことをいうのである。[9]

707 このことでは神の摂理こそが称賛されるべきである。神の摂理は、まずもっては、わたしたちの身体を守護するために感覚をあたえ、人間たちが野獣の状態に陥っていた時代に（感覚の点では野獣のほうが人間よりも驚くばかりに鋭いものをもっているのだ）、そのかれらの自然本性的なあり方そのものによって、きわめて鋭敏な感覚を発揮して自分たちの身を守るように取り計らったのだった。そして、その感覚は、反省の時代が到来し、反省によって自分たちの身体を眺めるための思慮分別がつくようになるとともに、鋭さを失っていったのである。こうしたことからして、ホメロスの二つの詩に見られる英雄的描写は、後世のどの詩人たちも匹敵しえないどころか、模倣することすらできないほどの、明証性の光と輝きを放っているのである〔827–828, 894〕。

〔第5章〕系——英雄的習俗について

708　そのような英雄的感覚をそなえた、そのような英雄的自然本性から、同様の英雄的な習俗が形成され定着することとなった。英雄たちは、かれらがもともと巨人だったころの習性をなおも新鮮に残していたので、今日ロス・パタコネスがそうであると言われているように〔170, 338〕、最高度に不恰好で獰猛であった。そして、理解力はきわめて限られており、想像力のほうはこのうえなく広大で、情念にもこのうえなく激しいものがあった。このようなわけで、かれらは粗野で、残忍で、荒々しく、さらには、凶暴で、高慢で、気むずかしくて、ひとたび決意したことは頑固にやり通そうとして譲らなかったが、同時にまた、これまでとは正反対の新しい対象が目の前に差し出されると、たちまちのうちに気が変わるのだった。これは、今日でも、強情者の農民が、教えられた理屈にはどんな理屈にでもすぐ身をゆだねるが、反省力が弱いため、身をゆだねていた理屈が念頭から離れるやいなや、たちまち自分が当初意図していたことに逆戻りしてしまうのが見られるのと、同じである。また、反省力が欠如していたため、英雄たちは、ホメロスがギリシアの英雄たちのなかでも最大の英雄であったアキレウスについて描写しているとおり〔667, 786〕、開けっぴろげで激しやすく、太っ腹で寛大であった。アリストテレスは、これらの英雄的習俗の実例を念頭において、悲劇の主人公に選ばれる英雄は最善の人物でも最悪の人物でもなく、大きな悪徳と大きな美徳とを合わせもった人物であるべきだとする詩作上の規則を作りあげたのだった。[1]なぜなら、美徳の最善の理念にもとづいて達成されるような徳の英雄主義なるものは、哲学者たちがつくり出したものであって、詩人たちのものではないからである。また、例の優雅な英雄主義も、ホメロスのあとにやってきた詩人たちのものであった。かれらは新種の神話を成型するか、もとは諸国民の創建者たちにふさわしく厳粛で厳格なものとして生まれた神話を、その後、時代とともに習俗が柔和なものになっていくにつれて、変造し、最後には堕落させてしまったのである〔81〕。このこと——そしてこれはわたしたちが推理している歴史的神話学の一大規準になるにちがいないのだが——を裏づける大いなる証拠は、アキレウスの場合である。アキレウスは、ブリセイスが自分の手からアガメムノンに奪い去られたということで、天地いっぱいに拡がるほど大声でわめきたて、『イリアス』全体に絶え間なく素材を提供しているのだが、『イリアス』のどこを探しても、彼女を奪われてひとり取り残されてしまったことにまつわる恋しさの気持ちについては、ほんの半言一句ももらしてはいないのである。またこの点ではメネラオスも同様であって、メネラオスはヘレネのためにギリシア全体をトロイアにたいする戦争に駆り立てておきながら、その長期にわたる大戦争のあいだじゅう、妻恋しさの苦悶や、パリスが妻を掠奪して妻と喜びをともにしていることにたいする嫉妬については、ほんのわずかな兆しさえ、面《おもて》にあらわしてはいないのである。

709　英雄的なセンテンティア、描写、習俗について、以上の系で述べておいたことはすべて、次巻でなされる真のホメロスの発見にかかわることがらである〔780–914〕。

［第8部　詩的宇宙学］

［全1章］詩的宇宙学について

710　神学詩人たちは、かれらが神的なものであると想像した実体を自然学において原理として立てたように〔401–402, 691〕、そのような自然学にふさわしい宇宙学〔宇宙誌〕を描写し、天上と地下の神々（ラティウムの人々はそれぞれを〈ディイ・スペリー〉dii superi、〈ディイ・イーンフェリー〉dii inferi と呼んでいた）、そしてまた天上と地下の中間にいる神々（それらはラティウムの人々のもとで最初〈メディオクスミー〉medioxumi と呼ばれていた神々[1]であったにちがいない）からなる世界を設定した。

711　その世界のうち、かれらは、第一には天を観照した。天上のことがらこそはギリシア人にとって最初の〈マテーマタ〉μαθήματα、すなわち〈崇高なことども〉であり、最初の〈テオーレーマタ〉θεωρήματα、すなわち〈観照すべき神的なことども〉であったにちがいないのだった〔391, 477〕。それら天上のことがらの観照はラティウムの人々によって〈コンテンプラーティオー〉contemplatio と呼ばれるようになったのは、卜占官たちが、夜間流星の径路から占って前兆を受けとるために、天に仕切りをつけたことに由来している（その仕切った領域をかれらは〈テンプルム・コエリー〉templum coeli と呼んでいた〔478〕。ここからオリエントではゾロアスターという名前が生まれたのであって、ボシャールによると、それはほぼ〈天体観察者〉という意味であったという〔62〕）。

712　詩人たちにとっては、最初の天は、巨人たちがゼウスの最初の雷光によってかれらの野獣的放浪を停止させられた山々の頂き以上に高くはなかった。そして、さきに十分に説明しておいたように〔64, 379〕、これこそは地上に君臨していた天神にほかならなかったのであり、ここから始めて、この天神はやがて人類に大いなる恩恵をもたらすこととなったのである。したがって、詩人たちは天を山々の頂きにあるものと考えていたにちがいないのだった（この山々の峻険さから、ラティウムの人々のあいだでは、石や金属を彫刻するのに使う鏨《たがね》も〈コエルム〉coelum と呼ばれるようになったのである[1]）。これはちょうど幼児たちが山のことを天の屋根を支えている柱だと想像しているのと同じである（たとえばアラブ人は『コーラン』においてそのような宇宙学の原理をあたえている[2]）。それらの柱のうち、二本が、のちに見るように、〈ヘラクレスの柱〉として残ることとなった〔726〕。また、支柱は最初〈コルメン〉columen〔峻険な山の頂き〕からそう呼ばれていたにちがいなく[3]、それをのちに建築術が丸くしたのだった。なお、ホメロスの詩では、ゼウスは他の神々といっしょに、そのような天の屋根の上を伝って、オリュンポス山からアトラス山へ酒宴をしに出かけた、とテティスは息子のアキレウスに語っている[4]。だから、さきに巨人たちについて論じた個所で述べたとおり〔399〕、巨人たちが天に戦いを挑み、天に登って神々を追い払おうとして、ペリオン山の上にオッサ山、オッサ山の上にオリュンポス山と、高山をつぎつぎと積み重ねていったという神話は、ホメロスの時代よりもあとに考案されたものであったにちがいない。なぜなら、ホメロスは、『イリアス』のなかではいつも、神々はオリュンポス山の頂きにいる、と語っているからである。このため、神々をそこから追い落とすためには、オリュンポス山を揺るがすだけで十分だったのだ。また、その神話は『オデュッセイア』のなかで語られてはいるものの、[5]『オデュッセイア』にもうまく合致していない。なぜなら、その詩のなかで、オデュッセウスが目撃し、死んだ英雄たちと言葉を交わしている冥界は、穴くらいの深さしかないからである。[6]そして、『オデュッセイア』のホメロスが冥界についてこの程度の限られた観念しかもっていない以上、天上にかんしても、『イリアス』のホメロスがそうであったように、同じ程度に限られた観念しかもっていなかったにちがいないのである〔879以下〕。したがって、いま紹介した神話は、さきに証明すると約束しておいたように、ホメロスのものではないことが証明されたわけである。

713　この天上において、神々は最初、さきに推理しておいたようなゼウスから始まる自然神統記〔317〕の順序にしたがって、地上に君臨し、英雄たちと交渉をもっていたのだった。この天上において、アストライア〔ゼウスとテミスのあいだに生まれた正義の女神〕は、麦穂の冠をつけ、秤を手にして、地上に正義をあたえたのだった。というのも、最初の人間的な正義はさきに見た第一次農地法によって英雄たちから人間たちに授けられたものであったからである〔597〕。このようなわけで、人間たちはまず重さを知り、つぎに寸法を知り、非常に遅くなってから数というものを知るようになった〔642〕。そして数を知るようになってようやく正義は確立されるにいたったのである。そこでピュタゴラスは、数以上に身体から遠く離れた抽象的なものを知らなかったので、人間の霊魂の本質は数のうちにあると考えたのだった〔499〕。この天上を、たとえばペガソスにまたがったベレロポンのように、英雄たちは馬にまたがって駆けめぐっていたのであって、ここからラテン語には〈ヴォリターレ・エクオー〉volitare equo、〈馬で駆けめぐる〉という言い回しが残ることとなったのだった。(1) この天上でヘラは銀河を乳によって、ただし、彼女は石女だったので、彼女の乳によってではなく、ヘラを守護神とする英雄的結婚から生まれた正嫡の嬰児たちを養っていた家族の母たちの乳によって、白く染めるのだった〔513, 514〕。この天上を神々は詩的黄金の（麦の）馬車に乗って移動していたのであって〔651〕、ここから黄金の時代という呼称は生まれたのである〔547〕。この天上で翼は用いられたのだった。ただし、それは飛ぶための、あるいは機転の早さを表わすための翼ではなく、さきに十分に明らかにしておいたように〔488〕、いっさいが前兆の法に基礎を置いていた英雄的権利を表示するために用いられたものであった。こうして、ヒュメナイオス（この神は英雄的愛の神と同じ神である〔513〕）、アストライア、ムーサたち、ペガソス、クロノス、ペメ〔評判〕、ヘルメスは翼を生やしているのであり（ヘルメスはこめかみにも踵にも翼を生やしており、またさきに述べたように〔604〕、叛乱を起こして谷間にいた平民たちのところへこの天上から第一次農地法を運ぶときに用いた杖にも翼が生えていた）、竜も翼を生やしているのである（このようなわけでメドゥーサも頭に翼を生やしていたが、それは機転の早さを表示したものでも飛翔を表示したものでもなかったのだ〔616〕）。この天上でプロメテウスは太陽から火を盗むのであって〔549〕、この火を英雄たちは火打ち石を使って点火し、山頂で夏の灼熱の太陽によってからからに乾燥したいばらに移したにちがいないのだった。このため、ヒュメナイオスの松明はいばらでできている、とわたしたちのところにまで忠実に伝えられているのである。この天上からへパイストスはゼウスの一蹴りによって転落するのだった。また、この天上からパエトンは太陽の馬車もろとも転落するのだった。

さらには、この天上から不和のりんごは降ってくるのだった。これらの神話については、いずれもさきに説明しておいたとおりである〔650–652〕。そして最後には、この天上から〔ヌマ王の時代に〕アンキーレー ancile、すなわち聖なる盾がローマ人のもとに降ってきたのにちがいないのだった。

714　地下の神々のうちで神学詩人たちが最初に想像したのは、水の神であった。そして、最初の水はかれらが〈ステュクス〉と呼んでいた永遠の泉の水であって、さきに述べたように〔527〕、神々はその泉〔河〕の水によって誓いあっていたのだった。ここからおそらく、プラトンはのちに大地の中心には深い水の淵があると考えたものとおもわれる[1]。しかし、ホメロスは、神々の争いのなかで、海の神ポセイドンが地震によって地面を開き、人間たちと神々に冥界を暴露してしまうのではないか、と冥界の神ハデスに恐れさせている[2]。また、もし大地の最深部に深い水の淵が存在しているとすれば、たとえポセイドンが地震を起こしたとしても、まったく逆の結果を生んだはずである。すなわち、冥界は水中に没し、完全に水浸しになってしまっていたにちがいないのだ。これはさきにわたしたちが証明すると約束しておいたことである。すなわち、プラトンの寓話《アレゴリー》は神話とは一致していないということである〔634〕。これまで述べてきたことからして〔712〕、最初の冥界は泉の水源よりも深くはなかったにちがいないのだった。また、その泉の最初の神がアルテミスであると信じられていた〔528〕。そして、このアルテミスは三つの姿をしていたとも、詩的歴史はわたしたちに語っている。すなわち、この女神は天上にあってはアルテミスであり、地上にあっては狩人のキュンティアであり、地下にあってはペルセポネであるというのだ[3]。

715　冥界という観念が拡がったのは、埋葬によってであった。このため、詩人たちは墳墓のことを〈冥界〉と呼んでいたのである〔721〕（この表現は聖書でも用いられている）。だから、冥界はせいぜい〔羊の頸を切って落とした〕穴くらいの深さでしかなかった。そして、ホメロスの詩のなかでは、オデュッセウスはその穴の中に冥界とそこにいる亡くなった英雄たちの霊魂を見ているのである〔712〕。なぜなら、その冥界にはエリュシオンがあって、そこで埋葬された故人たちの霊魂は永遠の平和を享受していると想像されていたからである。エリュシオンとは、〈ディイー・マーネース〉dii manes、すなわち死者たちの善良な霊魂のいる至福の場所のことをいう[1]。

716　その後、冥界は畝の溝ほどの深さになった。その冥界でケレス、すなわちペルセポネ（麦の種子）〔541〕はハデス神によって掠奪され、六ヶ月間その内部にいたのち、地上に戻ってきて天の光を見ることとなるのである[1]。また、アエネアス〔アイネイアス〕が冥界に降りていくときに黄金の枝を持っていたというのも、このことによって説明がつくだろう〔721〕。すなわち、黄金の枝というのは、わたしたちがさきに麦の穂であることを見いだしておいた黄金のりんごという英雄的隠喩を継承して、ウェルギリウスがつくり出したものだったのだ〔548〕。

717　最後に、冥界は散り散りになった巨人たちが物と女の忌まわしい共有を続けながらとどまっていた平野および谷間であると見なされた（それらの平野や谷間は、山頂にあるとされた天上の高さとは正反対に、低地に位置している）。そして、このような共有状態のために、冥界の神はカオスすなわち人間の種の混合〔688〕の子であるエレボスなのであって、エレボスは国家制度上の夜（〔家族の〕名前の夜）の父なのである[1]。それは、天上が国家制度上の光[2]によって照らし出されており、そこでは英雄たちが光り輝いているのと、事情を同じくしている〔513, 689〕。この冥界にはレテ河、すなわち忘却の河が流れている。なぜなら、そのような人間たちは自分たちの名前をなにひとつ後世には残さなかったからである。これにひきかえ、天上では栄光が光り輝く英雄たちの名前を永遠のものにしているのだ〔555〕。したがって、メルクリウス〔ヘルメス〕は、さきにかれの象徴している詩的記号について述べたように、農地法を伝達するさいに使ったかれの杖によって、万物をむさぼり食うオルクスのもとから霊魂たちを呼び戻すのである〔604〕。これがウェルギリウスの〈メルクリウスはこの杖で／オルクスから霊たちを呼び戻す〉という詩句[3]にこめられている国家制度的な歴史にほかならない。すなわち、メルクリウスは、無法で野獣的な人間たちの生活を、人間たちのいっさいをむさぼり食らって、自分たちのことについて後世になにひとつ残すことがないようにしてしまおうとする、野獣的状態から呼び戻すのである。このため、その後その杖は、死者をよみがえらせることができるという空しい思いこみに立脚して、魔術師たちによって用いられることとなったのだった。また、ローマの法務官は奴隷たちの肩を杖で打ってかれらを自由にしていたが、これはまるでその杖によってかれらを死から生へと引き戻すとでもいうかのようであった。そして今日でも、魔法使いたちが魔法をかけるさいには、かつてペルシアのマギ＝賢者たちが前兆を占うさいに用いていたのと同じ杖を用いているのである。このようなわけで、その杖には神性が帰属させられたのであって、諸国民によって神として崇められ、奇跡をおこなってくれるものと見なされたのだった。このことは、トログス・ポンペイウスがユスティヌスの手になるその著作の要約のなかで確証しているとおりである[4]。

718　この冥界を守っているのは、ケルベロスである。このケルベロスは、他人の前で恥かしげもなく性行為をいとなむ、犬のような厚顔無恥さをあらわしている。またケルベロスは三つの頭、すなわち、さきに何度となく見た最上数の〈三〉をともなった途方もなく大きな喉をもっている〔491〕。というのも、オルクスと同様、なんでもむさぼり食うからである〔717〕。そして、かれが地上に現われると、太陽は逆戻りしてしまう。すなわち、かれが英雄的都市の上に昇ってくると、英雄たちの国家制度上の光は国家制度上の夜に戻ってしまうのである。

719　その冥界の底にはタルタロスの河が流れていて、そこでは罪人たちが罰せられている。イクシオンは車輪を回し、シシュポスは石を転がし、タンタロスは飢えと喉の渇きで死ぬような苦しみを味わっている。これらの神話についてはすでに説明しておいたとおりである〔583〕。タンタロスを喉の渇きで苦しめている河は〈満足することのない〉という名の河であって、じっさい、アケロン河もプレゲトン河も〈満足することのない〉ということを意味しているのである。[1] また、ティテュオスとプロメテウスは、事情を知らない神話学者たちによってこの冥界に投げ落とされたが、かれらは天上の岩山に鎖で縛られたのであって、山々のあいだを飛ぶ鷲（すなわち、さきに説明したように〔387〕、人々を苦悩させる前兆の迷信）がかれらの内臓をむさぼり食うのである。

720　その後哲学者たちは、これらの神話全体がかれらの道徳的および形而上学的なことがらの省察と説明にとってこのうえなく好都合であることを見いだした。そしてそこからプラトンは、神々だけがあたえることができて人間たちはあたえることのできない、三つの神的な罰が存在することを理解するにいたった。忘却、恥辱、良心の呵責という罰がそれである。また、人間たちを責めさいなんでいる情念（かれは神学詩人たちの想い描いた冥界というのは情念のことにほかならないと考えるのである）を浄化することをとおして、統一の道へと入りこみ、永遠の神的なことがらの観照によって人間の知性が神と合一するにいたるものと考えたのだった（神学詩人たちがエリュシオンということで理解していたのはこのような境地のことであるとかれは解釈するのである）[1]。

721 しかし、異教諸国民の創建者たちが冥界に降りていったのは、これらの道徳的および形而上学的観念とはまったく異なる観念によってであった（なぜなら、神学詩人たちが冥界について語ったのは政治的な観念によってであったからである。かれらには、諸国民の創建者にふさわしく、当然ながらそのような仕方で語る必要があったのだ）。たとえば、ギリシアの国民を創建したオルペウス〔523〕も冥界に降りていっている。そして、地上に戻るときには振り向いてはならないという禁令にそむいて振り向いたため、妻のエウリュディケを失っている（女たちの破廉恥な共有状態に戻ってしまうのである）。また、ヘラクレスも（どの国民もそれぞれ、自分たちはヘラクレスによって創建されたと語っているのだが〔196〕）、アテナイを創建したテセウスを解放するために冥界に降りていっている。テセウスは、ケレスと同一人であることを見ておいたペルセポネ〔716〕を取り戻すために（播いておいた麦の種子が熟したのを地上に持ってくるために）冥界に降りていったのである。しかし、他のだれよりもくわしく、ウェルギリウスは（かれは『アエネイス』の前半六巻で政治的英雄たちのことを歌い、後半の六巻で戦争の英雄たちのことを歌っているのだが）、英雄的古代についての深い知識によって、アエネアス〔アイネイアス〕の冥界行きのことを語っている。それによると、アエネアスはキュメーの巫女シビュレの忠告と道案内を受けたという。すでに述べたように〔381〕、異教諸国民はそれぞれ巫女をもっていたのであって、十二もの名前がわたしたちのもとにまで届いている（だから、このことはアエネアスの冥界行きが異教世界の通俗的知恵であった神占によっておこなわれたことを意味しているのである）。また、血なまぐさい宗教によって、敬虔にも（太古の英雄たちがさきに明らかにしておいたような原初の野獣的状態の習性〔516以下〕をなおも生々しくとどめた獰猛さと非道のもとにあって表明していた敬虔さでもって）同盟者のミセノスを生贄にささげるのであり（このことについてもさきに述べておいたように〔558〕、英雄たちがこれまたさきに推理しておいたかれらの最初の同盟者たちにたいして有していた残酷な権利によってである）、太古の森（それはいたるところ未開拓で木々の生い茂った土地であった）に分け入っていくのであり、ケルベロスの口の中に眠気をもよおす餌を投げこんで眠らせるのである（同じケルベロスをオルペウスは竪琴の音によって眠らせているが、その竪琴が法律を意味していたことをわたしたちはすでに多くの証拠によって明らかにしておいた〔523, 615〕。また、ヘラクレスは同じくケルベロスをギリシアで巨人族のアンタイオスを縛った紐帯〔618〕でもってがんじがらめにしたと言われるが、このことは、さきに述べたこととも合致して、第一次農地法によって束縛したということを意味しているのである〔604〕）。なお、ケルベロスは、その飽くことを知らぬ食欲のために、さきに説明したように〔718〕、最高数の〈三〉をともなった三つの頭——途方もなく巨大な喉——をもっていると想像されていた。このようにして、アエネアスは冥界（これは、さきに見たように〔716〕、最初は畝の溝くらいの深さしかなかった）に降りていくのであり、ディス（かれは英雄的な富、詩的黄金、麦の神である。そして、そのディスというのは、穀物の神であるケレスと同一の女神であったプロセルピナ〔ペルセポネ〕を掠奪した冥界の神プルトン〔ハデス〕にほかならなかった）に黄金の枝を差し出すのである[1]（ここで偉大なる詩人は、さきに麦の穂であることを見ておいた黄金のりんごの隠喩を発展させて、収穫を意味する黄金の枝として表示している）。その枝が引き抜かれると、別の枝が幹から生え出す[2](なぜなら、一度収穫が終わると、翌年までは二度目の収穫はやってこないからである)。また、神々の気に入ったときには、枝はみずから進んで容易にそれをつかむ人の手で引き抜かれるが、さもないと、この世のどんな力によっても引き抜くことはできない[3](なぜなら、穀物は、神の望むところではおのずと生えてくるが、神が望まないところでは、どんなに人間が努力しても、収穫することはできないからである)。それからアエネアスは冥界を横切って、エリュシオンの野に入っていく[4](なぜなら、英雄たちは、耕地に定着したおかげで、死ぬと、さきに説明したように〔529〕、埋葬されて永遠の平和を享受するからである)。そして、そこでかれはかれの祖先と子孫たちを見るのである(なぜなら、やはりさきに見たように〔715〕、詩人たちが〈冥界〉と呼んでいた墳墓の宗教によって、最初の家系図がつくられたからである。そして、その家系図をもとにして、これまたさきに述べたように〔533〕、歴史は始まったのだった)。

722 大地は神学詩人たちによって境界を監視することとの関連において感覚されていた。このため、それは〈テルラ〉terraと呼ばれたのだった。その英雄的起源をラティウムの人々はその内部で支配権が行使される〈地域〉を意味する〈テルリトーリウム〉territoriumという語句のうちに保存している。この語句をラテン語の文法学者たちは誤って、ローマの政務官に道を開けるため、棒束で威嚇して群衆を追い散らした先導吏たちの〈テルレンドー〉terrendo〔脅すことによって〕に由来するものと思いこんできた[1]。しかし、〈テルリトーリウム〉という語句が生まれた時代には、ローマにはそんなに多くの群衆はいなかったのである。ローマは、さきにウァッロの言を聞いたように〔88〕、二百五十年にわたる統治をつうじて二十以上の民を征服したが、その支配権を二十マイル以上に拡げることはなかったのだった。

そうではなくて、〈テルリトーリウム〉という語句が生じたのは、やがてその内部にあって国家的支配権が生じることとなった耕地の境界が、さきに見たように、ウェスタ女神の血なまぐさい宗教儀式によって守護されていたからなのであった。その場所では、ラティウムの人々のウェスタはギリシア人のキュベレもしくはベレキュンティアと同一の神であり、塔の冠をつけていること、すなわち要害の地を象徴していることも見ておいた。その冠から、〈オルビス・テルラールム〉orbis terrarum と呼ばれるもの、すなわち〈諸国民の世界〉は形成され始めたのだった。それをやがて宇宙学者たちが拡大して、自然の世界をあらわす〈オルビス・ムンダーヌス〉orbis mundanus、あるいは一言で〈ムンドゥス〉mundus という言葉がつくり出されたのである〔550, 690〕。

723　このような詩的世界は三つの王国、もしくは三つの地域に分割されていた。第一は天上におけるゼウスの王国、第二は地上におけるクロノスの王国、第三は冥界におけるハデスの王国である。ハデスは英雄的な富、最初の黄金、麦の神ディスであるとも言われたが、それは耕地こそが諸民族の真の富をつくり出すからであった〔546〕。

724　こうして神学詩人たちの世界は国家制度上の四元素によって形成されていた。それが、すこし前に述べたように、のちに自然学者たちによって自然の四元素と見なされるようになったのだった。すなわち、ゼウスないしは空気、ヘパイストスないしは火、キュベレないしは大地、そして冥界のアルテミスないしは水である〔690〕。ポセイドンが詩人たちによって知られるようになったのはのちになってからであったが、それは、さきに述べたように、諸国民が海辺にまで降りてくるのが遅かったからである〔634〕。また、無限に拡がっている海はすべて大洋と呼ばれ、その海によって取り囲まれた陸地は〈島〉と呼ばれた。たとえば、ホメロスが大洋に取り囲まれていると歌っているアイオロス島がそうである。[1] すこしあとで明らかにするように〔742〕、この大洋から、ギリシアの西風ゼピュロスに孕まされて、レソスの馬たちが生まれたのであり、また同じ大洋の海岸において、やはりゼピュロスからアキレウスの馬たちが生まれたのだった。その後、地誌学者たちは陸地全体が大きな島のように海に取り囲まれているのを知って、大地を取り囲んでいる海全体を〈大洋〉と呼ぶようになったのである〔753〕。

725　ついで最後に、どのわずかな傾斜も〈ムンドゥス〉mundusと呼ばれたのと同じ観念にもとづいて（ここから、〈それは容易だ〉ということを表現するのに〈イン・ムンドー・エスト〉in mundo estとか〈イン・プロークリーウィー・エスト〉in proclivi estという言い方が出てきたのであり、またのちには、女性を清潔にし、磨きあげ、美しく見せるすべてのもの〔化粧品〕が〈ムンドゥス・ムリエブリス〉mundus muliebrisと言われるようになったのである）、大地も天界も球状をしていること、その周辺のどの部分も他の部分にたいして傾斜を帯びていること、大洋が陸地のどの岸をも濡らしていること、また万物は無数の多種多様な知覚できる形態でもって飾り立てられていることが明らかになると、この宇宙＝世界は〈ムンドゥス〉と呼ばれるようになったのだった。このうえなくみごとな隠喩によって、自然は〈ムンドゥス〉でもって飾り立てられているというわけなのだ。

［第9部　詩的天文学］

［第1章］詩的天文学について

726　この世界体系は、いくぶん発展したかたちで、ホメロスの時代まで続いていた。そのため、ホメロスはつねに神々がオリュンポス山にいると語っているのであって、わたしたちが聞いたように、アキレウスに母親のテティスの口から、神々がオリュンポス山からアトラス山へ宴会に出かけたと語らせているのである〔712〕。このようなわけで、ホメロスの時代には、ジブラルタル海峡のアビュラ山とカルペ山が後世まで〈ヘラクレスの柱〉と呼ばれていたように、地球上の最も高い山々は天を支える柱だと信じられていたにちがいないのだった(1)。なお、ヘラクレスがこれ以上天を肩で支えるのに疲れてしまったアトラスのあとを引き継いだことから、〈ヘラクレスの柱〉という呼称は生まれたのである。

〔第2章〕すべての古代異教諸国民において〔天文学上の〕諸原理が一様であることについての天文学的および自然 - 文献学的証明

727　しかし、人間の知性の無限定な力がしだいに発展していき、人々が前兆をつかまえようとしてつねに天を観察するよう強いられているうちに、諸国民の知性のなかで天はいっそう高くなり、天とともに神々や英雄たちもますます高みへと持ちあげられていった。ここで以下のような三つの文献学的知識を利用することが、詩的天文学のあり方を再確認しておくうえで役立つだろう。第一は、天文学がこの世に生まれたのはカルデア人によってであったということである。第二は、フェニキア人がカルデア人からエジプト人に四分儀の使い方と北極星の高度にかんする知識を伝えたということである。第三は、同じくまえもってカルデア人から習得したにちがいないフェニキア人が星辰につけられた神々の名称をギリシア人に伝えたということである。これら三つの文献学的知識でもって、つぎのような二つの哲学的真理を構成してみよう。ひとつは国家制度上の真理であって、諸国民は、究極的な信仰上の自由に陥ってしまうことがないかぎり（このような事態はかれらの最後的な頽廃状態のもとでしか起こらない）、外国の神々を受けいれることはおのずと抑制するということである。もうひとつは自然学上の真理であって、目の錯覚のために、惑星は恒星よりも大きく見えるということである。

728　以上のような原理を定立したうえで言いたいのだが、オリエント、エジプト、ギリシア（そしてまたのちに見るようにラティウム〔ラツィオ〕の場合もそうであるが）のあらゆる異教諸国民において、天文学は一様な通俗的起源から生じたのだった。というのも、惑星のほうが恒星よりも大きく見えるところから、どこでも一様に、神々は惑星にまで高めあげられ、英雄たちのほうは星座に固定されているからである。このため、フェニキア人は、ギリシア人のあいだで、神々が惑星にあって回転し、英雄たちは星座を構成するよう、すでに準備が整えられていたのを、容易に見いだすこととなったのだった。また、のちにギリシア人はラティウムの人々のあいだでもそうであるのを同じく容易に見いだすことになったのである。そして、これらの事例から言えることは、フェニキア人はギリシア人のあいだに見いだしたのと同じ容易さをエジプト人のあいだにも見いだしたにちがいないということである。このような仕方で、英雄たち、かれらの存在意義や事業を表示した象形文字、主要な神々の大部分は、天にまで祭りあげられ、学問的な天文学のために、それまでは名前をもたなかった質料としての星辰に、片や恒星や星座、片や惑星の形相をあたえるよう、準備が整えられたのだった。

729　こうして、通俗的な天文学から始まって、最初の諸民族はかれらの神々と英雄たちの歴史を天に書きこんだ。ここからつぎのような永遠の特性が残ることとなった。神性もしくは英雄精神に満ち満ちた人間たちの記憶こそ、前者は才知と深遠な知恵の働きによって、後者は勇気と通俗的な知恵の働きによって、歴史に値する素材であるというのが、それである。そして詩的歴史は、学問的な天文学者たちに、英雄たちと英雄的行為を表示した象形文字とをある特定の星辰集団によって天界のある特定の部分に描きだし、また主要な神々をある特定の惑星に配置するきっかけを提供した。このため、惑星はその後、それぞれに配置された神の名で呼ばれるようになったのである。

730　ここでは、星座よりも惑星についてもう少し語っておくとして、婚姻関係によって守られる貞操の神で、夜のあいだじゅうまったく沈黙したまま、眠っているエンデュミオンに添い寝するアルテミスは、夜に明かりをあたえる月に結びつけられた〔528〕。国家制度的な美の神であるアプロディテは、すべての惑星のなかで最も嬉々としていて快活で美しい惑星〔金星〕に結びつけられた〔565〕。神の使者で、国家制度的な光を身にまとい、多くの翼（貴族身分をあらわす象形文字）で身を飾り立てている（そして農地法を反乱を起こした被保護民たちのところに届ける）ヘルメスは、全体が太陽の光線におおわれて、めったにその姿が見えない惑星〔水星〕に割り当てられている〔604〕。国家制度的な光（この光によって英雄たちは〈光り輝く〉と言われる）の神であるアポロンは、自然的な光の源である太陽に結びつけられた〔533〕。血なまぐさい軍神のアレスは、似たような血の色をした惑星〔火星〕に結びつけられた〔562〕。人間たちと神々の王にして父であるゼウスは、クロノス〔土星〕を除くだれよりも上の位置〔木星のある場所〕に置かれた〔379〕。クロノス〔土星〕だけはゼウスと時間の父であるので、他のどの惑星よりも長い公転周期をとるのである〔549〕。だから、クロノスの翼〔土星の輪〕が時の経過の早さを表わしているなどという、無理な寓意を読みとろうとしても、土星の公転周期が他のどの惑星よりも遅い以上、話が合わないことになってしまう。クロノスはその翼を鎌といっしょに天界に持っていったが、その鎌は人間たちの生命を刈りとろうというのではなくて、英雄たちが年数を数える目途とした麦の刈りとりを表示しているのである〔407, 431〕。また翼は耕地が英雄たちの所有に属していたことを表示している。最後に、惑星たちは、天が地上にあったころ、それに乗って天を巡回していた黄金（つまりは麦）の馬車で、いまはそれぞれに割り当てられた天上の軌道をめぐっているのである〔713〕。

731　ここで推理したすべてのことからして、恒星や惑星が月下の物体に及ぼすと信じられている影響力は、神々や英雄たちが地上にいたころに支配力を発揮していたところからそれらに帰属させられたものであった、と言わなければならない。ところが、その影響力が自然的原因に由来するとは！

［第10部　詩的年代学］

［第1章］　詩的年代学について

732　神学詩人たちは、このような天文学に合わせて、年代学に始まりをあたえた。なぜなら、ラティウムの人々によって〈サトゥス〉satus、〈種播かれた土地〉ということからサトゥルヌスと呼ばれ、ギリシア人からクロノスと呼ばれていた神（ギリシア人のもとでは〈クロノス〉は時間を意味する）は、最初の諸国民（最初の諸国民はすべて農民で成り立っていた）はかれらのおこなっていた麦の収穫（それは、農民たちがまるまる一年を費やしていた、唯一の、あるいは少なくとも最大の仕事である）でもって年数を数えはじめたことをわたしたちに理解させてくれるからである。そして、かれらは最初のうち口が利けなかったので、麦の穂、もしくは麦藁の数によって、収穫をおこなった回数と、またそれと等しい数の年数を表わそうとしていたにちがいないのだった。このため、ウェルギリウス（かれは英雄的古代については他のだれよりも学識があった）のもとには、つぎのような二つの言い回しが見られるのである〔407〕。第一は、〈何年か経って〉と言おうとしてなされている〈幾度かの麦穂ののち、わが王国を見て驚く〉という言い回しである。これは、最初の時代には自分たちの言いたいことをうまく言い表わせないでいたのをなんとか言い表わそうとして、模倣の技術を最大限に駆使してみたものの、うまく行かずに歪んでしまった、不幸な表現の事例である。第二は、説明の明瞭度がいくぶん増した〈三回目の刈り入れであった〉という言い回しである。じっさい、トスカーナはイタリア全体のなかでも表現能力が最も豊かであることで評判の地方であるが、そのトスカーナの農民たちは、今日でも、たとえば、〈三年〉と言う代わりに、〈三回収穫した〉という言い方をしている。また、ローマの人々は、収穫によって詩的に年数を表わすという、ここで推理している英雄的歴史の痕跡をその後も保存していて、おもに麦の年間産出量のことを〔〈年〉annoとの語源的親近性をうかがわせて〕〈アンノーナ〉annonaと言っていた。

733　こうしてまたヘラクレスは、ギリシア人（異教の古代にかんしてわたしたちがもっている知識のすべてをわたしたちはギリシア人から得ているのである）のもとにおける名高い時代区分の方法であったオリュンピア競技の創始者である、とわたしたちに語り伝えられてきたのだった。なぜなら、かれは森に火をあたえて、それを種播き用の土地に変えた。そして、この土地から得られる収穫の回数でもって、当初年数が数えられていたからである。またこの競技は、ヘラクレスが口から炎を吐き出すネメアの獅子に勝利したことを祝うために、ネメア人によって開始されたのにちがいない。ネメアの獅子については、それは大地の大森林のことである、とさきに解釈しておいたとおりである〔540〕。その大森林はきわめて強力な動物のようであるということで（その森を鎮めるためにはどれほどの労苦を必要としたことか！）、のちに人々はその森に〈獅子〉という名前をあたえたのだった。〈獅子〉という名称はその後、さきに「貴族の紋章の起源」のなかで推理しておいたように、動物たちのうちで最強の動物を指すのに用いられるようになった〔563〕。また天文学者たちは、黄道帯上の麦の冠をつけたアストライア〔処女宮〕の隣に、獅子にもひとつの宮をあてがった。これが、円形競技場[1]においてしばしば獅子の像や太陽の像、そして頭に卵の載った境界柱が見られる理由である。その境界柱は、最初は麦の境界柱であったにちがいない。また卵は、さきに推理しておいたように〔564〕、巨人たちが森の中に切り開いたルークスもしくは目であったにちがいない。そこにその後、天文学者たちは太陽が黄道上を経過して一年間に描く楕円形の意味をくっつけたのだった。マネトーはクネフが口の中にくわえている卵を宇宙の誕生を意味していると解釈したが〔605〕、天文学者たちのあたえた解釈のほうがマネトーにとってふさわしい解釈だっただろう。

734　ところでまた、さきに本書で推理した自然神統記〔317〕は、神々の時代がどれだけ続いたのかを確定することを可能にしてくれる。それというのも、人類はいたるところで宗教から始まっているのだが、そのような始まりをもつ人類にとって最初の必要ないしは利益がおとずれた機会に、異教諸国民のあいだでゼウスが誕生してから、すなわち、天が世界大洪水後最初に雷光を発したときから、神々の時代は少なくとも九百年は続いたにちがいないのである。また、この期間にゼウスから始まって順次想像されていった十二の主要な神々は、神々の時代を十二の小時代に区分して、詩的歴史に年代学上の確実性をあたえるのに役立つ〔392〕。たとえば、物語〔神話伝説〕的歴史が洪水と巨人たちの直後に誕生し、その妻ピュラとともに婚姻によって家族を創建すると語っているデウカリオン〔65, 79〕は、厳粛な儀式を執りおこなってなされる結婚の女神であるヘラの時代にギリシア人の想像のなかで生まれたのだった

〔511以下〕。ギリシア語を創始し、三人の息子によってそれを三つの方言に分割するヘレン〔70〕は、その時代に韻文による詩的語法が始まったにちがいない歌の神アポロンの時代に生まれたのだった〔456以下、533以下〕。ヒュドラやネメアの獅子を殺害する（あるいは大地を種播き用の耕地に変える）という最大の功業をなしとげ、ヘスペリアから黄金のりんごを持ち帰る（これは歴史に記すに値する麦の収穫であって、寄食者がやりそうなザクロの実を求めての旅ではない）[1]ヘラクレス〔540〕は、種播かれた耕地の神であるクロノスの時代にその名声を高めたのだった〔549〕。同様にして、ペルセウスはアテナの時代、すなわちすでに国家的支配権が生じていた時代に名声を得たものにちがいない。というのも、かれはアテナが盾の紋章にしているのと同じメドゥーサの頭を紋章にした盾を持参していたからである〔589〕。また最後に、オルペウスはヘルメスの時代以降に生まれたにちがいない〔604〕。というのも、かれは英雄たちがその知識を独占的に有していた神々の前兆の力をギリシアの野獣たちに歌うことによって、英雄的なギリシアの諸国民を再建し、その時代には英雄的闘争が起きたということで、〈英雄時代〉にその呼称をあたえたからである。こうしてまた、オルペウスとともに、その時代にはリノス、アンピオン、ムサイオスその他の英雄詩人たちが活躍したのである。またかれらのうち、アンピオンは、石でもって（すなわち、ラテン語には〈馬鹿〉のことを〈石〉lapisと言う言い方が残っているように、愚かな平民たちを使って）、カドモスがテーバイを創建してから三百年後にその都市の城壁を築くのである。これはまさしく、ローマが創建されてから三百年後に、十人官のアッピウスの孫の盲目のアッピウスが、さきに述べたように〔661〕、〈野獣のような仕方で婚姻を執りおこなっていた〉ローマの平民（つまりはオルペウスの野獣）に神々の前兆（その知識は貴族たちが独占的に有していた）の力を歌っ

て聞かせることによって、かれらを義務の道に引き戻し、ローマの英雄的政体を確固たるものにしたのと、事情を同じくしている。

735 さらに、ここでは、出来事が生じた時代を〔実際にそれが起きた時代よりも〕早く置きすぎたり、遅く置きすぎたりするという、周知の類のもとに含まれる、四種の時代錯誤《アナクロニズム》に注意を喚起しておかねばならない。第一の時代錯誤は、事件に満ち満ちていたはずなのに事件がなかったとされている時代についてのものである。たとえば神々の時代がそうであって、わたしたちはその時代に国家制度上の人間にかんすることがらのほとんどすべての起源を見いだしてきたのだが、このうえなく学識豊かなウァッロにはその時代は〈暗闇時代〉であったと見なされているのである〔52〕。第二の時代錯誤は、事件がなかったはずなのに事件に満ち満ちていたとされている時代についてのものである。たとえば二百年にわたって続く英雄たちの時代がそうである。物語〈神話伝説〉は英雄詩人たち、とりわけホメロスによって、勝手気ままに考案されたものだという誤った意見にもとづいて、英雄たちの時代は神々の時代に起きたありとあらゆる事件でいっぱいになっている。しかし、それらの事件は英雄たちの時代から〔それらが実際に起きた〕神々の時代に引き戻されなければならないのである。第三の時代錯誤は、たとえばオルペウスという一個人の生涯のうちにギリシアが獰猛な野獣の状態から文明の光に照らし出されたトロイア戦争の状態にまで移行していったというような話にならないために、本来なら区別されるべきところを統一してしまった時代についてのものである。これは「年表への註記」において明らかにしておいた年代学上の怪物以外のなにものでもない〔79〕。第四の、そして最後の時代錯誤は、本来なら統一されるべきところを区別してしまった時代についてのものである。たとえばギリシアの植民地は英雄たちの放浪から三百年以上もあとになってシチリアとイタリアに持ちこまれたとされているが、実際には英雄たちの放浪とともに、その放浪をつうじて持ちこまれたのだった。

［第2章］通常そこから世界史が始められているニノスの王政よりも先行していたにちがいない始点を世界史にあたえるための年代学的規準

736　したがって、前述の悟性的に推理された詩的年代学をあたえてくれた前述の自然神統記の力によって、また詩的歴史学にかんして注意されるべき前述のような四種の時代錯誤の発見によって、わたしたちはいま、通常そこから世界史が始められている〔アッシリア帝国の王〕ニノスの王政よりも先行していたにちがいない始点を世界史にあたえるために、つぎのような年代学的規準を定立しようとおもう。すなわち、（「公理」〔195, 298, 301〕のなかで慎重に要請を立てておいたように）地上の大森林の中での道を見失った人類の離散がメソポタミアから始まって以来、セムの不敬虔な子孫の場合には東方アジアで百年間、ハムとヤフェトの不敬虔な子孫の場合には世界の他の地域で二百年間、野獣的放浪が続いた。その後、ゼウスの宗教によって（多数のゼウスが異教諸国民のあいだにあまねく存在しているという事実は、大洪水が世界的なものであったことを立証している〔193–194〕）、諸国民の君主たちはたまたまそこに存在していたそれぞれの土地に定着しはじめた。そして、それから神々の時代の九百年間が経過したが、かれらは海岸では見つけることのできない食べ物と水とを求めて陸地に散らばっていたため、その間諸国民はすべて内陸部に建設されていた。それが神々の時代も終わりを迎えるころになってようやく、かれらは海辺に降りてきたにちがいないのだった。ここからギリシア人の頭の中に海神ポセイドンの観念が浮かんだのであって、ポセイドンは十二の主要な神性のうちでも最後になって登場するのである〔634〕。またラティウムの人々のあいだでも、サトゥルヌスの時代、もしくはラティウムの黄金の時代から九百年が経過してようやく、アンクス・マルキウス[1]が海辺に降りていってオスティアを占拠するのである。最後に、ギリシア人が数えあげていた英雄時代の二百年間が経過した。その英雄時代は、ミノス王の海賊行為から始まり、イアソンがポントスへ船でおもむいた遠征がそのあとに続き、さらにはトロイア戦争へと発展して、英雄たちの放浪とオデュッセウスのイタケ帰還でもって幕を閉じる。同様にして、フェニキアの首都テュロスは、内陸から海岸へと遷され、さらに洪水後一千年以上が経ってからフェニキア海の近くの島に遷されたのにちがいないのだった。またテュロスは、ギリシア人の英雄時代が始まる以前から、すでに航海術と、地中海のみならず、大洋にまで散在していた植民地とで有名だった。ここからは、全人類の始まりはオリエントにあったこと、また、まずは地上の内陸地域における野獣的放浪が、ついでは陸上と海上の双方における英雄法が、そして最後にはフェニキア人の海上交易が、最初の諸国民を世界の他の地域に拡散させたということが立証される。以上のような諸国民の移住の起源についてはさきに公理をひとつ提示しておいたが〔299–300〕、ヴォルフガング・ラティウス〔ラッィウス〕[2]が想像したものよりも論理的妥当性が高いのではないかとおもわれる。

737　さて、諸国民がすべて一様な経過をたどることについては、フェニキア人がオリエントからギリシアとエジプトに伝えた、星座に祭りあげられた神々が一様であることによって、さきに立証しておいたが〔727〕、このことにもとづいて、カルデア人も、それと同じだけの期間〔神々の時代の九百年に英雄たちの時代の二百年を加えた期間〕、すなわちゾロアスターからアッシリア帝国という世界で最初の君主国を建設したニノス王にいたるまでのあいだ、オリエントに君臨していたと推測すべきである。また、〔エジプトでも〕ヘルメス・トリスメギストゥスから、やはりきわめて広大な君主国を建設したセソストリス王、あるいはタキトゥスによればラムセス王の時代にいたるまでには〔85〕、同じだけの期間が経過している。そして、両者はいずれも内陸部の国民であったから、エジプト人が自分たちよりも以前に経過したとしている三つの時代区分〔52〕にしたがうなら、神々による統治から、英雄たちによる統治、さらには人民的自由の時代を経て、人間たちによる統治の最後の形態である君主政治にまで到達したのにちがいないのだった。なぜなら、のちに論証するように〔925以下、1007以下〕、君主政体は、貴族たちが内戦をつうじて自分たちの権力をそこに服属させるにいたる無制限の人民的自由を基礎にしてしか、誕生しえないからである。そして権力はその後人民のあいだで最小の単位に分割され、人民的自由の側に加担しながら最後に君主として立ちあがった者たちが容易にそれをすべて自分の手中に収めてしまうこととなるのである。しかし、フェニキアは海洋国民であったため、交易による富のおかげで、人間たちによる統治の最初の形態である人民的自由のうちにとどまったのにちがいないのだった。

738　こうして、記憶にはいっさい頼らずに（記憶というものは、感覚がそれに事実を提供しない場合には、なんの役にも立たないのである）、もっぱら理解力によって、太古のエジプトと、エジプトよりもさらに古いオリエントの、起源における世界史、またオリエントにおけるアッシリア人の君主国の起源について、歴史資料面での不足を補うことができたようにおもう。アッシリア人の君主国はこれまで、国家制度的な統治の三つの形態のうち最後のものである君主的統治形態が到来するまでに先行していたはずの数多くの多様な原因の経過が知られていなかったため、あたかも夏のにわか雨によって蛙が生まれるように、あるとき突然歴史に登場したかのように見えたのだった。

739　このような仕方でもって、年代学には、人類が歩まなければならなかった習俗と行為の進行過程にもとづいて、それぞれの時代に確実性があたえられることとなる。それというのも、ここでは、さきに提示しておいた公理〔314〕にもとづいて、年代学はその学説をその素材が始まったところから始めているからである。すなわち、収穫によって年数を数えるクロノス（ここからギリシア語で〈時間〉を意味する〈クロノス〉という語は出てきたのだった）〔73〕、前兆を受けとるために天を観照するウラニア〔391〕、流星の軌跡から神託をあたえるために星々を観照するゾロアスター〔62〕（さきに述べたように〔711〕、流星こそは最初の〈マテーマタ〉あるいは〈テオーレーマタ〉、すなわち諸国民が観照し観察した最初の至高にして神聖なものであった）から、ここでの年代学は始められているのである。その後、クロノスが第七天に昇るとともに〔730〕、ウラニアは惑星および恒星の観照者となる。そしてカルデア人は、広大な平原という地の利を生かして、天文学者および占星術師となり、天体の運動を測定したり星の相を観照したりして、それらがいわゆる〈月下〉の物体に、さらにはまた空しいことにも人間たちの自由意志に影響をあたえているものと想像するのだった。そのような学問〔知識〕には、その特性に十分ふさわしく命名された最初の名称が今日まで残ることとなった。ひとつは〈アストロノミア〉astronomia〔天文学〕もしくは星々の法則についての学問であり、いまひとつは〈アストロロギア〉astrologia〔占星術〕もしくは星々の語る言葉についての学問である。両者はともに〈神占〉という意味を有している。これは、神々が神託や前兆や鳥占いをとおして語るのを聞きとる学問が〈テオーレーマタ〉から〈テオロギア〉theologia〔神学〕と呼ばれるようになったのと、事情を同じくしている〔391,

477〕。最後には、ここから数学が土地を測量するために降りてきた。土地の測量はすでに明らかにされた天の測定によってしか確認の手立てがなかったのだ。数学のその最初の主要な部門は、それ本来の名称を〈ゲオーメトリア〉geometria〔幾何学・土地測量術〕という言い方のうちにとどめている。

740　したがって、二人のすばらしい才知の持ち主、ジュゼッペ・ジュスト・スカリージェロとドニ・ペトーとは、驚くべき学識に恵まれていたにもかかわらず、それぞれ『時間の修正について』(1)と『時間論』(2)とにおいて、かれらの学説をかれらがあつかっている素材が始まったところから始めなかったために、そして天文学的な年から始めたために――天文学的な年が諸国民のあいだに生まれたのは、すでに述べたように(3)、少なくとも一千年後のことでしかなかった。しかも、それを確認することができるのは星座や惑星が天界において示す合《ごう》と衝《しょう》(4)によってでしかなく、この地上において連続的に継起しているいかなる事物によっても確認することはできないのである（この点にかんしては、アイイの枢機卿ピエール〔ピエール・ダイイ〕の高潔な努力も無駄に終わってしまった〔169〕）――、世界史の起源と永続性についてわずかの成果しかもたらさなかったのである（もっとも、かれら以降も、これらについての成果は欠如したままであるが）。

［第11部　詩的地理学］

［第1章］詩的地理学について

741　さて、わたしたちには最後に、詩的歴史学のもうひとつの眼、すなわち詩的地理学〔地誌学〕を洗い清めるという仕事が残っている。詩的地理学は、〈人間たちは、遠くにあってこれまで知らないでいたことがらを――、真の観念をもっていない場合や、それをもっていない者に真の観念を説明しなければならない場合には――、自分たちの知っている近くにあることがらとの類似によって記述する〉という、わたしたちが「公理」〔122〕に挙げておいた人間的自然本性の特性からして、そのさまざまな部分も全体そのものも、ギリシア自体の内部におけるごくちっぽけな観念とともに誕生したのだった。そして、ギリシア人がその後ギリシアから出て世界へと向かっていくにつれて、その観念を今日わたしたちのもとに記述されて残っているような形態にまでしだいに拡大していったのである。この真理については、古代の地誌学者たちも、それを利用することはできないでいたものの、一致して認めていた。かれらの主張していたところによれば、古代の諸国民は遠方の見知らぬ土地におもむいたとき、そこでの都市、山、川、丘陵、海峡、島、岬に生まれ故郷の地名をあたえたというのである。

742 したがって、アジアとかインドと呼ばれる東方の地域、エウロペとかヘスペリアと呼ばれる西方の地域、トラキアとかスキュティアと呼ばれる北方の地域、リビアとかモーリタニアと呼ばれる南方の地域は、もとはギリシアの内部における地域を指すために生まれたものであった。それがやがて、ギリシア人は世界にかんしてのそれぞれの方位がギリシアにかんしてのそれぞれの方位と似ているのを見て、双方の方位が類似しているということで、世界の諸地域がギリシアという小世界の諸地域の名前でもって呼ばれるようになったのだった。このことを明確に立証しているのは、方位を確定するための基軸となる風である。それらの風は、各地域の地誌において、最初ギリシアの内部にあってもっていたにちがいない名称を保持しているのである。だから、レソスの馬たちはオケアノス（まもなく見るように、最初は視界をさえぎるもののないあらゆる海がオケアノスと呼ばれていたのだった）の海岸でギリシアの西風であるゼピュロス〔724〕の種から生まれたにちがいないのだ。また、アキレウスの馬たちも、やはり（いま述べたような最初の意味における）オケアノスの海岸でゼピュロスの種から生まれたものだったにちがいない。それは、アエネアスがアキレウスに語っているように、(1) エリクトニオスの馬がギリシアの北風であるボレアスの種から生まれたのと、事情を同じくしている。四方位の風にかんするこのような真理は、ギリシア人の知性が無限に拡大していって、ホメロスの時代に神々がそこに住んでいたかれらのオリュンポス山からとって、いまも残っているように〈オリュンポス〉という名を恒星天にあたえたことからも確認される。(2)

743 これらの原理にもとづいて、ギリシアの東方に位置する大きな半島には小アジアの名が残ることとなった。〈アジア〉という名前は、今日わたしたちのあいだで絶対的な意味でアジアという呼称のもとに残っている、世界のもっと大きな東方地域のほうに移行していったからである。[1] これと反対に、アジアにたいして西方に位置していたギリシアそのものは、当初ゼウスが牡牛に化けて掠奪した〈エウロペ〉の名で呼ばれていた。そしてその後、〈エウロペ〉の名前は西方の大洋に接しているもうひとつの大陸全体にまで拡大されるにいたったのだった。夕方地平線上の第四象限内にヘスペロスの星〔宵の明星・金星〕が出現するギリシアの西方地域は〈ヘスペリア〉と呼ばれていた。それがその後イタリアも同じ方位にあるのがわかって、しかしイタリアはギリシアの同地域よりも大きかったので、それをギリシア人は〈ヘスペリア・マグナ〉と呼ぶようになった。そして最後には、ギリシア人の知性は同じ方位にあるスペインにまで拡大され、それを〈ヘスペリア・ウルティマ〉と呼んだのだった。これとは反対に、イタリアのギリシア人〔イタリア半島南部のマグナ・グラエキアに入植したギリシア人〕は、海の向こうのギリシア〔つまりはギリシア本国〕の、かれらから見て東方にあたる地域を〈イオニア〉と呼んだにちがいない。ここから双方のギリシアのあいだにある海を指して呼んだ〈イオニア海〉という名前が残ることとなったのだった。さらにその後、本国とアジアの二つのギリシアの位置が似ているために、本国のギリシア人は小アジアのかれらから見て東方にあたる地域を〈イオニア〉と呼ぶようになったのである。また、サモスのピュタゴラスは最初のイオニア〔ギリシア本国内の西方地域〕からイタリアにやって来たと見るのが理にかなっている。すなわち、かれの生まれたサモス島は、第二のイオニア〔小アジア〕のサモス島ではなくて、オデュッセウスの領有していた島々のひとつであるサモス島であったのだ。

744　ギリシア国内のトラキアからアレスが現われる。アレスはまちがいなくギリシアの神であったのだ。

またそこからギリシアの最初の神学詩人のひとりであるオルペウスも現われたにちがいない。

745　ギリシア国内のスキュティアからアナカルシスが現われる〔100〕(1)。アナカルシスはスキュティアの神託をギリシアに残したが、その神託はもともと神託で語られた歴史であったにちがいないゾロアスターの神託〔59〕に似たものであったはずである。このためにアナカルシスは運命を予言する最古の神々のうちに受けいれられることとなったのだった。ところがその後、くわせものもいいことに、それらの神託は哲学上のドグマに翻案されてしまった。これは、『オルピケ』がオルペウスによって作られた詩篇だと見なされたが、『オルピケ』には、ゾロアスターの神託と同様、詩的な味わいはなにひとつ見られず、プラトン学派とピュタゴラス学派の臭気がふんぷんとしているのと、事情を同じくしている(2)。このようなわけで、「年表への註記」において疑問を呈しておいたように〔100〕、例の有名な二つの神託、すなわち、デルポイとドドナの神託も、この〔ギリシア国内の〕スキュティアから、もともとそこに住んでいたヒュペルボレオス人によって、ギリシアにもたらされたにちがいないのだった。というのも、アナカルシスは、スキュティアで、すなわち、このギリシアのヒュペルボレオス人のあいだで、ギリシアの法律によって人間の道を制定しようとしたために、自分の弟であるカドゥイダスによって殺されているからである。そのアナカルシスがファン・ヘールンのいう野蛮哲学を利用していたとは！　アナカルシスは、独力ではかれらのために法律を作ったりはできなかったのだ。これと同じ理由で、アバリスもスキュティアの出身であったにちがいない。アバリスもスキュティアの神託を書いたと言われているが、それらはいま述べたアナカルシスの神託以外のなにものでもなかった。ところがアバリスは、かれよりもずっとのちに現われたイダントゥルススがなおも〔文字ではなく〕物でもって書いていたそのスキュティアで、それらの神託を書いたとされている〔99〕。したがって、このことからは必然的に、それらの神託はギリシア哲学が導入されたのちの時代のあるペテン師によって書かれたものと考えなければならないことになる。ひいては、アナカルシスの神託がわたしたちのもとには届いていない深遠な知恵の神託として受けとられてきたのは、学者たちのうぬぼれによるものだったのである。

746　ヘロドトスの報告しているところによると、ギリシア人に霊魂不滅の教説をもたらしたというサモルクシスは、[1]（アレスもそうであったように）ゲタイ人であった。[2]

747　同様にして、オリエントのインドから勝利者としてやってきたと言われるディオニュソスも、ギリシア国内のインドと呼ばれていた地域から（詩的黄金が豊かに稔っていたギリシアのある地域から）やってきたにちがいないのだった。また、ディオニュソスは黄金の（麦の）馬車に乗って凱旋している。だから、さきに説明したように〔508, 540〕、ヘラクレスがヒュドラや獅子を馴らすすべに長けていたのと同様、ディオニュソスは蛇と虎を飼い馴らすのに長けていたわけである。

748　たしかに、ペロポネソス半島が別名として今日までとどめている〈モレア〉という地名は、ギリシアの英雄であるペルセウスが遠征したモーリタニアというのはギリシア国内のモーリタニアであったことを歴然とわたしたちに立証してくれる〔423〕。なぜなら、ペロポネソス半島は、アカイアにたいして、アフリカがヨーロッパにたいして位置しているのと同じ位置関係にあるからである。ひいては、ヘロドトスが（この点でトゥキュディデスが非難を加えているように〔101〕）自国の古代のことがらについていかになにも知らないでいたかがわかる。ヘロドトスはマウリ人〔ムーア人〕がかつては白人だったと語っているが、[1]それはたしかにギリシア国内のマウリ人のことだったのであって、その地方は今日にいたるまで〈白いモレア〉と呼ばれているのである。

749 同じくアスクレピオス[1]がその医術でコス島を疾病から救ったのも、この〔ギリシア国内の〕モーリタニアの疾病からであったにちがいない。もしかれがモロッコ人の疾病からその島を救ったのであれば、世界中のあらゆる疾病からもその島を救えたにちがいないだろうからである。

750 ヘラクレスがすでに天を支えることに疲れきっていた老アトラスからその重荷を引き受けたのも、この〔ギリシア国内の〕モーリタニアにおいてであったにちがいない〔726〕。なぜなら、アトス山は最初アトラスと呼ばれていたにちがいないからであって、この山は、その後クセルクセスが貫通した〔陸からその山まで続く〕地峡によって、マケドニアをトラキアから隔てているのである。また、そこには、ギリシアとトラキアとのあいだに、やはりアトラスと呼ばれる川が流れている。そしてその後、人々は、ジブラルタル海峡で、やはりアビュラ山とカルペ山とが海峡をはさんで同じようにアフリカをヨーロッパから隔てているのを見て、さきに述べたように、ヘラクレスがそこに天を支える柱を立てたと言い、その近くのアフリカの山を〈アトラス〉と名づけたのだった。このように考えてはじめて、ホメロスの詩篇のなかで母親のテティスがアキレウスに答えている返答、すなわち、ゼウスも他の神々もアトラスの山上へ宴会に出かけてしまったため、おまえの苦情をゼウスに伝えることはできないという返答〔712〕（この返答は、神々は高山の頂上に住んでいたという、さきに見ておいた意見に立脚している）が、真実らしく見えてくる。というのも、もしこの場合のアトラス山がアフリカのアトラス山だったとすると、この返答はとうてい信じがたいものであるからである。じっさい、同じホメロスが、ヘルメスは翼をもっているにもかかわらず、フェニキア海のカリュプソの棲む島に行くのにたいそう難儀すると言っているのだ〔89〕。ところが、そのカリュプソの棲む島は今日モロッコと呼ばれている国よりもずっとギリシアに近い位置にあったのである。

751 同じくヘラクレスが黄金のりんごをアッティカに持ち帰ったのも、ギリシアのヘスペリアからであったにちがいない〔734〕。また、それらのりんごを守っているニンフのヘスペリデス（彼女らはアトラスの娘であった）が住んでいたのも、同じくギリシアのヘスペリアにおいてであった。

752 同じくパエトンが墜落した〔651〕エリダノス河も、黒海に流れこんでいるギリシアのトラキアにあるダニューブ河だったにちがいない。そしてその後、ギリシア人がポー河を見たとき、それはダニューブ河と同様、この世で西から東へと流れるもうひとつの河だったので、ポー河も〈エリダノス〉と呼んだ。そこで神話学者たちはパエトンがイタリアで墜落したことにしてしまったのである。しかし、星に固定されたのは、あくまでもギリシアの英雄史にまつわることがらだけで、他の諸国民のことではなかったのだ。エリダノスも例外ではない。

753 最後に、ギリシア人は大西洋に達したとき、視界をさえぎるもののない海であればなんでも〈オケアノス〉〔大洋〕と称していた、あの小規模の観念（このような観念に立ったところからホメロスはアイオロス島がオケアノスに囲まれていると述べていたのだった〔724〕）を拡大するにいたった。また、観念とともに名前も拡大されて、〈オケアノス〉〔大洋〕といえば陸地全体を取り巻いている海を意味するようになったのだった。そして陸地はいまやひとつの巨大な島であると信じられるにいたっているのである。こうしてまた、海神ポセイドンの力も過度なまでに拡大され、プラトンが大地の最深部に設定した水の淵から、その巨大な三叉の鉾で大地を揺り動かすことができるほどになった。この自然学の粗野な原理については、さきに説明したとおりである〔634〕。

754 以上のような地理学の原理は、ホメロスを不当にもかれのものであるとされている重大な誤謬から完全に赦免してやることができる。

755 一、〈蓮〉という名の植物の皮を食べていたというホメロスの蓮食い人は、〔通常考えられているよりも〕もっと近いところにいたにちがいない。なぜなら、ホメロスは、オデュッセウスがマレア岬から蓮食い人の島まで旅をするのに要した行程は九日間であったと述べている[1]。しかし、もし蓮食い人が、従来言われてきたように、ジブラルタル海峡の外に住んでいたとしたら、その間の行程が九日間などというのは、信じがたいばかりか、ありえないことだからである。この誤りを指摘したのはエラトステネスであった[2]。

756 二、ホメロスの時代には、ライストリュゴン人はギリシアの民族だったにちがいない。そして、かれらの国では昼が最も長いというのも[1]、ギリシアの民族のうちでということであって、地上のすべての民族のうちでということではなかったのだ。ホメロスのこのくだりにもとづいて、アラトスはかれらが竜の頭の下に住んでいるとした[2]。またトゥキュディデスは、ライストリュゴン人がシチリアにいたと語っている[3]。かれらはこの島の最北部の民族だったにちがいない。

757 同じ理由によって、キンメリオス人はギリシアのすべての民族のうちで夜が最も長かった。なぜなら、かれらは最も北に住んでいたからである。そこで、その長い夜のために、かれらは冥界の傍に住んでいると言われた（その後、かれらの名前ははるか遠方のメオティデス湿原〔アゾフ海〕の住民に移された）。したがって、キュメー人も、冥界に通じているシビュレの洞穴の近くに住んでいたと言われていることからして、位置上似ていると考えられたところから、〈キンメリオス人〉と呼ばれていたにちがいないのだった[1]。なぜなら、オデュッセウスがいかなる魔法にもかからずにキルケによって送り出され（というのも、さきに見たように〔437〕、ヘルメスがオデュッセウスにキルケの魔法にかからないですむ秘薬をあたえておいたからである）、一日で、キンメリオス人のところへ冥界を見に行き、その日のうちに、いまはチルチェッロ山と呼ばれている、キュメーからあまり離れていないキルケの棲む島に戻ってきたとは、とても信じられないからである。

758 これらの詩的地理学の原理によって、オリエントの古代史の多くの難問を解決することができる。それらの難問は、当初はオリエント自体の内部に住んでいたにちがいない民族がきわめて遠方の民族、それもとりわけ北方や南方の民族と受けとられたところから生じたものであった。

759 ここでギリシアの詩的地理学について述べたのと同じことは、ラティウムの人々の古代地理学にも見いだされる。ラティウム〔ラツィオ〕という地域は、当初はきわめて狭かったにちがいない。というのも、二百五十年にわたる支配のあいだ、ローマはじつに二十もの民族を手中に収めたが、さきに述べたように〔88〕、その支配権は二十マイル以上に及ぶことはなかったからである。イタリアというのは当初、たしかにチザルピーナ・ガリアとの国境とマグナ・グラエキアとの国境にはさまれた限られた地域のことであった。ところがその後、ローマが征服を重ねるなかで、今日も続いている広い範囲の地域にまでその名を拡大するにいたったのだった。たとえば、エトルリア〔ティレニア〕海は、ホラティウス・コクレスが[1]一人でエトルリア人の全軍を橋の上で迎え撃った時代にはきわめてちっぽけな海だったにちがいない。それがその後、ローマの勝利とともに、この海は拡大して、イタリアの低海岸領域全体に及ぶにいたったのである。

760 これとまったく同様に、イアソンが遠征航海をおこなった最初のポントスは、もっとヨーロッパの近くにあり、プロポントスと呼ばれる海峡(1)によってヨーロッパから隔てられていたにちがいない。また、その土地がポントス海〔黒海〕にその名前をあたえたのにちがいない。そしてそれがその後、のちにミトリダテス王国が成立したアジアの地域にまで拡大されたにちがいない。なぜなら、メデイアの父アイエテスは、同じ伝説によって、ギリシア国内でいまはネグロポント〔黒い橋〕と呼ばれているエウボイア島の都市コルキスの生まれであると語られているからである。なお、その〈ネグリポント〉という島の名前がたしかにいまなお黒海と呼ばれている海に最初その名前をあたえたにちがいないのである。最初のクレタ島もギリシアの多島海中のひとつだったにちがいない。その多島海にはさきに説明した島々の迷宮があり、そこを拠点にしてミノスがアテナイ人に海賊行為をしかけていたにちがいないのだった〔635〕。それがその後、クレタ島は地中海に移り、現在もそこにとどまっているのである。

761 さて、話題をふたたびラティウムの人々からギリシア人に戻すとして、ギリシア人は〈なんというぬぼれに満ちた人々であろうか〉世界中に出かけていくなかで、トロイア戦争の評判と、アンテノル、カピュス、アイネイアスのようなトロイア方と、メネラオス、ディオメデス、オデュッセウスのようなギリシア方双方の、英雄たちの放浪の評判をいたるところにふりまいた。またかれらは、テーバイの人であると言われていた自分たちのヘラクレスに似た諸国民の創建者を象徴する詩的記号が世界中に広く存在しているのを見て、自分たちのヘラクレスの名を世界中にふりまいた。そこでウァッロは古代の諸国民のあいだに四十人ものヘラクレスを数えることができたのだった。そして、それらのうちラティウムのヘラクレスは〈フィディウス神〉と呼ばれていたと断言するのである〔14, 658〕。こうして、エジプト人のうぬぼれ（エジプト人は、さきに提起しておいた二つの公理〔125–128〕によって、自分たちのゼウスであるアンモンが世界中のゼウスのなかで最も古いと思いこんでおり、また、他の諸国民のヘラクレスは自分たちエジプトのヘラクレスから名をとったものと思いこんでいた）に勝るとも劣らぬうぬぼれによって、ギリシア人が自分たちのヘラクレスをこの地上のあらゆる地域におもむかせ、大地を怪物から洗い浄めて、もっぱら栄光のみを持ち帰らせるというようなことが起きたのだった。

762 ギリシア人は、かれらのもとでアルカディアのエウアンドロスがそうであったように、韻文で物語る羊飼いたちを象徴する詩的記号が世界中いたるところに存在するのを知った。こうしてエウアンドロスはアルカディアからラティウムにやってきて、そこで同国人へラクレスを宿所に受けいれるのであり、〈歌〉を意味する〈カルミナ〉carminaからそう呼ばれるようになったカルメンタを妻に娶るのである。なお、カルメンタは、ラティウムの人々のために韻文の素材となる文字、すなわち、いわゆる〈分節化された〉音声形式を考案したという。また最後に、ここで述べたすべてのことを裏づけるかのように、かれらは、さきに見たように〔593以下〕、かれらのクーレーテスたちがサトゥルニア（ないしは太古のイタリア）、クレタ、そしてアジア一帯に散在しているのを見いだしたのと同じようにして、そのような〔韻文で物語る羊飼いたちを象徴する〕詩的記号がラティウムの内部にも存在するのを知ったのだった。

763 だが、諸国民が外国人に門戸を閉ざしていた、このうえなく野蛮な時代に、これらのギリシアの言葉や観念がどのようにしてラティウムの人々のところにまで到達したのだろうか。リウィウスは、セルウィウス・トゥリウスの時代には、ピュタゴラス本人は言うまでもなく、かれの有名な名前ですら、多くの異なった言語や異なった習俗をもつ国民を通過して、クロトンからローマにまで届くことは不可能であった、と述べているではないか〔93〕。この難問を解決するために、わたしたちはさきにひとつの要請を必然的な推測として立てておいた。ラティウムの海岸にはなんらかのギリシア都市が存在したにちがいなく、その都市はその後古代の闇の中に埋没してしまったが、ラティウムの人々に文字を教えたのにちがいない、という要請がそれである〔306〕。それらの文字は当初、タキトゥスが語っているように、ギリシア人の最古の文字に似ていた〔440 以下〕。このことは、ラティウムの人々はギリシア文字をこれらラティウムのギリシア人から受けとったのであって、マグナ・グラエキアのギリシア人からでもなければ、いわんや海の向こうのギリシア本土に住むギリシア人からでもなかったということの強力な論拠をなしている（海の向こうのギリシア本土のギリシア人とラティウムの人々が知り合うようになったのは、やがてピュロスとの戦争に発展することとなったタラントの戦いの時代〔前三世紀前半〕以後のことでしかなかったのだ）。というのも、もしそうでなかったとすれば、ラティウムの人々はギリシア人の最新の文字を使用したはずで、ギリシアの最古の文字であった最初の文字を保存しているはずはなかったからである。

764 こうして、ヘラクレス、エウアンドロス、アイネイアスの名前は、以下のような諸国民の習俗のおかげで、ギリシアからラティウムに入りこんだのだった。

765 まず、人々は、野蛮な状態にあったときには、自分たちの土着の習俗を愛していたのと同じように、文明化しはじめると、外国の交易品や服装と同じく、外国の言葉にも愛着をおぼえるようになる。このようなわけで、かれらは自分たちのフィディウス神をギリシア人のヘラクレスと取り替え、土着の〈フィディウス神にかけて！〉という誓約の言葉の代わりに、〈ヘラクレスにかけて！〉〈ポルクスにかけて！〉〈カストルにかけて！〉という言い方を導入したのだった〔602〕。

766　つぎに、何度も述べたように、諸国民は、とくに自分たちの野蛮時代からそれを信じる動機をもっていた場合には、有名な外国が自分たちの起源であることを自慢しようという傾向がある（それと同様に、ふたたび戻ってきた野蛮時代にも、ジョヴァンニ・ヴィッラーニは、フィエゾレはアトラスによって建設されたとか、トロイア王プリアモスがゲルマニアを治めたなどと語っている）[1]。このような諸国民のうぬぼれ〔125〕のために、ラティウムの人々はみずから進んで自分たちの真の創建者であるフィディウス神への信仰を棄て、ギリシア人の真の創建者であるヘラクレスを信仰したのだった。また、自分たちの羊飼い詩人たちを象徴する詩的記号をアルカディアのエウアンドロスと取り替えたのである。

767　第三に、諸国民は、外国のものが自分たちの土着の言葉では確実に説明することのできないことがわかった場合には、必然的に外国の言葉をそのまま用いるものである。

768　第四、そして最後に、最初の諸民族は基体から性質を抽象するすべを知らないでいたという、さきに「詩的論理学」において推理しておいた最初の諸民族の特性〔410〕が付け加わる。かれらは性質を抽象することができないので、性質を呼ぶのにそれを備えている基体そのものを呼んでいたのだった。そのことの確かな論拠をわたしたちはラテン語の言い回しのうちにふんだんに有している。

769　ローマ人は、奢侈がなんであるかを知らなかった。そこでタラント人のうちにそれを見てからは、〈香水をつけた人〉のことを〈タラント人〉と言っていた[1]。ローマ人は、戦術がなんであるかを知らなかった。そこでカルタゴ人〔ポエニ人〕のうちにそれを見てからは、戦術のことを〈ポエニ人の術〉と言っていた。[2] ローマ人は、虚栄がなんであるかを知らなかった。そこでカプア人のうちにそれを見てからは、〈もったいぶっている〉とか〈見栄を張っている〉と言うのに〈スペルキリウム・カンパニクム〉supercilium campanicum〔カプア人の眉〕と言っていた。[3] 同様に、ヌマとアンクスは〈サビーニ人〉と呼ばれた。なぜなら、ローマ人は〈信心深い〉という言い方を知らず、この習俗においてはサビーニ人が目立っていたからである。また、セルウィウス・トゥリウスは〈ギリシア人〉と呼ばれた。なぜなら、ローマ人は〈ずるがしこい〉という言い方を知らなかったからである。そして、この観念は、かれらに征服されたいま述べた都市〔タラント〕のギリシア人を知るようになるまでは、口に出して表わされることはなかったにちがいないのだった。かれはまた、さきに明らかにしておいたように〔107〕、平民たちに第一次農地法をもたらして田畑の委付的所有権を認め、おそらくはこのことが原因で家父長たちに殺されたのだったが、ローマ人は〈弱い〉という言い方を知らなかったので、かれのことを〈奴僕〉とも呼んだのだった。ずるがしこさというのは弱さにつきものの特性であって、そのような習性はローマ人の率直さや勇気とは無縁のものだったのだ。じつのところ、ローマが自らの内部から王位に値する英雄たちを生みだすことができず、ついに賤しい奴隷のような王国を耐え忍ばなければならなくなったなどと主張するのは、ローマの起源にはなはだしい恥辱をあたえ、創建者ロムルスの知恵をあまりにも侮蔑したもの以外のなにものでもない。ところが、批評家たちはすっかり著述家たちの意見の虜になってしまって、そんな評価をくだしてきたのだった。またそれにつづいては、同様につぎのような評価もくだしてきた。すなわち、ローマ人はラティウムに強力な支配権を樹立し、それをエトルリアのあらゆる圧力から守り抜いたのち、無法の野蛮人さながら、イタリア、マグナ・グラエキア、さらには海の向こうのギリシアにまで、自分たちの放縦を規制してくれる法律を探し求めて出かけていったというのだが、これは十二表法がアテナイからローマにやってきたという伝説の信用を支えるためにほかならないのだった。

〔第2章〕　系――アイネイアスのイタリア渡来について

770　ここまで推理してきたすべてのことからして、アイネイアスがイタリアに渡来して、アルバにローマ民族を創建し、ここからローマ人が自分たちの起源を引き出しているのはどのようにしてであったのか、その様式が明らかになる。ラティウムの海岸に建設されたそのようなギリシア人都市というのは、じつは当時トロイアがあったアジアのギリシア人都市のことであったのだ。そして、その都市については、ローマ人は征服の手を内陸部から近くの海に拡げるまでは知らずにいたのだった。また、ローマ人はその征服をローマ人の三代目〔正しくは四代目〕の王、アンクス・マルキウスのもとで始めたのだった。この王はまず、ローマに最も近い港湾都市であるオスティアから征服にとりかかった〔736〕。こうしてオスティアは、その後ローマが際限なく膨張していくなかで、ついにはその港となるにいたったのである。また、このようにして、ローマ人はかつて陸地伝いに逃げこんできたラティウムのアルカディア人を受けいれたように、今度は海を渡って逃げこんできたプリュギア人を受けいれて保護下に置くとともに、英雄的な戦争の法にもとづいてかれらの都市は破壊した。こうしてアルカディア人とプリュギア人は、二つの時代錯誤《アナクロニズム》〔735〕によって――アルカディア人のほうは時期を繰り下げることによって、またプリュギア人のほうは繰り上げることによって――、ともにロムルスの避難所に救済されることとなったのだった。

771　それというのも、もし事態がこのように進行していなかったなら、「公理」において指摘しておいたように〔307〕、ローマがアイネイアスに起源をもっているという説は、およそいっさいの理解を仰天させ混乱させてしまうからである。(1) だから、人々がこのように仰天したり混乱したりすることがないように、学者たちは、リウィウスをはじめとして、そのような説はたんなる物語〔神話伝説〕にすぎないと考え、さきに「公理」のなかで述べたように〔149〕、物語にはなんらかの公共的な真理動機が存在したにちがいないということに注意を払ってこなかった。なぜなら、〔その説によると〕エウアンドロスのラティウムにおける力にはきわめて強大なものがあって、ヘラクレスをローマの建国よりも五百年もさきに宿所に受けいれている。また、アイネイアスが建てたアルバの王家は十四代の王をつうじて大いに栄え、ラティウムの首都となる。ところが、アルカディア人とプリュギア人はどうかと見れば、きわめて長期間にわたる放浪ののち、最後にやっとのことでロムルスの避難所に逃げこんでいるのだ！　ギリシアの内陸の地であるアルカディアから、生来海とはなにかを知らない羊飼いたちが、いったいどうやってこれほど長距離の海路を越えてラティウムの真ん中まで入りこんできたというのだろうか。ロムルスののち三代目の王であるアンクス・マルキウスがやっと近くの海岸に植民地を築いた最初の王だというのにである〔736〕。また、リウィウスの判断によると、マグナ・グラエキアにおいてはきわめて高名であったピュタゴラスの名前ですら、多くの言語と習俗を異にする国民を通過して、クロトンからローマにまで届くというのは不可能であったというのに〔93〕、その二百年も前に、またタラント人がイタリアではすでに勢威を誇っていたローマ人が何者かを知るよりも四百年も前に〔116〕、いったいどのようにして、かれらはちりぢりになってしまったプリュギア人といっしょにラティウムにたどりつくことができたというのだろうか。

772 しかし、それでもなお、何度となく述べてきたように、さきに立てておいた公理のひとつ〔149〕からして、これらの民間伝承には最初からいくつかの大いなる公共的な真理動機が存在していたにちがいないのだった。というのも、それらは一個の国民全体が長年にわたって保存してきたからである。それではどうしてまた保存してきたのだろうか。そこで言っておかなければならないが、他にも多くのギリシア都市がティレニア海の海岸には存在し、その後も存続していたように、なんらかのギリシア都市がラティウムの海岸には存在していたのだった。その都市は、十二表法が制定される以前にローマ人によって征服され、英雄的な野蛮な勝利の法にもとづいて破壊された。そして敗者たちは英雄たちの〈同盟者〉の資格で受けいれられたのである〔558以下〕。また、これらのギリシア人たちは、詩的記号によって、森の中をさまよっていた陸地の放浪者たちを〈アルカディア人〉と呼び、海を渡ってきた放浪者たちを〈プリュギア人〉と呼んでいたのだった。これは、ローマ人が敗北して降参した者たちを〈ロムルスの避難所に受けいれた〉者たちと呼んでいたのと事情を同じくしている。すなわち、ローマ人は敗北して降参した者たちをロムルスが逃げこんできた者たちのために森の中の焼き払われた場所に避難所を開いたときに制定した保護＝被保護関係にもとづいて日雇い農夫の資格で受けいれたのだったが、これと事情を同じくしているのである。それらの敗北して降参した者たちとは〈王たちの追放と十二表法のあいだの時代のことではなかったかと推定されるが〉ローマの平民たちはかれらに田畑の委付的所有権を認めたセルウィウス・トゥリウスの農地法によって区別されていたにちがいない〔107〕。その委付的所有権が気にくわなかったコリオラヌスは、さきに述べたように〔108〕、平民たちをロムルスの日雇い農夫の地位に引き戻そうとしたのだった。そしてその後、ギリシア人たちはトロイア戦争と英雄たちの放浪のことをいたるところで語り伝えた。とりわけイタリアでは、（すでに述べたように〔761–762〕）まえもってかれらのヘラクレス、かれらのエウアンドロス、かれらのクーレーテスたちがそこにいるのがわかったので、アイネイアスの航海のことを言い広めた。このようにして、長い年月ののちには、それらの伝承は野蛮な民族の手によって変形させられ、ついには堕落させられてしまった。このようにして、言わせてもらうが、アイネイアスはラティウムにおけるローマ民族の創建者となるのである。ボシャールが言いたがっているところによると、アイネイアスがイタリアに足を踏みいれたことは一度としてないという[1]。またストラボンが述べているところによると、アイネイアスはトロイアから一度も外に出たことはないという[2]。さらにここでいっそう大きな重みをもっているホメロスが語っているところによると、アイネイアスはトロイアで死に、そこで王国を子孫たちに残したという[3]。そのアイネイアスがである。こうして、諸国民のうぬぼれ〔125〕の二つの異なるあらわれの結果――ひとつは、トロイア戦争についての大変な評判を世界中にまき散らしたギリシア人のうぬぼれであり、いまひとつは、自分たちが有名な外国に起源をもつことを自慢するローマ人のうぬぼれである――、ギリシア人のほうはアイネイアスをラティウムに侵入させ、ローマ人のほうも最後にはアイネイアスをローマ民族の創建者として受けいれることとなったのだった。

773　このような物語〔伝説〕は、ピュロスとの戦いの時代にしか生まれえなかった。この時代からローマ人はギリシア人のやることどもを好ましいと思いはじめたのだった。なぜなら、そうした〔外国人のやることを好ましく思うような〕習慣が諸国民のあいだで見られるようになるのは、外国人と付き合うようになって長い期間が経由したのちのことであるからである。

［第3章］ 英雄都市の命名と描写について

774　さて、地名と地方地誌、すなわち土地、それも主として都市の命名と描写は地理学の一部であるから、詩的知恵にかんする考察を完成するためには、まだこれらについて推理する仕事が残っている。

775　さきに述べたように〔525〕、英雄都市は摂理によって天然の要塞に建設されていた。そして、古代ラティウムの人々は、かれらの神々の時代に、それらの要塞を〈アーラ〉ara〔祭壇〕という神聖な名前で呼んでいたにちがいないのだった。また、〈アルクス〉arx〔砦〕とも名づけていたにちがいない。というのも、ふたたび戻ってきた野蛮時代〔中世〕にも、政庁のある場所は〈ロッチャ〉roccia、切り立った断崖絶壁ということから〈ロッカ〉rocca ないしは〈カステッロ〉castello〔城塞〕と呼ばれていたからである。これと同じようにして、〈祭壇〉という呼称も、それぞれの英雄都市の領地全体にまで拡大されたにちがいないのだ。その領地は、さきに見たように〔546, 611〕、〈外国人との境界線〉という意味で〈アゲル〉ager と呼ばれ、〈市民にたいする裁判権〉の及ぶ範囲という意味で〈テルリトーリウム〉territorium と呼ばれた。これらのことすべてにかんして、タキトゥスには、ローマのヘラクレスの巨大な祭壇について描写した黄金の場所がある(1)。その場所はこれらの原理をみごとなまでに強く裏づけてくれているので、ここに全文を引用しておくことにする。〈牛の市には青銅製の牡牛の像が見られる。なぜなら、その動物は通常鋤に縛られているからである。そこで、その牛の市から、ヘラクレスの巨大な祭壇を取り囲むようにして、都市の境を示す溝が掘られた。この溝に囲まれた土地が〔本来の〕ヘラクレスの祭壇だったのだ〉。また同じくサルスティウスにも、ピライノス兄弟の有名な祭壇がカルタゴ人とキュレネ人との領地の境界を示すためのものだったと語っている黄金の場所がある[2]。

776　あらゆる古代地理学〔地誌〕にはこのような祭壇が点在している。まずアジアから始めると、ケラリウスは、その『古代地誌』において、シリアの都市はすべて、その固有名の前か後に〈アラ〉Ara〔祭壇〕という語をつけており、そのためシリア自体もアラメアとかアラミアと呼ばれたと指摘している[1]。しかし、ギリシアでは、テセウスがアテナイの都市をかの有名な〈不幸な者たち〉の祭壇の上に建設している〔561〕。そのさいテセウスは、正しくも、さきに述べたように、破廉恥な共有に起因する争乱のために強者たちの要塞に逃げこんできた無法で不敬虔な人間たち、まったく孤立していて弱く、敬虔な者たちに文明を生みだしていたあらゆる財富を欠いていたその人間たちのことを〈不幸な者たち〉という観念でもって評価していたのだった。このため、ギリシア人は〈誓約〉のことも〈アラ〉ἀρά と言っていたのである。なぜなら、同じくさきに推理しておいたように、このような異教世界の最初の祭壇の上で、最初の供物、最初の犠牲（これは、さきに見たように〔191, 517, 549〕、〈サトゥルヌスの生贄〉と呼ばれた）、最初の〈アナテーマタ〉ἀναθήματα〔呪われた者たち〕（かれらはラテン語で〈ディーリス・デーウォーティー〉diris devoti〔恐るべきものへの供物〕と翻訳された）がささげられた、すなわち、自分たちのもとを免れて〔campare して〕強者たちのところに逃げこんできた（ここから、おそらく、〈命を救われる〉ことを指して〈カンパーレ〉campare と言われるようになったのだろう）弱者たちを追って、あえて強者たちの耕地に侵入してきた乱暴で不敬虔な者たちが殺害されて、ヘスティア神にささげられたからである。ここから、ラティウムの人々のあいだには、とりわけサルスティウスの著作に見られるように、[2]〈刑罰〉とか〈犠牲〉を指して〈スップリキウム〉supplicium と呼ぶ呼び方が残ることとなったのだった。このような二重の意味をもっているということでは、ギリシア語にもラテン語にぴったり対応する言葉がある。〈アラ〉ἄρα という言葉は、いましがた述べたように、ラテン語の〈ウォートゥム〉votum〔誓約〕の意味をもつが、同様に〈ノクサ〉noxa、すなわち損害をあたえる物体をも意味しており、また〔三人の〕復讐の女神たちである〈ディーラエ〉dirae をも意味している。そして、かれら〔殺害されてヘスティア神にささげられた乱暴で不敬虔な者たち〕こそは、いま述べた（また第4巻〔957–958〕でくわしく述べる）最初の供物だったのである。かれらは復讐の女神たちにささげて浄められたうえで、異教世界の最初の祭壇に供せられたのだった。このようなわけで、今日〈豚小屋〉を指す言葉として残っている〈ハラ〉hara という語は、古代ラティウムの人々にとっては〈生贄〉を意味していたにちがいないのである。そして、たしかにこの語から、祭壇の前で殺された生贄の内臓から前兆を占った腸占い師は〈アルスペクス〉aruspex と言われるようになったのだった。

777　いましがたヘラクレスの巨大な祭壇について述べたことから推察すると、ロムルスも、森の中のルークス〔聖なる空き地〕に開設された避難所の内部の、テセウスの祭壇に似た祭壇の上にローマを建設したにちがいないものとおもわれる〔561〕。なぜなら、ラティウムの人々がルークスもしくは聖なる森のことに言及する場合、そこにはかならずなんらかの神性のために建立された祭壇が存在しているからである。このようなわけで、リウィウスが避難所は〈都市創建者たちの古き計らい〉であったとさきにわたしたちに一般的な仕方で語ったとき、なぜ古代の地誌には〈アーラ〉Ara〔祭壇〕という名前をともなった都市がこんなにも多く出てくるのか、その理由をわたしたちに明らかにしてくれているのである〔114〕。したがって、キケロが元老院を〈アーラ・ソキオールム〉ara sociorum〔同盟者たちの祭壇〉と呼んだのもこの古代についての知識にもとづいてのことであったことを認める必要がある。(1) なぜなら、属州の人々はかれらを貪欲に搾取した総督にたいする不法利得返還の訴えを元老院に持ちこんでいたからである。かれらはこうすることによって、属州の起源がこれら世界で最初の〈ソキウス〉socius〔避難所に逃げこんできて英雄たちの同盟者となった者〉に由来することを想い出させたのだった。

778　したがって、すでに明らかにしたように、アジアにおいて、またヨーロッパではギリシアとイタリアにおいて、英雄都市は〈祭壇〉と呼ばれていたのだった。アフリカでは、サルスティウスのもとで、少し前に述べたピライノス兄弟の祭壇がその名を後世に残している〔775〕。ヨーロッパに話を戻して、北方では、トランシルヴァニアの太古のフン族の住んでいた諸都市がいまもなお〈シチリア人の祭壇〉と呼ばれている。(1) そこでは住民はすべて身分の高い農民と羊飼いであり、ハンガリー人やサクソン人とともにその州を構成している。ゲルマニアでは、タキトゥスのもとに、〈ウビー人の祭壇〉という言葉を読むことができる。(2) スペインでは、〈アラ〉という言葉が現在もなお多くの都市名の一部となって持続している。ところで、シリア語では、〈アリ〉ari という語は〈獅子〉を意味している。そして、わたしたちはさきに、十二の主要な神々の自然神統記のなかで、祭壇の防御からギリシア人のあいだに〈アレス〉と呼ばれた軍神の観念が生まれたことを明らかにしておいた。このようなわけで、同じ強さの観念にもとづいて、ふたたび戻ってきた野蛮時代にも、多くの都市や貴族の家門はかれらの紋章に獅子の図柄を用いているのだった〔563以下、733〕。場所、時代、習俗の点で互いに異なる遠く離れた多くの諸国民のあいだにあって用いられている、音声と意味の面で一様なこの〈アラ〉ara〔祭壇〕という語が、ラティウムの人々に〈アラートルム〉aratrum〔鋤〕という語をあたえたのにちがいない。そして、その彎曲した部分が〔〈都市〉と同語の〕〈ウルブス〉urbsと呼ばれたのだった〔550〕。ひいてはまた、同じくラティウムの人々のあいだで、〈アルクス〉arx〔砦〕とか〈アルケオー〉arceo〔防護する〕という語が生まれたにちがいない[3]。ここから〈土地の境界〉について記した著述家たちは〈アゲル・アルキフィーニウス〉ager arcifiniusという言葉を使うようになったのである[4]。さらには〈アルマ〉arma〔武器〕とか〈アルクス〉arcus〔弓〕という語も同様であったにちがいない[5]。かれらは正当にも、それらの言い回しのうちに侵害を後退させ近寄らせないでおくことのできる強さの意味を込めたのだった。

779　見られたい、詩的知恵は正当にもつぎのような最大かつ最高の讃辞に値することが証明されたのだ。ひとつは、この知恵が異教世界の人間性を創建したというもので、これは確実かつ一貫してこの知恵が受けるにふさわしい讃辞である。ところが、諸国民のうぬぼれと学者たちのうぬぼれという二つのうぬぼれが、詩的知恵を称賛しようと欲しながら、前者は空疎な壮大さの観念によって、後者は場違いの哲学的知恵の観念によって、かえってそれを否定してきたのだった〔125–128〕。もうひとつは、それについての民間伝承がわたしたちのところにまで届いているもので、古代人の知恵はその知恵に秀でた者たちを、一気に、哲学者としても、法律の制定者としても、軍隊の指揮官としても、歴史家としても、弁論家としても、詩人としても、等しく偉大にしてきたという讃辞である。このためにその知恵はあんなにも願望されてきたのだった〔128〕。しかし、じつをいえば、その知恵はそれに秀でた者たちをすでにわたしたちが物語〔神話伝説〕のうちに見いだしてきたような姿で作りあげてきたというか、粗型をかたちづくってきたのである。深遠な知識のいっさいはそれらの物語〔神話伝説〕のうちに、さながら胎児ないしは母胎のようなかたちですでに粗型がかたちづくられているのが見いだされるのである。だから、それらの物語〔神話伝説〕のうちには、やがて学者たちの個別的な反省作業をつうじて理論的な推論や実践的な格率によって明確なものになる学問の世界の諸原理が、諸国民によって人間的な感覚をつうじて粗削りながら描きだされていると言うことができるだろう。このことのすべてからして、この巻において証明しなければならなかったことが帰結する。すなわち、神学詩人たちは人間的な知恵の感覚であり、哲学者たちは理性であったというのが、それである〔363〕。

362（1） 第三から第五までの原因に関連しては、『新しい学』一七二五年版の第三巻第二二章「どのようにしてもろもろの深遠な学の諸原理はホメロスの物語のうちに見いだされるのか」をも見られたい。そこではまず、人類は最初に物体＝身体の諸様態を感覚し、それから続いて精神の諸様態の反省へと向かっていき、最後に抽象的な知性の諸様態について反省をくわえるにいたったことが指摘されている。そして、哲学者たちにかれらの深遠な学を構想し展開する機会をあたえたのは神学詩人たちのつくりあげた物語〔神話伝説〕であったとされるとともに、「もしこの世に宗教がなかったならば、この世に哲学者たちはいなかっただろう」という文言でもって締めくくられている。

363（1） アリストテレス『霊魂論』四三二a七―八を見られたい。

（2） 「今日の形而上学者たち」というのは、とりわけ、機会原因論を唱えたマルブランシュのことを指している。

（3） 『イタリア人の太古の知恵』第一巻『形而上学篇』の第一章を参照。ラティウムの人々のもとでは、「〈レゲレ〉legere（読む）というのが言葉を拾い集める者の行為であるのと同じく、〈インテルレゲレ〉intellegere, intelligere（理解する）というのは事物の全要素を拾い集め、それらによって事物の最も完全な観念を表出することであるとされていた」。

（4） 「訂正、改善、追加」によれば、これのあとにつぎの文章が追加されることになっていた。「ひいては、つぎのような大いなる系が出てくる。すなわち、完全な、あるいは普遍的な知恵の素材で、哲学者たちの深遠な知恵が詩人たちの通俗的な知恵から機会を得ていないものはない、ということである。したがって、無神論は知恵ではなく愚鈍と狂気によって生じてくるのである。それというのも、あとで論証するように、最初の諸国民は創造されたすべての事物のうちに神を見ていたのであり、ついでは最良の形而上学者たち――つまりはプラトン主義者たちがそうであって、かれらは哲学のこの部分においては他のすべての哲学者以上に秀でていたのであった――

が、創造されたすべての事物のうちに神が働いていることを理解したからである」。

364（1）プラトン『アルキビアデス　一』一二四e以下を参照。

（2）「知性」と「精神」の原語は、それぞれ、menteとanimoである。

365（1）ホメロス『オデュッセイア』八・六三。

（2）正しくは、「方法」の部〔342〕である。

（3）フランシス・ベーコンは『学問の尊厳と増進』の第三巻第二章で自然神学のことを「神的な哲学（philosophia divina）」と称している。このベーコンのいう自然神学をヴィーコは形而上学と同視している。

（4）マルブランシュの観念の神起源説への言及である。

（5）ここでいわれている「最初の語彙集」というのは、たぶん、『クルスカのアカデミー会員たちの語彙集』*Vocabolario degli accademici della Crusca* のことだろうが、そこには、「神性にかんする知識（scienza in divinità）」ではなくて、「神性に通じている者たち（maestro in divinità）」というように出てくる。

366（1）じっさいには、ウァッロもまた、ヴィーコと同様、「詩的神学」を第三ではなくて第一に置いている。アウグスティヌス『神の国』六・五・一を見られたい。

369（1）プロコピウス（五〇〇頃—五六五頃）はビザンティンの歴史家。ユスティニアヌス帝が軍を起こした東ゴート戦争などに従軍して、直接目撃したことにもとづく歴史を著したことで知られる。

370（1）セルウィウス『ウェルギリウス「アエネイス」註解』八・三二一参照。ただし、そこではラテン語の「アボリーギネース」はギリシア語の「アウトクトネス」に当たるとあるだけで、それが「大地の息子たち」のことであるとも「貴族」を意味していたとも指摘されているわけではない。なお、マウルス・セルウィウス・ホノラトゥスは四世紀の文法学者。ウェルギリウス註解は一四七一年、フィレンツェで版刻師ベルナルド・チェンニーニBernardo Cennini（一四一五—一四九八頃）によって刊本化されている。

（2）『十二表法』一・二。

371（1）『創世記』一四・五および『申命記』二・一〇、二〇—二一。

（2）『創世記』六・四。

372（1） スエトニウス『ローマ皇帝伝』二（アウグストゥス）・七二。

374（1） ブールデュック Jacques Boulduc（一五七五頃―一六五〇）は、パリのカプチン修道会士。『律法以前の教会』*De Ecclesia ante Legem* は一六二六年刊。

375（1） タキトゥス『ゲルマニア』四五。

376（1） タキトゥス『年代記』五・一〇。

（2） 原稿段階では、これのあとにつぎのような文章が続くことになっていた。「さらに、「公理」〔204〕において見たように、人間は自然に一様なものを好む方向へと導かれていく。また、人間の知性は自然にそれの起源であり唯一の真なるものである神と結合することを熱望する。そして、それら最初の人間たちは、あまりにも肉感的なあり方をしているため、基体から特性と形式を抽象して、それらにかれらが感覚し想像した個々の事物を適合させる能力を行使することができない（その能力はかれらのあまりにも旺盛な感覚のもとで埋没してしまっていたのだ）。そこで、それら個々の事物を統一するために、物語〔神話伝説〕をつくり出したのであった。また、かれらは自然に、実際には想像的な類、すなわち、仮構されたモデルでしかないものを、一般的な真理として捕まえ、かれらが感覚し想像した、あるいはかれら自身がつくり出したすべての個別的な事物を――それぞれを類似するモデルに呼び戻しつつ――それらに還元したのであった。このことの痕跡は、このうえなく正確なラテン語で、〈形式〉とか〈様態〉とか〈様式〉とか〈モデル〉という意味の〈ゲヌス〉genus という言い方と〈見かけ〉とか〈類似するもの〉という意味の〈スペキエース〉species という言い方となって現在も残っている。そして、このように作られた事物がそれらのイデアないしはモデルにそっくり似ていることも、〈美〉という意味で〈スペキエース〉と言われたのである」。

379（1） ウェルギリウス『牧歌』三・六〇。アウグスティヌス『神の国』四・九にも引かれている。

（2） プラトン『クラテュロス』四一二d。

（3） リウィウス『ローマ建国史』一・二やアウグスティヌス『神の国』三・一三などを参照。

381（1） ホラティウス『詩論――ピーソー父子へ』三九一。

382（1） ここで言及されているのは公理三八のことであるが、その公理三八で引用されているのはエウセビオスではなくて、ラクタンティウス・フィルミアヌスの金言である。また、そこでは、「恐怖」ではなく、「驚嘆」とある。

384（1） フランチェスコ・パトリツィ Francesco Patrizi（一五二九—一五九七）はイタリアの哲学者・文学者。『詩学』*Della poetica la deca disputata* は一五九六年刊。

（2） ジュリオ・チェーザレ・スカリージェロ Giulio Cesare Scaligero（一四八四—一五五八）はイタリアの医師・文学者。『詩学』*Poetices libri septem* は一五六一年刊。アリストテレスの『詩学』についての合理主義的解釈をくわだてて、フランス古典主義に影響をあたえた。

（3） ロドヴィーコ・カステルヴェトロ Lodovico Castelvetro（一五〇五—一五七一）はイタリアの文学者。『アリストテレスの詩学通解』*Poetica d'Aristotile vulgarizzata ed esposta* は一五七〇年刊。

386（1） キケロ『義務について』一・一二および『トピカ』六・三を参照。

（2） 『十二表法』三・七を参照。

387（1） タキトゥス『年代記』一三・五。ただし、そこでは〈テルローレ・デーフィクシー〉terrore defixi ではなく、〈パウォーレ・デーフィクシー〉pavore defixi となっている。意味は同じ。

（2） ホメロス『イリアス』八・一八—二七。ただし、偽ロンギノスの『崇高論』のなかにはホメロスの詩へのこのような言及は出てこない。

388（1） テレンティウス『アンドロスから来た女』五・五・四。

（2） ホラティウス『頌歌』二・二・二一—二四。

（3） カエサル『ガリア戦記』三・七〇。

（4） じつはドニ・ペトーではなく、オランダの文献学者ディオニュシウス・フォス Dionysius Voss（一六一二—一六三三）の『カエサル評注』*Commentarium Caesaris*（一七〇三年）のなかに出てくる言及である。そこには、カエサルの『ガリア戦記』の「ペトー（Petav(iano)）版」には〈プロプリアム・エクスペーディタム・ウィクトーリアム〉propriam expeditam victoriam という表現が出てくるとあったうえで、この〈プロプリアム〉という言い回しは（「ラテン的な言い回しではない」からではなく）〈エクスペーディタム〉という形容詞と合致しないので耳障りであると述べられている。ちなみに、「ペトー版」は、もともとはペトラルカが所有していて、その後十六世紀末に考古学者のポール・ペトー Paul Petau（一五六八—一六一四）によって獲得されたところから、そう呼ばれた。

389（1）ウェルギリウス『アエネイス』六・一二九—一三〇。

（2）〈隠れ場所〉nascondigli と〈コンデレ〉condere〔建設する〕、〈地底〉fondi と〈フンダーレ〉fundare〔基礎を築く／創建する〕が語源的に類似していることへの示唆である。

391（1）古典文献によれば、〈テンプルム〉templum は「前兆がやってきたり吉凶が観察されたりする天の部分」ではなく、天を観測することができるように鳥卜占官たちが卜杖でもって地面に描いた区域（鳥占展望所）のことであったという。

（2）ウェルギリウス『牧歌』三・六〇。

（3）ヘシオドス『神統記』七七—七九によれば、ウラニアは「最初のムーサ」ではなく、第八番目のムーサであったという。

395（1）グロティウス『戦争と平和の法』序論第一一節。

396（1）セルデン『ヘブライ学にもとづく自然法および万民法について』。

397（1）プーフェンドルフ『自然法および万民法について』二・二・二。

（2）一六七二年にロンドンでヨシュア・シュヴァルツによって出版された論難書に答えてプーフェンドルフが発表した『弁明』*Apologia pro se et suo libro contra auctorem libelli famosa*（フランクフルト・アム・マイン、一六八六年）を指す。

398（1）プラトン『クラテュロス』四一二d—e。

（2）この点についても、プラトン『クラテュロス』一一二a—bに指摘がある。

399（1）言及がなされているのは、実際には、「公理」においてではなく、「年表への註記」〔64〕においてである。

（2）ヘシオドス『神統記』七一三以下が念頭におかれている。

（3）ホメロス『オデュッセイア』一一・三一三以下を参照。

（4）「訂正・改善・追加」によると、この章のあとに、「いかにしてこの形而上学から他のすべての学は始まるべきであるか」という見出しの付いた章が追加されることになっていた。

そこには、「わたしたちがこの人類の形而上学のうちに見いだしてきた異教の神と人間にかんするすべてのことどもの始まりそのものから、この学は他のすべての従属的な学の始まりをも提供するだろう」とあったうえで、論理学、道徳学、家政学、政治学、自然学、宇宙学、天文学、年代学、地理学の九つの学について、それぞれがこの形而上学からどのようにして始まりを受けとるのかが簡単に説明されている。そして、「これら九つの学は詩人たちがいずれもゼウスの娘であると歌ってきた九人のムーサであったにちがいない。このことからして、いまや、〈ユピテル〔ゼウス〕からムーサは始まった〉というモットーにその本来の歴史的意味が取り戻されることになる」とある。

さらには、「ルネ・デカルトとベネディクトゥス・スピノザとジョン・ロックの形而上学の誤謬を指摘する」という見出しのもと、つぎのような文章が続いている。

「それゆえ、〈万人にとってゼウスであるところの神〉から始めないかぎり、知識についても徳についても、人はどのような観念ももつことはできないのである。もしこの世に哲学者たちがいさえしたなら宗教は必要ないだろうと述べているポリュビオスの想定は、こうしてなんなくご退場とあいなるのだ！　なぜなら、哲学者たちの形而上学は、世界を文明の諸技芸で富ませてきたすべての知識はある神性についての観念からやってきたのだという、このきわめて重要な点において、詩人たちの形而上学と見解をともにするのでなければならないからである。すなわち、〔詩人たちの〕通俗的な形而上学が野獣状態のなかに迷いこんでいた人間たちに最初の人間的な思考をゼウスについての思考から形成するよう教えたのと同じように、学者たちも、神という真の存在者から始まっていないどのような真理をも形而上学においては認めてはならないのである」。

「そしてルネ・デカルトは、もしかれがかれの遂行する自分の存在についての懐疑自体のなかでそうした存在者の存在に気づいていたなら、たしかにこのことを承認していたことだろう。それというのも、もしわたしが自分が存在するのかどうかについて疑うとすれば、そのときにはわたしはわたしの真の存在（il mio esser vero）について疑うのであるが、このわたしの真の存在はそもそも真の存在なるもの（il vero Essere）が存在しないなら探究しようにもしようがないのである。それについてなんらの観念ももつことのできないことがらを探究することは不可能だからである。ところで、わたしがわたしの存在を疑いながら真の存在を疑うのでないとすれば、このことによって、真の存在は現実にわたしの存在から区別されていることになる。わたしの存在のほうは物体と時間とによって限界づけられており、これらはわたしにとって必然的なものである。したがって、真の存在のほうは物体から解き放たれており、それゆえ物体を超越している。ひいては時間を超越している。時間というのは前と後とに準拠した物体の尺度なのだ。あるいはより正確にいえば物体の運動によって測定されるものなのである。これらのことすべてからして、真の存在者は永遠で、無限で、自由であることになる。こうしてルネは、良き哲学者にふさわしく、存在者という、このうえなく単純で、なんらの合成をも混在させていない観念から始めていたことであろう。プラトンが形而上学のことを重々しくもオントロギア、〈存在者の学〉と呼んだのも、ここからなのであった。ところがルネはその当の存在者を見さだめ損なって、事物を実体（sostanza）から認識することを始めてしまっている。しかし、実体というのは二つのものから合成された観念である。すなわち、ひとつは下にあって支えているものと、もうひとつはそれの上にあって支えられているものとである」。

「このような哲学の仕方はベネディクトゥス・スピノザにとっても躓きの石となった。この人物は公的な宗教をもっておらず、その結果、すべての国家から拒否されてしまった。そして、すべての国家にたいする憎悪から、すべての宗教にたいして公然と宣戦布告したのであった。また、かれは実体しかあたえない。そして、実体は知性であるか物体であるかのいずれかである。しかも、物体が知性を限界づけることもなければ、知性が物体を限界づけることもない。そこで、これらのことすべてからして、無限の物体に内在して無限の知性を有する神、それゆえ、必然によって作用する神を確立するにいたったのである」。

「このスピノザにたいして正反対の側に立ってきたのがジョン・ロックである。こちらのほうは、デカルトと同じ躓き方をして、エピクロスの形而上学を美化しており、すべての観念はわたしのうちに仮定によって（persupposizione）存在しているのであり、それらはいずれも物体の投影であると考えようとしている。そして、かくては全体が物体で、偶然によって作用する神を提示することを余儀なくされるにいたっている。しかし、ロックは、真の存在の観念がはたして仮定によって存在しているものなのかどうか、よく考えてみるべきである。真の存在の観念をわたしはわたしの存在の観念に先立ってもっているのを見いだすが、これはとりもなおさず、わたしが仮定するのに先立ってということである。また、その観念は真の善についてのものであるので、真の存在者についてのものであるのだから、わたしをしてわたしの存在をそれの存在のうちに探究しにおもむかせる。だからして、それはわたしの身体からわたしにやってくるのではない。わたしの身体については、わたしはなおもわたしの存在を疑うなかで疑っているのだ。物体からは時間が生まれる。そして、物体と、物体の運動によって測定される時間とからは、――ここでは知性が物体の運動を規制するとは想定されていないことからして――偶然が出てくるのである」。

「以上のような根拠理由によって、もしわたしたちが誤っていなければ、わたしたちはプラトン形而上学とは異なった道をとっているもろもろの形而上学の誤謬推理を白日の下に暴き出したのであった。それというのも、残るアリストテレスの形而上学についていうなら、このほうはプラトンの形而上学が対話からディダスカリア的な方法――この方法のことをわたしたちは〈教育的〉方法と言ってもよいだろう――へと移し換えられたものにほかならないからである。このことは、偉大な数学者にしてプラトン哲学者であるプロクロスが、ある黄金の書のなかで、アリストテレスの自然学的諸原理――これらはプラトンの形而上学的諸原理とほとんど同じものである――を幾何学的な方法によって証明したことからも裏づけられる」。

そして、「それでは下級の詩的諸学について個別に論じることにしよう」と述べて、つぎの段落へと移っていっている。

401（1）ストラボン『地誌』一・二・六。

（2）「メンタルな言語」の原語は lingua mentale である。仕草や合図によって表示される「知性の内なる言語」のこと。

（3）『ヨハネによる福音書』一・三――「万物はことばによって成った。成ったもので、ことばによらずに成ったものはなにひとつなかった」。

（4）トマス・ガタカー Thomas Gataker（一五七四―一六五四）はイギリスの神学者。『新約聖書の文体について』*De Novi Instrumenti stylo* は一六九八年に出た著者の『批評集』*Opera critica* のなかに収められている。ただし、〈ロゴス〉が〈もの〉をも意味していたと主張しているのは、ドイツの聖書文献学者セバスティアン・プフォへニウス Sebastian Pfochenius の『新約聖書のギリシア語純正論』*Diatribe de linguae graecae Novi Testamenti puritate*（アムステルダム、一六二九年）である。ガタカー自身は『文体』のなかでこの主張に反対している。

（5）ダミアーノ・ロマーノの『ジョヴァン・バッティスタ・ヴィーコ氏の『新しい学』の第三の原理にかんする弁明』*Apologia sopra il terzo principio della «Scienza nuova» del signor Giovan Battista Vico*（ナポリ、一七四九年）によれば、〈ミュートス〉を「真実の語り」と定義した例はギリシアの著作家たちのあいだには見あたらないという。ロマーノにかんしては、〔84〕注（2）も参照されたい。

（6）『創世記』二・一九参照——「主なる神は、野のあらゆる獣、空のあらゆる鳥を土で形づくり、人〔アダム〕のところへ持ってきて、人がそれぞれをどう呼ぶか見ておられた。人が呼ぶと、それはすべて、生き物の名となった」。

407（1）ウェルギリウス『牧歌』一・六九。

（2）ヴィーコが講義用に準備していたノート『弁論術教程』の「喩の性状」の項を参照。そこでは、ウェルギリウスの『牧歌』のこのくだりが「複数の喩が連結したもの」としての〈メタレプシス〉のみごとな例として引かれている。

410（1）アントワーヌ・ファーヴル Antoine Favre（一五五七—一六二四）はサヴォイアの法学者。しかし、ニコリーニによると、かれが若いころに書いた『パピニアヌス法学の知識』*Iurisprudentiae papinianeae scientia*（ジュネーヴ版、一六二四年）そのもののなかには、ヴィーコが述べているような記述はないという。ヴィーコの『普遍法』への『註解』「論弁四」を参照。そこには、ヴィーコの知人であったナポリの弁護士ドメニコ・カラヴィータ Domenico Caravita がある訴件にかんする証拠提示のなかでファーヴルの同書から引いてその旨を述べている、とある。

415（1）リウィウス『ローマ建国史』一〇・八。

（2）ウェルギリウス『アエネイス』一〇・一一一。

420（1）タキトゥス『年代記』三・二六。

422（1）『普遍法』第二巻『法律家の一貫性』の後半部「文献学の一貫性」第三六章「十二表法にはアッティカ法から

なにが輸入されたか」および第三七章「十二表法ではなにがなされたか」を参照。

(2) キケロ『法律について』二・二五――「やがて、多大な出費と大げさな哀悼をともなう葬儀がおこなわれるようになりはじめたとき、それはソロンの法律によって禁止された。わたしたちの十人官は、この法律をほとんど同じ言葉で第十表のなかに取りいれた」。

424 (1) メネニウス・アグリッパは前六―五世紀のローマの執政官。からだ全体が損なわれないようにするためには四肢(平民)が胃(貴族層)に協力する必要があると説いて、聖山(アヴェンティーノの丘)に引きこもった平民を都市に立ち戻らせたといわれる。

425 (1) 『寓話』の「あるプロローグ」とあるのは、具体的には、第三巻の冒頭に前置されているパイドロスのエウテュコス宛て書簡のことである。ちなみに、「この小径を拓いたのはアイソポスである」というくだりは、パイドロスの『寓話』では、「この小径でしかなかった道をわたしは拡げるのだ」となっている。

(2) 「ライオンとその仲間についての寓話」というのは、パイドロスの『寓話』第一巻の第五話「雌牛と子ヤギと羊とライオン」のことである。そこでは、「強者と仲間でいるというのはいつの場合にも頼りにならない」ことを証明するとして、何をまちがえたのか、森林地でライオンと仲間を組んでいた雌牛と子ヤギと羊が、大きな肥ったカラスを捕まえて、いざ分け前をどうするかという段になったところ、ライオンは「最初の部分はおれのものだ。おれはライオンだからだ。二番目もおれのものだ。おれも仲間だからだ。また、おまえたちよりおれのほうが力があるのだから、三番目もおれのものになる」と言い張り、さらに「もしだれか四番目の部分に触れようものなら、そのときにはその者は背後から襲われることになるだろう」と脅しをかけたという話が開陳されている。

(3) ホメロス『イリアス』二・二一一―二七七。「テルシテス」は「厚顔な男」というほどの意味。

(4) アウグスティヌス『神の国』二・一八・一。

(5) ポルキア法は前一九八年に公布された。リウィウス『ローマ建国史』一〇・九参照。

426 (1) この「言い伝え」の典拠は不明。パイドロスの『寓話』がイアンボス格を採用しているという事実にもとづいた推測か。

427（1）ポリュビオス『歴史』二・三九。
（2）シェファー『イタリア哲学もしくはピュタゴラス哲学の性質と構成』、二―四頁参照。ピロラオス（前四七〇頃―三九〇頃）はクロトンのピュタゴラス主義者のなかでも今日まで残されている真正な著作断片の最も多い人物。

428（1）ゲルハルト・ヤン・フォス Gerhard Jan Voss（一五七七―一六四九）はオランダの人文主義者。『アリスタルクスもしくは文法術について』*Aristarcus sive de arte grammatica* は一六三五年に出ている。
（2）ヘルマン・フーゴ Herman Hugo（一五八八―一六二九）はベルギーのイエズス会士。『書記の起源』*De prima scribendi origine et universae rei literariae antiquitate* は一六一八年に出ている。
（3）ベルナルト・フォン・マリンクロット Bernard von Mallinckrodt（?―一六五四）はドイツの文献学者。『印刷術の起源と進歩』*De ortu et progressu artis typographicae* は一六四〇年にケルンで出ている。ただし、ヴィーコが引用しているくだりは同書にはなく、同じ著者の『文字の本性と使用について』*De natura et usu litterarum*（ミュンスター、一六三八年）に出てくる。
（4）インゲヴァルト・エーリング（エリンギウス）Ingewald Eling (Elingius) はスウェーデンの文献学者。『ギリシア語の歴史』*Historia graecae linguae* は一六三八年刊。同書の問題の個所については、アヴィニョンのイエズス会士ジャック・サリアン Jacques Salian（一五五七―一六四〇）の『教会年代記』*Annales ecclesiastici*（パリ、一六四一年）に言及がある。

429（1）アリストテレス『トピカ』五・二（一四二b三一）。ただし、アリストテレス自身は「文法」を「口述されるものを書き取る知識」と定義するのでは不十分で、「読みあげる知識」でもあることを付け加えておくべきだとしている。

430（1）ヨルナンデス『ゴート事情』四参照。ヨルナンデスは、六世紀半ばに東ローマ帝国で活動した歴史家。
（2）ヨハンネス・マグヌス Johannes Magnus（一四八八―一五四四）とオラウス・マグヌス Olaus Magnus（?―一五六八）の兄弟はノルウェー人学者。ヴィーコが「学者たちのうぬぼれ」の例として引いている主張は、それぞれ、『ゴート族ならびにスエービ族の歴史』*Gothorum Sueonumque historia*（ローマ、一五四四年）と『北方諸民族のさまざまな状態について』*De gentium septentrionalium variis conditionibus*（バーゼル、一五六七年）においてなされている。

（3）ヨハンネス・ファン・ゴルプ・ベカン Johannes van Gorp Becan、ラテン名ゴロピウス・ベカヌス Goropius Becanus（一五一二—一五七八）は、オランダの文献学者。ヴィーコが指摘している汎ゴート主義的主張は、『アントウェルペンの起源』*Origines antwerpianae*（アントウェルペン、一五六九年）等に出てくる。

（4）ジュゼッペ・ジュスト・スカリージェロ Giuseppe Giusto Scaligero、フランス名ジョゼフ＝ジュスト・スカリゲル Joseph-Juste Scaliger（一五四〇—一六〇九）はフランス生まれのイタリア人古代研究者。医師・文学者であったジュリオ・チェーザレ・スカリージェロ（〔384〕参照）の息子。ヴィーコのいう「作り話」はかれが知人に宛てた一六〇〇年一月三〇日付け書簡のなかでなされている。『書簡集』*Epistolae*（ライデン、一六二七年）参照。

（5）フィリップ・カメラリウス Philipp Camerarius（一五三七—一六二四）はニュルンベルク出身の法学者。『時の残余』*Horae subsecivae, sive meditationes historicae*（一六一〇年）参照。

（6）クリスティアン・ベックマン Christian Becmann（一五八〇—一六四八）の『ラテン語への手引き』*Manuductio ad latinam linguam*（一六一一年）参照。

（7）マルティン・スホークの『ハム一族の物語』参照（〔50〕注（3）を見られたい）。

（8）オローフ・ルードベック Olof Rudbeck（一六三〇—一七〇二）はデンマークの博識家。『アトランティカ』*Atlantica sive Mannheim* は一六九六年にウプサラで出版されている。

（9）「ルーン文字」とは古ゲルマン語の表記に使われた文字体系をいう。起源にかんしては諸説があるが、現在では北イタリア文字説が有力である。

（10）ヴィーコは「メルクロウマン Mercurouman」としているが、正しくは「メルクルスマン Merkurssman」である。

432

（1）アレクサンドレイアのクレメンス『雑纂』五・四参照。

（2）ホメロス『イリアス』一・二五〇以下。

(3) ホメロス『イリアス』二〇・二一五以下。

433

(1) ギリシア語辞典には〈オノマ〉ὄνομα〔名前〕を「記号（カラクテール）」の意味で用いた例は出てこない。しかし、偽ディオニュシオス・アレオパギテース（六世紀？）は、『神名論』において聖書に出てくる神のさまざまな名前を論じつつ、神の本性と属性を例示している。ヴィーコはこの点に着目したものとおもわれる。偽ディオニュシオス・アレオパギテースの『神名論』については、ナポリ大学での同僚ジョヴァンニ・キアイエーゼ Giovanni Chiaiese が『普遍法』を称賛してヴィーコに宛てた一七二一年八月の手紙のなかに言及がある。

(2) 『イタリア人の太古の知恵』第一巻『形而上学篇』第一章「真なるものと作られたものについて」参照。

(3) リウィウス『ローマ建国史』一〇・八。

(4) 『学説彙纂』五〇・一六・四および六。

(5) アリストテレス『ニコマコス倫理学』一一三三a三〇。

(6) フォス『ラテン語の語源』*Etymologicon linguae latinae*（アムステルダム、一六九五年）等を参照。

(7) 『出エジプト記』二九・一三、『レビ記』三・二—一六、八・一四—一五、九・八—二〇参照。

(8) ローマ法においては、〈プラエディウム・ウルバーヌス〉praedium urbanus とは「居住や安楽のための建造物と場所」のことであり、〈プラエディウム・ルースティクス〉praedium rusticus とは「収穫物を集めるための場所」のことであった。『学説彙纂』五〇・一六・一九八および二一一参照。

(9) セビーリャのイシドルス『ラテン語の起源』一五・一三参照。

(10) ローマ法には〈テルラ・マヌーカプタ〉terra manucapta という文言は見られない。これと類似する〈マンキピウム〉〈マンケプス〉等々の語源と言い伝えられてきたものにもとづくヴィーコの推測にすぎない。

(11) 『学説彙纂』八・一・一。そこでは、正確には〈セルウィトゥーテース・プラエディオールム〉servitutes praediorum とある。

(12) スペイン語の〈プレンダ〉は「冒険的な事業」ではなくて、「担保物件」の意。

(13) ホメロス『イリアス』六・一六八以下。「エウレイア」という人物名は『イリアス』には出てこない。形容詞の「エウレイエース」εὐρείηρ（「広大な」の意）を手紙の宛先人でプロイトスの義父を指す固有名詞と取り違えたものとおもわれる。

435（1）ヘリオドロス『エティオピア物語』四・八・一。ヘリオドロスは三世紀ないしは四世紀のギリシアの著作家。

（2）実際にはキュリロスではなくて、アレクサンドレイアのクレメンスの『雑纂』五・八である。

（3）タキトゥス『ゲルマニア』一・一九。

（4）「ピカルディーの判じ物」rebus de Picardie というのは、十六世紀フランスのピカルディーで、祭司や法律家たちによってカーニヴァルのどんちゃん騒ぎを諷刺してつくられた判じ絵付きの詩のことで、“De rebus quae geruntur”（起こりつつある事物について）という言葉でもって始まっていた。

（5）ヘクトル・ボイス Hector Boyce（一四七〇頃—一五五〇頃）はスコットランドの著作家。『スコットランド史』*Scotorum historiae a prima gentis origine* は一五二六年刊。

（6）ヤン・デ・ラート Jan de Laet（?—一六四九）はオランダの地理学者。『新世界もしくは西インドの記述』*Novus orbis seu descriptio Indiae occidentalis* は一六三三年刊。

437（1）ホメロス『イリアス』一・四〇三—四〇四。

（2）同右、一四・二九一。

（3）同右、二〇・七四。

（4）ホメロス『オデュッセイア』一二・六一。

（5）同右、一〇・三〇五。

（6）プラトン『クラテュロス』三九一以下。

（7）ディオン・クリュソストモス『演説集』一一・二二。

（8）フランソワ・オトマン François Hotman（一五二四—一五九〇）の『封土についての註解』*De feudis commentatio tripertita*（リヨン、一五七三年）に付されている『封土論』*Disputatio de feudis* 参照。しかし、ヴィーコが述べているような趣旨の言及が見られるのは、オトマンではなくて、オトマンと同世代の同じフランスの法学者ジャック・キュジャス Jacques Cujas（一五二二—一五九〇）の『考察』*Observationes* 八・一四（『著作集』*Opera*、パリ、一六五八年所収）においてである——「〈人間〉という呼称には従者・家臣も含まれる」。

438（1）『カルメン・サリアーレ〔サリー歌〕』*Carmen saliare* は、古代ローマで軍神マルスの祭司サリーたちが歌った讃歌集。

（2）ルキウス・リウィウス・アンドロニクス（前二九〇頃—前二〇五頃）は、タラント生まれのラテン詩人。奴隷としてローマに連れてこられたのち、リウィウス家によって解放される。『オデュッセイア』をサトゥルヌス詩体（ギリシア詩の韻律を採用する以前の初期ラテン詩形）に翻訳したことで知られる。この翻訳『オドゥシア』はラテン語で書かれた最初の叙事詩作品である。

（3）古スペイン語は〈エル・ロマンセ〉と呼ばれていた。ただし、それは「ロマンセ（長編叙事詩）の言語」という意味ではなかった。

（4）アルノー・ダニエル Arnaut Daniel はたしかにプロヴァンス派吟遊詩人の代表格であるが、十二世紀から十三世紀にかけての人であって、十一世紀の人ではない。また、あとに「パッカ」と付記されているのは、ナポリの歴史家で大学教授であったニコーラ・アニエッロ・パッカ Nicola Aniello Pacca（?—一五八七）と混同したのではないか、とニコリーニは推測している。

439（1）スエトニウス『ローマ皇帝伝』五（クラウディウス）・四一。

（2）ジャン・ジョルジョ・トリッジーノ Gian Giorgio Trissino（一四七八—一五五〇）はイタリアの文学者・詩人。『イタリア語に新たに付加される文字についての書簡』*Epistola de le lettere nuovamente aggiunte ne la lingua italiana*（一五二四年）においてイタリア語の音素をより完璧に識別できるようにするための独特の正字法を提案した。

440（1）タキトゥス『年代記』一一・一四。

（2）同右。

（3）同右。ただし、タキトゥスによれば、ギリシア文字をデマラトスが教えたのはラティウム人ではなくてエトルリア人であったという。また、エウアンドロスの妻ではなくて、エウアンドロス自身であったとのことである。

442（1）タキトゥス『年代記』一一・一四参照。

（2）「イギリスの無名の著者」というのは、トマス・ベイカー Thomas Baker（一六五六—一七四〇）のことである。かれの著作『学問の不確実性』こと *Reflections upon learning, wherein is shown the insufficiency thereof in its several particulars, in order to evince the usefulness and necessity of revelation* は、一六九九年にケンブリッジで刊行されている。ヴィーコが読んだのは、一七二一年にリヨンで出版されたフランス語訳 Traité de l'incertitude des sciences であるとおもわれる。ベイカーの引用している「用意周到な批評家たち」というのは、ジュリオ・チェーザレ・スカリージェロ（〔384〕の注（2）を見られたい）とアイルランドの学者ヘンリー・ドドウェル Henry Dodwell（一六四一—一七一一）である。ただし、かれらが疑ったのは、サンクニアトンの実在性ではなくて、古さであった。

444（1）「約定による」の原語は a placito である。

445（1）「短縮されたかたちで」in accorcio というのは「隠喩や直喩のかたちで」の意。

（2）『新しい学』一七二五年版の第三巻第一八章「すべての国民に共通の知性の内なる辞書という観念」を参照。

（3）正確には、右の注にあるように、第三巻である。

（4）トマス・ヘイン Thomas Hayne（一五八二—一六四五）はイギリスの学者。ただし、かれが言語について論じているのは、三冊ではなくて、『言語の知識、もしくは言語一般および多種多様な言語の調和について』*Linguarum cognatio, seu de linguis in genere et variarum linguarum harmonia* というタイトルで一六三九年にロンドンで出版された単一の論考である。

（5）「短縮された英雄語」というのは、隠喩や直喩など、総じて自然的なかたちでできあがっている語のこと。

（6）「起源の明らかでない語」というのは、約定によって作りあげられた抽象的な語のことを指すものとおもわれる。

447（1）デキムス・マグヌス・アウソニウス（三一〇—三九五頃）はラテン詩人。かれの『テクノパエニオン』一四・一七を参照。

（2）アウソニウス『エピグラム集』五二（三三）。

（3）偽ロンギノス『崇高について』第八部参照。そこでは、擬声語が崇高さの源泉のひとつであるというような記述は見られない。また、ホメロスの『オデュッセイア』九・三九四にかんしても、ヴィーコが言うような意味での言及はロンギノスには見あたらない。

448（1）キケロ『神々の本性』二・二に古代ローマ初期の詩人クイントゥス・エンニウス（前二三九―前一六九）の言葉として引かれている。

（2）『普遍法』第二巻『法律家の一貫性』の後半部「文献学の一貫性」第二〇章。ただし、そこでは、たしかにルキリウスの詩が引用されているが、男神や女神がすべて「父」とか「母」と呼ばれていたという趣旨の言述は見られない。ルキリウス（前一六八頃―前一〇二）はラテン詩人。〔317〕の注（1）も参照。

（3）セビーリャのイシドルス『ラテン語の起源』九・五参照。

（4）『創世記』二・二。

（5）"interpatratio"というような語はラテン語にはない。

449（1）プラウトゥス『小箱の話』三・二・三一。

（2）正しくは obvagulatum ito（証人として出廷するよう大声で召喚されて出かける）である。

450（1）キケロ『神々の本性』二・二、二・二五、三・四、三・一六に引かれている。エンニウスの悲劇『テュエステース』からの引用と推測される。

（2）プラウトゥス『アンフィトリオン』一・三・四五。

452（1）『新しい学』一七二五年版の第三巻第三八章「ラテン語およびそれを手本にした他のすべての言語の真の原因の発見」を参照。

（2）「学芸共和国」の原語は repubblica letteraria である。ラテン語では、res publica literaria という。十八世紀にいたるまでの近世ヨーロッパで著作家と読者たちからなる学問・芸術の国際的な共同体を指して言われた。十九世紀における「公論」の形成とともに、この言葉は使われなくなる。

455（1）ジュリオ・チェーザレ・スカリージェロの『ラテン語の起源について』*De causis linguae latinae*（リヨン、一五四〇年）およびフランシスコ・サンチェス・デ・ラス・ブロサス Francisco Sánchez de las Brozas（一五二三―一六〇一）の『ミネルウァ、もしくはラテン語の起源について』*Minerva sive de causis linguae latinae*（サラマンサ、一五八七年）参照。

459（1）レオンティーニのゴルギアス（前四八〇頃―前三八三頃）は古代人によってレトリックの発明者とみなされていたギリシアの哲学者・修辞学者。
（2）キケロ『弁論家について』三・四四。
462（1）『新しい学』一七二五年版の第三巻第三八章「ラテン語およびそれを手本にした他のすべての言語の真の原因の発見」のこと。
（2）アラビア語では、al は限定冠詞である。
（3）ヨーハン・ヤーコプ・ホフマン Johann Jacob Hofmann（一六三五―一七〇六）『万有辞典』*Lexicon universale*（ライデン、一六九八年）二・四五九参照。
463（1）festinans は「急ぎつつ」という意味であって、「怖れて」の意味はない。また、sollicitus も「怖れて」というよりは「不安げに」の意味である。

464（1）神託と巫女に言及されているのは、「公理」においてでなく、「詩的形而上学」の部〔381〕においてである。
（2）民間で流布していたのは、「それは『詩篇』よりも古い」という諺である。しかしまた、『詩篇』はしばしば巫女の神託に近いものと見られていたことも事実である。
（3）セクストゥス・ポンペイウス・フェストゥスは前二世紀末に活躍したローマの文法学者。同じくローマの文法学者ウァッリウス・フラックスの『言葉の意味について』全二〇巻の『梗概』を作成したことで知られる。この『梗概』は、さらなる縮約版 *Excerpta ex libris Pompeii Festi de significatione verborum* が八世紀にイタリアの文法学者パウルス・ディアコヌス Paulus Diaconus（七二〇―七九九）によって作成されている。そのディアコヌス編、フェストゥス『梗概』の《Saturnus》の項参照。
（4）実際には、フェストゥスではなくて、キケロである（『ブルートゥス』一〇、『弁論家』五一）。
465（1）ヒエロニュムス『ヨブ記序文』参照。

466（1）〔442〕の注（2）を参照されたい。

467（1）オウィディウス『変身物語』一・六九〇―六九一。

469（1）リウィウス『ローマ建国史』四〇・五二参照。ルキウス・アエミリウス・レギルスは前一九〇年、アンティオコス三世のシリア艦隊と戦って勝利したことで知られるローマの提督。

（2）カエシウス・バッスス『韻律論断片』（『ラテン文法家集』*Gramatici latini*, ed. Keil 六・二六五）に引かれている。カエシウス・バッスス（?―七九）はラテン抒情詩人。マニウス・アキリウス・グラブリオは前一九一年に執政官に選出され、アンティオコス三世のシリア軍との戦いを勝利に導いたローマの政治家。

（3）『アドニス讃歌』は前五世紀ギリシアの女流詩人プラクシッラによって作詞された讃歌。ダクテュロス（長短短格）にスポンディオス（長長格）もしくはトロカイオス（長短格）の続く韻律によって構成されている。

（4）キケロ『法律について』二・八。

（5）キケロ『法律について』二・二三。ただし、キケロ自身は「歌いながら歩き回った」とは述べておらず、「暗誦していた」と言っている。

（6）アエリアヌス『さまざまな物語』二・三九。クラウディウス・アエリアヌス（一七〇―二三五頃）はローマの文人・哲学者。

（7）弁論家の散文においては詩的韻律をうかがわせないようにすべきであるという趣旨の言明はキケロ『弁論家について』三・四七に見られる。

（8）プラトン『法律』六三七a。

（9）プルタルコス『対比列伝』（リュクルゴス）四・二一―三。

（10）テュロスのマクシモス『演説集』六・七、三八・二。テュロスのマクシモスは前二世紀のギリシアの弁論家・哲学者。

（11）スイダス（またはスーダ）は、〔97〕の注（2）でも述べておいたように、十世紀にビザンティンで編まれたギリシア語の百科事典。「ドラコン」の項参照。

470

（1）タキトゥス『ゲルマニア』二。

（2）ユストゥス・リプシウス編『コルネリウス・タキトゥス著作集』*Cornelii Taciti opera*（アントウェルペン、一六六八年）、四三四頁、注2。ユストゥス・リプシウス Justus Lipsius（一五四七―一六〇六）はネーデルラント生まれの人文主義者。

471（1）グナエウス・ナエウィウス（前二七〇頃―前二〇一頃）の『ポエニ戦争』はサトゥルヌス詩体で書かれている。ディアコヌス編、フェストゥス『梗概』の《Saturnus》の項参照。これをヴィーコは英雄詩と同一視しているが、この考え方は今日では否定されている。

（2）アンドロニクスについては〔438〕の注（2）を参照。かれがローマの武勲詩『ロマニダエ』を書いたという説は今日では否定されているが、十六、十七世紀の博識家たちのあいだでは広く信じられていた。

（3）グンターは『フリードリヒ・バルバロッサによってなされた事績についての英雄的詩歌』、プーリアのグリエルモは『イタリアにおけるノルマン人の事績』の著者とされる。かれらの著作については、ヴィーコはイタリアの歴史家アントニオ・ルドヴィーコ・ムラトーリ Antonio Ludovico Muratori（一六七二―一七五〇）の編んだ『イタリア史関係著作家選』*Rerum italicarum scriptores* 全二八巻（一七二三―五一年）に収録されている版をつうじて知っていたようである。

（4）〔428〕で言及されているインゲヴァルト・エーリング（エリンギウス）『ギリシア語の歴史』への序文を参照。アダム・レヒェンベルク Adam Rechenberg（一六四二―一七二一）はドイツのルター派の神学者。

（5）マッティアス・ベルネッガー Matthias Bernegger（一五八二―一六四〇）『コルネリウス・タキトゥスの「ゲルマニア」と「アグリコラ」より』*Ex Cornelii Taciti «Germania» et «Agricola» quaestiones miscellaneae*（一六四〇年）「問題一一」参照。

（6）ゲオルク・クリストフ・パイスカー Georg Christoph Peisker『ギリシア語とゲルマン語の類似語索引』*Index de vernaculae et rerum germanicarum significatione pro graecae et germanicae linguae analogia*（ライプツィヒ、一六八五年）。

（7）「完全語」の原語は voce intera である。名詞のことか。

（8）ゲオルク・ダニエル・モルホーフェン Georg Daniel Morhofen（一六三九―一六九一）『ドイツの言語と詩についてのレッスン』*Unterricht von der teutschen Sprache und Poesie*（キール、一六八二年）。

474（1）『テオドシウス帝勅法集』九・一六・四、『ユスティニアヌス帝勅法集』九・一八・五参照。

475（1）ヘロドトス『歴史』一・一三一・二。ストラボン『地誌』一五・三・一三。ただし、ヴィーコの直接の典拠はトマス・スタンレー Thomas Stanley の『哲学史』*Historia philosophica*（ラテン語訳――ライプツィヒ、一七一一年）である。
（2）ギリシアの神殿をうち壊したのはキュロス二世（前五五九―前五二九）ではなく、クセルクセス一世（前四八六―前四六五）である（キケロ『法律について』二・一〇参照）。

476（1）この節で典拠にされているのは、ジョン・マーシャムの『エジプト、ヘブライ、ギリシア年代記の規準』である（〔44〕の注（1）参照）。また、「一種の通俗的な神占術」というのは、いわゆるジプシー（「エジプト人」）たちの占い術のことを念頭においた発言であろう。

477（1）ユリウス・パウルス『センテンティアエ〔所見集〕』五・二五参照。ユリウス・パウルス（二世紀末―三世紀初め）は、ウルピアヌスとともに、『学説彙纂』に収められているテクストの大部分の著者として知られるローマの法学者。

478（1）ディアコヌス編、フェストゥス『梗概』の《contemplari》の項を参照。
（2）ウァッロ『ラテン語について』七・一三。
（3）ウェルギリウス『アエネイス』八・六九五では、正確には、〈ネプトゥーヌスの新しい広野〉arva nova neptunia とある。むしろ、プラウトゥス『ほら吹き兵士』四一三を参照されたい。

479（1）タキトゥス『ゲルマニア』九。
（2）ウォルムスの司教ブルカルドゥス Burcardus（九六五頃―一〇二六）の『勅令集』*Decretorum libri XX*（ケルン版、一五四八年）参照。

480（1）〔337〕の注（4）において言及しておいたアコスタ『インディオの自然・道徳誌』（一五九一年）のイタリア語訳（ヴェネツィア、一五九六年）を参照。
（2）パウサニアス『ギリシア案内記』一〇・一九・三。一・二四・五も参照。
（3）カエサル『ガリア戦記』七・七二、ウェルギリウス『アエネイス』七・一五二、等々。
（4）タキトゥス『歴史』三・七一。

481（1）「幕屋」というのは、ヘブライ人（ユダヤ人）がパレスティナに最後の住居を定めるまで荒野を放浪していたあいだ、契約の箱をそのなかに納めて歩いた移動神殿のこと。

（2）『出エジプト記』四〇・一、『申命記』七・五、一二・三、一六・二一参照。

482（1）正確には、morbleu! である。

484（1）「これらのインプレーサは判じ絵の絵解きをするようなところがあって、このために〈英雄的〉と言われた」とあるのは、具体的には、イタリアの綺想主義文学者エンマヌエーレ・テザウロ Emmanuele Tesauro（一五九二―一六七五）の『アリストテレスの望遠鏡』*Il cannocchiale aristotelico*（一六五六年）におけるインプレーサについての定義――インプレーサは「見かけにいろいろと彩色することによって自分たちの崇高な思念を俗衆に隠しておきたい」という英雄たちの願望から生じたという定義――を標的にしたものとおもわれる。テザウロはまた、最も完全なインプレーサはモットーのついていない古来の英雄的インプレーサではなくて、図案以外に「鋭くて簡潔なモットー」をともなったインプレーサであるとも語っている。

485（1）メナージュ Gilles Ménage（一六一三―一六九二）『語源辞典』*Dictionnaire étymologique*（一六九四年）の«clergie» の項参照。そこには、デッラ・カーサ Giovanni Della Casa（一五〇三―一五五六）の『ガラテーオ』*Galateo*（一五八八年）の一〇六節から、ダンテは「優雅さを顕し損なった哲学者ふうに、ライコたち（laici）と会話するようなことはできなかった」という古い年代記の一節が転写されている。

（2）ジャン・マビヨン Jean Mabillon（一六三二―一七〇七）『古文書論』*De re diplomatica*（一六八一年）参照。

490（1）キケロ『腸卜占者の返答について』七・一四。

（2）「自然的所有権」と「都市的＝国家的所有権」の原語はそれぞれ dominio naturale と dominio civile である。「土地の占有にもとづく権利」と「それの象徴的占有（マンキパーティオー）によって獲得される権利」を指して言われている。〔433〕参照。

491（1）フーベルト・ゴルツ Hubert Goltz（一五二六―一五八三）『シチリアとマグナ・グラエキア』*Sicilia et Magna Graecia*（アントウェルペン、一六一六年）参照。

（2）「卓越的所有権」については〔266〕参照。

（3）「高い程度」を表わすフランス語の絶対最上級 "très" がギリシア語の "τρίς"〔三倍の〕に由来するということ

を言おうとしたものか。メナージュ『語源辞典』の《très》の項を参照。

492（1）『新しい学』一七二五年版の第三巻第三〇章「貴族の紋章の起源についての新しい発見」を見られたい。

495（1）「感覚的トピカ」の原語は topica sensibile である。なんらの悟性的判断をも介在させることなく、もっぱら感覚と想像力のみにもとづいて、個や種を類にまとめあげていく、発見術的な操作を言う。

496（1）「人間の知性の第一の操作」の原語は prima operazione della mente umana である。ヴィーコにおいては、「トピカ」topica（発見術）は、知性の第二の操作である「クリティカ」critica（判断術）にたいして、知性の第一の操作と位置づけられている。

497（1）『われらの時代の学問方法について』三「新しいクリティカの不都合」をも参照――「トピカの訓練を受けた者たちは、論述にさいして、すでに論点のあらゆるトポス〔在り場所〕を知っているので、どんな問題に当面しても、そのなかにある説得可能などんなことをも、あたかもアルファベットにざっと目を通すかのようにして、即座に見てとる能力をすでにもっている」。

498（1）『われらの時代の学問方法について』三「新しいクリティカの不都合」――「論点の発見が、ことがらの本性からして、その真理性の判断に先立つように、トピカは教授においてクリティカに先立たねばならない」。

499（1）マクロビウス『「スキピオの夢」註解』一・八参照。マクロビウスは四―五世紀のラテン著作家。

（2）『イタリア人の太古の知恵』第一巻『形而上学篇』第七章「能力について」四「確実に知る能力について」参照――「連鎖推理を用いる人は、原因のひとつひとつにそれに最も近接した原因を結び合わせていっている。〔中略〕そして、ストア派の連鎖推理にデカルトの幾何学的方法は対応しているのである」。

500（1）リウィウス『ローマ建国史』一・二六参照。ローマとアルバの戦いのさい、両軍にはそれぞれ、たまたま、年齢といい、力といい、異なるところのない三つ子の兄弟がいた。そこで、そのホラティウス家の三兄弟（ローマ軍側）とクリアティウス家の三兄弟（アルバ軍側）との決闘で勝敗を決めようということになった。決闘の結果、ホラティウス三兄弟のうちの一人だけが生き残って、ローマに凱旋する。ところが、クリアティウス三兄弟が亡くなったのを知って、そのうちの一人の婚約者であったホラティウスの妹ホラティアは髪を振り乱して嘆き悲しむ。これに激怒したホラティウスは妹を刺し殺し、裁判のため、ローマ第三代目の王トゥルス・ホスティリウスの前に連行される。これにたいして、王は「これほど冷酷で、民衆に不評な裁判を自分が担当せずにすみ、裁判による処罰も自分が執行せずにすむよう」、人民の集会を呼集し、ホラティウスに叛逆罪を宣告すべき委員を二名指名するよう命じたという。このリウィウスの記述への言及である。なお、そのさい、王はホラティウスに人民提訴 provocatio の権利をあたえている。

502（1）「精神においての巨人族」の原語は giganti di spirito である。

（2）ホラティウス『頌歌』一・三・三八。

503（1）ホメロス『オデュッセイア』九・五〇八以下。

504（1）プラトン『エウテュプロン』一二 c—d 参照。

（2）詳しくは、『普遍法』第二巻『法律家の一貫性』の前半部「哲学の一貫性」第三章「文明の原理・その一——羞恥」参照。

506（1）ゲリウス『アッティカの夜』二・六・一六。

507（1）タキトゥス『ゲルマニア』一八。

（2）『ユスティニアヌス帝法学提要』一・九・一。

508（1）プラトン『クラテュロス』三九八 c—d 参照。

（2）実際には、ウラニアも他のムーサたちも翼はつけていない。

（3）ヘシオドス『神統記』七六参照。

512（1）「英雄的アプロディテ」の原語は Venere eroica である。プラトン『饗宴』一八〇 d—e 参照。そこでソクラテスが説明しているところによれば、アプロディテには、ウラノスを父とし、母なしで生まれ、ウラニアと呼ばれているアプロディテと、ゼウスとディオネとのあいだに生まれたパンデモス（万人向きの・低俗な）・アプロディテの二種類が存在するという。ヴィーコのいう「英雄的アプロディテ」は、この二種類のアプロディテのうち、ウラニア・アプロディテに該当する。

513（1）セビーリャのイシドルス『ラテン語の起源』九・七参照。

（2）セルウィウス『ウェルギリウス「アエネイス」註解』四・一六ほか。

（3）キケロ『神々の本性について』二・二七。
（4）アウグスティヌス『神の国』一〇・二一、セビーリャのイシドルス『ラテン語の起源』八・九参照。
（5）「高貴な愛神」の原語はAmor nobileである。プラトン『饗宴』一八〇d—e参照。
（6）『ユスティニアヌス帝法学提要』一・一九・七参照。
（7）『学説彙纂』五〇・一六・一九五（ウルピアヌス）参照。
（8）『十二表法』五・三。

514（1）キケロ『マルケルスス弁護』八。
（2）ホメロス『イリアス』一五・一八—二〇参照。
（3）ウェルギリウス『アエネイス』一・七三および四・一二六。そこでは、正確には、coniugium stabileではなくて、connubium stabileとなっている。

515（1）プラトン『国家』三九一d参照。
（2）プラトン『饗宴』一八一a—d参照。
（3）クセノポン『饗宴』八・三〇参照。

516（1）「かれら〔洞穴に住むキュクロプスたち〕は他人のことにはなんら干渉することがなかった」という文言は、ポリュペモスとオデュッセウスの会話のくだりではなくて、その少し前のくだりに出てくる（ホメロス『オデュッセイア』九・一一二）。
（2）「胸がむかつくような反省趣味」の原語はgusto di nauseante riflessioneである。

517（1）ビブロスのピロンは前四二年に生まれたギリシアの文法学者。エウセビオス『福音の準備』一・一〇・四四参照。
（2）クイントゥス・クルティウス『アレクサンダー大王物語』四・三・二三。クイントゥス・クルティウスはクラウディウス帝の治世（四一—五四）中に活躍したと伝えられるローマの歴史家。
（3）ユスティヌス『歴史』一八・五・一二、一九・一・一一。『歴史』はローマ共和政末期の前四二年にオクタウィアヌスとマルクス・アントニウスがブルートゥスを相手に戦って勝利した戦地として知られる古代トラキアの都市フィリッポスの歴史を記したものである。〔48〕の注（1）も参照。

（4）エンニウス『年代記』二三七。エンニウス（前二三九―前一六九）はラテン詩人。『年代記』はエネアからかれの時代までのローマの歴史を叙事詩ふうに綴ったもの。〔317〕の注（1）も参照。

（5）「不敬虔にも敬虔な習俗」の原語は costume empiamente pio である。

（6）カエサル『ガリア戦記』六・一六。

（7）タキトゥス『年代記』一四・三〇。

（8）スエトニウス『ローマ皇帝伝』五（クラウディウス）・二五。

（9）フィリップ・モルネイ Philippe Mornay（一五四九―一六二三）は「ユグノー教徒の教皇」と称されたフランスの政治家。『キリスト教の真実性について』*De veritate religionis christianae*（一五八〇年）参照。

（10）ファン・デア・ドリーシュ Van der Driesche（一五五〇―一六一六）はオランダのヘブライ学者。『新約聖書のヘブライ語への評注』*Ad voces hebraicas Novi Testamenti commentarius*（一六一六年）参照。

（11）セルデン『シリアの神々について』*De diis Syriis*（一六一七年）参照。

（12）タキトゥス『ゲルマニア』九。

（13）レスカルボー Marc Lescarbot（一五七〇頃―一六四二）『新フランス誌』*Histoire de la Nouvelle France*（一六〇九年）。

（14）オビエド Gonzalo Fernándes de Oviedo y Valdés（一四七八―一五五七）『インディアスの自然・一般誌の第一部』*Primera parte de la historia natural y general de las Indias*（一五四七年）。

518（1）プルタルコス『迷信論』一〇参照。

523（1）テレンティウス『われとわが身を傷つける者』四・七・三、五・一・四三参照。

525（1）ゲリウス『アッティカの夜』九・一一、一三・一四―一六参照。メッサラとコルウィヌスというのは、それぞれローマの政治家マルクス・ヴァレリウス・メッサラ（前五三年執政官）とその息子で将軍・弁論家であったマルクス・ヴァレリウス・メッサラ・コルウィヌス（前六四―後八）のこと。

（2）プラトン『法律』七三八c―d。

526（1）このように主張したのは、「政治理論家」よりはむしろ文法学者たちであった。たとえば、セルウィウスの『ウェルギリウス「農耕詩」について』二・三九二を参照。

（2）「プラトリア」φρατρία（氏族）という語が「プレアル」φρέαρ（井戸）ないしは「プレアティア」φρεατία（貯水池）に派生することを言おうとしているのである。

（3）ヤーコプ・レウォード Jacob Raewaerd（一五三四—一五六八）はネーデルラントの法学者。かれの『十二表法について』*Ad leges XII Tabularum* 参照。

（4）キケロ『法律について』二・九。

（5）ボッカッチョ『神々の系譜』七・六五。

527（1）『創世記』二一・二一—三一参照。

528（1）キケロ『法律について』二・八。

（2）セルウィウス『ウェルギリウス「アエネイス」註解』一・四九〇参照。

529（1）タキトゥス『ゲルマニア』二七参照。

（2）〈テーメン〉temen という言葉は辞典には出てこない。〈スターメン〉stamen〔列・糸〕の思い違いか。

532（1）リウィウス『ローマ建国史』一・八。

（2）同右。

536（1）ウェルギリウス『アエネイス』一・一八四—一九三。

（2）タキトゥス『ゲルマニア』四六。

537（1）キケロ『法律について』二・二五。

540（1）典拠不明。

541（1）ホメロス『イリアス』六・一八一参照。

（2）ホメロス『イリアス』一三・二〇〇以下。

542（1）ジロラモ・フラカストロ Girolamo Fracastoro（一四八三—一五五三）『シュフィリス』*Syphilis sive morbus gallicus*（一五三〇年）二・二二一—二三。

(2)『エゼキエル書』二九・三。
(3) ジャン＝ジャック・シフレ Jean-Jacques Chifflet（一五八八―一六六〇）はフランスの医師・考古学者。『騎士階級の〈金毛の羊皮〉の紋章』*Insignia gentilitia equitum ordinis Velleris aurei fecialium verbis enuntiata* はアントウェルペンで一六三二年に刊行されている。
(4) シルヴェストロ・ダ・ピエトラサンタ Silvestro da Pietrasanta（一五九〇―一六四七）はローマのイエズス会士。ヴィーコが言及しているのは、一六三八年にアントウェルペンで出版された『英雄的シンボル論』*De Symbolis heroicis* である。

543 (1) ヒュルカニアは、現在のトゥルクメニスタンとイランにまたがるカスピ海沿岸地域にあったと伝えられる古代の王国。ギリシア人はカスピ海を「ヒュルカニアの海」と呼んでいた。

544 (1) プラウトゥス『小箱の話』七。
(2)『ヨブ記』三一・四〇。

545 (1) ホメロス『イリアス』二・一〇六。
(2) ホメロス『イリアス』二・六〇五、二・七〇五、一四・四九〇。
(3) ウァッロ『農事について』二・一。
(4) タキトゥス『ゲルマニア』五。

546 (1) ホラティウス『諷刺詩』二・六・一一―一三。
(2) 黄金の砂を運んだと伝えられるリディアの川。
(3) インダス河の支流。
(4) 同じく黄金の砂を運んだことで有名なルシタニアの川。現在のタホ川。
(5) ウェルギリウス『アエネイス』六・一三六―一三九。
(6) ヘロドトス『歴史』二・三八参照。
(7) タキトゥス『ゲルマニア』五。
(8) ホメロス『イリアス』六・二三五以下のディオメデスとグラウコスのあいだでの武具交換の個所を参照。

547（1）ホメロス『オデュッセイア』九・一一二以下。

548（1）古代ローマにおける正式の婚姻の方式としては、神官、証人、当事者がユピテルに献じられた麦製菓子をいっしょに食べて宣誓する「麦製菓子による婚姻」と、売買契約に見立てた儀式による「共買による婚姻」とがあった。
（2）ホメロス『イリアス』一一・一四六参照。
（3）『詩篇』一二二・七。
549（1）「東インド地域の僧侶たちの王国」というのは、日本のことをいう。イタリアのイエズス会士ダニエッロ・バルトリ Daniello Bartoli（一六〇八—一六八五）の『日本』*Il Giappone*（一六六〇年）が典拠にされている。
（2）ラテン語の辞書にはこういった趣旨の記述は見られない。
（3）「敵」hostis が「生贄」hostia に由来するという記述はオウィディウス『祭暦』一・三〇に見られる。
550（1）『学説彙纂』一・一・五参照。ただし、ここでヴィーコが引き合いに出しているような主張をしたのは、ヘルモゲニアヌスをはじめとするローマの法学者たちであったというよりも、近世の自然法学者たちであった。なかでも、プーフェンドルフ『自然・万民法』四・四・六参照。
（2）セルウィウス『ウェルギリウス「アエネイス」註解』五・七五五、セビーリャのイシドルス『ラテン語の起源』一三・二・四参照。
（3）ウァッロ『ラテン語について』五・一四一参照。
（4）正確には「サーグミナ」はニワトコではなくて、ヴィーコ自身『普遍法』第二巻『法律家の一貫性』の後半部「文献学の一貫性」第二一章「暗闇時代の第二期」のなかの「サーグミナの来歴」で説明しているように、バーベナである。
（5）『学説彙纂』一・八・九・三—四（ウルピアヌス）等。
（6）『学説彙纂』同右（ウルピアヌス）。
551（1）スカリージェロには該当する個所は見あたらない。
（2）マキャヴェッリ『ローマ史論』一・一一参照。そこには、「神への畏れのないところでは、その国家は破滅のほかはないだろう」とある。

553（1）「徳の英雄主義」の原語は eroismo della virtù である。

（2）ウェルギリウス『アエネイス』六・八五四。

554（1）ホメロス『イリアス』一四・三一四。

（2）典拠不明。

555（1）キケロ『善と悪の究極について』五・二三参照――「人間相互の連帯といわばある種の同盟（societas）、そして利益の共有」。

（2）ホメロス『イリアス』二・九三参照。

（3）ウェルギリウス『アエネイス』四・一八四―一八八。

556（1）タキトゥス『ゲルマニア』二〇。

（2）これは"liber"が「隷属していない・自由な」を意味するところからのヴィーコの推測である。

557（1）トゥキュディデスの『歴史』には、この種の記述は出てこない。

（2）ホメロスが王を「民の牧者」と定義していたという見解は、〔336〕の注（1）で言及したヴィーコと同郷の同時代人ピエトロ・ジャンノーネの『ナポリ王国政治史』の第一巻第一一章の序文でも提示されている。

（3）「発見」以前のアメリカ（「西インド地域」）が族長に支配された個々ばらばらの部族からなる一種の「自然状態」にあったことは事実であるが、それらの部族が「奴隷に取り囲まれる」ようになったのは、スペインのコンキスタドルたちが原住民のうち虐殺されずに生き残った者たちを奴隷として使役するようになって以後のことであった。

（4）カール五世（一五〇〇―一五五八）がくわえようとした「規制」というのは、ヴィーコが想像しているのとは異なって、アフリカの黒人奴隷を毎年四千人、プエルトリコ、ハイチ、キューバ、ジャマイカに運んでくるというものであった。つまりは奴隷売買を開始したのである。

（5）『創世記』一四・一四参照。

558（1）ほどくのがむずかしい紐帯・結び目のこと。ヘラクレスが考案したと伝えられる。プリニウス『博物誌』二八・六・一七参照。

（2）「厳正法上の行為」の原語は actus legitimi である。ある契約を適法なものにするために必要とされる所定の法的儀式のことをいう。これについては『学説彙纂』五〇・一七・一七（パピニアヌス）に情報がある。

（3）正しくは「エウリュロコス」である。ホメロス『オデュッセイア』一〇・四三八以下参照。

（4）ウェルギリウス『アエネイス』六・一四九―一八九。ただし、ここでヴィーコが提出している解釈＝推測は原文の記述を大きく逸脱している。

559（1）タキトゥス『ゲルマニア』一四。

（2）プリニウス『博物誌』三五・二―三参照。

（3）ホメロス『オデュッセイア』一一・五五五。

（4）ジャンノーネ『ナポリ王国政治史』第九巻序文参照。

560（1）ルキアノス『ヘラクレス序論』三・六参照。ルキアノス（一二〇頃―一八〇頃）は、シリアのサモサタ出身のローマの弁論家・諷刺作家。

（2）ホメロス『オデュッセイア』八・二六七以下参照。

561（1）セルウィウス『ウェルギリウス「アエネイス」註解』八・三四二。

（2）キケロ『善と悪の究極について』三・二〇。

（3）セルウィウス『ウェルギリウス「アエネイス」註解』八・三〇〇。

562（1）「詩的氏族」の原語は genti poetiche である。「大氏族」gentes maiores、すなわち「敬虔な巨人たち」によって創建された家族を指す〔316–317〕。

（2）ユストゥス・リプシウス『ローマの軍隊について』*De militia romana*（一五九五年）五・一七参照。

（3）タキトゥス『年代記』一二・三五、ユストゥス・リプシウス『ローマの軍隊について』三・四参照。

（4）タキトゥス『年代記』二・一四、ウェルギリウス『アエネイス』七・五二三―五二四参照。

563（1）プリニウス『博物誌』一八・三参照。

（2）ディアコヌス編、フェストゥス『梗概』の«ador»と«adorea»の項を参照。

564（1）ユストゥス・リプシウス『ローマの軍隊について』三・二参照。
（2）パウサニアス『ギリシア案内記』八・一・五。
（3）アポロドロス『神々の起源』三・八・一。
（4）ダンテ『神曲』「天国篇」一五・一一二―一一三。
（5）ボッカッチョに該当する個所は見あたらない。フィレンツェの年代記作家ジョヴァンニ・ヴィッラーニ Giovanni Villani（一二八〇頃―一三四八）の『新年代記』*Nuova Cronica* 六・七〇にある記述と取り違えたものと推測される。
（6）「クリュペウス」と「スクトゥム」の違いについては、ユストゥス・リプシウス『ローマの軍隊について』三・二に詳しい。

565（1）ヴィーコがここで「アプロディテは男性である」と言っているのは、キュプロスの住民たちが「体型と身につけている衣裳は女性のもの」であるが、「王の錫をもっており、男性的な性質をしている」と描いていたという、いわゆる「両性具有のアプロディテ」のことである（セルウィウス『ウェルギリウス「アエネイス」註解』二・六三二）。

566（1）テレンティウス『アンドロスから来た女』一・五・二五。

567（1）リウィウス『ローマ建国史』四・二・六。
（2）『学説彙纂』二・一・五（パウルス）参照。

568（1）ホラティウス『頌歌』四・四・三一以下。
（2）「大きな前兆」については〔525〕にも言及があるが、そこではメッサラとコルウィヌスとあって、ウァッロの名は出てこない。

569（1）ホラティウス『頌歌』四・七・五―六。
（2）causa にも gratia にも奪格で「～のために」の意味がある。
（3）デュカンジュ Charles du Fresne Ducange（一六一〇―一六八八）『中後期ラテン著作家用語辞典』*Glossarium ad scriptores mediae et infimae latinitatis*（一六七八年）の «vestire» の項目を参照。

（4） stipulatio が stipes に由来すると解釈している例としてはウァッロ『ラテン語について』五・一八二、stipula に由来すると解釈している例としてはセビーリャのイシドルス『ラテン語の起源』五・二四および一六・一八がある。

（5） オトマン『封土について』に付されている『封建用語集』*Dictionarium feudale* の «infestucare» の項目を参照。またデュカンジュ『用語辞典』の «festuca» の項目も参照。

570（1） この〔570〕以下の第3章は『新しい学』一七三〇年版にはなかった。一七三一年に作成された「訂正・改善・追加」第三稿において追加されたものである。

573（1） セビーリャのイシドルス『ラテン語の起源』一〇・一三参照。

577（1） 『学説彙纂』五〇・一七（「古い法のさまざまな規則について」）の一一（「わたしたちのものはわたしたちがおこなうことなしに他人に譲渡することはできない」）と一二三（「なんぴとも他人の名前で訴訟を起こすことはできない」）を合体したものか。

578（1） 『学説彙纂』一八・一・一・二（パウルス）参照。

（2） 『学説彙纂』二一・二・二（パウルス）参照。

579（1） ヘシオドス『神統記』八八六および九二四、ピンダロス『オリュンピケ』七・六五ほか。

（2） ホメロス『イリアス』一・五九二以下、一五・一八。

（3） ホメロス『イリアス』五・五九〇。

（4） ホメロス『イリアス』一〇・四〇三。

（5） ホフマン『万有辞典』三・七六参照。

（6） 『学説彙纂』二四・七参照。

582（1） 「生命ある道具」という表現がアリストテレスによって用いられているのは、主人にたいする奴隷の身分についてであって、父親にたいする息子の身分についてではない（『ニコマコス倫理学』一一六一b一四参照）。息子については、父親の「一部」であるという表現が『大倫理学』一一六一b三—五に出てくる。

（2） ゲリウス『アッティカの夜』五・九。

(3) ガリアの事例については、カエサル『ガリア戦記』六・一九に報告がある。

(4) 『ユスティニアヌス帝法学提要』一・九・一二。

583 (1) 『学説彙纂』一・六・四（ウルピアヌス）。

(2) イクシオンの神話については『新しい学』一七二五年版の第五巻第九章「ヘラクレスという詩的記号において証明される、古代諸国民のあいだの英雄たちの時代の一様性」をも参照。そこでは、車輪は「自分の尻尾を噛む」蛇、つまりは種を播かれるべき土地〔540〕に変えられている。

(3) それぞれ、ホラティウス『諷刺詩』一・一・二八およびテレンティウス『宦官』五・九・五五参照。

(4) 『新しい学』一七二五年版の第二巻第二四章「最初の寡頭支配的国家の起源」をも参照――「寡頭支配的国家は、強者と群衆を平等な立場に置き、両者をいずれも法律に服させるような、極度の必要〔緊急事態〕からしか生じえない」。

584 (1) キケロ『善と悪の究極について』三・二二。

(2) 『学説彙纂』一・二・二・一一（ポンポニウス）には、国家存亡の危機に瀕した場合には、「事態そのものの命じるところにしたがって」「執政官たちをひとつにする〔団結させる〕」必要があるように思われた、とある。

(3) 「パトリア」patria は、一般的には「父たちの利益」res patrum ではなくて「祖国＝父なる土地」terra patria の意味であると解釈されている。

(4) タキトゥス『ゲルマニア』七。

585 (1) ホメロス『イリアス』一・五三一以下参照。ただし、ゼウスが「弁明」している相手はテティスではなくてヘラである。

(2) キケロ『運命について』四、ゲリウス『アッティカの夜』六・二参照。

(3) ホメロス『イリアス』一・二八七―二八九。

(4) ホメロス『イリアス』二・二〇四。

(5) タキトゥス『年代記』一・六。

(6) 『創世記』三六・一五。

（7）ピュロスはギリシア西北部の一地方エペイロスの王（在位前三〇七―前三〇三、前二九七―前二七二）。前二八〇年にはタラント救援のためイタリアに遠征してローマ軍を破っている。
（8）出典不明。
586（1）オプスはユピテルの妻ではなく、妹であり、サトゥルヌスの妻であった。
（2）『学説彙纂』一・二・二・六。
587（1）リウィウス『ローマ建国史』一〇・八。

588（1）プラトン『法律』六二六a。

589（1）キケロ『神々の本性』三・二四。

590（1）「政治的な身分」の原語はordine civileである。具体的には、「英雄都市の政務をつかさどる貴族身分」のことを指している。
（2）ホメロス『イリアス』五・二六〇、『オデュッセイア』一六・二三二。
（3）ホメロス『オデュッセイア』二・六以下、二六七以下参照。
591（1）ウァッロ『ラテン語について』五・一五五（アウグスティヌス『神の国』一〇・七）。
（2）ホフマン『万有辞典』二・一六四参照。ただし、「キュリア」が「ケイル」に由来するというのは、ヴィーコの推測である。
（3）ドニ・ペトー『時間論』二・三七―三八。
592（1）リウィウス『ローマ建国史』三二・三八。
（2）スプリウス・カッシウス・ヴィスケッリヌスは前五―四世紀のローマの政治家。三度にわたって執政官を務めるが、最初の農地法を提案したため、専制政治をねらっているのではないかとの嫌疑をかけられて死罪を宣告されたと伝えられる。
（3）マルクス・マンリウス・カピトリヌスは前四世紀のローマの政治家。執政官を務めていたとき、債務の帳消しと土地の分配を提案したため、専制政治をねらっているのではないかとの嫌疑をかけられて断罪されたと伝えられる。

（4）グラックス兄弟については〔276〕注（1）を見られたい。
（5）ポリュビオス『歴史』二三・一一・四以下。
（6）アテナイが最も輝いていたのはアレイオパギテースの時代であったというテーゼを展開しているのは、トゥキュディデスではなくて、イソクラテスの『アレオパギティクス』である。
（7）ユウェナリス『諷刺詩』九・一一一。デキムス・ユニウス・ユウェナリス（六〇頃―一四〇頃）はラテン詩人。
（8）ルキウス・セクスティウス・ラテラヌスは前四世紀のローマの政治家。護民官を務めていた前三六七年、ガイウス・リキニウスとともに、執政官のうち一名は平民出身者から選出することを定めたリキニア＝セクスティア法を制定したことで知られる。
（9）ガイウス・カヌレイウスは前五世紀のローマの護民官。伝説によると、前四四五年に十二表法の禁じていた貴族と平民のあいだの結婚を認可する法律（カヌレイア法）を承認させたという。

593（1）ルクレティウス『事物の本性』二・六三三、ウェルギリウス『農耕詩』四・一五一―一五二あたりが典拠になっているとおもわれる。ちなみに、クーレーテスはクレタ島の伝説的人種。騒々しい音楽と武装した踊りでゼウスを祀っていたことから、のちにキュベレの祭司たちと同一視されるようになった。

594（1）リウィウス『ローマ建国史』二一・三一。
（2）タキトゥス『ゲルマニア』七。
（3）タキトゥス『ゲルマニア』一三。

595（1）このような説を主張しているのは、ゲルハルト・ヤン・フォスである。『異教の神学とキリスト教の生理学、もしくは偶像崇拝の起源と展開』*De theologia gentili, et physiologia Christiana, sive De origine ac progressu idolatriae*（アムステルダム、一六四一年）一・一二を参照。
（2）出典は不明。むしろヴィーコのほうがサビーニ人の都市 Cures とエトルリア人の都市 Caeres を取り違えたのではないか。
（3）ヴィーコが「最初の属州」、「最後の属州」と呼んでいるのは、それぞれ、ラティウム近傍でローマ人に征服された民とイタリアの国境の外でローマ人に征服された民のことである。ただし、「属州」provincia の語源は、伝統的には、prope victae でも procul victae でもなく、prae victae であるとされている。ホフマン『万有辞典』三・九二六参照。

(4) リウィウス『ローマ建国史』一・三〇・一。
(5) フロルス『ローマ人の戦争』一・一・一四。
(6) リウィウス『ローマ建国史』六・一一・八。

596 (1) ホメロス『イリアス』八・三七四以下。

597 (1) 前五世紀のローマでのことである。伝説によると、執政官のメネニウス・アグリッパは、蜂起してアヴェンティーノの丘に引きこもった平民たちの前で、四肢(平民)は胃袋(貴族)と協力しないと体全体がだめになってしまうという寓話を語って聴かせ、平民たちを都市に戻らせたという(〔424〕注(1)参照)。この伝説を一般化したものとおもわれる。
(2) オウィディウス『変身物語』五・四三一以下参照。
(3) ホメロス『イリアス』九・六四八。

598 (1) 『普遍法』第二巻『法律家の一貫性』の後半部「文献学の一貫性」第三七章「十二表法ではなにがなされたか」を見られたい。

600 (1) ここで「農園もしくは人間の封土」feudi rustici ovvero umani と言われているのは、家父長=貴族のために「人間たち」すなわち平民によって耕作される田畑のことである。

601 (1) キケロ『腸卜占者の返答について』七・一四。
(2) 『創世記』四七・二六。

602 (1) 「国家的〔都市的〕所有権」の原語は dominio civile である。〔266〕等に出てくる「卓越的所有権」に同じ。

603 (1) ゲリウス『アッティカの夜』二〇・一〇。
(2) 「特有財産」の原語は peculium である。ローマ法においては、子には財産をもつ権利がないとされていた。そうしたなかで、父が子に特別に保有させた財産のこと。このことによって、子に子自身の妻子を養わせようとしたものとおもわれる。〔556〕も参照。

（3）タキトゥス『年代記』三・二八。

604（1）奴僕に土地の委付的所有権を認めた農地法のこと。〔597〕参照。

（2）ウェルギリウス『アエネイス』四・二四二―二四三。

（3）『ユスティニアヌス帝法学提要』二・一・四七（「自耕作者、農奴、植民」）。

605（1）プルタルコス『イシリスとオシリス』二二、カイサリアのエウセビオス『福音書のための準備』一・一〇等参照。

（2）アタナシウス・キルヒャー Athanasius Kircher（一六〇一―一六八〇）はドイツ人博識家。イエズス会士。『パンフィルスのオベリスク』*Obeliscus pamphilius* は一六五〇年にローマで出版されている。

608（1）タキトゥス『ゲルマニア』二五。

（2）同右、一四。

610（1）『学説彙纂』一・五・一九および二三。

611（1）古典文献には「ホスティス」hostis が「外国人」や「敵」を意味したという例は出てくるが（キケロ『義務について』一・三七、ウァッロ『ラテン語について』五・三、セルウィウス『ウェルギリウス「アエネイス」註解』四・四二四、マクロビウス『サトゥルニア』一・一六・一四等々）、「客人」hospes を意味したという例は見あたらない。

（2）ホメロス『イリアス』九・三七三以下。

（3）フォス『ラテン語の語源』二・五二九参照。

612（1）『普遍法』第二巻『法律家の一貫性』の後半部「文献学の一貫性」第三六章「十二表法にはアッティカ法からなにが輸入されたか」および第三七章「十二表法ではなにがなされたか」を見られたい。

（2）リウィウス『ローマ建国史』二・一。

617（1）ホメロス『イリアス』一八・五五七。

618（1）ギリシア人のあいだでおこなわれていた「ひっこき結び」の遊びでの結び方というのは、普通はするりと解けるが、何かを入れると、引くにつれてきつく締まる結び方のことである。したがって、「ヘラクレスの紐帯」とは形状を異にする。
（2） タキトゥス『ゲルマニア』一四。
（3） 「納税者」の原語は〈アッシドゥウス〉assiduusである。もともと、いわゆるセルウィウス・トゥリウスの税制において税を納める上流階級の市民を指す用語であったが、それは「金をあたえる」suos aeris dareに出来する言葉であって（キケロ『国家について』二・二二・四〇ほかを参照）、「自分の負担した税で戦う」suis assibus militareというのは、ヴィーコの皮肉をこめた拡大解釈である。
619（1） キケロ『義務について』二・二一参照。ルキウス・マルキウス・フィリップスが護民官を務めたのは前一〇四年であったと言われる。
（2） リウィウス『ローマ建国史』四・八・七。新しい税制が制定されたのは、リウィウスによると、前四四三年であったという。
（3） クイントゥス・ファビウス・マクシムス・ルリアヌスは前四—三世紀のローマの政治家。数度にわたって執政官を務めた。また、前三〇五年には財産調査官を務めている。
（4） じっさいには、ヴィーコ自身指摘しているように〔113〕、ファビウスが財産調査官になるまえの前三三八年に公布されたプブリリア法によって、神官職を除く全官職が平民にも開かれていた。
620（1） ベルナルド・セーニ Bernardo Segni（一五〇四—一五五八）はフィレンツェの歴史家。アリストテレスの翻訳者としても知られる。『ギリシア語から俗語に訳されたアリストテレスの政体論』*Trattato dei governi di Aristotile tradotto di greco in lingua volgare*（フィレンツェ、一五四九年）参照。
（2） リウィウス『ローマ建国史』八・一二。
624（1） 「ラテン語の起源」というのは、『新しい学』一七二五年版の第三巻第三八章「ラテン語およびそれを手本にした他のすべての言語の真の原因の発見」のことを指している。

625（1） ウァッロ『ラテン語について』五・一八一およびフェストゥス『梗概』の«tributum»の項参照。

627（1） キケロ『法律について』三・三・一〇。三・一五・三三および三・一七・三八も参照。
（2） 『学説彙纂』一・二・二・三。ユニウス・ブルートゥスについては〔26〕の注（3）を見られたい。

（3）バルドゥス Baldus de Ubaldis（一三二七―一四〇〇）『「学説彙纂」第一部註解』*Commentrium in primam «Digesti veteris» partem*（ヴェネツィア版、一五七二年）の『学説彙纂』一・二・二・八の項参照。

（4）フォス『ラテン語の語源』二・五四五。

628（1）「クーリア」は人民区分のひとつ。当初ローマは三つのトリブス（区）に分かれ、それぞれのトリブスは十個のクーリアからなっていたという。

（2）スエトニウス『ローマ皇帝伝』二（アウグストゥス）・六五、ゲリウス『アッティカの夜』五・一九参照。

629（1）〔629〕から〔633〕までの第5章は、『新しい学』一七三〇年版にはなかった。一七三一年に作成された「訂正・改善・追加」第三稿において追加された原稿が一部削減したうえで採りいれられたものである。

631（1）諸家族の並存状態のなかから都市が形成されるにいたった当初の時代には「人民」はなおも貴族のみで構成されていたことに注意されたい。

634（1）古代の歴史家たちが記しているところによると、クレタ島の王ミノスは自ら海賊行為をはたらいたわけではなく、多島海（エーゲ海）を支配して、そこから海賊を追い出したギリシアで最初の王であったという（ヘロドトス『歴史』三・一二二、トゥキュディデス『歴史』一、四、ストラボン『地誌』一〇・四・一九ほか）。

（2）『新しい学』一七二五年版には第五巻第八章「ギリシアの英雄たちの時代」に「神々の時代はポセイドンとともに終わるように、英雄たちの時代はミノスの海賊行為とともに始まる」とある。

（3）「権威」と「道理」の関係については〔138〕を見られたい。

（4）「創意工夫の能力」の原語は ingegno である。

（5）ルクレティウス『事物の本性』一・七。

（6）ホメロス『オデュッセイア』一〇・一四五ほか。

（7）トゥキュディデス『歴史』一・八。

（8）ホメロス『イリアス』八・四四〇、九・三六二、一〇・五六―六五。『オデュッセイア』五・四二三、六・三二六。

（9）プラトンは『クリティアス』一一二aとdにおいて地震について論じているが、地震の原因が「深い水の淵」にあるといったような説明は出てこない。

635（1）『普遍法』第二巻『法律家の一貫性』の後半部「文献学の一貫性」第二九章「物語から救済されたテセウス」、ならびに『新しい学』一七二五年版の第五巻第八章「ギリシアの英雄たちの時代」参照。

（2）ウェルギリウス『アエネイス』三・五四九。

（3）同右、四・一八―一九。

（4）プルタルコス『対比列伝』「テセウスの生涯」一九・一〇によると、ダイダロスはテセウスの兄ではなくて従兄弟だったという。

636（1）プルタルコスがこの趣旨の記述をおこなっているのは、「テセウスの生涯」ではなくて「ポンペイウスの生涯」である。『対比列伝』「ポンペイウスの生涯」二四・二参照。

（2）グロティウス『戦争と平和の法』二・一五・五・二。

（3）プラトン『ソピステス』二二二cおよびアリストテレス『政治学』一二五六a三〇―b一〇。

（4）カエサル『ガリア戦記』六・二三。

（5）ポリュビオス『歴史』三・二四・四。

（6）プラウトゥス『驢馬の喜劇』一一。

（7）トゥキュディデス『歴史』一・六参照。

637（1）タキトゥスではなくて、カエサルである。『ガリア戦記』四・三参照。

（2）トゥキュディデス『歴史』一・五・二。

638（1）『十二表法』三・七。ローマ市民であれば、不動産にかんして二年、動産にかんして一年を経過して、本来の所有者から申し立てのないまま使用していた場合、それらについて所有権が発生したが、外国人はこの権利から除外されることを規定したもの。

（2）『十二表法』二・二。キケロ『義務について』一・一二・三七。

（3）「裸の占有」の原語は nuda possessione である。法的な根拠や裏づけをもたない、既成事実のみにもとづく占有をいう。

（4）「直接的にも、利益の観点からも、正規の法律的手続きを踏んだ裁判を構成する」の原語は costituirne giudizi ordinari né dirette né utili である。ここで「直接的にも、利益の観点からも」と言われているのは、法律の規定する固有の要件のもとに固有の適用範囲内で成立する「正面訴権」actio directa と、利益をおもんぱかって固有の適用範囲を超えて成立する「準訴権」actio utilis のことを指している。

（5）ゲリウス『アッティカの夜』二〇・一〇・一〇。

（6）「〈暴力による占有侵奪にかんする〉特示命令」の原語は interdictum «Unde vi» である。

（7）『学説彙纂』四三・一六ほか参照。

639（1）私人間の争いが諸国民間の戦争に先立って存在したということについては、グロティウス『戦争と平和の法』一・一・二―四、一・三・一―三およびホッブズ『リヴァイアサン』第一三章参照。

641（1）リウィウス『ローマ建国史』一・二六によると、ホラティウスの妹はクリアティウス兄弟のうちの一人の「婚約者」であったという。ヴィーコが「ホラティウスが、妹が自分を掠奪したクリアティウス家の兄弟の死を嘆いているからといってその妹を殺すほうが、妹を嫁がせていたよりも理に適っている」と述べているのは、このリウィウスの見解を批判したものである。

（2）ロムルスの出生とアルバとの関係については、リウィウス『ローマ建国史』一・五参照。

（3）フォス『修辞学』一・六・八。

643（1）プリニウス『博物誌』三五・八・二四。

（2）タキトゥス『ゲルマニア』二。

644（1）キケロ『ピリッピカ』四・五・一三。

（2）カルタゴの将軍ハンニバル（前二四七頃―前一八三）が当時ローマと同盟関係にあったスペインの都市サグントゥムを陥落させたのは、前二一九年であった。このサグントゥムの陥落が第二次ポエニ戦争（〜前二〇一年）の発端となる。ハンニバルの軍勢はサグントゥムを陥落させたのち、イタリア半島に渡って、前二一八年、南部プリア地方の都市カンネーでのローマ軍との戦いに勝利している。

（3）プブリウス・コルネリウス・スキピオ・アエミリアヌス（前一八五―前一二九）は、ローマの政治家。前一四七年執政官に選出されるとともに、アフリカに派遣され、前一四六年カルタゴ攻囲戦に勝利して、前一四九年から始まっていた第三次ポエニ戦争を終結させている。また前一三四年にはふたたび執政官に選出され、スペインの都市ヌマンティアの抵抗にうち勝って、スペインでの戦いに終止符を打っている。
（4）フロルス『ローマ人の戦争』二・一七。
（5）タキトゥス『アグリコラ伝』一二。
645（1）タキトゥス『年代記』一・一。
647（1）オウィディウス『変身物語』六・三〇二―四〇〇。
（2）パウサニアス『ギリシア案内記』九・二九・六。
648（1）ウェルギリウス『牧歌』八・七二。

652（1）ホメロス『イリアス』二四・二八―二九。パリスはヘレネを誘拐した咎で裁判にかけられたという。
（2）偽プルタルコス『ホメロスの生涯と詩』一・五。
653（1）オウィディウス『変身物語』一〇・五六〇以下。
（2）二つの条項とも、十二表法には見あたらない。リウィウス『ローマ建国史』四・四および六・四一等に依拠してヴィーコが作りあげた架空の条項である。
654（1）ホメロス『オデュッセイア』二二・一。そこでは、「網で捕らえる」のではなく、「矢を射る」とされている。
（2）同右、一八・一―一〇七、二三九―二四二。そこでは、「殺す」とは言われておらず、「拳骨の一撃で気絶させる」とあるにすぎない。
（3）ヘロドトス『歴史』二・一四五、キケロ『神々の本性』三・二二ほか。
657（1）ウェルギリウス『アエネイス』一・一。
（2）ホラティウス『詩論――ピーソー父子へ』一四一。
（3）「詩的貴族制」の原語は aristocrazie poetiche である。
（4）「アングル族の法律」というのは『アングロ・ウェリニー法典』*Lex anglorum et werinorum* のこと。ただし、同法典にはヴィーコが解説しているような趣旨の条項は見あたらない。第五世代まで男系相続人がいない場合に限って娘が父親の遺産を相続できるとあって、その場合「相続財産は槍から紡錘棒へ移転される」というように記述されている。ドイツの法学者ヨーハン・ゴットリープ・ハイネッケ Johann Gottlieb Heinecke（一六八一―一七四一）の『ゲルマン法綱要』*Elementa iuris germanici*（一七三六年）を参照。

（5）六世紀頃に成立したといわれるサリ系フランク人のサリカ法典には、女性の土地相続を禁止した条項があった。ここでヴィーコが「サリカ法」と称しているのは、サリカ法典のなかの同条項がフランス王国で十四世紀頃に制定された女王および女系の継承を禁止する王位継承法に利用されたもののことである。

（6）ヴィーコが参照したのは、ジャン・ボダン『国家論』ラテン語版（一六二二年）である。

658（1）「十年後に起きた別の事件」というのは、父親がルキウス・パピリウスという高利貸しからした借金のために捕らわれて不名誉な仕打ちを受けたガイウス・プブリウスという青年が引き起こした民衆騒乱のことを指している。リウィウス『ローマ建国史』八・二八・八参照。

（2）ウァッロ『ラテン語について』五・六六。

（3）『出エジプト記』一二・一二。

662（1）トゥルス王の認めたという「人民提訴」の権利については、リウィウス『ローマ建国史』一・二六・五―八を参照。

（2）グロティウス『戦争と平和の法』一・三・七・三。

（3）たとえば、リウィウス『ローマ建国史』一・一七・八―九には、ロムルス死後の空位時代にかんする記述のなかに、「家父長たちは、失うにちがいないものは自ら進んで手放すに越したことはないと考え、かれらが保持した権限以上は譲らないことを前提に、最高権限を人民に認めて和解を取り結ぶ。つまり、人民が王を選んだとき、家父長たちが承認すれば、有効である旨、かれらは決議したのである」とある。このような見解をヴィーコは「謬説」と断じるのである。

664（1）リウィウス『ローマ建国史』一・一・七。

667（1）ホメロス『イリアス』一二・二六一以下。

（2）同右、一・三三四以下。

（3）同右、一一・五九九以下。

（4）同右、一六・九七以下。アキレウスが「トロイアの運命を自分の踵の中に持ち運んでいる」と形容されているのは、駿足で有名なアキレウスが最後にイリオスの王子パリスに急所の腱を射られて瀕死の傷を負うことを指している。

（5）ホメロス『オデュッセイア』一一・四八八以下。

668（1）リウィウス『ローマ建国史』九・一六。

（2）アウグスティヌス『神の国』二・一八。

（3）伝説によると、マルクス・マンリウス・カピトリヌスは執政官を務めていた前三九〇年、ローマを攻囲していたガリア人がカピトリウムの丘によじ登ろうとしたところを鵞鳥の鳴き声で目を覚まし、急遽現場に駆けつけて敵方を丘から引きずり降ろしたという。しかし、それから数年後、自分の財産を処分して貧しい債務者たちの負担の軽減を図ったところ、民会から専制を狙っているとの嫌疑で告発され死罪を宣告されている。

671（1）タキトゥス『ゲルマニア』一八。

677（1）ウティカのマルクス・ポルキウス・カトー（小カトー）（前九五―前四六）は、ローマ共和政末期の政治家。元老院を中核とする共和政の伝統護持の立場から、伝統を無視するカエサル一派と抗争を続けたが、前四六年、アフリカのタプススで元老院派が敗北したことを知り、ウティカで自害している。

679（1）カドモスの神話にかんしては、オウィディウス『変身物語』三・一以下が参照されている。

（2）エラスムス Desiderius Erasmus（一四六五―一五三六）の対話篇『ラテン語とギリシア語の正しい発音について』*De recta latini graecique sermonis pronunciatione*（『著作集』第一巻、ライデン、一七〇三年所収）を参照。

（3）この〔679〕から〔686〕までの全1章は、『新しい学』一七三〇年版にはなかった。一七三一年に作成された「訂正・改善・追加」第三稿において追加されたものである。

680（1）ホメロス『イリアス』二・一〇一以下。

681（1）ホメロス『イリアス』一八・四八三以下。

683（1）ホメロス『オデュッセイア』一五・四一二以下。

688（1）ホメロス『オデュッセイア』四・四五五以下。プロテウスと闘うのは、オデュッセウスではなく、メネラオスである。

690（1）フォス『ラテン語の語源』一・二七二参照。

691（1）プラトン『クラテュロス』四〇四以下参照。
（2）ホメロス『オデュッセイア』一八・三四および六〇。
694（1）「正しい感覚でもって」の原語は con giusto senso である。「神学詩人たち」の認識は悟性的なものではなく、感覚的なものであったことに留意して、こう訳す。
（2）ウェルギリウス『アエネイス』四・一九一参照。
（3）テレンティウス『宦官』三・二・一九参照。
695（1）ウェルギリウスの『アエネイス』一・三九一には "carpere vitales auras"〔生命の空気をつかまえる〕とある。また『農耕詩』二・四二二には「死ぬ」という意味ではなく「空気に耐える」という意味で "ferre auras" とある。
（4）キケロ『ミロ弁護』一八、コルネリウス・ネポス『エパミノンダス』九・三。コレネリウス・ネポス（前一〇〇頃―前三〇頃）はラテン著作家。
（3）タキトゥス『年代記』一・四二。
（2）キケロ『神々の本性』一・五四。
696（1）ルクレティウス『事物の本性』三・九四―一六〇。『イタリア人の太古の知恵』第一巻『形而上学篇』第五章「アニムスとアニマ」も参照のこと。
（2）ウェルギリウス『アエネイス』六・七三〇。
（3）ルクレティウス『事物の本性』四・七五八。
（4）「形而上学者たちの自然神学」というのは、広く一般的にはデカルト派の自然学のことを指している。ただし、「観念は神から人間にやってくる」という観念の神起源説を唱えているのは、とりわけマルブランシュである。『イタリア人の太古の知恵』第一巻『形而上学篇』第六章「知性について」参照。

（5）　ヴィーコが『イタリア人の太古の知恵』の第二巻として準備していたといわれる『自然学篇』の梗概が『自伝』のなかで紹介されているが、そこにもつぎのような記述が見える。「ラティウムの人々は、〈空気〉を〈アニマ〉と呼んで、それを宇宙がそこから運動と生命を得る原理であると考えていた。そして、女性としてのこのアニマの上に男性としてのアイテールが作用するものと考えていた。このアイテールは、生物体に入りこんだときには、ラティウムの人々によって〈アニムス〉と呼ばれた。また、ここから〈わたしたちはアニマによって生き、アニムスによって感じる〉というラテン語的特性の通俗的区別は生じたのであった。このようなわけで、アニマないしは空気は、それが血液の中に入りこんだときには、人間における生命の原理であり、アイテールは、それが腱の中に入りこんだときには、感覚の原理である、と考えられたのだった。また、アイテールが空気よりもいっそう活動的であるのに見合って、動物精気は生命精気よりもいっそう動的かつ迅速である、と。また、アニマの上にアニムスが作用するように、アニムスの上にはラティウムの人々が〈メーンス〉と呼んでいるものが作用する、と。これは〈思考〉と同じ意味であり、ここからラテン語には〈メーンス・アニミー〉という言い方が残ることとなったのである。そしてさらには、思考ないしはメーンスはユピテルから人間たちにあたえられたのだ、とも」。

697（1）　右の『自伝』中の『イタリア人の太古の知恵』第二巻『自然学篇』の梗概をも参照されたい。そこには、「自然はあらゆる形態を空気の鑿によって形成したり変形したりする」というようにある。

698（1）　この一節は、病気の原因を血液循環の弛緩と血管の狭窄に求めたデカルトの生理学理論が基礎になっている。この理論のことをヴィーコはオランダの医師ヘンリクス・レギウス Henricus Regius（一五九八―一六七九）の『自然哲学』*Phylosophia naturalis*（アムステルダム、一六六一年）をつうじて知ったという。右の『自伝』中の『イタリア人の太古の知恵』第二巻『自然学篇』の梗概をも参照のこと。そこでは『自然学篇』に組み入れられる予定であったという「生体の均衡について」*De aequilibrio corporis animantis*（一七一三年執筆）の説明もなされており、そのなかで病気の原因についての同様の仮説が提示されている。

699（1）　コラ・ディ・リエンツォ Cola di Rienzo（一三一三―一三五四）は、古代ローマを模範にした人文主義の理想を現実の市政改革に適用しようとしたことで知られる中世ローマの政治家。かれの生涯について記した匿名の著作家による伝記（一三五七―五八年）は、ルドヴィーコ・アントニオ・ムラトーリ Ludovico Antonio Muratori（一六七二―一七五〇）の編纂した『中世イタリア古事記』*Antiquitates Italicae Medii Aevi*（一七三八―四二年）の『ローマ史断片集』*Historiae romanae fragmenta* に収録されている。

702（1）ルクレティウス『事物の本性』三・一四〇―一四一参照――「わたしたちが精神とか知性と呼んでいる思慮分別 consilium は、胸の中央にしっかりと場所を占めている」。

703（1）偽ディオニュシオス・ロンギノス『崇高論』一一およびカトゥッルス『サッポーの詩のラテン語訳』五一。ガイウス・ヴァレリウス・カトゥッルス（前八四―前五四）はラテン抒情詩人。

（2）テレンティウス『われとわが身を傷つける者』四・三・一五。

（3）テレンティウス『継母』五・四・三。

705（1）〔705〕から〔707〕までの第4章は、『新しい学』一七三〇年版にはなかった。一七三一年に作成された「訂正・改善・追加」第三稿において追加されたものである。

706（1）ウェルギリウス『アエネイス』四・三五九――「その声もまたこの耳ではっきりと聞きとった（vocemque his auribus hausi）」参照。

（2）キケロ『トゥスクルム荘対談集』一・二〇。

（3）プルタルコス『対比列伝』中の「哲学者たちの見解について」四・一五に収録されているクリュシッポスの見解を参照のこと。ただし、そこでは「視覚の棒」ではなく、目の放つ「火の光線」とある。

（4）デカルト『光屈折学』一・二。

（5）ルクレティウス『事物の本性』一・三〇〇。

（6）プラウトゥスとテレンティウスに使用例があるという。フォルチェッリーニ『ラテン語辞典』Lexikon totius latinitatis の «tangere» の項を参照。エジディオ・フォルチェッリーニ Egidio Forcellini（一六八八―一七六八）はイタリアの文献学者。『ラテン語辞典』の初版は著者の没後、一七七一年にパドヴァで出版された。

（7）フェストゥス『梗概』の «olfacere» の項を参照。

（8）フォス『ラテン語の語源』二・六一九参照。

（9）カンパネッラ『事物の感覚について』イタリア語版、二・三〇参照――「知恵とはあらゆる事物についての完全に疑いのない確実な認識のことである。そしてこの語は味覚が味わう事物の味から採られている」。

708（1）アリストテレス『詩学』一四五四b一〇以下。

710（1）プラウトゥス『小箱の話』二・一・三五、アプレイウス『プラトンの教義について』一・一一、セルウィウス『ウェルギリウス「アエネイス」註解』三・一三四参照。

712（1）ウァッロ『ラテン語について』五・一八―二〇、フォス『ラテン語の語源』一・一九八参照。

（2）『コーラン』四一・九以下、七八・六以下。

（3）フォス『ラテン語の語源』一・二〇二、一・二二八、ホフマン『万有辞典』一・九三二参照。

（4）ホメロス『イリアス』一・四二三。そこでは、ゼウスは他の神々といっしょに、天上からオケアノス（大洋）へと、アイティオペス〔エティオピア人〕の酒宴に出向いていった、とある。

（5）ホメロス『オデュッセイア』一八・三五以下。

（6）ホメロスは、冥界は穴ぐらいの深さしかないとは語っていない。オデュッセウスが掘った一尋ほどの穴に羊の頸を切って落とすと、この世を去った亡者の魄霊たちが冥界から浮かび上がって群がり集まってくると語っている（『オデュッセイア』一一・三五以下。一〇・五一六以下も参照）。

713（1）ウェルギリウス『アエネイス』一二・六五〇―六五一。

714（1）プラトン『パイドン』一一一c―一一二e。

（2）ホメロス『イリアス』二〇・六一以下。

（3）正確には、アルテミスは冥界においてはヘカテ、森の中ではアルテミス＝ディアナ、天上ではルナ、ポイベー、キュンティアであった（ホフマン『万有辞典』二・五二参照）。

715（1）ウェルギリウス『アエネイス』六・七四三以下参照。

716（1）アウグスティヌス『神の国』七・二〇参照。

717（1）エレボスが「カオス」の息子であり、「夜」の父であると主張しているのは、一世紀にローマで活躍したスペイン生まれの文法学者ガイウス・ユリウス・イギヌスである。イギヌス『寓話』の序文を参照。ホフマン『万有辞典』一・一七九も見られたい。なお、「国家制度上の夜」の原語は notte civile である。
(2) 「国家制度上の光」の原語は civil luce である。
(3) ウェルギリウス『アエネイス』四・二四二。
(4) ユスティヌス『フィリッポスの歴史ならびに全世界の起源』四三・三・三。同書は、アウグストゥス帝の時代にローマで活躍したガリア出身の歴史家トログス・ポンペイウスの同名の著作の要約である。フィリッポス〔ピリッポス〕はマケドニアの古都。ユスティヌスについては、〔48〕注(1)を参照。

719 (1) アケロンは「満足することのない」という意味であるが、プレゲトンは「焼けた・焦がされた」という意味である。セルウィウス『ウェルギリウス「アエネイス」註解』六・三九五、八・三九七参照。

720 (1) プラトン『国家』一〇・一三―一六(六六四以下)参照。

721 (1) ウェルギリウス『アエネイス』六・六三五以下。
(2) 同右、六・一四三以下。
(3) 同右、六・一四六以下。
(4) 同右、六・六三七以下。

722 (1) 「ラテン語の文法学者たち」というのは、ウァッロ『ラテン語について』五・二一、セルウィウス『ウェルギリウス「アエネイス」註解』五・七五五、セビーリャのイシドルス『ラテン語の起源』一四・五・二二のことであろう。しかし、ここでヴィーコが謬説と指摘しているような意味での語源論を提供しているのは、むしろ、法学者のポンポニウスである。『学説彙纂』五〇・一六・二三九参照。

724 (1) ホメロス『オデュッセイア』一〇・三―四によれば、アイオロス島は大洋ではなくて青銅の壁に囲まれていたとある。

726 (1) ホメロス『オデュッセイア』一・五二―五四。

733 (1) ここで「円形競技場」の例が出てくるのは、ヴィーコが円形競技場の形態を「年」を象徴したものと推測していることと密接に関連している(『普遍法』の第三巻『両書への註解』中の「論弁」第一三章「暗闇時代の歴史を拡大するための神話学的規準」第一七節「詩人たちの天文学の歴史」参照)。なお、そのさい典拠にされているのは、ウァッロ『ラテン語について』六・八である。

734（1）ヘラクレスの旅を「ザクロの実」を求めての旅であったというように解釈している代表例としては、ソメーズ『プリニウス演習』二・六七〇がある。

736（1）アンクス・マルキウスは伝説上のローマ四代目の王（在位前六四〇―前六一六）。オスティアを建設したと伝えられる。
（2）〔300〕注（1）参照。
740（1）ジュゼッペ・ジュスト・スカリージェロ（フランス名：ジョゼフ＝ジュスト・スカリゲル）の『時間の修正について』*De emendatione temporum* は、一五八三年に発表された。第二版は一六二九年刊。
（2）ドニ・ペトーの『時間論』については、〔77〕注（1）参照。
（3）『新しい学』一七三〇年版ではたしかに言及されているが、一七四四年版では該当個所は削除されている。
（4）「合」というのは惑星と太陽とが黄経を等しくすること、「衝」というのは外惑星が地球にたいして太陽と正反対の位置にくることをいう。
742（1）ホメロス『イリアス』二〇・二二一以下。
（2）ウェルギリウス『牧歌』六・八六、『農耕詩』一・九六。
743（1）「アジア」という地名がギリシア起源であるということについては、ヘロドトス『歴史』四・四五、セビーリャのイシドルス『ラテン語の起源』一四・一三・一一参照。

745（1）〔100〕の注（1）でも述べておいたように、ヴィーコは、ソロンの時代にギリシアにやってきた哲学者のアナカルシスと、トロイア戦争以前に生存していたと伝えられる神託作者のアバリスとを取り違えている。
（2）『オルピケ』は八八篇よりなるオルペウス教の讃歌集。作られたのは四世紀であると言われる。
746（1）ヘロドトス『歴史』四・九三以下。ただし、そこでは、かれは霊魂不滅の教説をギリシアにもたらしたのではなく、ピュタゴラスとともにエジプトに行って学んだのをギリシアからゲタイに持ち帰ったとある。偽イアムブリコス『ピュタゴラス伝』一四―一五も参照。なお、「サモルクシス」Zamolxis は「サルモクシス」Salmoxis とも表記される。

(2)　ここで言われる「ゲタイ人」というのは、トラキアのゲタイ人ではなくて、ギリシア北西部の一地方の住民のことを指していると解釈されるべきである。

748 (1)　ヘロドトス『歴史』にはこの種の記述は出てこない。

749 (1)　アスクレピオスは、ギリシア神話に登場する伝説上の名医。ただし、プリニウス『博物誌』三六・二によれば、疾病の発生源はモーリタニアではなくてイリュリアであり、また救った地域はコス島だけでなくてギリシア全体、そして救った医者はアスクレピオスではなくてコスのヒポクラテスであったという。

755 (1)　ホメロス『オデュッセイア』九・八〇以下、一三・三一一。

(2)　プリニウス『博物誌』五・七・四一参照。エラトステネス（前二七六―前一九四）は、ギリシアの数学者・地理学者・詩人。アレクサンドレイア図書館の館長も務める。

756 (1)　ホメロス『オデュッセイア』一〇・八〇以下。

(2)　アラトス（前三一五頃―二四〇頃）は天文詩『パイノメナ（星辰譜）』を著したことで知られるギリシアの詩人。『パイノメナ』の一部はキケロ『神々の本性』二・四一―四二にラテン語に翻訳して引用されている。ただし、「ライストリュゴン人が竜の頭の下に住んでいる」という趣旨の記述が出てくるのは、アラトスではなく、『パイノメナ』へのクラテス（前三六五―前二八五）による評注のなかにおいてである。

(3)　トゥキュディデス『歴史』六・二・一。

757 (1)　ホメロス『オデュッセイア』一一・一一―二二。

759 (1)　ホラティウス・コクレス（一眼のホラティウス）は、古代ローマの伝説上の人物。ローマに流れこむティベリス〔テーヴェレ〕河の橋の上で、たったひとりでエトルリア軍を迎え撃ったといわれる。

760 (1)　プロポントスは海（マルマラ海）であって、海峡ではない。エレスポントス海峡（ダルダネレス海峡）と取り違えたものとおもわれる。

766 (1)　ジョヴァンニ・ヴィッラーニ（〔564〕注5参照）の『フィレンツェ史』一・六―七、一一・一七参照。

769 (1)　ホラティウス『諷刺詩』二・四・三参照。

(2)　リウィウス『ローマ建国史』二五・三九参照。

（3）キケロ『農地法について』二・三四参照。

771（1）リウィウスは、『ローマ建国史』の序文および一・一において、ローマの起源にかんするいくつかの説明はたしかに作り話にすぎないと指摘しているけれども、ローマが間接的にアイネイアスに由来するということについては全然否定していない。

772（1）ボシャールの『著作集』*Opera*（ライデン、一六九二年）に収められている『セグレ侯への手紙、あるいはアイネイアスがかつてイタリアにいたことがあるかという点についての議論』*Lettre à monsieur de Segrais ou dissertation si Enée a jamais été en Italie*（一六六三年）参照。

775（1）タキトゥス『年代記』一二・二四。「この溝に囲まれた土地が〔本来の〕ヘラクレスの祭壇だったのだ」という最後の一節はヴィーコによる補足である。

（2）ストラボン『地誌』一三・一・五三。

（3）ホメロス『イリアス』二〇・三〇七以下。

776（1）ケラリウスことクリストフ・ケラー Christoph Keller（一六三八―一七〇七）はドイツの地理学者。『古代地誌』*Notitia orbis antiqui* はライプツィヒで一七〇一―一二年に出版された。

（2）サルスティウス『ユグルタ戦記』七九・一〇。「ピライノス兄弟」は、カルタゴ人の兄弟。カルタゴ人とキュレネ人のあいだで互いの国境をめぐる争いが生じたとき、カルタゴ側を代表して交渉におもむき、自分たちの命をささげて紛争を解決したと伝えられる。カルタゴ人は兄弟を記念して、かれらが命をささげた場所に祭壇を築いた。ガイウス・サルスティウス・クリスプス（前八六―前三五）はローマの歴史家。

（2）サルスティウス『カティリナ戦記』九・二。

777（1）キケロ『ウェッレース弾劾』二・五・四八。

778（1）ハンガリー語の Szekelyek Retze のこと。ただし、この語はモルダヴィアに接するダキアの一角を指す語で、古代の地誌では “portio siculorum”〔シチリア人の一角〕と訳されており（ホフマン『万有辞典』四・一六九参照）、とくに「祭壇」の意味はない。この一角のいくつかの村落名に “ar” を含むものがあることを念頭においたものか。

（2）タキトゥス『年代記』一・五七。

（3）ウァッロ『ラテン語について』五・一五一。

（4）この著述家たちについては、オランダの地理学者ヴィレム・ファン・デア・グース Willem van der Goes の編んだ『農事の著述家たち』*Rei agrariae auctores*（アムステルダム、一六七四年）を参照。

（5）ウァッロ『ラテン語について』五・一一五。

《叢書・ウニベルシタス　878》
新しい学　2

2008年 4 月10日　　初版第 1 刷発行

ジャンバッティスタ・ヴィーコ
上村忠男　訳
発行所　財団法人　法政大学出版局
〒102-0073 東京都千代田区九段北3-2-7
電話03(5214)5540／振替00160-6-95814
製版，印刷　三和印刷／鈴木製本所

Printed in Japan

ISBN 978-4-588-00878-8

著　者

ジャンバッティスタ・ヴィーコ
(Giambattista Vico)

1668年ナポリに生まれ，1744年同地で没したイタリアの哲学者．主著は『諸国民の共通の自然本性についての新しい学の諸原理』（第1版1725年，第2版1730年，第3版1744年）．ほかに，『われらの時代の学問方法について』，『ラテン語の起源から導き出されるイタリア人の太古の知恵』第1巻『形而上学篇』，『本人の書いたジャンバッティスタ・ヴィーコの生涯』などの著作がある．

訳　者

上村忠男（うえむら　ただお）

1941年兵庫県尼崎市に生まれる．東京大学大学院社会学研究科（国際関係論）修士課程修了．現在，東京外国語大学名誉教授．専攻分野は学問論・思想史．著書：『ヴィーコの懐疑』（みすず書房，1988），『歴史家と母たち──カルロ・ギンズブルグ論』（未來社，1994），『バロック人ヴィーコ』（みすず書房，1998），『歴史的理性の批判のために』（岩波書店，2002），『グラムシ　獄舎の思想』（青土社，2005）ほか．訳書：『クローチェ政治哲学論集』（法政大学出版局，1986），ヴィーコ『学問の方法』（共訳，岩波文庫，1987），ヴィーコ『イタリア人の太古の知恵』（法政大学出版局，1988），エーコ『完全言語の探求』（共訳，平凡社，1995），ギンズブルグ『歴史を逆なでに読む』（みすず書房，2003）ほか．